Kataloge der Franckeschen Stiftungen zu Halle
12

!Alterskultur? Reflexionen – Zerrbilder – Visionen

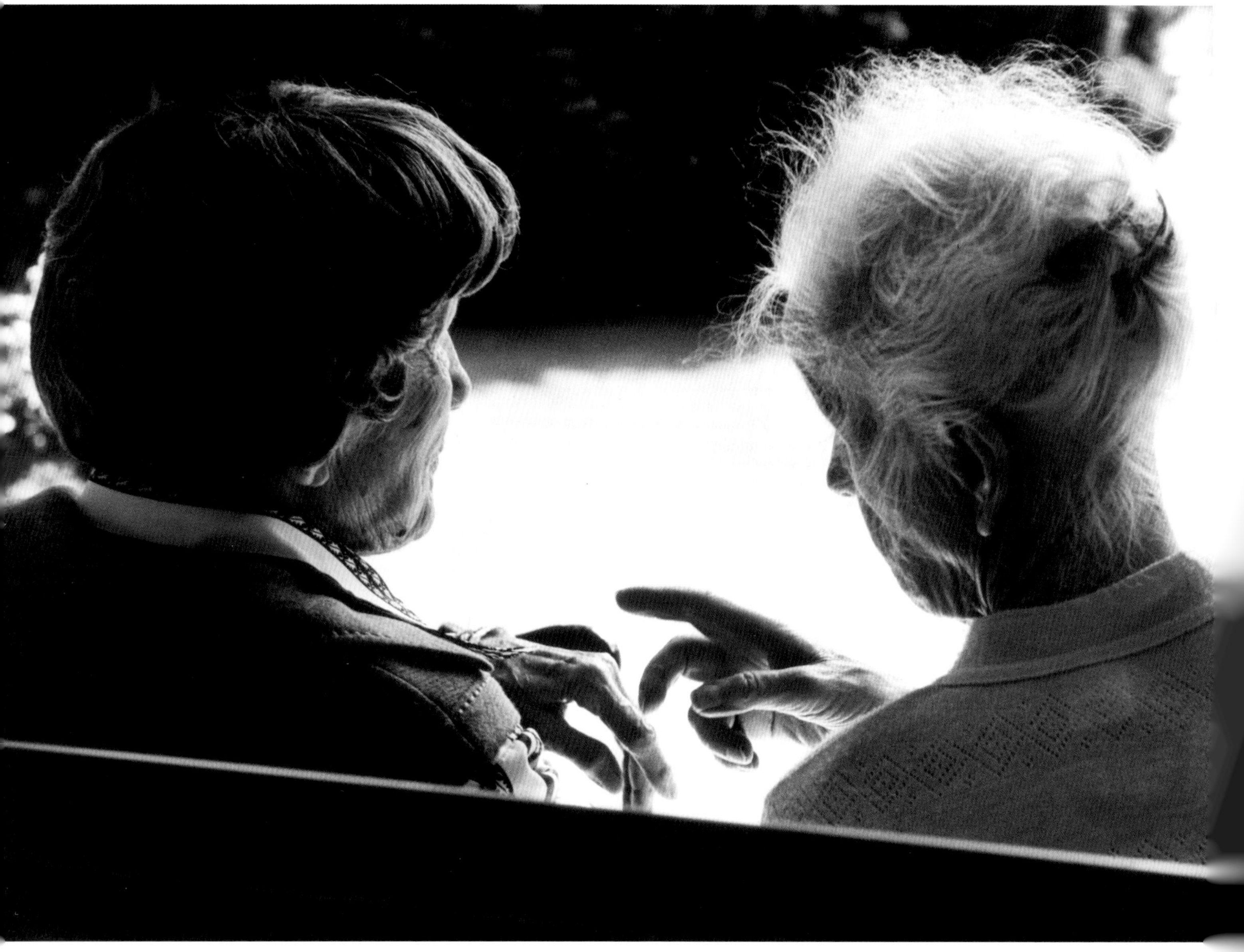

!Alterskultur?

Reflexionen – Zerrbilder – Visionen

Herausgegeben von Thomas Richter

Verlag der Franckeschen Stiftungen zu Halle

Inhalt

Anhang

Leihgeber

Lindenau-Museum Altenburg

Christine Berndt, Berlin

Deutsches Historisches Museum, Berlin

Heimatmuseum Charlottenburg Wilmersdorf, Berlin

Kunstamt Charlottenburg Villa Oppenheim, Berlin

Galerie Eva Poll, Berlin

Helmut Thoma Stiftung, Universität der Künste, Berlin

Stiftung Haus der Geschichte der Bundesrepublik Deutschland, Bonn

Kunst- und Ausstellungshalle der
Bundesrepublik Deutschland GmbH, Bonn

Zweckverband Dachauer Galerien und Museen Dachau

Annegret Soltau, Darmstadt

Staatliche Galerie Moritzburg Halle
Landeskunstmuseum Sachsen-Anhalt

Museum für Kunst und Gewerbe, Hamburg

Hamburger Kunsthalle

Frank Hellwig, Kassel

Museum der Bildenden Künste Leipzig

Museum für Kunsthandwerk, Grassimuseum, Leipzig

Globus Galerie, Leipzig
Jost Braun

Prof. Robert Häusser, Mannheim

Münchner Stadtmuseum

Günter Hildenhagen, Münster

Staatliches Museum Schwerin

Worpsweder Archiv der Barkenhoff Stiftung, Worpswede

Prof. Waldemar Otto, Worpswede

„Was für Kinder!", unter diesem Motto stand das erste Themenjahr der großen Jahresprogramme der Franckeschen Stiftungen, die im Jahre 2000 begannen und auf sehr positive Resonanz weit über Halle hinaus stießen. Dem Jahr des Kindes folgte das Religionsjahr, das Wissenschaftsjahr und jetzt das Jahr der Alterskultur. Die Franckeschen Stiftungen waren stets eine „Stadt der Kinder und Jugend". Und nun ein „Altersjahr" mit dem Thema „Alternativen. Auf dem Wege zu einer Alterskultur"? Das ist kein Bruch mit den Traditionen der immerhin auch schon über 300-jährigen Schulstadt, sondern ihre notwendige Ergänzung und Fortführung. Junge Menschen sind die zukünftigen Alten. Wenn sie das frühzeitig erkennen, ist das für sie und die Alten ein großer Gewinn. Die Frage nach dem Umgang mit den Alten und dem Alten gehört zu den drängendsten gesellschaftlichen Problemen unserer Zeit. Die große Aufmerksamkeit in der Öffentlichkeit für das hallesche Altersjahr, an dem sich über 100 Institutionen und Einrichtungen mit ca. 500 Veranstaltungen beteiligen, zeigt dies sehr eindrucksvoll. Zu den zentralen Zukunftsfragen gehört heute mehr denn je die Frage nach einer lebbaren, praktizierbaren und nicht zuletzt finanzierbaren Alterskultur.

Die Themenjahre der Franckeschen Stiftungen finden auf besondere Weise ihren Niederschlag, in den sie begleitenden Jahresausstellungen, deshalb im Jahre 2003 das Thema „?Alterskultur! Reflexionen – Zerrbilder – Visionen". Alterskultur, sofern es sich tatsächlich um Kultur, das heißt um die Gesamtheit der geistigen und künstlerischen Lebensäußerungen handelt, ist ein Phänomen, das Kultur an sich voraussetzt. Der Begriff Alterskultur initiiert unterschiedliche „Reflexionen, Zerrbilder und Visionen".

Wie das, vor allem in der Welt der Kunst, aussehen kann, will die Ausstellung anhand einer eindrucksvollen Auswahl zum Teil äußerst selten zu sehender Bilder und Objekte vor Augen führen. Sie bleibt dabei nicht im Historischen stehen, sondern wendet sich auch der Gegenwart und der Zukunft auf der Basis der Vergangenheit zu. Das entspricht dem Selbstverständnis der Franckeschen Stiftungen, die nie nur ein Museum waren und es von ihrem Stiftungsauftrag her auch nicht sein und werden dürfen. Beispielhaft zeigt dies das Modell und die Konzeption des Altenpflegeheims, das in Trägerschaft der Paul-Riebeck-Stiftung in den nächsten Jahren in Verbindung mit der Montessori-Schule in den Franckeschen Stiftungen entstehen wird. Es ist ein zukunftsweisendes Vorhaben auf dem Wege zu einer Alterskultur. Die Franckeschen Stiftungen als ein lebendiger vielgestaltiger Organismus mit vielen unterschiedlichen Einrichtungen auf ihrem Gelände brauchen Visionen und wollen sie vermitteln. Nur so können die Stiftungen, wie es der Untertitel ihrer Jahresprogramme sagt, „Antworten aus der Provinz" geben und auf aktuelle gesellschaftliche Fragen und Probleme reagieren. Die Übernahme von Weltverantwortung war für den halleschen Pietismus auf der Grundlage von „Menschenverwandlung" durch den christlichen Glauben Selbstverständlichkeit und Notwendigkeit zugleich. Der Wert oder der Unwert des Menschen, von Jungen und Alten, ergab sich nicht aus Nützlichkeitsberechnungen, sondern von der Gottesebenbildlichkeit des Menschen her, die Jedem eine unverlierbare Würde verleiht und Grundlage der Vision einer christlichen Solidargemeinschaft auf Erden, der Vision der „Stadt Gottes", bildet, wie sie August Hermann Francke in Ansätzen zu verwirklichen suchte.

„Was für Kinder!“, war das Motto des ersten Themenjahres, „Was für Alte!“, wird mancher Besucher der Ausstellung im Themenjahr der Alterskultur ausrufen. Wenn dies im Sinne persönlicher und gesellschaftlicher Reflexion der Problematik Alterskultur und des Umganges mit dem Alten geschieht, hat die Ausstellung eines ihrer wichtigsten Ziele erreicht, bleibt es nicht nur bei „ästhetischer Rührung“ der Besucher.

Eine Ausstellung ist stets ein Werk Vieler. Ohne das große Engagement, den Ideenreichtum und das Können des derzeitigen Kustos der Franckeschen Stiftungen und Kurators der Ausstellung, Dr. Thomas Richter, der sie in enger Absprache mit Dr. Thomas Müller-Bahlke konzipierte, wäre sie nicht möglich gewesen. Besonders zu danken ist ferner dem bewährten Ausstellungsbüro unseres Hauses und dem Aufbauteam mit seinen hoch motivierten Mitarbeitern.

Anke Michler danke ich für Ihren effektiven Einsatz im Bereich der Öffentlichkeitsarbeit und Susanna Kovacs für die sorgfältige Erarbeitung eines museumspädagogischen Konzeptes zur Ausstellung.

Mit Umsicht und Einfühlungsvermögen widmeten sich Lutz Grumbach und Andreas Richter der Gestaltung der Ausstellung, des Kataloges und der grafischen Präsentation.

Ohne die bereitwillige und wohlwollende Unterstützung der Leihgeber, zahlreicher Museen und Galerien aus der gesamten Bundesrepublik Deutschland, wäre die Präsentation weder in ihrer inhaltlichen Breite noch in der durchgängigen Qualität ihrer Exponate zu realisieren gewesen.

Stellvertretend hervorheben möchte ich dabei das Lindenau-Museum Altenburg (Dr. Jutta Penndorf), die Staatliche Galerie Moritzburg Halle, Landeskunstmuseum Sachsen-Anhalt in Halle (Dr. Katja Schneider), das Staatliche Museum Schwerin (Prof. Dr. Kornelia von Berswordt-Wallrabe) und das Museum der Bildenden Künste, Leipzig (Dr. Hans-Werner Schmidt), die uns wie viele andere zahlreiche bedeutende Kunstwerke anvertraut haben.

Vor allem freut uns das Entgegenkommen vieler zeitgenössischer Künstlerinnen und Künstler, die mit ihren von einem speziellen, sehr persönlichen Zugang zu dieser Thematik geprägten Arbeiten sehr zu der Vielgestaltigkeit und zu dem aktuellen gesellschaftlichen Bezug dieser Ausstellung beigetragen haben.

Schließlich möchte ich Bettina Citron für die Redaktion und den Autoren und Autorinnen des Kataloges sowie den Verlagen meine Verbundenheit zum Ausdruck bringen, die in einem sehr engen zeitlichen Korsett dennoch entscheidendes zum Gelingen des Katalogprojektes beigetragen bzw. uns großzügig den Wiederabdruck literarischer Texte gestattet haben.

Prof. Dr. Helmut Obst
Direktor der Franckeschen Stiftungen
Mai 2003

Thomas Richter
Eine Einführung zu dieser Ausstellung

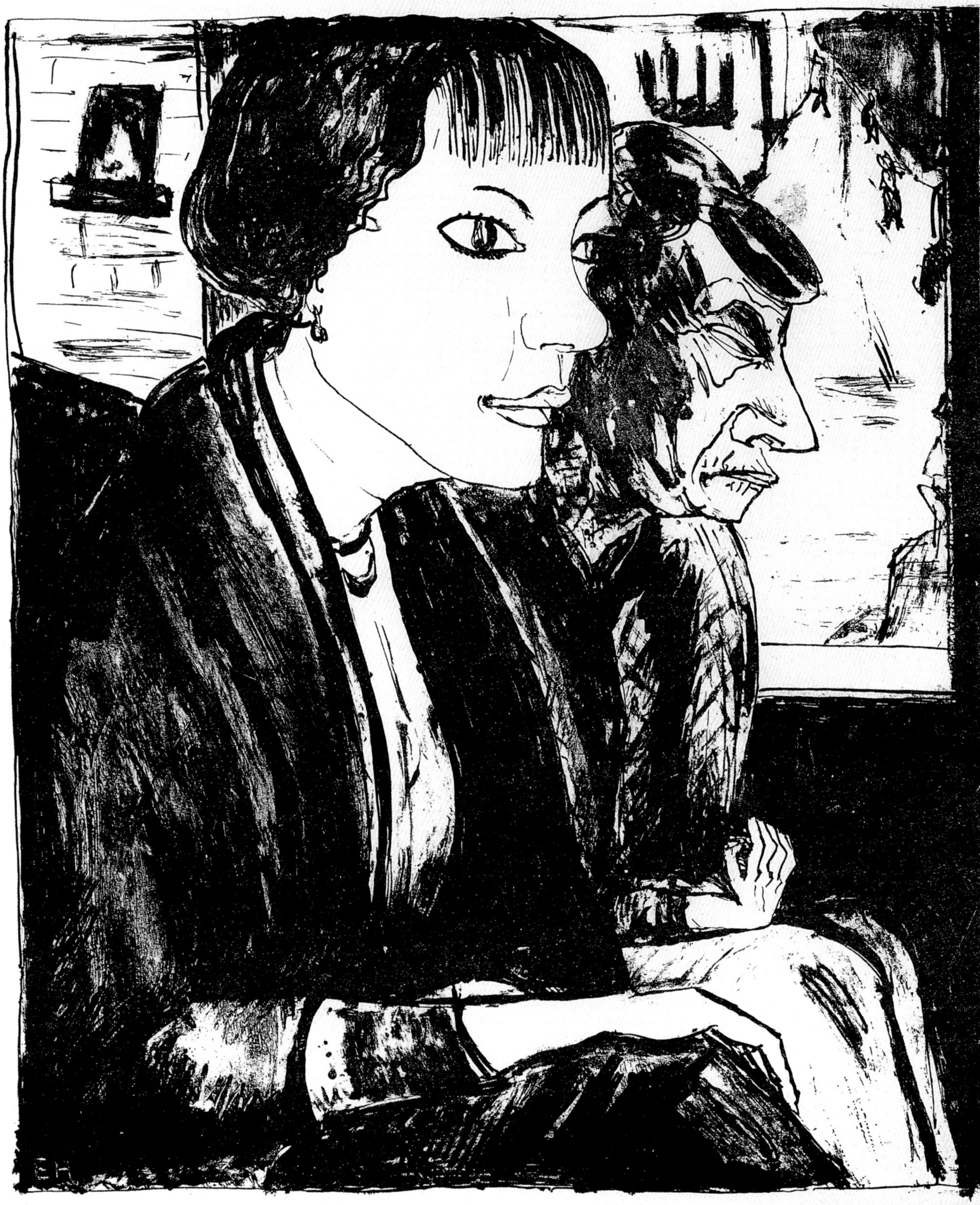

Kat.-Nr. V.4
Erich Heckel (1883–1970)
In der Tram 1916

Thomas Richter

Das Leben, ein Wintertag? – Bilder und Projektionen zum Alter des Menschen

Eine Einführung zu dieser Ausstellung

Unser Leben kann man mit einem Wintertag vergleichen, wir werden zwischen 12 und 1 des Nachts geboren, es wird 8 Uhr ehe es Tag wird, und vor 4 des Nachmittages wird es wieder dunkel, und um 12 sterben wir.

Georg Christoph Lichtenberg, 1775/76

Zum Gegenstand der Ausstellung

Alte Menschen sind seit einigen Jahren im besonderen Blick der Mediengesellschaft: In politischen Grundsatzreden, in Talkrunden, in der Werbung zumal, und nicht zuletzt in kulturgeschichtlichen Ausstellungen[1]. Es bietet sich in diesem Bereich in der Tat ein großes Potential griffiger Themen: Beispielsweise auf der einen Seite die dramatische demographische Entwicklung oder der schrittweise Rückzug des „Staates" aus der Fürsorge für Alte und Gebrechliche, kurz der Pflegenotstand. Dem könnten die so genannten „neuen Alten" als Vertreter einer „wellness-Fraktion" – fit, selbst bestimmt, finanziell liquide – gegenübergestellt werden. Zwischen diesen Polen herrscht große, meinungsbildende Geschäftigkeit, indem es unternommen wird, einen „Wandel" des Altersbildes und gemeinhin der Gesellschaft an möglichst vielen divergenten Facetten zu beschreiben und zu verkünden. Mitunter mischt sich auf wissenschaftlicher Grundlage auch die Meinung in die allgemeine Diskussion, dass es den alten Menschen in Deutschland – vor allem hinsichtlich ihrer Sozialisation – weitaus besser gehe, als gemeinhin angenommen[2].

Das „Problem mit dem Alter" wird schon allein bei dem kaum zum Ziel führenden Versuch deutlich, zu definieren, wann das „Alt-Sein" eines Menschen überhaupt beginnt. Hängt die letzte Etappe, die so genannte „dritte (oder vierte) Lebensphase", mit sozialen Indikatoren, etwa dem Berufsausstieg – der heute auch schon mit fünfzig Jahren oder früher geschehen kann – zusammen oder sind allein medizinische Überlegungen ausschlaggebend? Ist dieser der Natur abgelauschte Topos vom Werden, Blühen und Vergehen des Lebens denn überhaupt auf den modernen Menschen übertragbar? Und war er es je? Was lässt selbst Junge und Jüngste heute schon vor der Zeit „alt" aussehen? Allgemein festzustellen ist, dass die persönlichen Lebenswege für alte Menschen heute ungleich vielfältiger geworden sind, als dies noch vor wenigen Generationen möglich war. Der Wille, das Alter sinnvoll und erfüllt zu gestalten lässt sich an vielen aktuellen Beispielen von Seniorenkollegien, Selbsthilfegruppen, von Seniorentheatern und vielem mehr belegen.

[1] G. Biegel (Hg.): Geschichte des Alters in ihren Zeugnissen von der Antike bis zur Gegenwart. Ausstellung im Landesmuseum Braunschweig. Braunschweig 1993. – J. Luckhardt (Hg.): Bilder vom alten Menschen in der niederländischen und deutschen Kunst 1550–1750. Ausstellung im Herzog Anton Ulrich-Museum Braunschweig 1993/94. Braunschweig 1993. – B. Brock (Hg.): Die Macht des Alters. Strategien der Meisterschaft. Stiftung für Kunst und Kultur e. V. Ausstellung im Kronprinzenpalais Berlin, Kunstmuseum Bonn, Galerie der Stadt Stuttgart 1998/99. Berlin 1998. – R. van Dülmen (Hg.): Erfindung des Menschen. Schöpfungsträume und Körperbilder 1500–2000. Wien/Köln/ Weimar 1998 – H.-J. Dienel/C. Foerster/B. Hentschel/Ch. Kübler (Hgg.): Späte Freiheiten. Geschichten vom Altern. Ausstellung im Historischen Museum Bielefeld und im Schweizerischen Landesmuseum Zürich 1999/2000. München 1999.

[2] So zitiert P. B. Baltes aus der sog. Berliner Altersstudie, in der seinerzeit 40 Wissenschaftler 516 Alten in West-Berlin gegenüber gestanden haben. Vgl. P. B. Baltes: Gegen Vorurteile und Klischees über das Alter. Neue Erkenntnisse aus der Berliner Altersstudie. In: Alt & Jung. Das Abenteuer der Generationen. Ausstellung des Deutschen Hygiene-Museums, Dresden 1997/ 98. Hrsg. v. A. Lepenis. Frankfurt/M. 1997, S. 156–161.

Im Bereich der Praxis, im Jargon der sozialen Dienste etwa, unterscheidet man zwischen „neuen (oder jungen) Alten" (60–70 Jahre) und „hochaltrigen" Menschen. Letztere benötigen meist die ungeteilte Aufmerksamkeit ausgebildeter Pflegekräfte in modernen Einrichtungen der Altenpflege, während erstere, so die hier etwas pauschalisiert wiedergegebene Auffassung, ihr Leben noch weitgehend selbst bestimmen und gestalten. Ist dieses „selbst bestimmte" Agieren bereits ein Indikator, der es rechtfertigt, hierbei von einer „Alterskultur" zu sprechen? Und dann: Werden Kranke und Hilfsbedürftige etwa von diesem Kulturbegriff nicht erfasst?

Das Schriftbild für den Titel dieser Ausstellung „!Alterskultur?" kennzeichnet das Schlagwort zum einen augenfällig als ein öffentlich zu forderndes Desiderat. Es deutet aber andererseits auch die Fragwürdigkeit dieses Begriffs an, da er, wie soeben skizziert, pauschal und allgemeingültig als eine neue Ausdrucksform für die Situation aller Älteren und Alten Geltung haben müsste, um in seiner Anwendung sinnvoll zu erscheinen.

Die Idee einer „Alterskultur" umfasst nach unserem Dafürhalten somit zweierlei: Da ist zum einen die produktiv-tätige, gemeinschaftliche Lebensgestaltung alter Menschen, die cultura, das ‚Schaffende', im klassisch-antiken Wortsinn. Dieses Schöpferische manifestiert sich heute vor allem auch im Miteinander, im Austausch von Menschen, kurz in ihrer Kommunikation. Auf der anderen Seite setzt gerade dieses Gestalten der menschlichen Lebenswelt gesellschaftliche Rahmenbedingungen voraus, die sich nicht allein in sozio-ökonomischen Verfahren und Strategien erschöpfen dürfen (so schwer es auch fallen mag und so verdienstvoll es ist, diese auf Dauer politisch zu realisieren). So sind in dem Begriff „Alterskultur" die Verantwortung des Einzelnen für sich selbst und die Verantwortung der Gesellschaft gegenüber der älteren Generation untrennbar miteinander verbunden.

Hier sind wir schließlich bei Sinn und Zweck dieser Ausstellung angelangt: Es geht letztlich um die Prozesse der Kommunikation und des „Selbsterkennens im Gegenüber" zwischen Jungen und Alten in unserer Gesellschaft. Es ist dieser fortwährende, sich stets aktualisierende und somit im eigentlichen Sinne kulturelle Prozess, der auf Dauer ein nicht allein im ordnungspolitischen Sinne „funktionierendes", sondern vielmehr ein erfülltes und lebendiges Miteinander ermöglichen wird. Diese Ausstellung, deren Argumentationsweise ‚durch die Augen geht', soll einen Beitrag zu diesem aktiven Austausch zwischen den Generationen im Bewusstsein der Besucherinnen und Besucher leisten.

Reicht es aus, das eigene Altern in jungen Jahren nur im Hinblick auf die bevorstehende „Verrentung" zu reflektieren, sich „auf später" durch den Abschluss von Versicherungen vorzubereiten, wie es Menschen (spätestens) ab dem 30. Lebensjahr beinahe täglich nahe gelegt wird? Kann man, muss man Altern lernen?
Angesichts eines Imperativs zur Jugendlichkeit, der mannigfach in der Berufswelt wie im privaten Umfeld und bis hinein in die Persönlich-

keitsstrukturen der Menschen in unserer Gegenwart den absoluten Maßstab setzt, fällt es vielen jüngeren zunehmend schwer, das „Alte" in der Gesellschaft nicht als „kontraproduktiv" wahrzunehmen. Das Unwort vom „Generationenkonflikt" macht die Runde und legt erneut in seiner ganzen Einseitigkeit den Schwerpunkt des „Problems" auf die ökonomischen Aspekte unseres angeschlagenen Sozialstaats.
Die bereits erwähnte Selbsterkenntnis im Gegenüber umschreibt vor diesem Hintergrund ein weiteres zentrales Anliegen dieses Ausstellungsprojekts in den Franckeschen Stiftungen zu Halle: Gemeint ist damit die Vergewisserung junger Menschen am Beispiel älterer, dass sie selbst der Alterung unterworfen, selbst die Alten von Morgen sind. Diese Erkenntnis klingt, niedergeschrieben oder laut ausgesprochen, zunächst marginal. Doch wie weit sich unsere Gesellschaft, bei Lichte betrachtet, in ihren Tagesgeschäften von der geistigen Tradition eines „memento mori", von diesem ‚bedenke, dass Du sterblich bist', entfernt hat, wird ebenso häufig wie folgenlos thematisiert und braucht hier nicht eigens ausgeführt zu werden.
Zu diesem ehemals weit verbreiteten Gedanken, der in seiner christlichen Tradition auf die religiöse Sammlung des Einzelnen zielte, auf dass dieser die kurze Periode des Daseins zu einem gottgefälligen Leben nutze, zu diesem Appell liegen wir freilich nicht im Widerspruch, doch ist die Absicht dieses aktuellen Ausstellungsprojekts eine etwas andere: Die Auswahl der in dieser Ausstellung präsentierten Werke und Bilddokumente möchte – nicht nur, aber vor allem – bei den jüngeren Generationen für die Dauer eines Ausstellungsbesuchs Einblicke in die eigene Zukunft und in die Bereiche der eigenen Vorurteile und Projektionen eröffnen. Hierdurch möchten wir für ein Gespür im Umgang mit alten Menschen in unserer Gegenwart werben, aber auch, zumindest graduell, für eine bewusste Wahrnehmung des eigenen Körpers und des eigenen Geistes, den Instrumenten der eigenen Lebenserfahrung. – Wie soll das vor sich gehen?

Reflexionen – Zerrbilder – Visionen, so der, zugegeben, etwas lautstarke Untertitel dieser Präsentation. Doch wird darin das geschilderte Anliegen in seinem breiten Spektrum umrissen: Traditionelle Sichtweisen und ihre Auswirkungen auf unsere Stereotypen und unser Denkverhalten sollen reflektiert werden. Die zum Teil verstörenden Dokumente unserer gesellschaftlichen Wirklichkeit sind in gewisser Weise „Zerrbilder" dieser traditionellen Altersstereotypie. Sie sollen in dieser Ausstellung nicht als Effekt heischende „eyecatcher", sondern vielmehr als emotionale Appelle oder als suggestive Argumente verstanden sein. Schließlich eröffnet die Darstellung von kreativen Projekten und Beispielen für gelungene Formen des menschlichen Miteinanders die Möglichkeit, Visionen einer in die Zukunft fortschreitenden Zusammenarbeit der Generationen zu eröffnen.

Das eingangs umrissene Instrument des Innewerdens der eigenen Vergänglichkeit bei jungen Menschen, das ein Gefühl von Verantwortung für die aktuell lebende ältere Generation hervorrufen mag, beruht natürlich nicht auf einer neuen Erfindung. Die Beispiele, etwa in der Literaturgeschichte, die gerade diesen „Stoff" als ein Exempel für die

Befolgung des 4. Gebots tradieren, sind Legion. Jeder kennt die einschlägigen Stellen unserer kollektiven Erinnerung, etwa in den Märchen der Brüder Grimm[3]. Vielleicht verhält es sich aber in der Tat doch so, dass dieser grundlegende Lebenszusammenhang – die eigene Zukunft vor Augen, reichen Junge Alten die Hand – immer wieder aus den sich überlagernden Schichten unserer alltäglichen Verdrängungen und Lebenslügen herauspräpariert werden muss.
Vor dem Hintergrund der erwähnten Pluralität der heute möglichen Lebenswege im Alter und einer ganz allgemein längeren Dauer des Alt-Seins gesellt sich zu dieser Erkenntnis die Notwendigkeit einer Sensibilisierung junger Menschen für eine lebenslange, nicht nur körperliche, sondern vor allem auch intellektuelle Vorbereitung auf die letzte Periode des Daseins hinzu (sei es nun die dritte der Traditionalisten oder die vierte der soziologischen Neuerer).
Wie aber finden diese Gedanken ihren Niederschlag in dieser Ausstellung?

Eine Präsentation von Kunstwerken, Artefakten, Bilddokumenten arbeitet naturgegeben primär mit visuellen Argumenten. Das oft bemühte Diktum von der „Macht der Bilder", ihr Vorteil, der in der suggestiven Kraft der abgebildeten „Wirklichkeit" oder in der überraschenden Wirkung einer autonomen Projektion liegt, erhebt diese in ihrer Wirkung über die emotional abstrakte Mediennachricht, den Bericht oder das Hörensagen, die uns alltäglich umfangen. Dieser Vorteil kann gerade in dem Mikrokosmos einer Ausstellung gesellschaftliche Relevanz entwickeln, da sie uns temporär und räumlich der gewohnten Bilder- und Informationsflut enthebt und den „Blick schärft" für das Einzelne, das Besondere.

Es erschien uns dem Ausstellungsthema in besonderer Weise angemessen, das menschlich außerordentlich intime und für die meisten unter uns existenziell prekäre Phänomen des „Alters" durch die Betrachtung von Kunstwerken zu vermitteln und zur Diskussion zu stellen. Dies sollte jedoch nicht in der Form einer kunsthistorischen Abhandlung geschehen, die sich primär mit Formproblemen oder mit der Darstellungsweise in verschiedenen Epochen der Kulturgeschichte befassen würde. Gleichwohl sollte die künstlerische Qualität der Exponate dem hohen Anspruch, der an ihren Zeugniswert und ihre Aussagekraft gestellt wurde, in jedem Falle standhalten. Mehr noch: Durch die Wirkung des künstlerischen Einfalls und die gedankliche oder materielle Perfektion seiner Umsetzung sollte über den Tatbestand der Bildaussage hinaus ein Effekt, eine, man verzeihe das Pathos, eine „ästhetische Rührung" des Besuchers, der Besucherin erzielt werden.

Die Auswahl der ausgestellten Werke erfolgte unter der Maßgabe, dass jedes Objekt eine eigene Geschichte, eine signifikante Interpretation, kurz einen besonders typischen oder aber dezidiert atypischen Beitrag zur Beschreibung des Phänomens „Alter" liefern sollte. Die Aussagen der einzelnen Bildwerke treffen daher oft auf den ersten Blick recht unvermittelt auf die jeweils anderen, sie umgebenden Sichtweisen. Die Argumentationen der einzelnen Werke sind dabei wertend, tendenziös,

[3] Vgl. etwa den spätmittelalterlichen Schwank „Die halbe Decke" oder die „Kinder- und Hausmärchen" der Brüder Grimm, hier etwa „Der alte Großvater und der Enkel" bis hin zu Johann Peter Hebels (1760–1826) „Kindesdank und Undank" aus dem „Schatzkästlein des Rheinischen Hausfreundes", u. v. m.

zum Teil irritierend, manches Mal gar schockierend, in jedem Fall aber auf die eine oder die andere Weise subjektiv und engagiert.

Die Betrachterinnen und Betrachter sind somit eingeladen, Zusammenhänge zwischen den verschiedenen Themenbereichen der Ausstellung nachzuvollziehen, vor allem aber, die gedanklichen Fragmente ihrer eigenen moralischen Prägungen, ihrer Meinungen und Auffassungen in einer freien Assoziation weiter zu entwickeln und zu überprüfen.
Wie bereits angedeutet, unterblieb bei der Objektauswahl und der Zusammenstellung der Exponate eine Gliederung der Ausstellung nach historischen, stilgeschichtlichen oder gattungsspezifischen Gesichtspunkten bis auf wenige Ausnahmen. „Alte" und „neue" Kunst – die Auswahl umfasst die Zeit von etwa 1550 bis heute mit deutlichem Schwerpunkt bei rezenten Arbeiten – sowie Malerei, Fotografie und Grafik, Plastik und Werke der angewandten Kunst stehen sich gleichberechtigt gegenüber.
Die Auswahl von Kunstwerken aus der Zeit nach 1945 bietet interessante Einblicke in die kulturelle Verfasstheit in Ost- und Westdeutschland, insbesondere in den 1970er und 1980er Jahren. Indes war es nicht unsere Absicht, vermeintlich spezifischen Bedingungen des Alterns in den beiden deutschen Staaten nachzugehen (eine zukünftig lohnende, jedoch den gesteckten Rahmen dieses Projektes sprengende Themenstellung), sondern Gemeinsamkeiten und Unterschiede jeweils im individuellen Blickwinkel der Künstlerinnen und Künstler vorzustellen.

Vertieft wird die Präsentation durch fotodokumentarische Serien über die Bewohner der verschiedenen Einrichtungen der Paul-Riebeck-Stiftung und über das Hospiz in St. Elisabeth, die speziell für diese Ausstellung geschaffen wurden.

Diese Skizze mag verdeutlichen, dass die Konzeption dieser Ausstellung das Argumentieren und Beschreiben einer „soziologisch-dokumentarischen" Sichtweise mit dem ästhetischen Potential einer Kunstausstellung zu verbinden versucht, ohne die jeweils unterschiedlichen Belange einseitig zu nutzen und dadurch das „Künstlerische" oder das „Dokumentarische" abzuwerten, wie dies zuweilen in so genannten „historischen" Ausstellungen der Fall ist oder in dezidiert kunsthistorischen Präsentationen von vornherein verboten zu sein scheint.

Den Hintergrund und den Ausgangspunkt für diese inhaltliche Herangehensweise an das Thema der „Alterskultur" bilden die Funktionen und das Potential der Franckeschen Stiftungen in ihrer heutigen Zeit. Im Unterschied zu Museen klassischer Prägung sind die Franckeschen Stiftungen auf Grundlage ihrer komplexen Vernetzung mit Kulturträgern, Forschungseinrichtungen und einer Vielzahl von gesellschaftlichen Gruppen ideal dafür geeignet, Diskussionen auf breiter Basis anzustoßen und für diese ein Forum zu bilden. Vor dem Hintergrund ihrer langen Geschichte gilt dies in besonderem Maße für den Austausch zwischen alten und jungen Menschen.

Die Themenräume, die Objekte und ihre Beziehungen zueinander

Die Auswahl der im Folgenden kurz charakterisierten Werke aus der Gesamtzahl der ausgestellten Objekte soll es ermöglichen, die inhaltlichen Verknüpfungen innerhalb der Ausstellung sowie die thematische Ausrichtung der einzelnen Sequenzen anhand eines „virtuellen Rundgangs" nachzuvollziehen.
Die Ausstellung ist in zwei Teile mit insgesamt acht Räumen untergliedert, wobei jeder Raum einen eigenen Aspekt innerhalb der allgemeinen Fragestellung beleuchtet:

Die Räume I und II legen den Schwerpunkt auf dokumentarische Fotoserien aus Lebenssituationen alter Menschen.
Die Ausstellungsräume III-VIII sind thematisch unterschieden. Das „Motto", das jedem Raum gegeben wurde, ist jeweils dem Titel eines Kunstwerks, das in diesem Raum gezeigt wird bzw. im Raum VIII einem Gedicht Erich Frieds entlehnt:

Raum III:
„Das verlorenes Paradies"
Ludwig Dettmann

Raum IV:
„Die drei Lebensalter"
Hans Schulze

Raum V:
„So sind sie!"
Max Schwimmer

Raum VI:
„Selbst"
Robert Häusser

Raum VII:
„Im kleinen Leben liegt der große Schmerz"
Ulrike Kaiser

Raum VIII:
„Sanfter Mut"
Erich Fried[5]

[5] Den Hinweis auf diesen Text verdanke ich Thomas Kolodziej, Hospiz Halle. Vgl. seinem Beitrag S. 121.

Der Zentralraum (Raum II) ist traditionellen Auffassungen und Sichtweisen auf das Alter gewidmet, während die Räume IV–V den gesellschaftlichen Blick auf alte Menschen und die Räume VI–VII subjektive Erfahrungen und Stimmungen des alternden Menschen zum Thema haben. Raum VIII ist einem Menschen im Zustand schwerster Erkrankung und seinem Erleben von Gemeinschaft gewidmet.

Kat.-Nr. VII.11
Annegret Soltau (*1946)
Tochter mit Urgroßmutter
1994

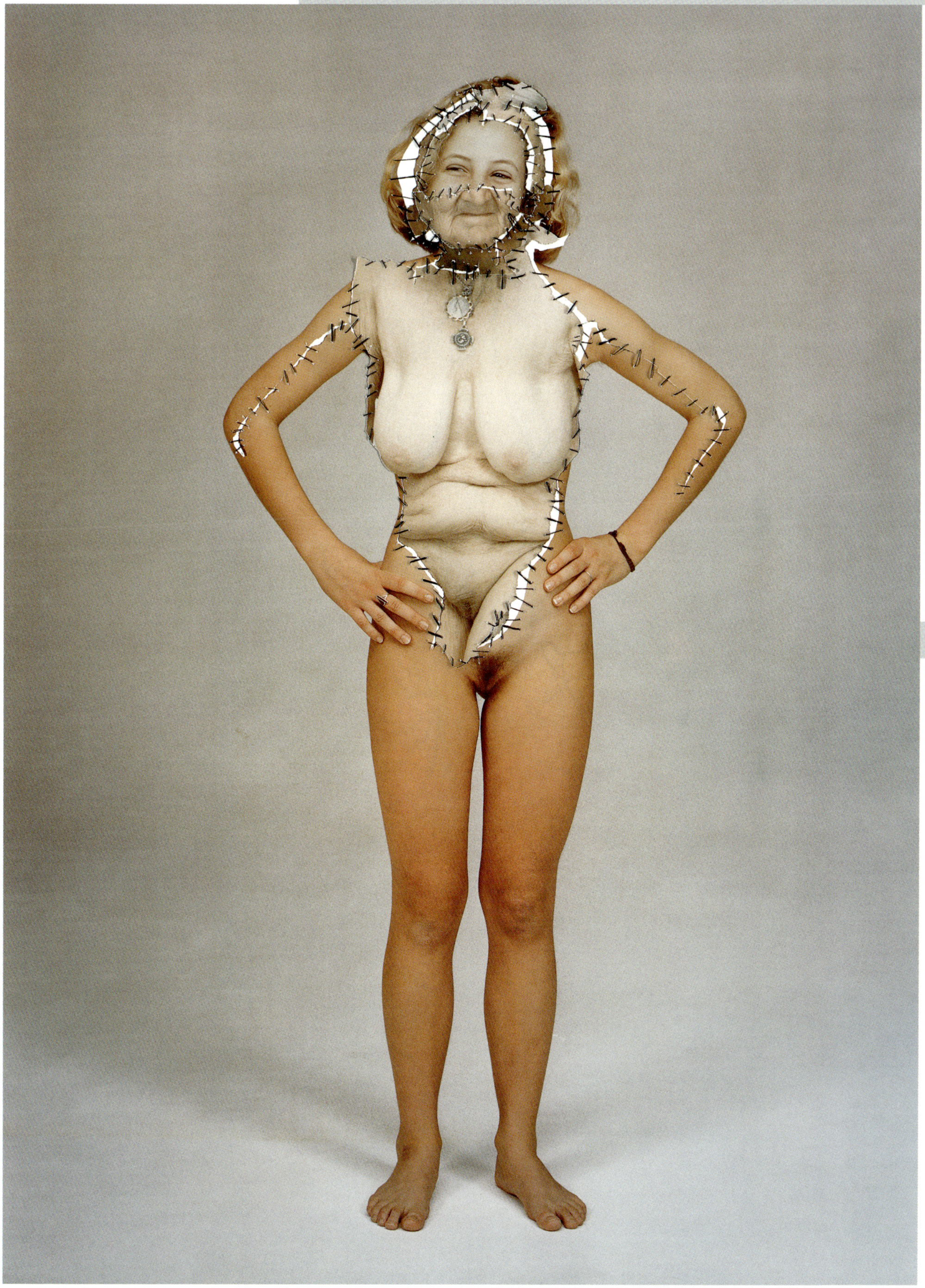

Alte Menschen in unserer Gegenwart: Situationen und Projekte

Alte Menschen geraten seit einigen Jahren zunehmend in den Blick der gesellschaftlichen Diskussion. Meist sind sie dabei aber nur „Gegenstand" kontrovers geführter Debatten. Der Inhalt der in der Regel von Jüngeren geführten Diskurse wird dabei oft bestimmt durch die seit Jahrzehnten vorhergesehene, sich nun aber dramatisch verschärfende demographische Entwicklung oder durch die Aspekte des drohenden „Pflegenotstandes".

Daneben werden die so genannten neuen Alten als stetig wachsende Gruppe in den Medien propagiert – „sie wollen alt werden, aber nicht alt sein".
Findet ein gesellschaftlicher Wandel tatsächlich statt oder ist das vermeintlich „Neue" an dieser älteren Generation lediglich deren zunehmendes Bewusstsein im Umgang mit ihrem eigenen Alter? Kann man, muss man altern lernen?

Die Humanität einer Gesellschaft lässt sich nicht zuletzt an ihrem Umgang mit ihren Alten ablesen. Gleichzeitig sind die persönlichen Lebenswege alter Menschen heute aber im Vergleich mit den Generationen zuvor vielfältiger geworden. Der Wille, das Alter sinnvoll und erfüllt zu gestalten und sich in die Gesellschaft einzubringen, lässt sich an vielen aktuellen Beispielen von Selbsthilfegruppen, Kultur- und Alterspflegeprojekten belegen.

Die Frage stellt sich, ob das selbst bestimmte Handeln der „neuen Alten" nun bereits ein Hinweis auf die Entwicklung einer neuen „Alterskultur" ist? Und: Stehen Kranke und Hilfsbedürftige außerhalb dieses Kulturbegriffs?

Räume I-II

Situationen und Projekte

Der erste Ausstellungsteil (Räume I-II) zeigt als Schwerpunkt dokumentarische Fotoserien aus der unmittelbaren, zeitaktuellen Lebenssituation alter Menschen. Hier sind kulturelle Aktivitäten von einzelnen und Gruppen ebenso Gegenstand des Interesses wie plastische Arbeiten, etwa Waldemar Ottos (*1929) „Bildnis der Rentnerin Katharina Weyl" aus dem Jahr 1970/71 (Kat.-Nr. I.1; Abb. S. 159), oder Werke der graphischen Kunst und der Fotografie. Sie richten alle den Blick auf die subjektiv erfahrene Situation alter Menschen. Erika Maria Lankes´ (*1940) Skulptur „Verkehrsteilnehmerin" von 1984 thematisiert beispielsweise die Fragilität und Gefährdung des Menschen innerhalb einer hoch technisierten Welt.

Kat.-Nr. II.2
Erika Maria Lankes (*1940)
Verkehrsteilnehmerin
1984

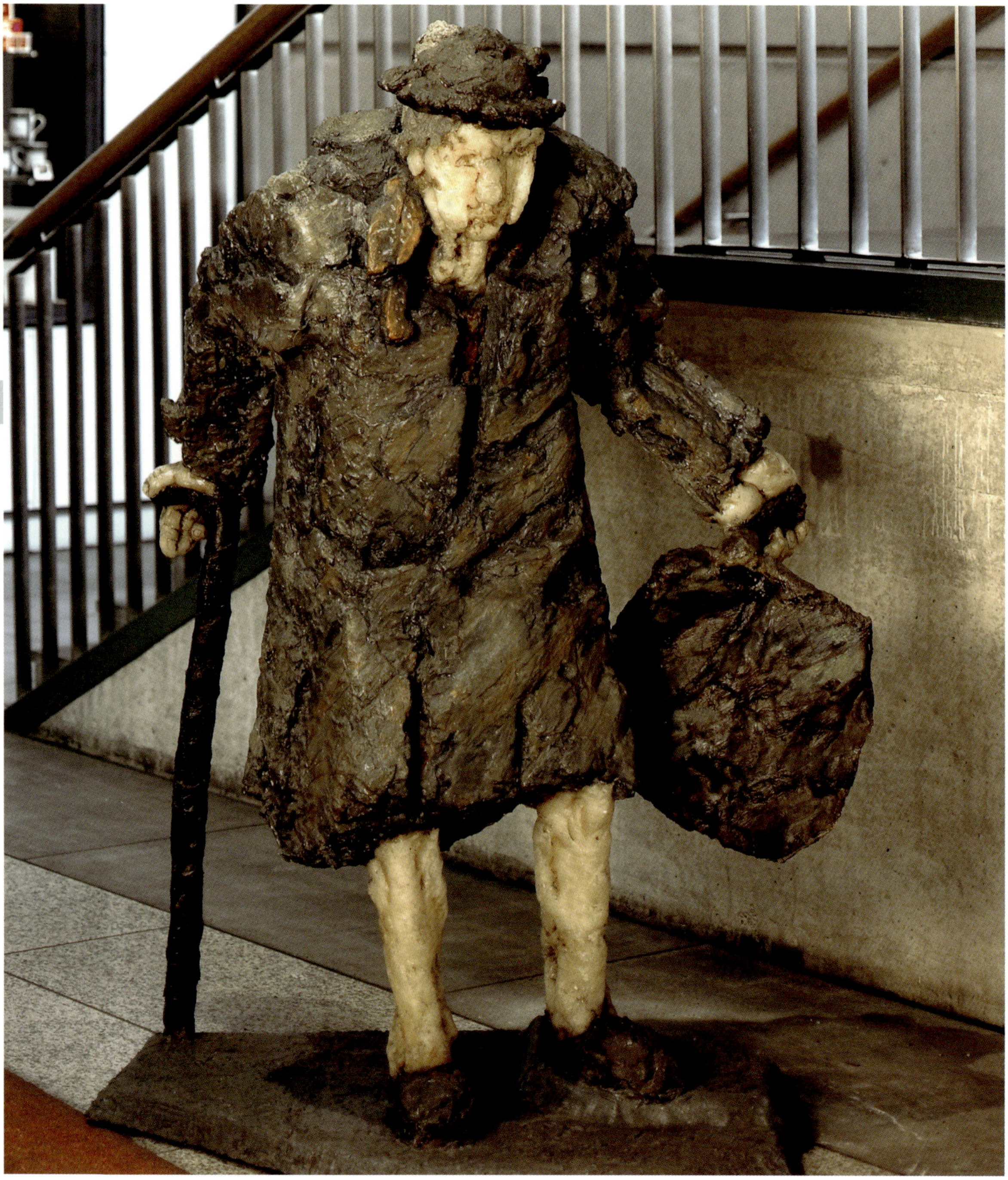

Dabei treten diese Werke in ihrer subjektiven, künstlerisch-wertenden Sichtweise bewusst in einen offenen Dialog mit Aspekten einer stärker dokumentarisch ausgerichteten Sichtweise. Dies gilt etwa für die Fotoserie Frank Hellwigs (* 1950) über das Leben in den Einrichtungen der Paul-Riebeck-Stiftung in Halle (Kat.-Nr.II.4; Abb. S. 25-27) und Gundula Schulzes (*1954) eindringliche, mit bildkünstlerischen wie mit literarischen Mitteln arbeitende Serie „Altsein-Tamerlan" (1979–1984), in der sie die letzten Lebensstationen einer ihr eng verbundenen Frau begleitete (Kat-Nr. II.3).

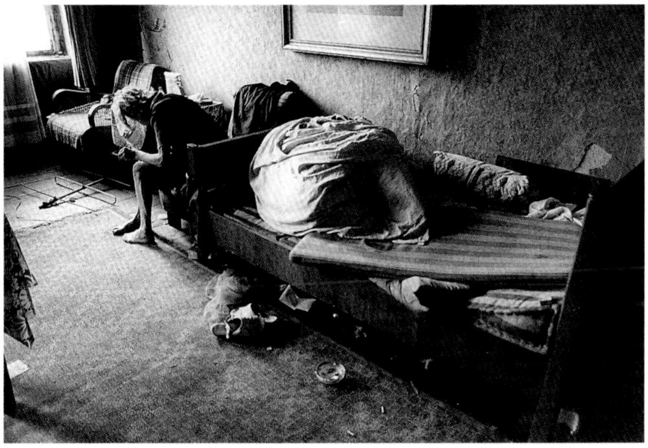

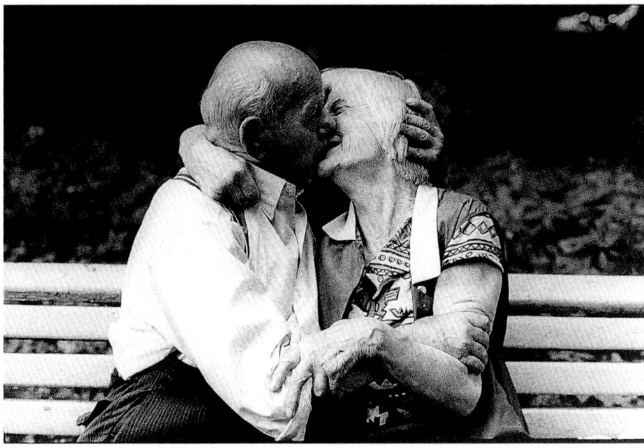

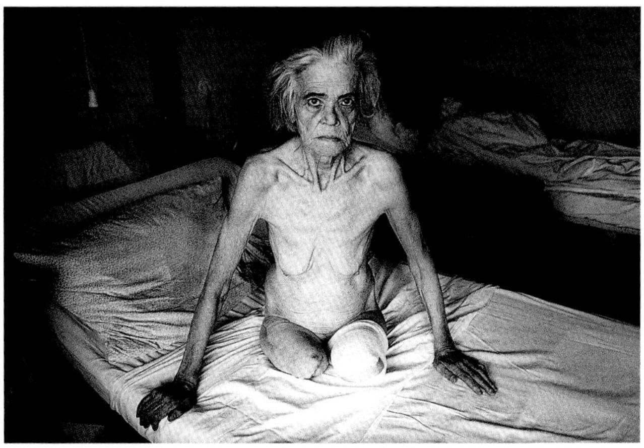

Kat.-Nr. II.3
Gundula Schulze-el Dowy (* 1954)
Altsein-Tamerlan
1979–84

Gedanken über das Alter und über das Altwerden

Der Flur ist lang! – viel zu lang. Türen links, Tische und Stühle rechts. Der Geruch ist aufdringlich und erinnert mich nicht nur an „alte Menschen“ sondern auch ans Sterben.
Da ist die alte Frau im Rollstuhl, vielleicht ist sie 80 oder auch 90 Jahre alt. Es sieht so aus, als schaute sie aus dem Fenster, als würde sie über Ihr vergangenes Leben nachdenken. Doch als ich näher komme, ändert sich mein Eindruck. Sie scheint erstarrt, als hätte das Leben sie längst verlassen. Ich wehre mich gegen meine Eindrücke, versuche sie aus einer anderen Perspektive zu betrachten. Ich will diesen Blick der alten Frau nicht, will den Geruch nicht, aber er ist da. Er ist da, wie die Gedanken, die langsam hinter mir herschleichen und sagen: „Auch du wirst dem Alter nicht entgehen. Auch Du wirst älter, wirst alt sein. Du wirst auf die eine oder andere Art und Weise die letzten Tage deines Lebens leben“.
Wie wird diese Art aussehen? Diese Frage folgt mir nach, wohin ich mich auch in diesem Gebäude wende, sie steht im Raum und fordert Antworten.

Zum Thema „Alterskultur“ fotografiere ich hier einige Bewohner in ihrem letzten Lebensumfeld und obwohl dies keine körperlich schwere Arbeit ist, bin ich am Abend doch ziemlich geschafft. An den Tischen sitzen die Alten und es sieht so aus, als warteten sie. Ich sehe sie als Wartende. Als Wartende, welchen das Warten zum neuen und letzten Lebensinhalt geworden ist. Oder warten sie auf Ihre Kinder, Enkel, die sie heute besuchen? Langsam gehe ich den langen Flur entlang, links die Türen, rechts die Wartenden und ich denke, dass „Altwerden“ auch etwas mit Würde zu tun hat. Ich möchte mir meine letzten Lebensjahre noch nicht vorstellen, möchte den Gedanken an sie noch lange vor mir herschieben. Doch ich kann mich nicht entziehen und weiß, dass dieser Moment kommen wird. Dies erschien mir noch nie so deutlich wie hier: Das Ende, mein Ende. Keines der Schicksale hier will ich für mich akzeptieren. Nicht deshalb, weil es die alten Menschen hier nicht gut hätten – nein, sondern weil ich mich mit dem Altwerden nicht auseinander setzen will. Aus meiner heutigen Sicht will ich es nicht. Ich wehre mich gegen das Unvermeidliche. Mit 20 war mein Lebensentwurf ein anderer als jetzt und in 20 Jahren wird er wieder anders sein. Auch diese Menschen hier haben vor einigen Jahren sicherlich so gedacht, doch es bleibt uns nichts anderes übrig, als uns damit abzufinden, zu akzeptieren, dass Älterwerden und Altsein zum Leben gehören, wie auch eines Tages das Ende, der Tod.
Die Fotos an diesem Tag, sie waren nicht leicht zu machen und am Abend bin ich nicht mehr der, der heute Morgen vor diesem „Riebeck-Stift“ stand, mit dem Kamerakoffer in der Hand, bereit, „Alte“ zu fotografieren. Diese Tage mit den „Alten“ und mit dem Älterwerden verändern mich. Da war diese Frau auf ihrem Bett. Sie zeigte auf ihre Beine: „Die Schmerzen“, sagte sie, „wenn die nicht wären …“ An der Wand hängen Fotos von ihren Kindern und von den Enkeln. Ein Foto zeigt einen

Kat.-Nr. II.4
Frank Hellwig (*1950)
Menschen der Paul-Riebeck-Stiftung, Halle
2003

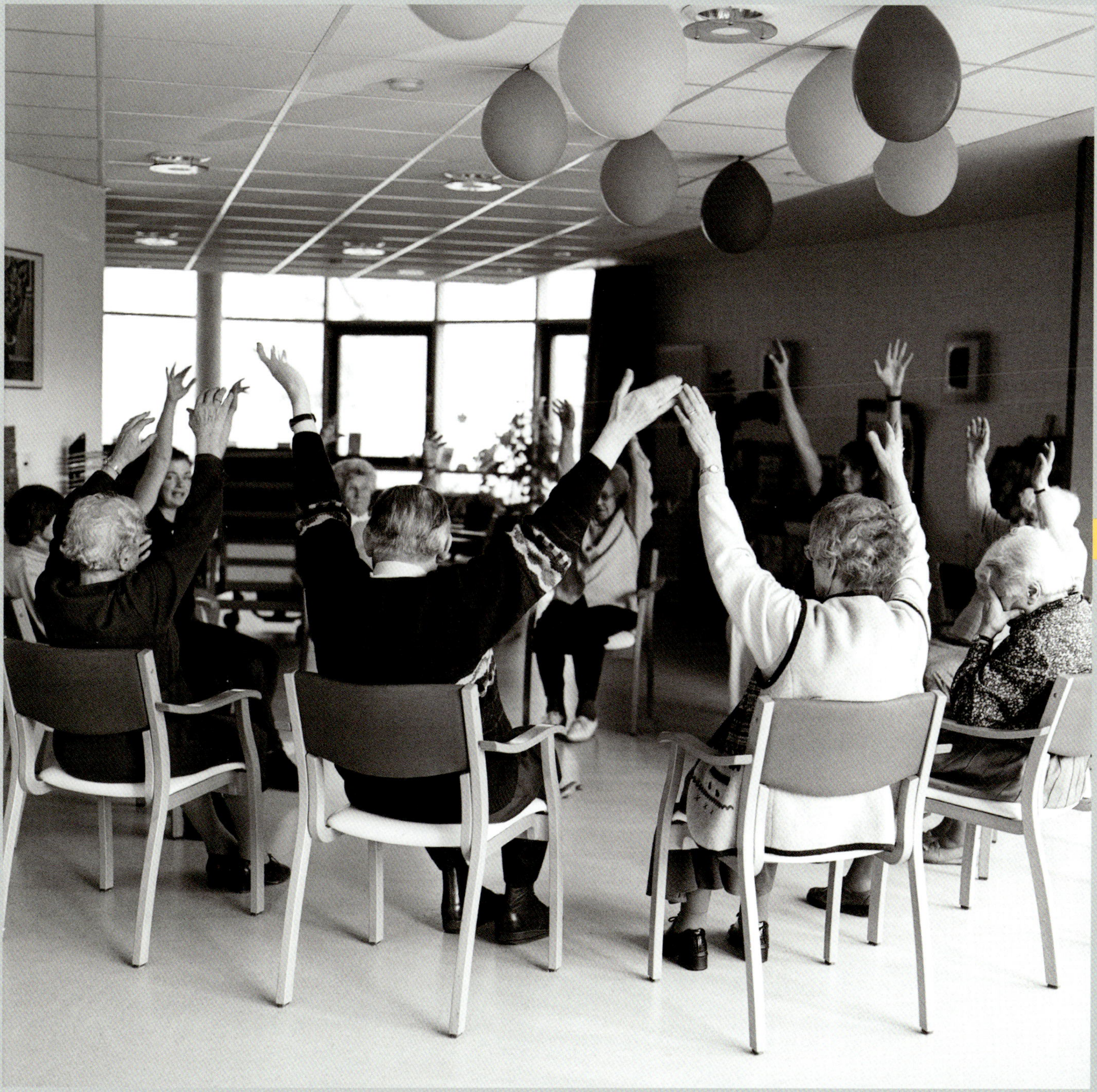

Tagespflege

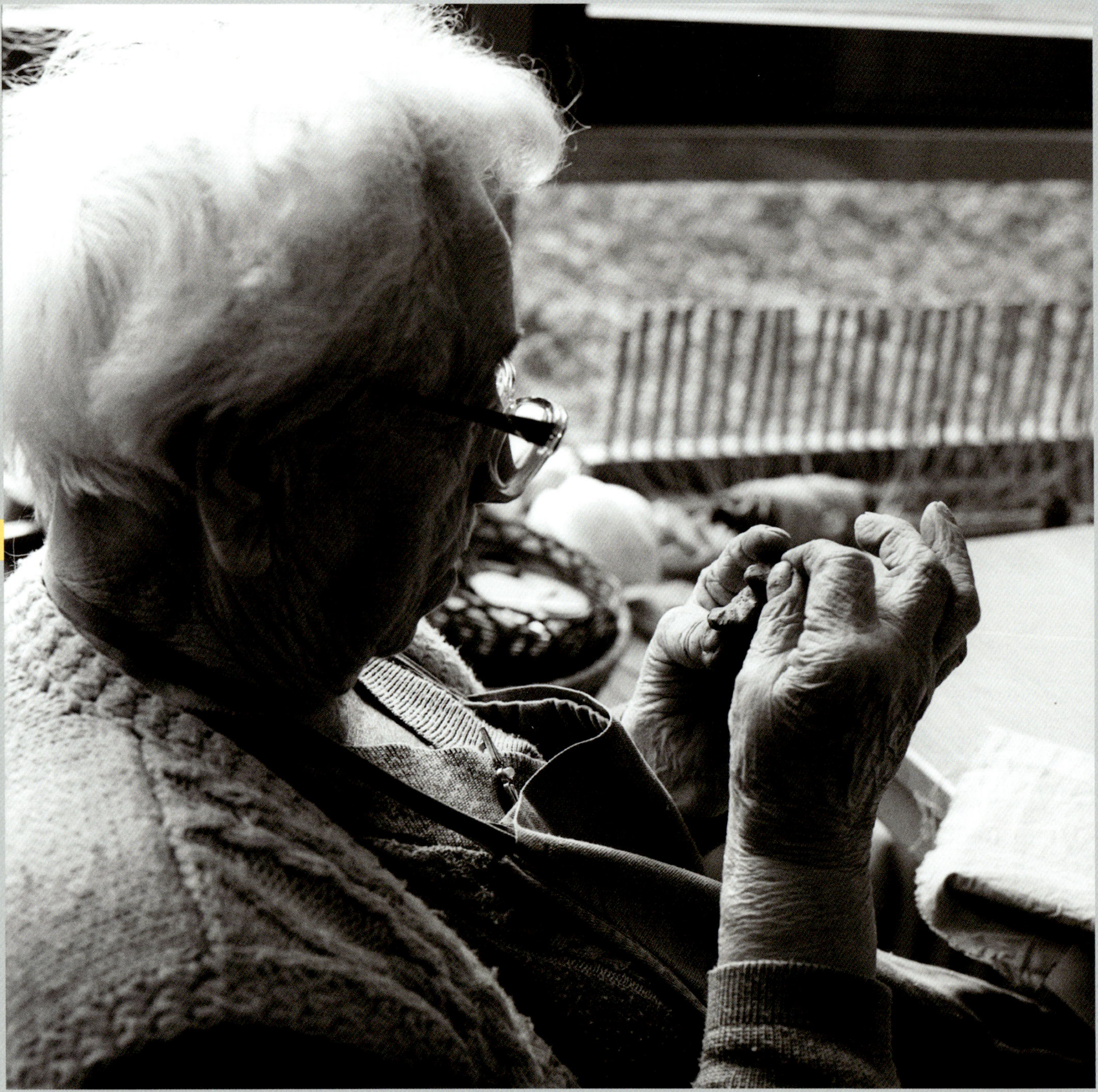

Hanna H., 93, Begegnungsstätte

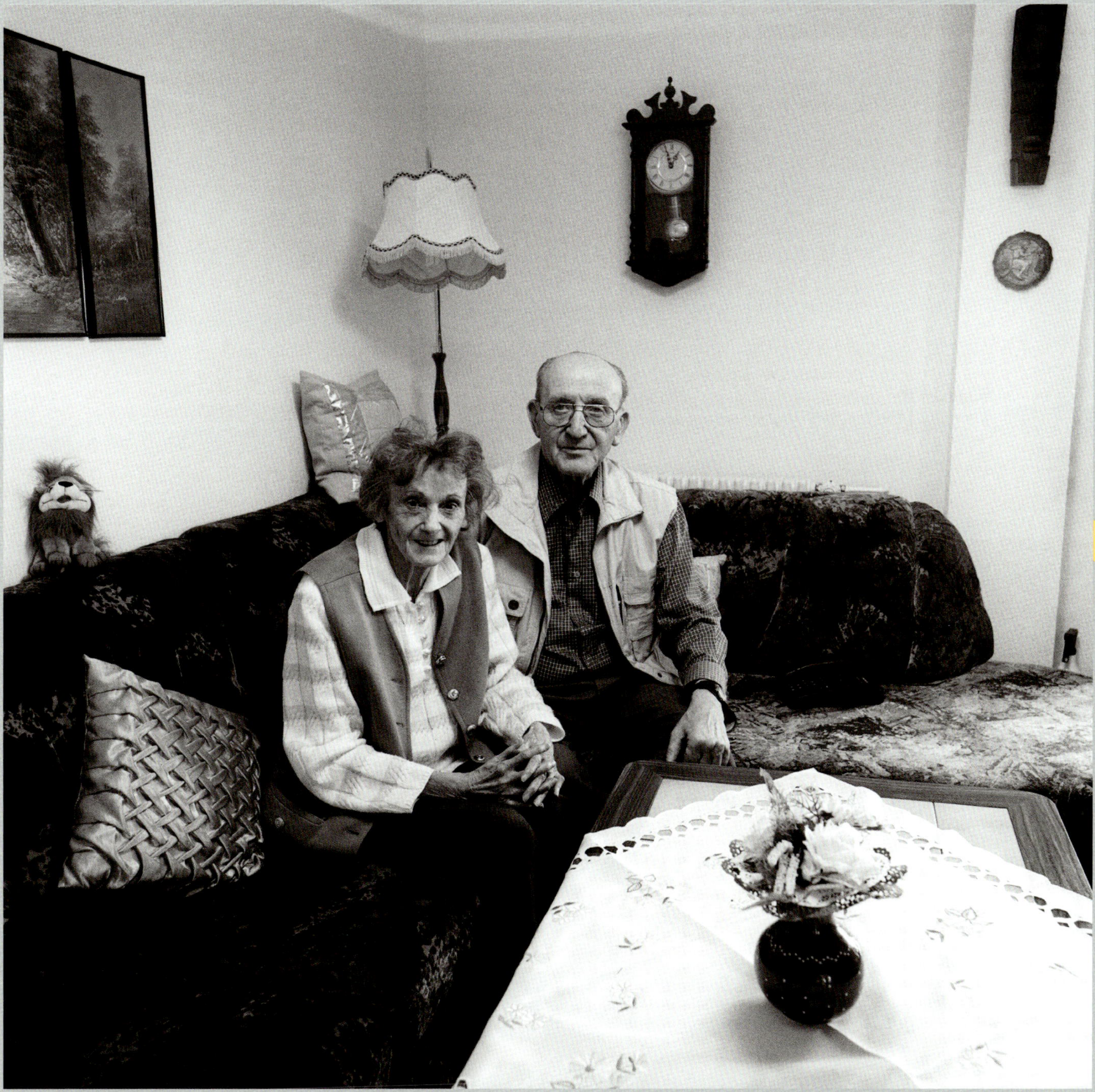

Emmy und Walter R., 79 und 82, Altengerechtes Wohnen

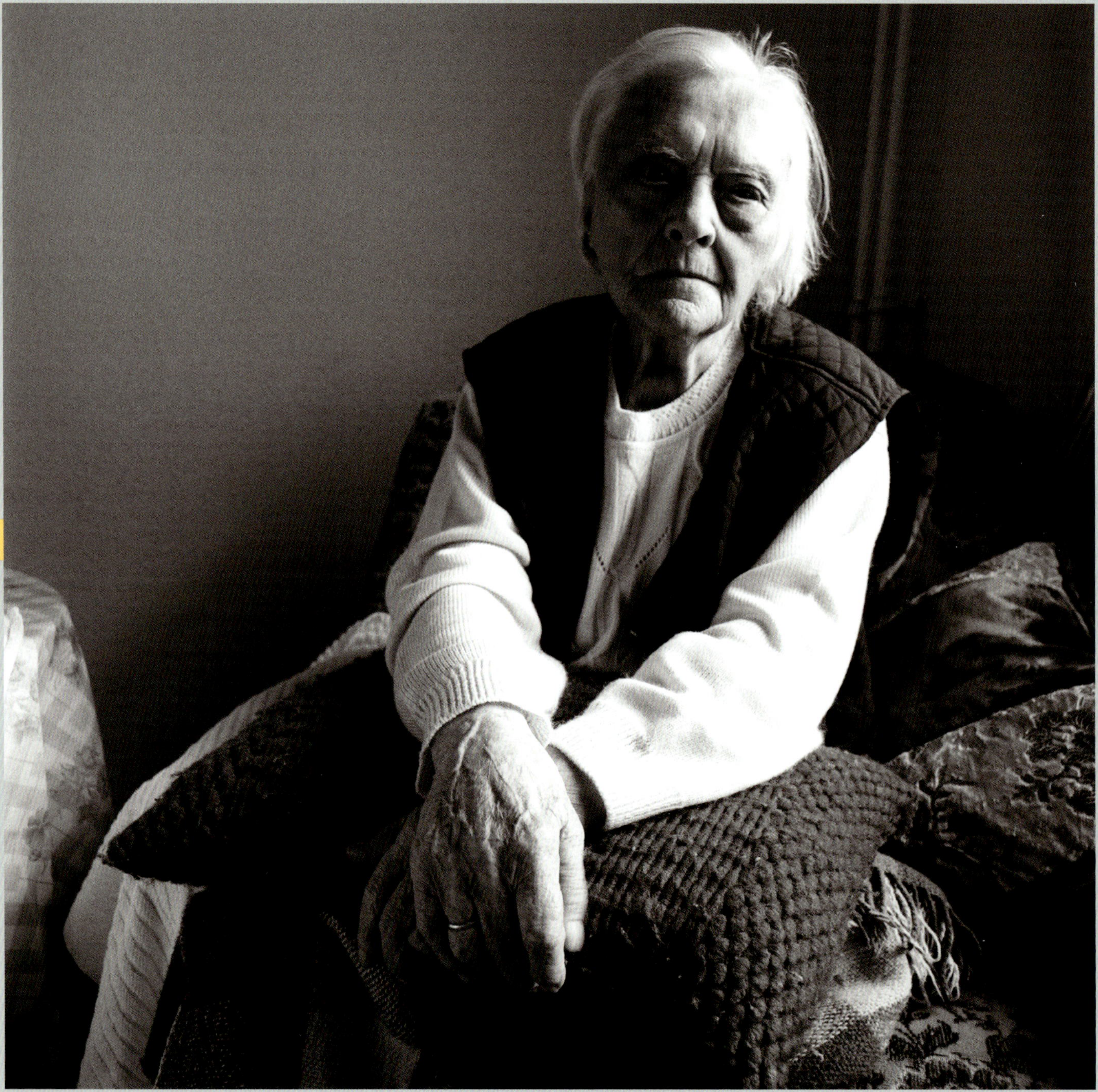

Berta W., 98, Altenpflegeheim

etwa 20-jährigen Mann in Uniform, ein Soldat. „Das ist mein Mann", erzählt sie, „er ist im Krieg gefallen (…) jetzt bin ich 84, meine Kinder besuchen mich ab und zu und es geht mir hier ganz gut". Oder jene Frau, die mit den Pflegern „Mensch, ärgere dich nicht" spielte. Gerade saß sie noch nachdenklich am Fenster und jetzt lacht sie und freut sich wie ein kleines Kind.
Mir wurde sehr schnell bewusst, dass ich in den zwei Tagen, in denen ich hier fotografieren werde, dem Thema nicht gerecht werden kann. Eigentlich müsste ich mich einige Wochen hier aufhalten, die Menschen erst kennen lernen, um ihre Persönlichkeiten in den Fotografien berücksichtigen zu können.

Früher waren alte Menschen für mich Personen, mit denen ich gar nichts zu tun hatte. Nie habe ich darüber nachgedacht, dass ich selbst einmal alt werde. Da gab es zwar diese „besonderen Geburtstage". Der 40. oder der 50. Geburtstag etwa: Wir feiern diese Feste, aber mit jedem Geburtstag, den wir feiern, wird der vor uns liegende Weg kürzer. Viele Jahre sind nötig, um diesen Weg, der scheinbar „nebelverhangen" vor uns liegt, klarer und deutlicher werden zu lassen.

Seit fast 20 Jahren arbeite ich als Werbefotograf. Mein Alltag zeichnet sich in erster Linie dadurch aus, dass ich Produkte fotografiere, die uns zeigen, wie schön die Welt der Jugend ist oder sein kann. Natürlich wissen wir alle, dass es sich dabei um Scheinwelten handelt, aber gleichzeitig lassen wir uns doch sehr gerne in diese Welten entführen, verführen.
Die Welt der alten Menschen spielt in meiner täglichen Arbeit keine Rolle. Es sei denn, es wird einmal ein Foto von „alten Menschen" für die Broschüre einer Lebensversicherung gebraucht. Aber selbst diese „Alten" sind nicht wirklich „alt": Sie deuten als Figuren für die Erfüllung des Kundenwunsches das Alter lediglich nur an. Es soll ja auch hier schließlich etwas verkauft werden und mit „richtigen und wirklichen Alten" wird in der Werbung gar nichts verkauft. Die „wirklichen Alten" zeigen nur allzu deutlich auf das Ende des eigenen Lebens – und das möchte niemand.

So war dieser Auftrag, diese Arbeit für mich hier in diesem Altenpflegeheim in Halle nicht nur eine sehr ungewöhnliche, sondern zugleich auch die interessanteste und persönlichste Arbeit meiner bisherigen Tätigkeit als Fotograf. Ich habe lange darüber nachgedacht, warum ich in meinem Berufsleben erst hier zum ersten Mal mit dem „Alter" konfrontiert wurde und habe festgestellt, dass dies eine sehr dumme Frage ist.

Frank Hellwig

DIE ALTE WASCHFRAU

Du siehst geschäftig bei dem Linnen
Die Alte dort in weißem Haar,
Die rüstigste der Wäscherinnen
Im sechsundsiebenzigsten Jahr.
So hat sie stets mit sauerm Schweiß
Ihr Brot in Ehr und Zucht gegessen,
Und ausgefüllt mit treuem Fleiß
Den Kreis, den Gott ihr zugemessen.

Sie hat in ihren jungen Tagen
Geliebt, gehofft und sich vermählt;
Sie hat des Weibes Los getragen,
Die Sorgen haben nicht gefehlt;
Sie hat den kranken Mann gepflegt;
Sie hat drei Kinder ihm geboren;
Sie hat ihn in das Grab gelegt,
Und Glaub und Hoffnung nicht verloren.

Da galts die Kinder zu ernähren;
Sie griff es an mit heiterm Mut,
Sie zog sie auf in Zucht und Ehren,
Der Fleiß, die Ordnung sind ihr Gut.
Zu suchen ihren Unterhalt
Entließ sie segnend ihre Lieben,
So stand sie nun allein und alt,
Ihr war ihr heitrer Mut geblieben.

Sie hat gespart und hat gesonnen
Und Flachs gekauft und nachts gewacht,
Den Flachs zu feinem Garn gesponnen,
Das Garn dem Weber hingebracht;
Der hats gewebt zu Leinewand;
Die Schere brauchte sie, die Nadel,
Und nähte sich mit eigner Hand
Ihr Sterbehemde sonder Tadel.

Ihr Hemd, ihr Sterbehemd, sie schätzt es,
Verwahrts im Schrein am Ehrenplatz;
Es ist ihr Erstes und ihr Letztes,
Ihr Kleinod, ihr ersparter Schatz.
Sie legt es an, des Herren Wort
Am Sonntag früh sich einzuprägen,
Dann legt sies wohlgefällig fort,
Bis sie darin zur Ruh sie legen.

Und ich, an meinem Abend, wollte
Ich hätte, diesem Weibe gleich,
Erfüllt, was ich erfüllen sollte
In meinen Grenzen und Bereich;
Ich wollt, ich hätte so gewußt
Am Kelch des Lebens mich zu laben,
Und könnt am Ende gleiche Lust
An meinem Sterbehemde haben.

Adelbert von Chamisso

Raum III

„Das verlorene Paradies“

Das verlorene Paradies

Für die meisten Menschen unserer Gegenwart besteht die Vorstellung von menschlicher Harmonie fort in dem Bild und der Vorstellung der Großfamilie. Diese Projektion erscheint für viele umso verlockender, je weniger Menschen sich in der heutigen Gesellschaft in der Lage fühlen, diese „Lebensform" tatsächlich umzusetzen. Vielmehr stellen innere, subjektive wie äußere, meist berufliche Faktoren bereits das Konzept Familie in seiner „marktgerechten" Form, das heißt mit ein bis zwei Kindern, generell in Frage.

Die moderne Sozialgeschichtsforschung geht gar so weit, die Idylle der Großfamilie auch in historischer Sicht immer deutlicher als eine Projektion zeitgebundener Wunschvorstellungen zu kennzeichnen. Faktoren wie Kinderarbeit, die politische und soziale Unterdrückung der Frauen und die an den Rand der Gesellschaft gedrängten, vermeintlich unproduktiven Alten stören das Bild der guten, alten Zeit.

Die Bildtraditionen, die noch heute oftmals die Vorstellung „wie alte Menschen sein sollten" prägen, gingen auf Vorstellungen der Romantik zurück. Zu den am weitesten verbreiteten Vorstellungen „familiärer Musterbeziehungen" gehört die Figur der Großmutter als Märchenerzählerin. Die oft von einer abgründigen Brutalität begleiteten Märchengeschichten dienten in der kleinen, bürgerlichen Welt des 19. Jahrhunderts auch der sittlich-moralischen Erziehung der Jugend – nahe gebracht und oberflächlich „entschärft" durch den Mund einer gütigen Großmutter.

Die christliche Bildtradition war demgegenüber durch die Vergegenwärtigung der biblischen Berichte und die heilsgeschichtliche Vorausschau stets auf das Ende des Lebens im Sinne eines Neubeginns gerichtet. Am Ende des menschlichen Daseins, das vor dem Hintergrund des Sündenfalls oftmals von Mühsal und Schmerzen bestimmt wurde, kennzeichnete die körperliche Hinfälligkeit des alten Menschen die Überwindung des Irdischen: Durch den Tod war dem Empfang des ewigen Lebens die Bahn gebrochen.

Kat.-Nr. III.11
Ludwig Dettmann (1865–1944)
1. Mose 3
Detail: Der Fluch der Sünde (Vgl. S. 38f.)
1892

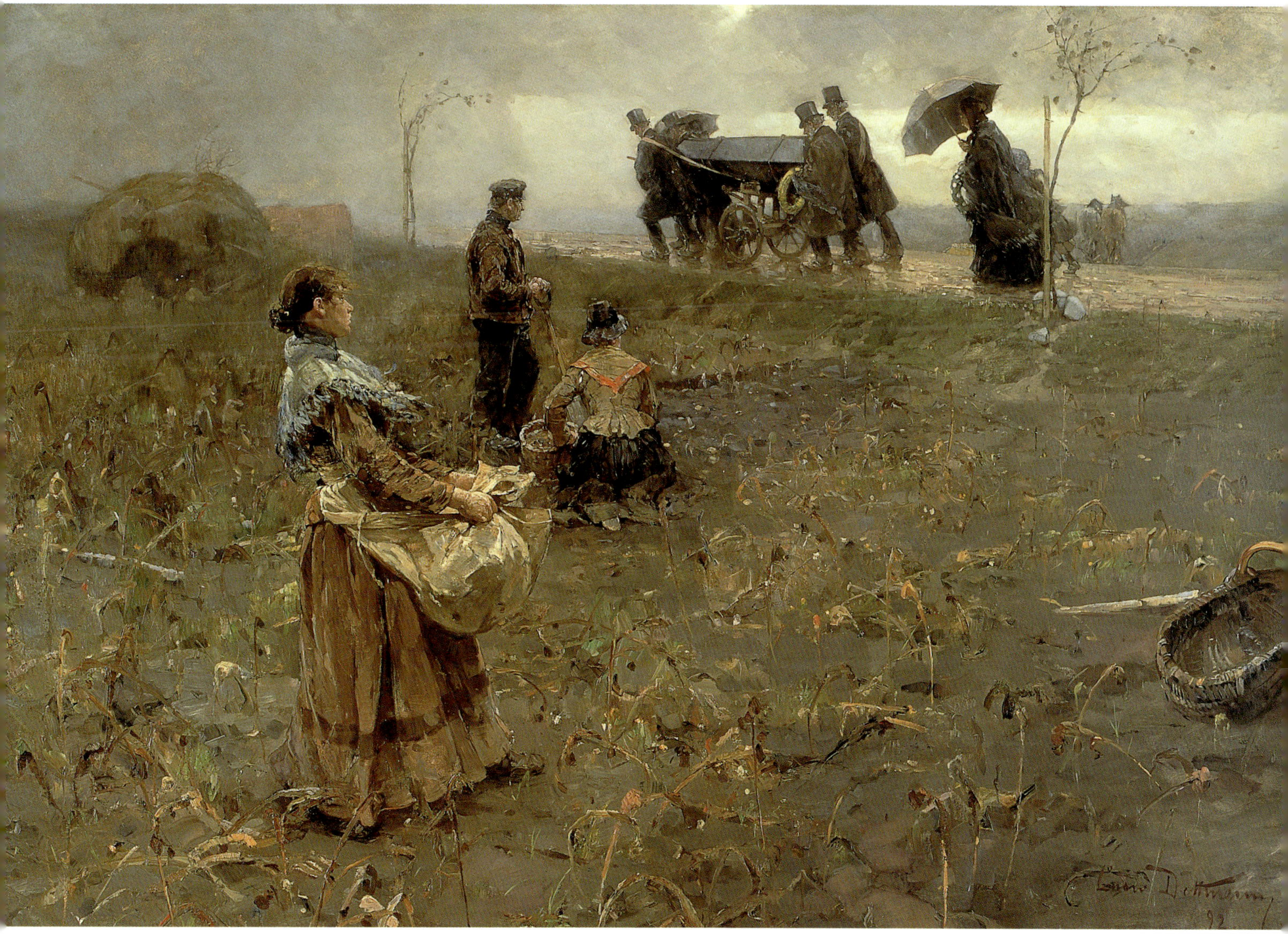

„Das verlorene Paradies" – Traditionen und Projektionen des Alters

Ein mit der Szene der „Vertreibung der Ureltern" bemalter Majolikateller aus der Zeit um 1600 eröffnet die Präsentation und verweist auf den Eintritt der Alterung in das menschliche Leben nach dem Sündenfall in der Sicht der christlichem Tradition (1. Mose 3, 1–7). Durch den Genuss der Frucht werden Adam und Eva die „Augen aufgetan". Sie erkennen jedoch nicht allein ihre Nacktheit, sondern sind hinfort auch dem Altern unterworfen: Folgerichtig erscheint in der Szene der „Vertreibung" Adam bereits als Greis mit eisgrauem Haar. Der Tod hat Einzug in die Geschichte des Menschengeschlechtes gehalten.

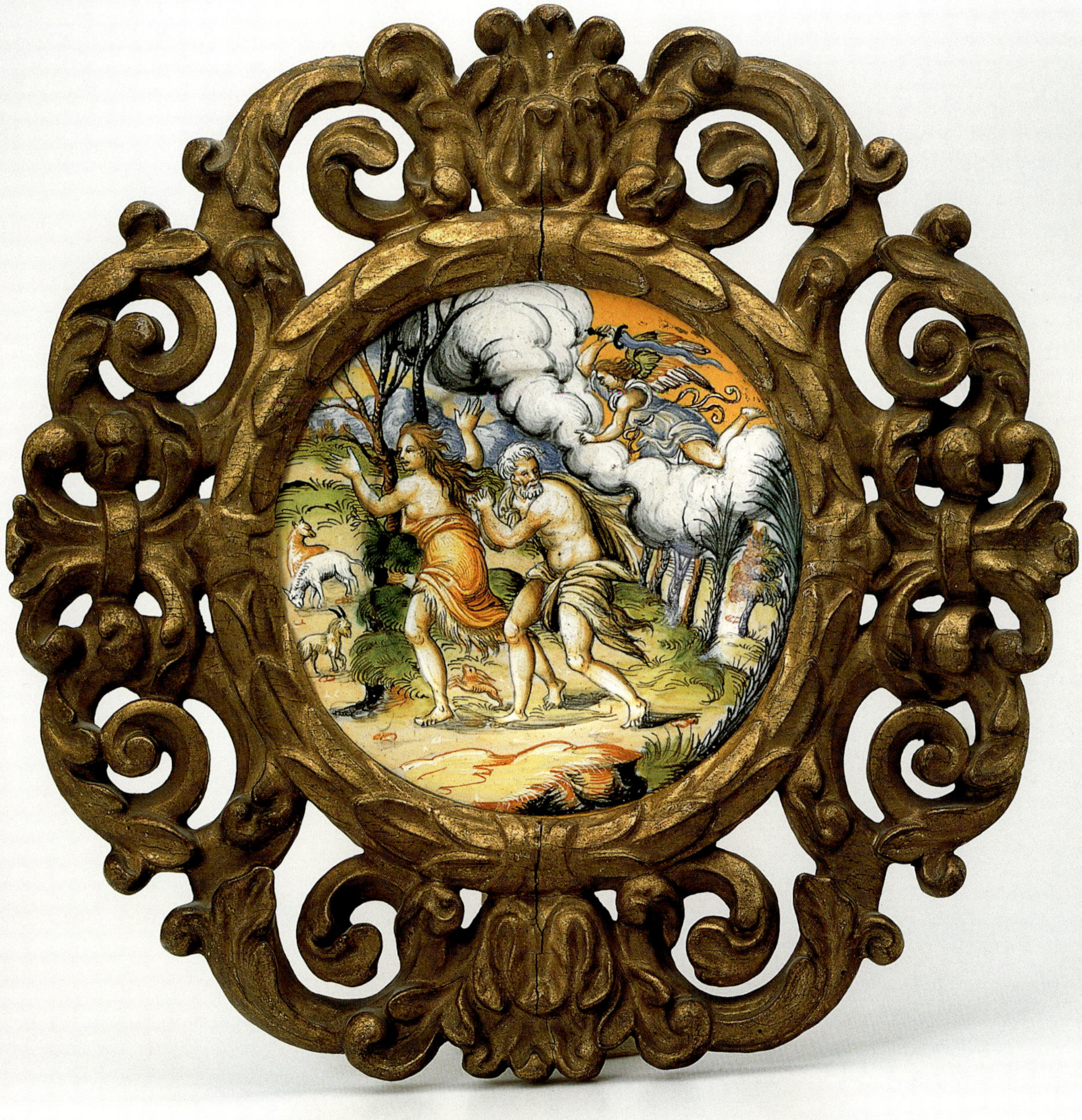

Kat.-Nr. III.1
Die Vertreibung der Ureltern
Urbino
Um 1600

Einen weiteren Aspekt des Alters liefert die Betrachtung des Neuen Testamentes und der kirchlichen Überlieferung. Hier ist der alte Mensch in Gestalt des inspirierten Zeugen, der die Botschaft vom Wirken Christi in die nächstfolgende Generation weitergibt, überaus positiv besetzt. Als Beispiel dient Paul Heermanns (1673–1732) Plastik des „Heiligen Hieronymus", die um 1700 entstanden ist. Die Nacktheit, ebenso wie die Körperbildung des Greises weisen auf das Vorbild klassischer Philosophendarstellungen hin. In der Prägnanz der Darstellung, die auch in ihrer Haltung den antiken Denker zitiert, wird die Wertschätzung für den Kirchenvater als einem Bewahrer der Heilsbotschaft deutlich. Erfahrung, Wissen und Weitervermittlung erscheinen in dieser Bildtradition – zumal in einer durch eine generell niedrige Lebenserwartung gekennzeichneten Umwelt – als „klassische" Tugenden der Alten.

Eine ähnliche Auffassung prägte nicht zuletzt die bildhafte Vorstellung von Gottvater selbst, der uns im Typus des Schöpfergottes stellvertretend in Thomas Schwanthalers Relief aus der Zeit um 1670 begegnet.

Der Uranfang des menschlichen Leids im Bild des Sündenfalls wird auch in dem Triptychon Ludwig Dettmanns (1865–1944) von 1892 thematisiert (Kat.-Nr.III.11; Abb. S. 33, 38f.). Es stellt den menschlichen Lebenszyklus der christlichen Heilsgeschichte gegenüber: „Das Verlorene Paradies", „Der Fluch der Sünde", im rechten Bildteil schließlich die „Die Erlösung": Hier schreiten, gebeugt durch die Mühsal eines langen Lebens, ein alter Bettler, ein alter König, aber auch ein unschuldiges Mädchen der von Licht umfluteten Gestalt Christi entgegen.

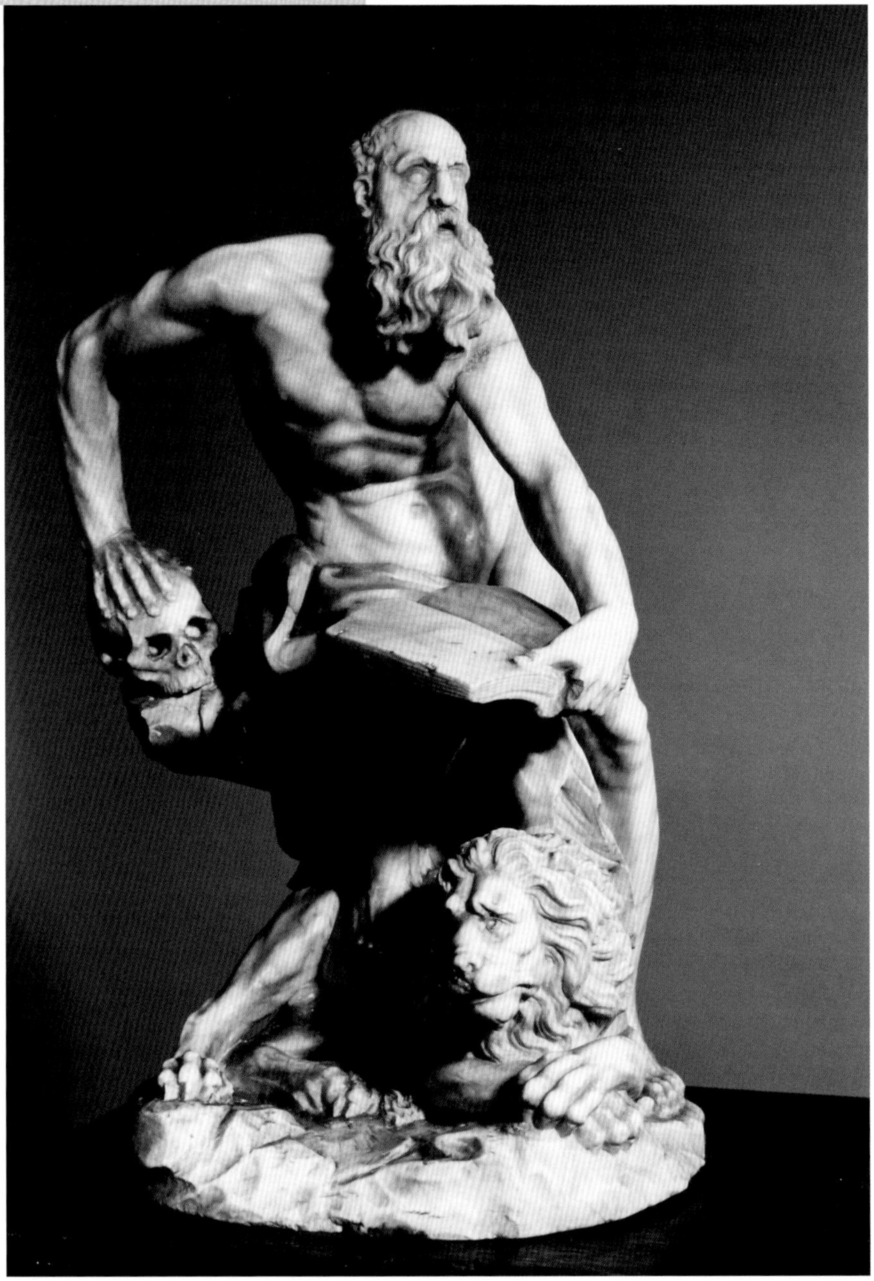

Kat.-Nr. III.5
Paul Heermann (1673–1732)
Hl. Hieronymus mit dem Löwen
Um 1700

Kat.-Nr. III.4
Thomas Schwanthaler (1634–1676)
Die Erschaffung Adams und Evas durch Gottvater
Um 1670

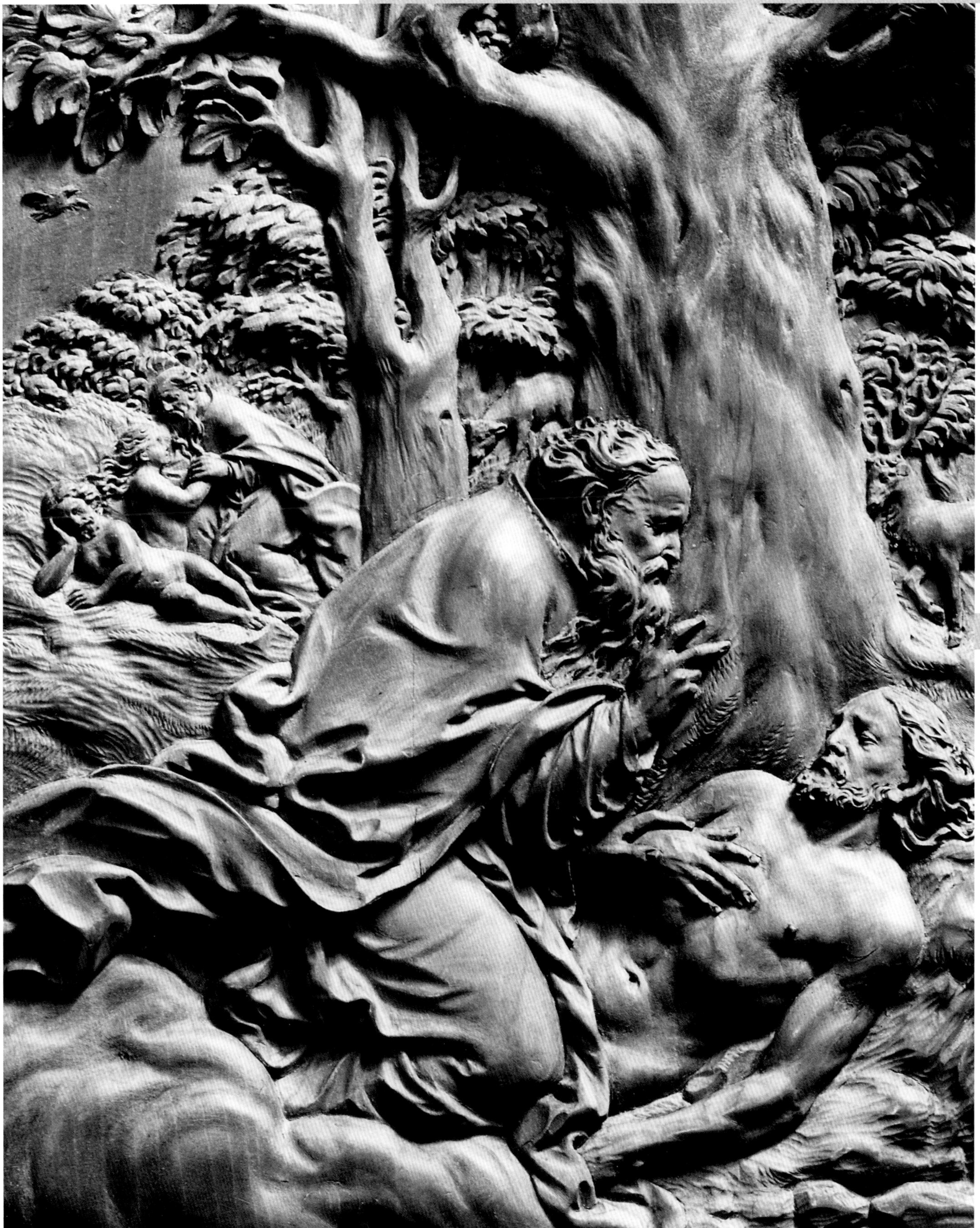

Das Glück des Lebens, das erlösende Moment, das sich in Freundschaft und Zuneigung findet, all dies wird in eine transzendente Welt projiziert. Die „sakralisierte", an mittelalterliche Flügelaltäre erinnernde Bildform des Triptychons verleiht dem Gemälde dabei die Aura der Autorität, einer „Allgemeingültigkeit", in der sich die Vorstellung eines integren Weltganzen widerspiegelt. Diese Sichtweise ermöglichte es, die menschliche Existenz trotz ihrer ganzen Widersprüchlichkeit als eine in sich abgeschlossene, sinnvoll auf das Ende hin projizierte „menschliche Heilsgeschichte" zu begreifen.

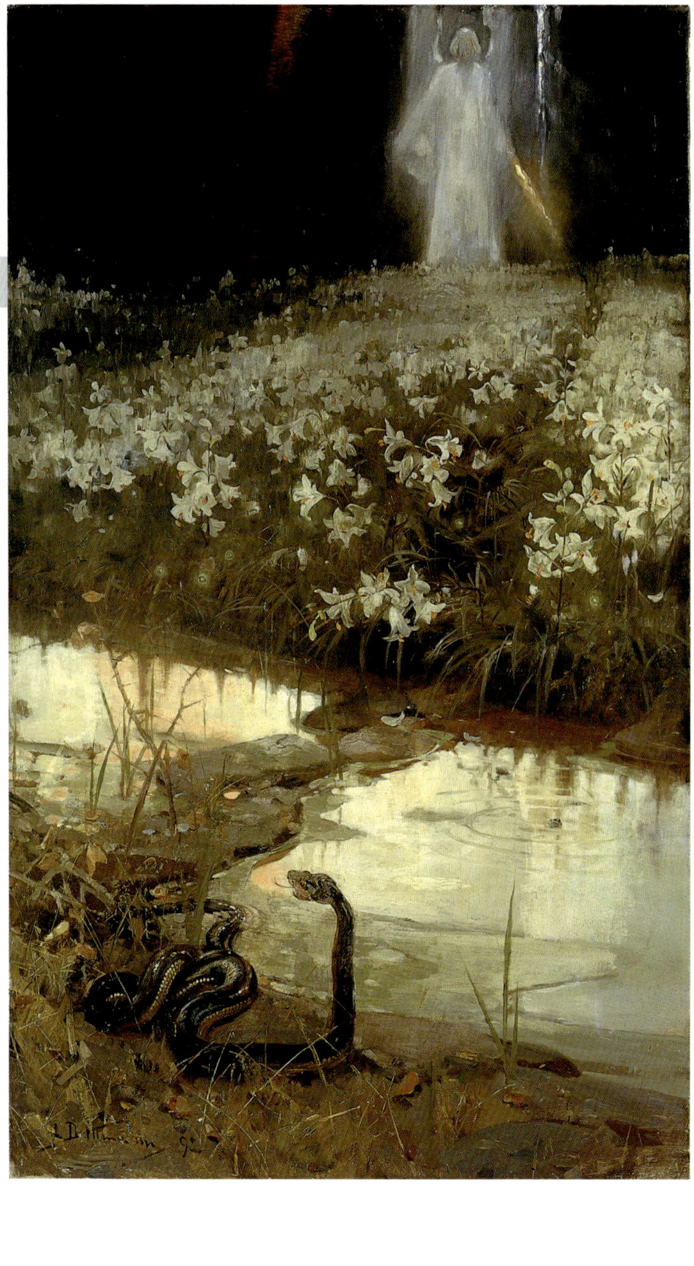

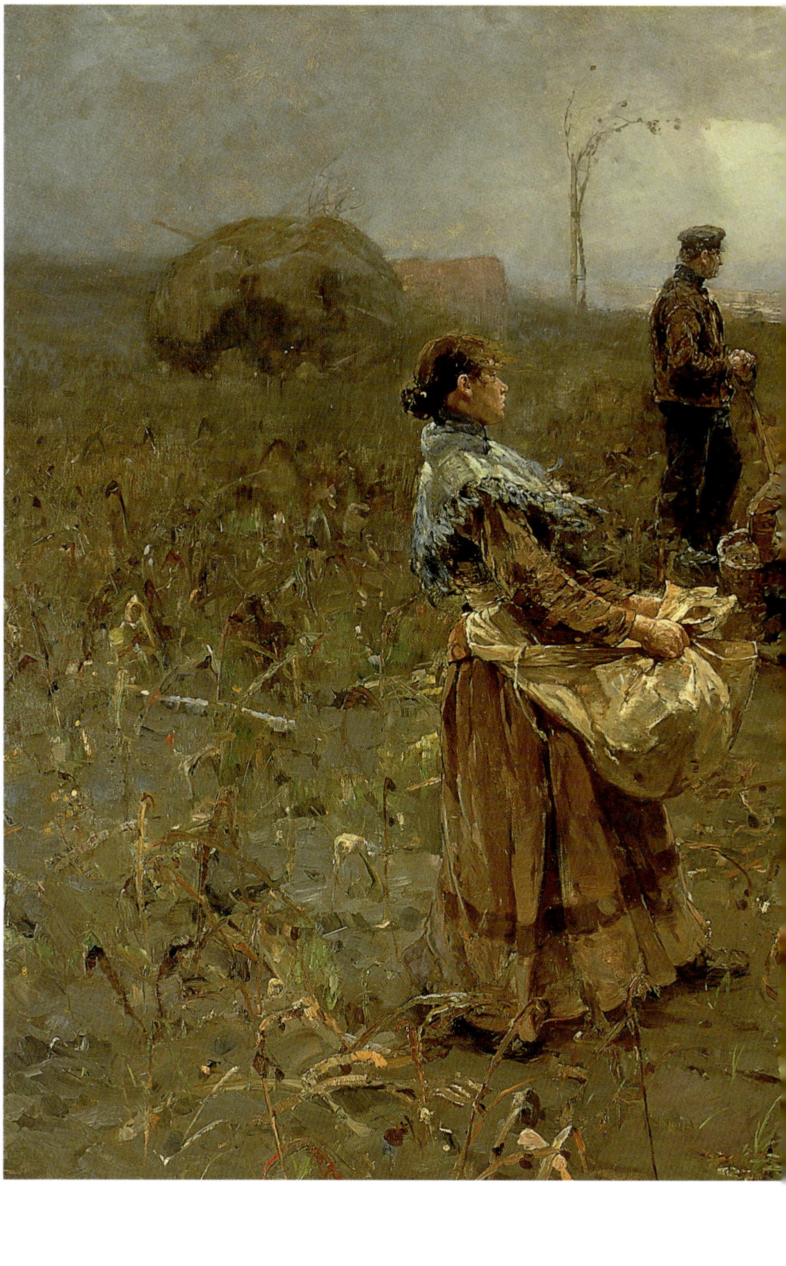

Kat.-Nr. III.11
Ludwig Dettmann (1865–1944)
1. Mose 3
Das verlorene Paradies
Der Fluch der Sünde
Die Erlösung
1892

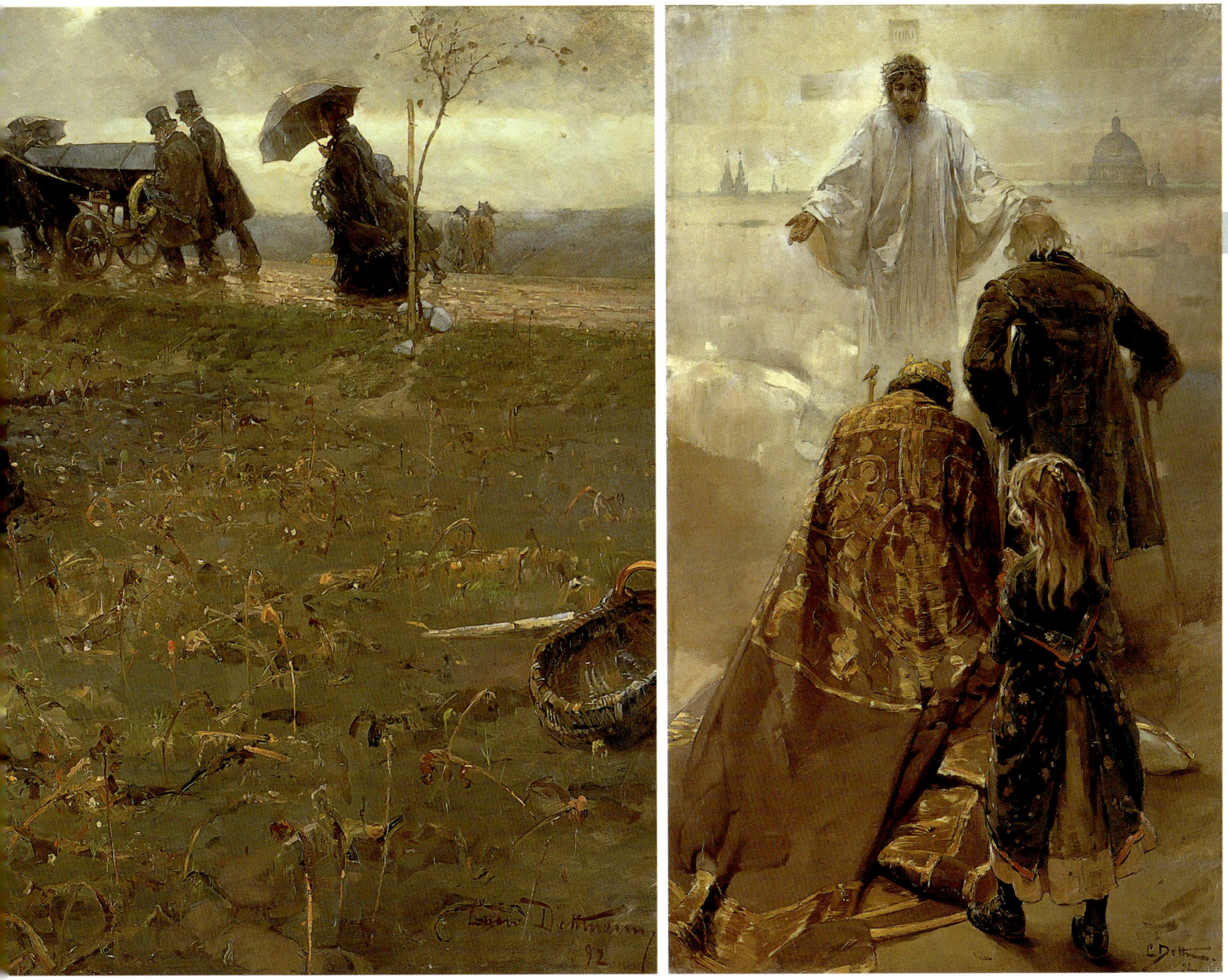

Diese Darstellungsweise des 19. Jahrhunderts alludiert die traditionelle Anschauung vom Leben als zyklischer Abfolge von Werden, Erblühen und Vergehen. Signifikant ist der Vergleich mit der großformatigen Arbeit Harald Duwes, die im Raum VII gezeigt wird (vgl. Kat.-Nr. VII.3, Abb. S. 110f.). Das in den 80er Jahren des 20. Jahrhunderts entstandene Werk adaptiert formal ebenfalls den Typus eines „Altarretabels", jedoch sorgt es dabei beim Betrachter für zwiespältige Gefühle: Zwischen beißendem Spott und leiser Verzweiflung über die Unfähigkeit des Menschen das „Glück" fest zu halten oder überhaupt im Lauf seines Daseins zu erlangen, beleuchtet Duwe alltägliche Lebensstationen und -situationen.

In Raum III wiederum vertritt Jef Leempoels (1867–1935) Gemälde „Zwei Sträflinge während des Gottesdienstes", das um 1890 entstand, einen weiteren christlich-religiösen Aspekt: Während der jüngere Gefangene aufmerksam die Predigt verfolgt, lauscht der alte Mann mit gesenktem Blick und tief in sich gekehrt den Worten des Seelsorgers. Die menschliche Biografie, die, in religiöser Sicht, auch aus den Etappen Verfehlung, Reue und Wandel bestehen kann, wird hier zum Thema eines Bildes. Die Theologie der Buße wurde mit der zyklischen Darstellungsweise der Lebensalter, wie sie auch im Werk Dettmanns begegnet, verknüpft und von Leempoels in szenisch-narrativer Weise in Eins gesetzt.

Kat.-Nr. III.10
Jef Leempoels (1867–1935)
Zwei Sträflinge während des Gottesdienstes
Um 1890

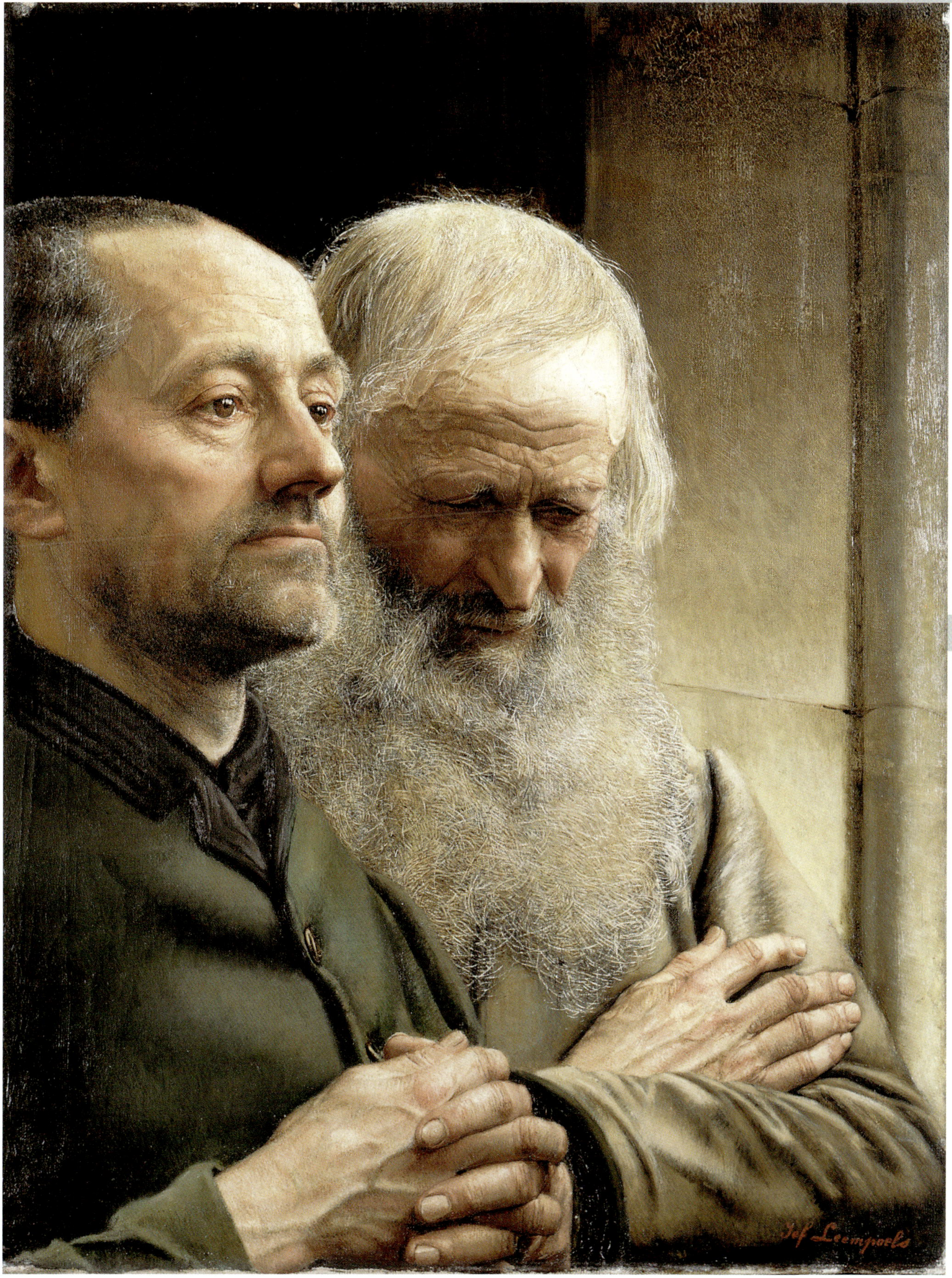
Jef Leempoels

Das Bild des Alters in der bürgerlichen Lebenswelt des 19. Jahrhunderts war geprägt von romantischen Projektionen. Franz von Defreggers (1835–1921) Gemälde „Das Tischgebet" von 1875 zeichnet ein Bild vom Zusammenleben der Generationen, das nach Ausweis der modernen Sozialgeschichtsforschung eigentlich kaum als repräsentativ zu bezeichnen wäre[6]. Umringt und aufmerksam beobachtet von seinen älteren Geschwistern übt ein kleiner Junge unter Anleitung und Aufsicht der strengen und doch liebevollen Großmutter sein Tischgebet. Das Interieur wartet mit allen Accessoires auf, die seit der Blütezeit der niederländischen Stilllebenmalerei zum Repertoire der in sich geschlossenen, heilen Bürgerwelt gehörten.

[6] Vgl. den Beitrag von Dirk Suckow in diesem Katalog.

Kat.-Nr. III.8
Franz von Defregger (1835–1921)
Das Tischgebet
1875

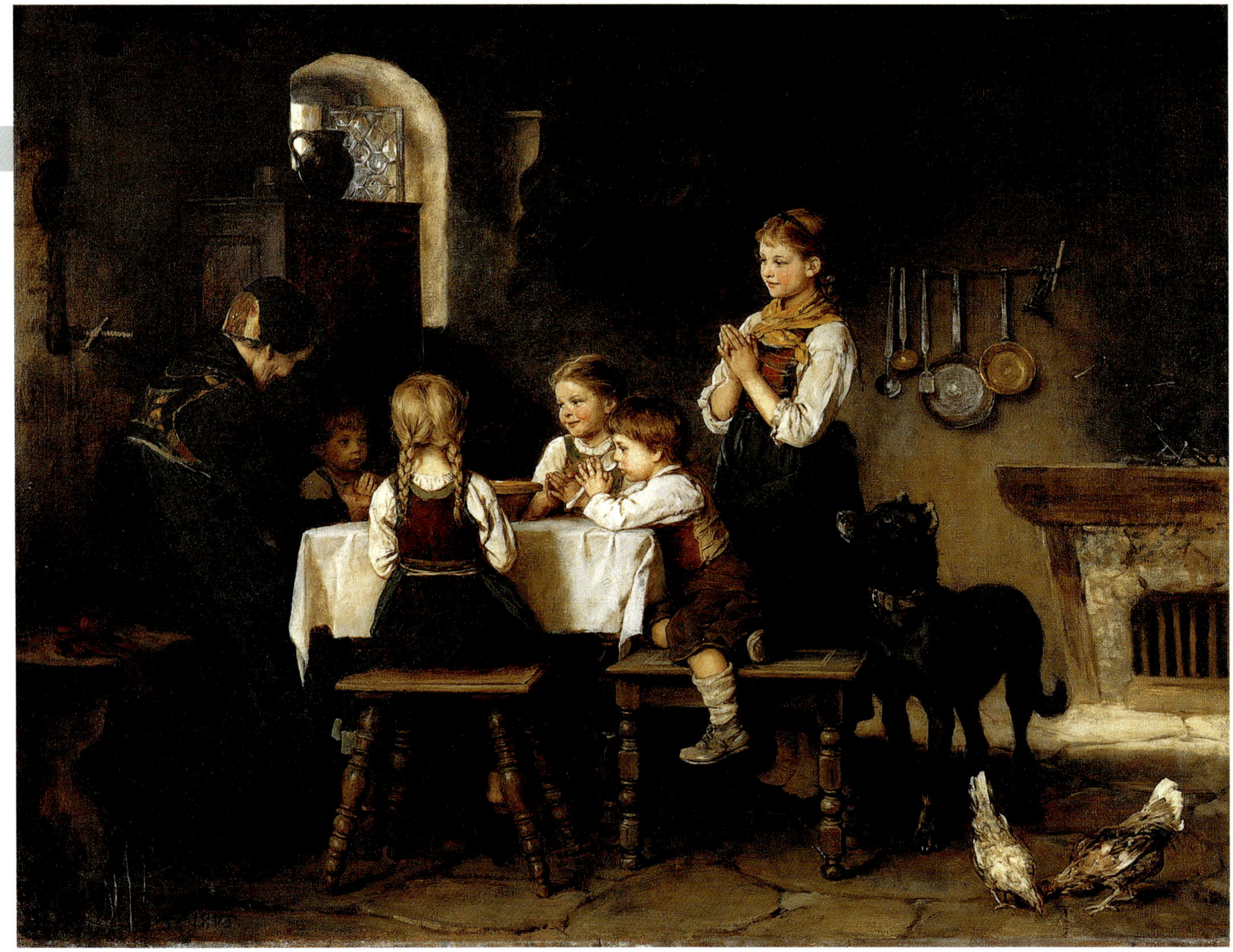

Das Gemälde „Junge Dachauerin mit Großmutter von der Kommunion heimkehrend", das Artur Langhammer (1854–1901) gegen Ende seines Lebens schuf, propagiert ebenfalls das Bild von der wachsamen Aufsicht der alten Frau über die Erziehung und moralische Prägung der nachwachsenden Generation – während die Eltern des Kindes ihrem harten Erwerbsleben nachgehen.

Kat.-Nr. III.12
Artur Langhammer (1854–1901)
Junge Dachauerin mit Großmutter von der Kommunion heimkehrend
Um 1890/1900

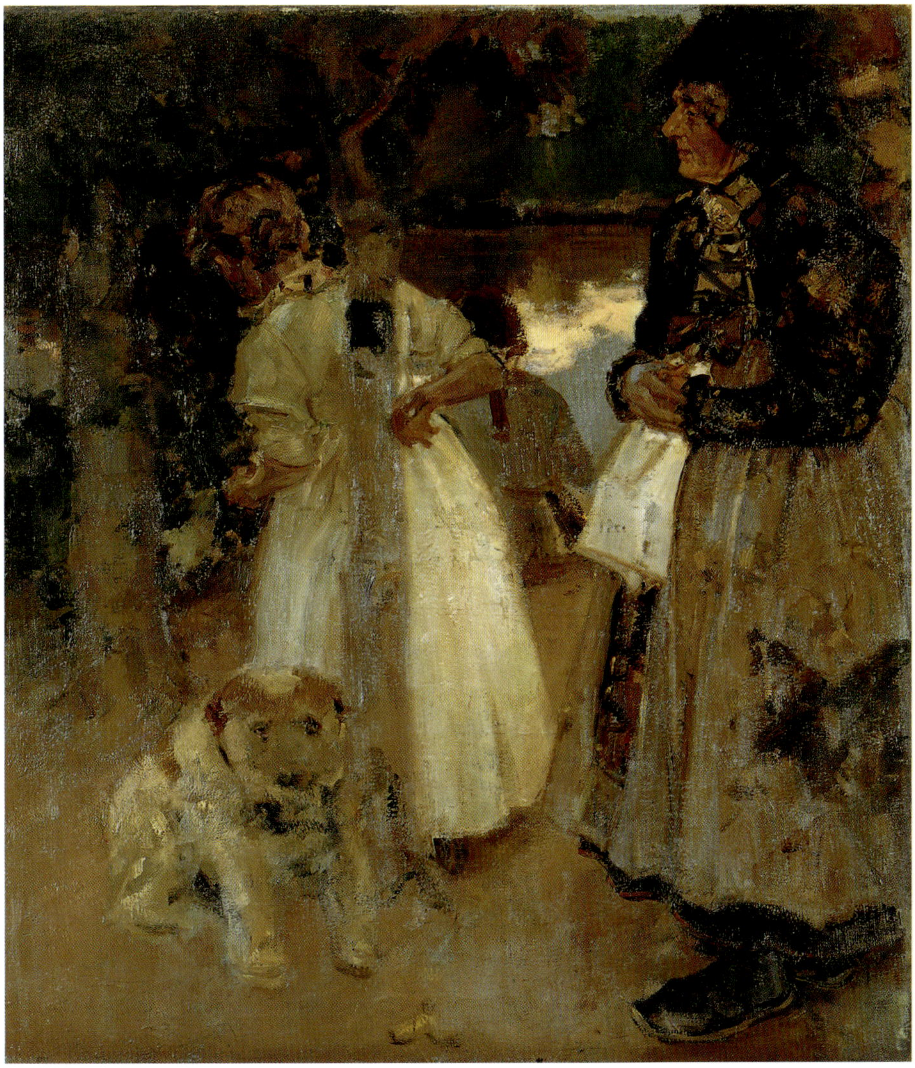

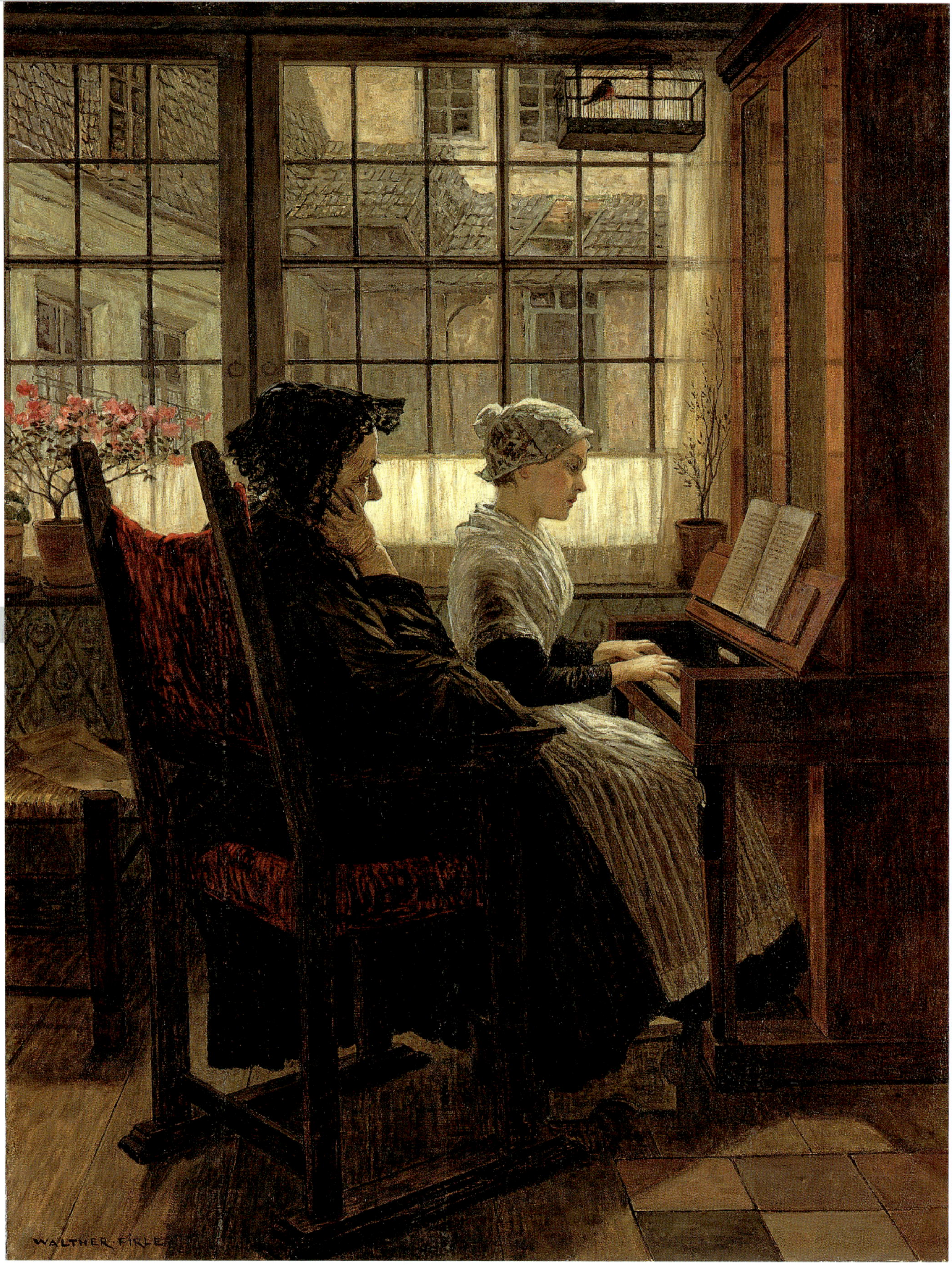
WALTHER FIRLE

Die Weitergabe von Fertigkeiten und die Erziehung zum Guten drückt sich auch in Walter Firles (1859–1929) Gemälde „Junge Holländerin mit alter Frau am Klavier" aus, das um 1885 entstanden ist. Es ist auch in diesem Beispiel die vertraute Atmosphäre eines in gedämpftem Licht erscheinenden Interieurs, das die Basis der sowohl formal in Licht und Farbe als auch in den narrativen Elementen beruhigten und harmonischen Szene bildet. Wie sehr sich diese Idylle auch in ein Reservat alter Menschen, in dem Einsamkeit und Isolation herrschen, zu wandeln vermochte, zeigt ein Seitenblick auf Leopold von Kalckreuths Gemälde „Dämmerstunde", das mit identischen Bildelementen eine völlig konträre Auffassung visualisiert.

Gespeist wurden Bildtraditionen des Familienidylls nicht zuletzt durch das Erbe der mündlichen Weitergabe alter Erfahrungen und Mythen, die weiteste Verbreitung vor allem in den Märchensammlungen der Völker gefunden haben. Das berühmteste Beispiel unseres Kulturkreises, die „Kinder- und Hausmärchen" der Brüder Jacob (1785–1863)

Kat.-Nr. III.9
Walter Firle (1859–1929)
Junge Holländerin mit Lehrerin am Klavier
Um 1885

Kat.-Nr. VII.1
Leopold Graf von Kalckreuth (1855–1928)
Dämmerstunde
1909

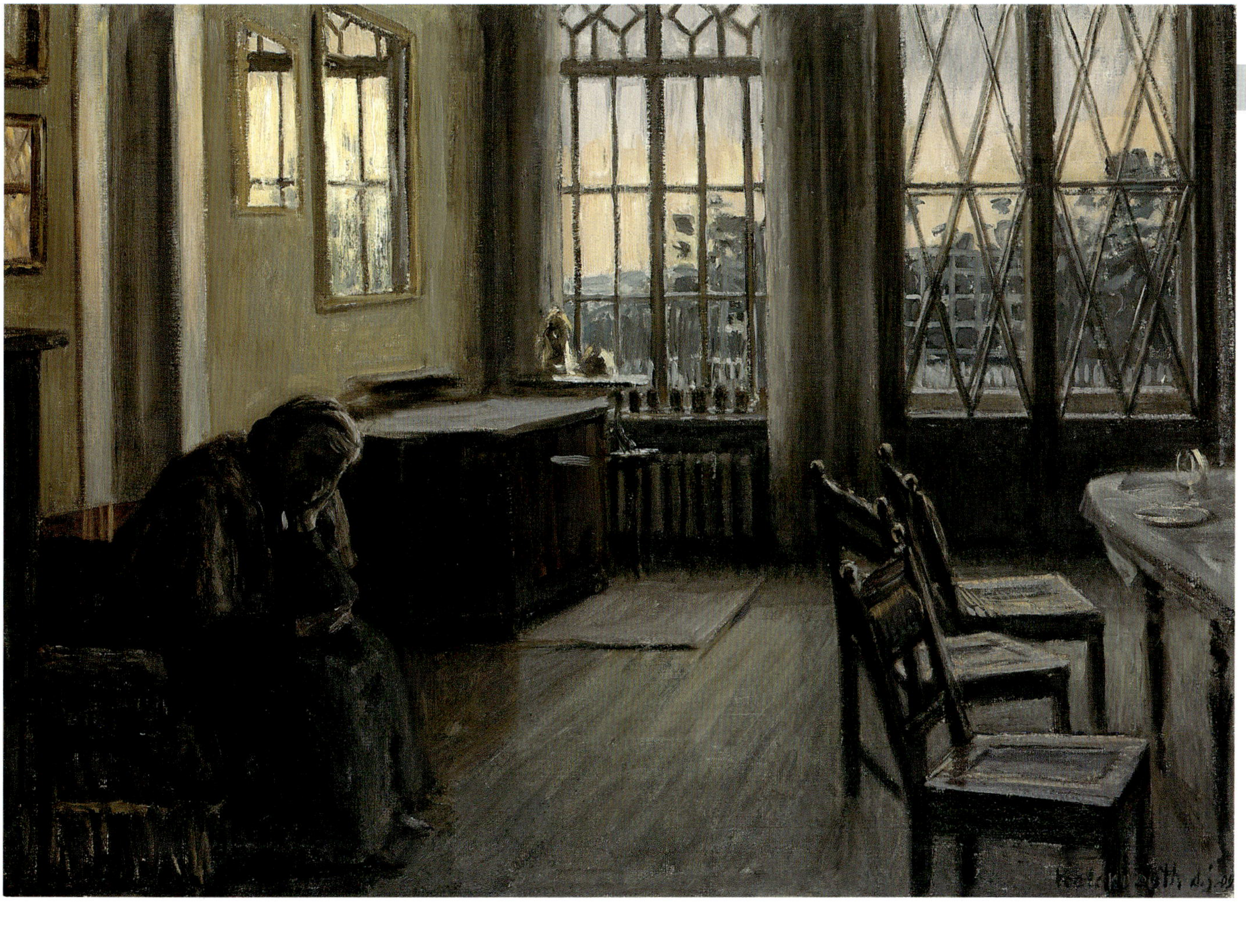

und Wilhelm (1786–1859) Grimm lieferten indes auch – im Sediment der sich stets oberflächlich zum Guten entwickelnden Geschichten – Einblicke in die tatsächlich äußerst rauen sozialen Verhältnisse früherer Zeiten, also jenseits aller Fiktion der beschaulichen Großfamilien ‚von Defreggerscher' Prägung.[7]

[7] Vgl. Anm. 3, S. 16.

Das von dem hauptsächlich als Maler bekannten Hans Thoma (1839–1924) um 1903 gestaltete Keramikrelief der „Märchenerzählerin" vermittelt als Ausdruck einer kollektiven Kindheitserfahrung das Bild einer innigen Verbindung der Generationen. Die Tradierung von Wissen und die Faszination, alten Menschen zuzuhören, an ihrer Zeitzeugenschaft teilzuhaben, bildet hierfür die Grundlage.
Das „Urbild" dieser Geschichtenerzählerinen zeichnete 1814 Ludwig Emil Grimm (1790–1863) nach dem Leben, ein Jahr vor dem Tod der dargestellten Frau: Dorothea Viehmann (1755–1815), die „Märchenfrau aus Niederzwehren" (Kassel), deren Erinnerungen an alte Überlieferungen den Grundstock der „Kinder- und Hausmärchen" der Brüder Grimm lieferten.

Kat.-Nr. III.17
Hans Thoma (1839–1924)
Die Märchenerzählerin
Um 1903

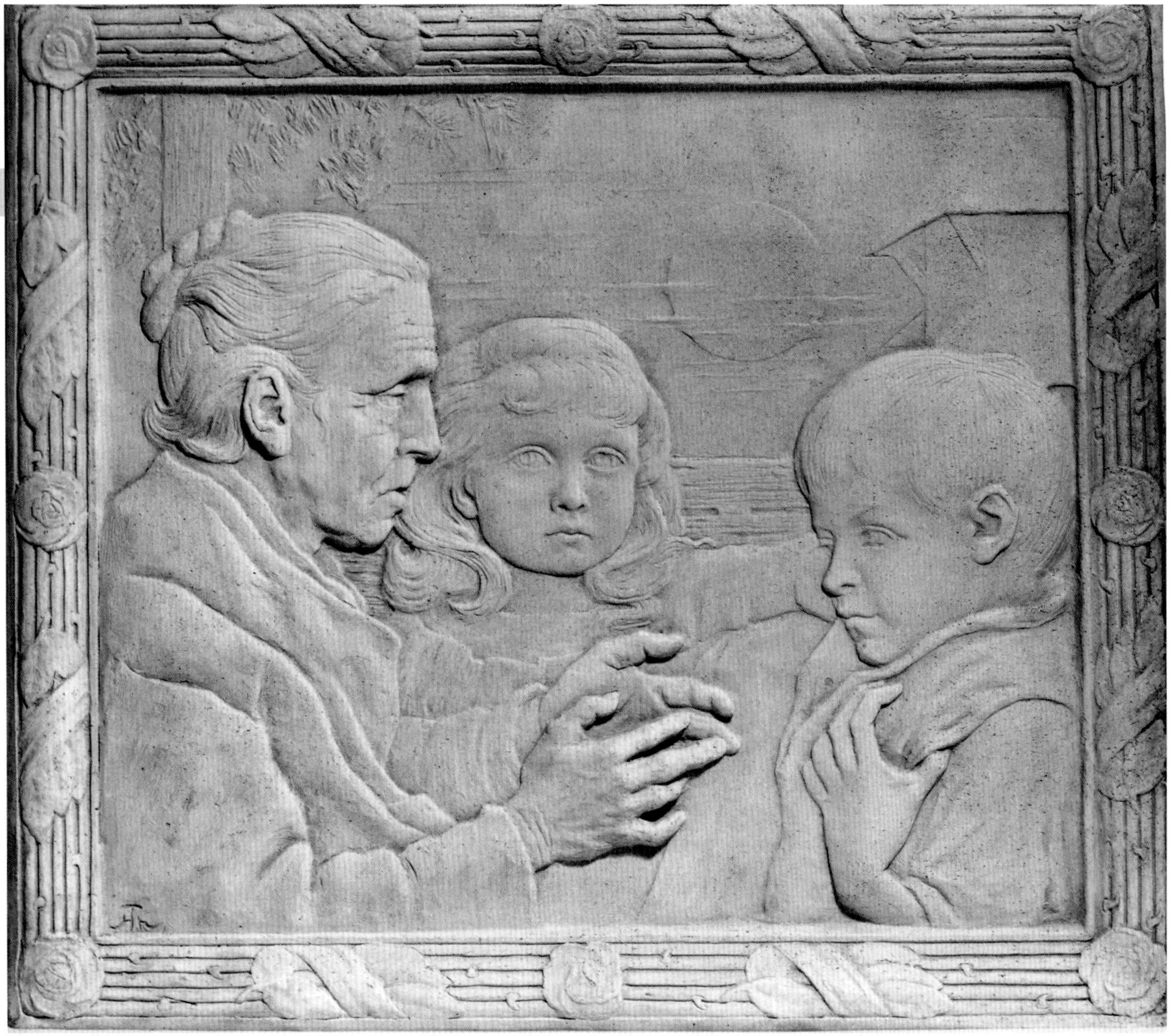

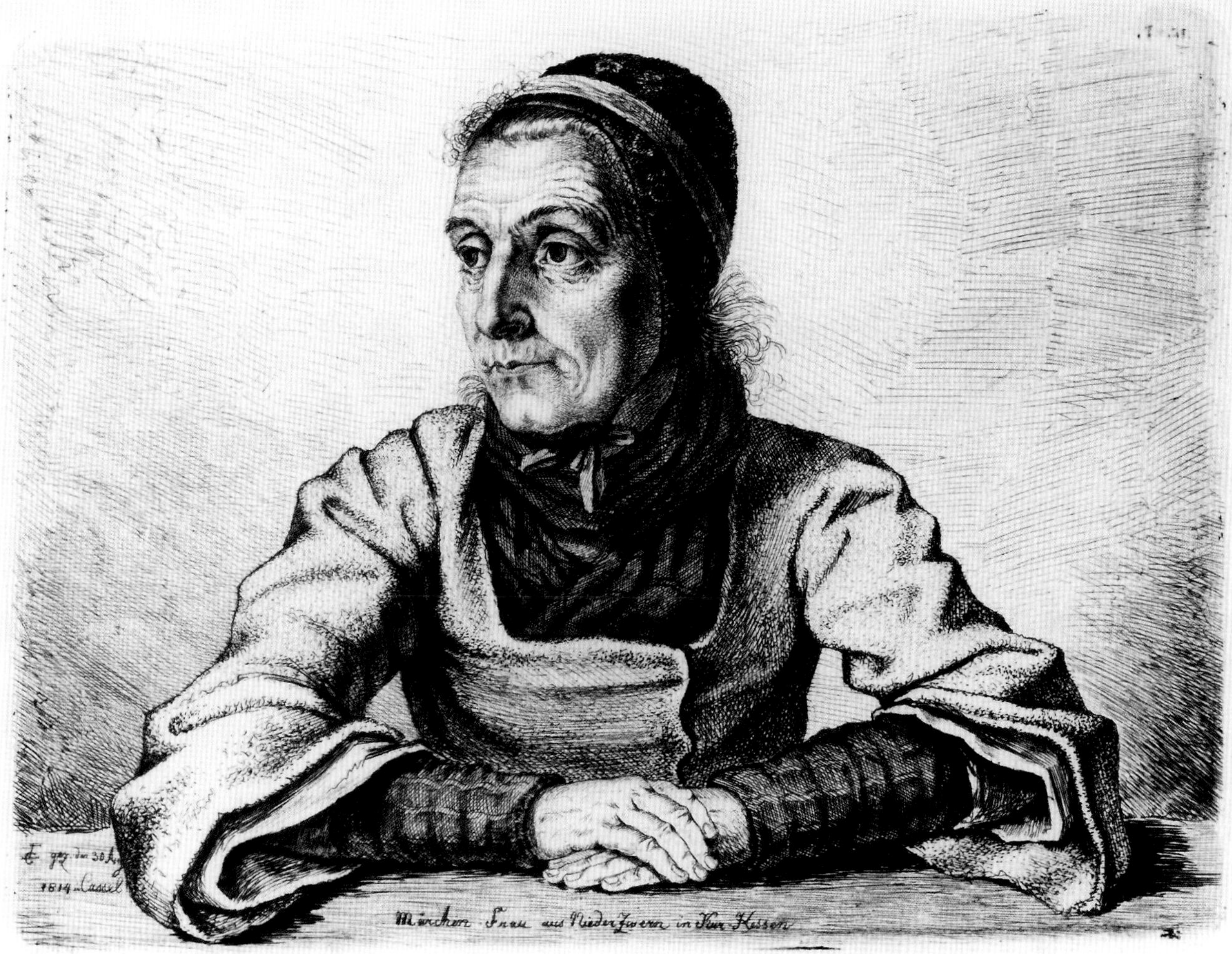

Kat.-Nr. III.7
Ludwig Emil Grimm (1790–1863)
Dorothea Viehmann, die Märchenfrau aus Niederzwehren
1814

Künstler suchten zu allen Zeiten in der Darstellung des „Alters" auch das Typische, das Archaische in der menschlichen Natur zu zeigen. Es darf spekuliert werden, was letztlich die Gründe und Ziele der Künstler waren und bis heute sind. Ist es die Vielschichtigkeit einer langen, ereignisreichen „Biografie", die der vergehenden Zeit gleichsam das „Gesicht" verleiht oder die Projektion der Vergangenheit selbst, die in die Physiognomien eingeschrieben ist und herausgelesen werden soll? Vielleicht ist es aber auch der faszinierte Blick auf das eigene Vergehen?

An der Kunst Ferdinand Hodlers (1853–1918) orientiert sind die annähernd lebensgroßen Darstellungen einer Dachauer Bäuerin und ihres Gemahls, die in ihrer Tracht vor dem Hause sitzend von Hans Müller-Dachau (1877–1925) kurz vor dem Tod des Künstlers gemalt wurden.

Wie Langhammer, so suchte auch Müller-Dachau im Nachklang der Schulen von Barbizon und Pont-Aven in der agrarisch geprägten Umgebung der Kulturmetropole München die zeitgültigen Stimmungen der Natur und das Ursprüngliche in der Natur des Menschen. Die Wiedergabe seiner beiden Bauern schwankt zwischen dem Realismus, der das, der harten Arbeit geschuldete, vorzeitige Altern dieser Menschen thematisiert, und der noch der Kunst des Jugendstils verpflichteten lyrischen Note in der pastellartigen Blässe der Farben und der Dominanz der Linie.

Kat.-Nr. III.13
Heinrich Vogeler (1872–1942)
Im Mai
1897

Kat.-Nr. III.15
Hans Müller-Dachau (1877–1925)
Dachauer Bauer
Dachauer Bäuerin
1924

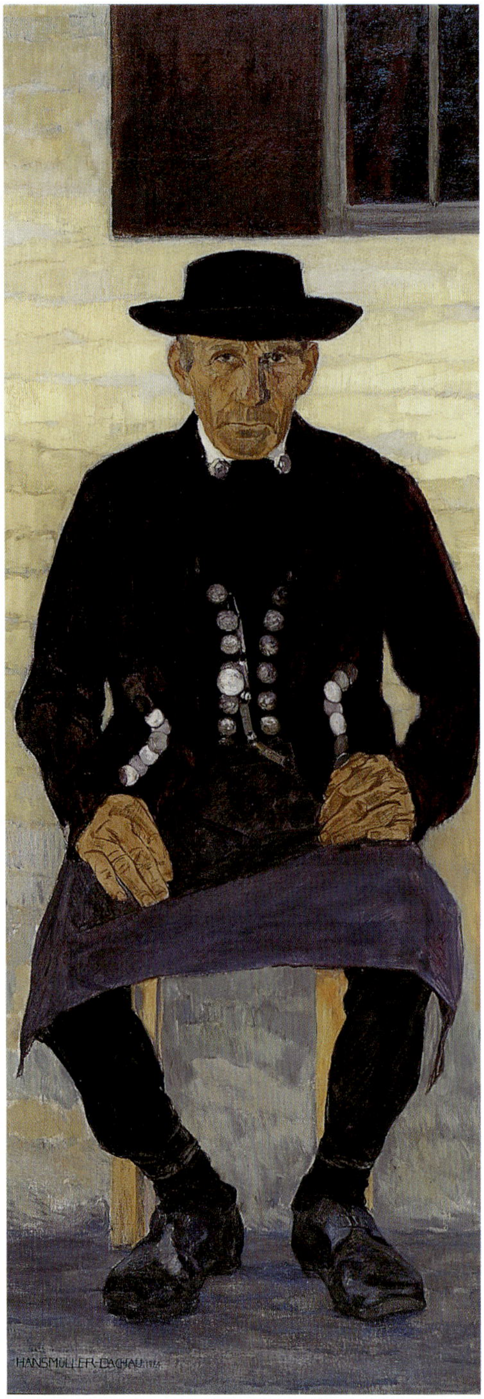

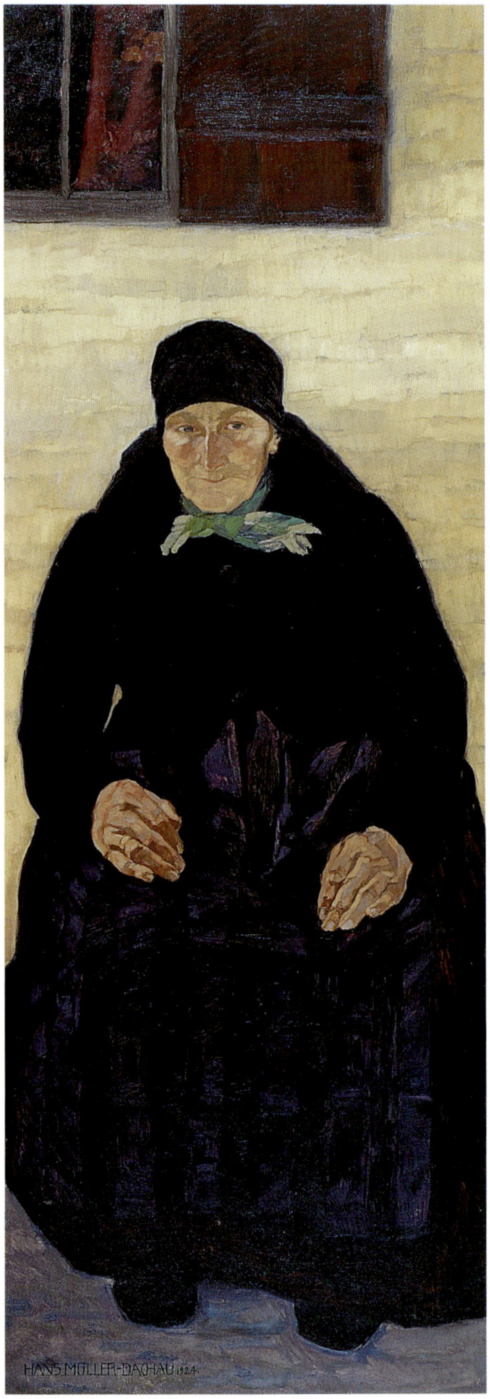

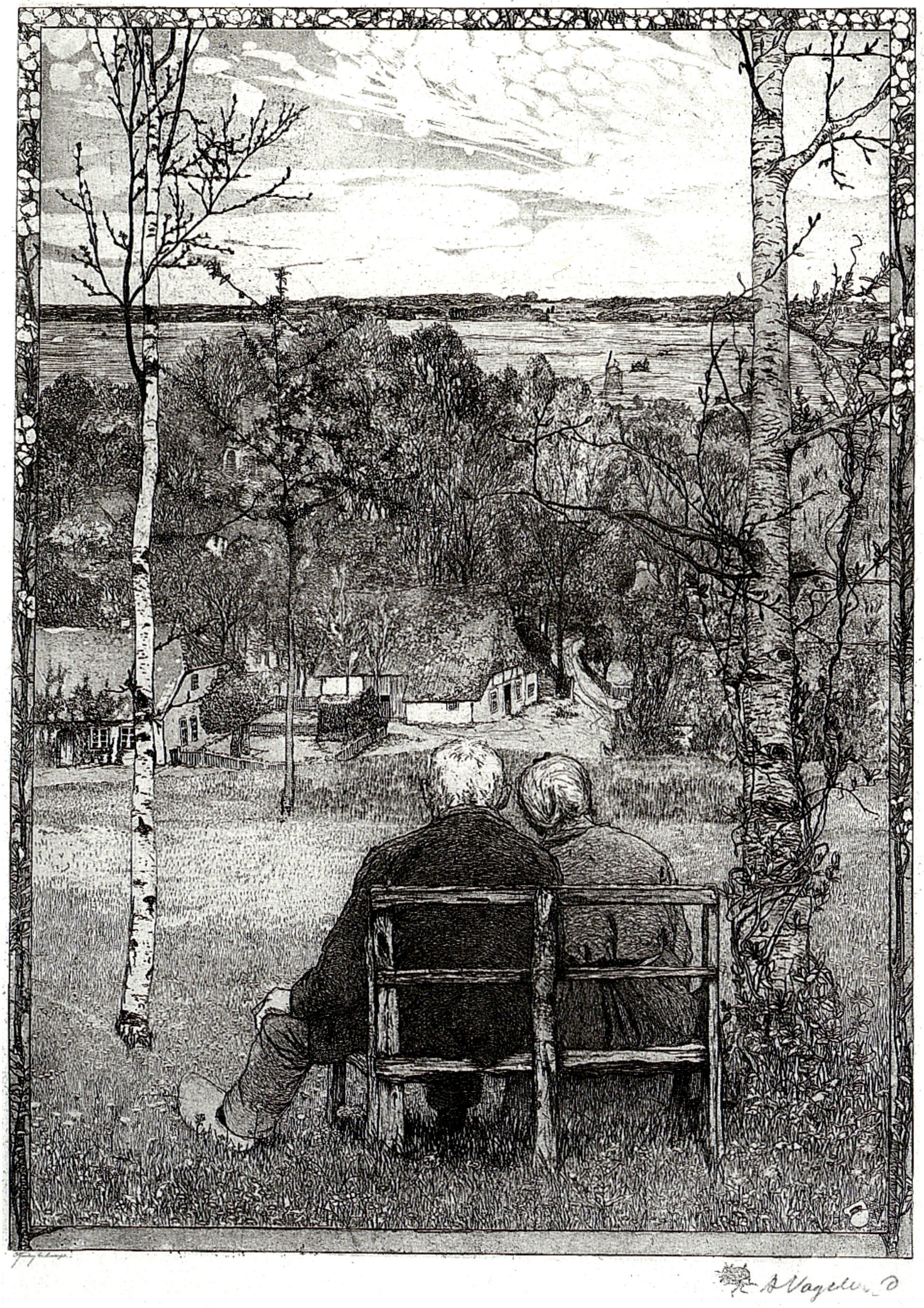

In der Zeit um 1900, in der der „Jugendstil" europaweit in allen Bereichen der darstellenden und der angewandten Künste virulent war, erfuhr das „Alter" als Darstellungsgegenstand keineswegs eine allgemeine Ablehnung. Freilich sind die Karikaturen der Zeitschriften „Jugend" oder des „Simplizissimus" ob ihrer pointierten Schärfe zu Recht berühmt, doch vertritt die Darstellung der darin auf allerhand Arten genarrten und gemarterten Pensionisten und sonstigen Philister dabei in der Regel sinnbildhaft den Konflikt des Alten mit dem Neuen im Sinne einer gesellschaftlichen Erneuerung und ist nicht als Verachtung der alten Menschen schlechthin zu werten. Dies offenbaren beispielsweise die menschlich warmen und einfühlsamen Grafiken Heinrich Vogelers (1872–1942), die in der Ausstellung zu sehen sind. Doch wirkt in seiner Darstellung „Im Mai" subversiv auch eine tragische Ambivalenz: Das Ende der menschlichen Lebensbahn im Bild des alten Paares wird gerade den opulenten und aufstrebenden Gefühlen dieses „Wonnemonats" gegenüber gestellt (Kat.-Nr. III, 13; Abb. S. 49, 165).

In der „pastosen", die Oberfläche des Metalls in irisierende Strukturen auflösenden Formensprache ist Paolo Fürst Troubetzkoys (1866–1938) „Bildnis des Leo Tolstoi" von 1898 formal noch den Arbeiten der Spätimpressionisten verwandt. Ein Vergleich der gestalterischen Mittel mit dem in der Nachbarschaft gezeigten Gemälde Artur Langhammers ist dabei lohnend, doch offenbart der russische Künstler dabei auch eine gänzlich differente Sicht auf das Alter.

Lew N. Tolstoi (1828–1910) gerät in der Interpretation des mit ihm befreundeten Plastikers zu einem Monument seiner selbst. In dynamischen, die Stofflichkeit und Schwere des etwa einen Meter hohen Werkstücks leugnenden Formen gebildet, wird der Dichter, trotz seiner einfachen, russischen Tracht und der Natürlichkeit seiner Haltung, mit einer Aura umgeben, die ihn als „Urgestein" der russischen, nationalen Literatur überhöht. Diese Wirkung ist nicht zuletzt auf die Würde, nachgerade die „Sakralität des Alters" zurückzuführen, die Troubetzkoy dieser stark bewegten Skulptur verlieh.

Die in diesem Abschnitt vorgestellten, traditionellen Sichtweisen auf das Alter des Menschen basieren wesentlich auf christlich-religiöse und bürgerlich-moralische Überformungen des 19. Jahrhunderts. Diese beiden sich durchdringenden Elemente prägen, wie im weiteren zu zeigen sein wird, noch vielfach das heutige Bild vom alten Menschen. Die folgenden Räume IV–V vertiefen und überprüfen diese Ansicht und legen den Fokus dabei auf das Spannungsverhältnis der Generationen zueinander sowie auf die Beziehungen zwischen subjektiv erlebter „Biografie" und gesellschaftlich konditionierten Etappen des Lebens.

Kat.-Nr. III.16
Paolo Fürst Troubetzkoy (1866–1938)
Bildnis Leo Tolstoi
1898

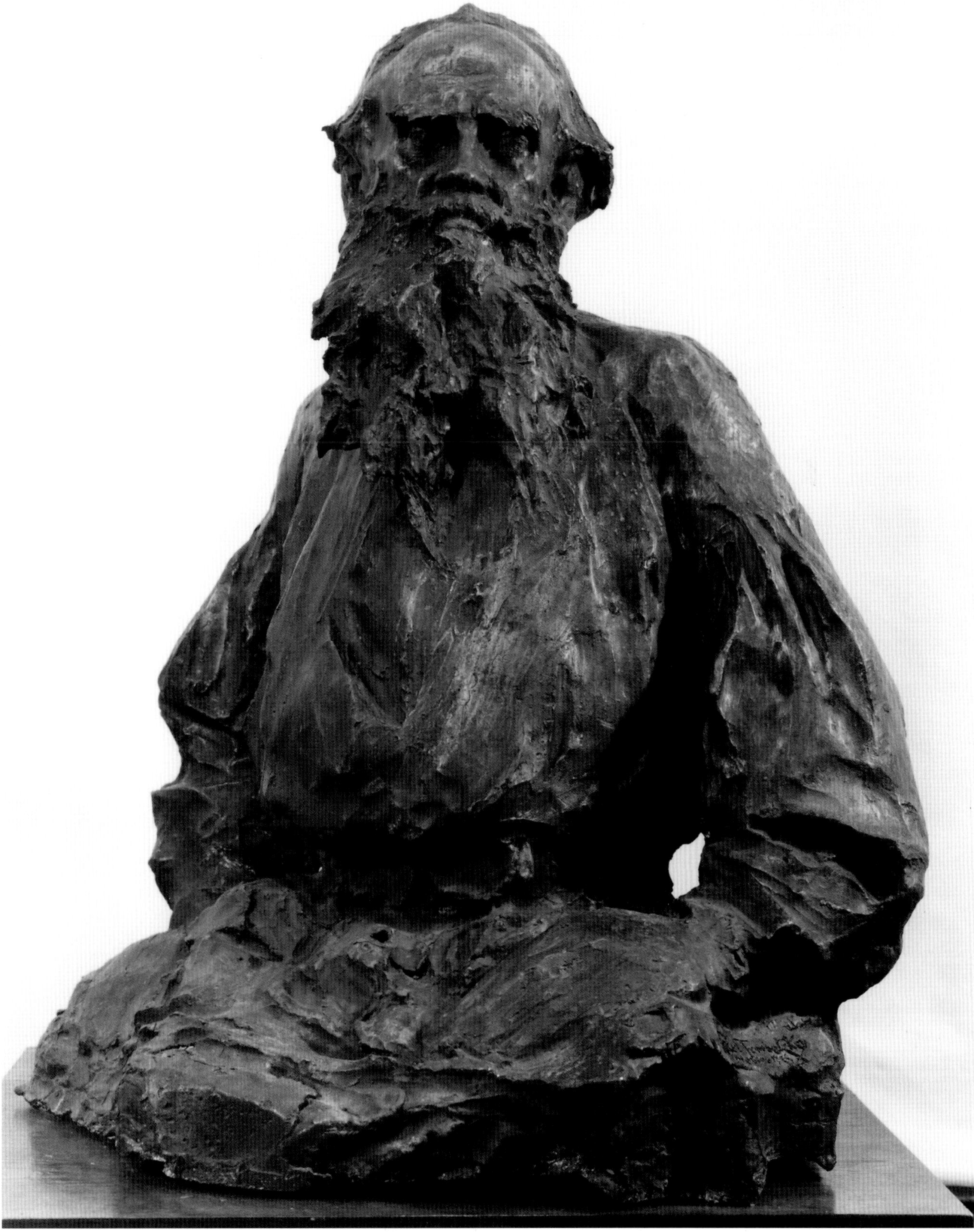

HÄLFTE DES LEBENS

MIT GELBEN BIRNEN HÄNGET
UND VOLL MIT WILDEN ROSEN
DAS LAND IN DEN SEE,
IHR HOLDEN SCHWÄNE,
UND TRUNKEN VON KÜSSEN
TUNKT IHR DAS HAUPT
INS HEILIGNÜCHTERNE WASSER.

WEH MIR, WO NEHM ICH, WENN
ES WINTER IST, DIE BLUMEN, UND WO
DEN SONNENSCHEIN,
UND SCHATTEN DER ERDE?
DIE MAUERN STEHN
SPRACHLOS UND KALT, IM WINDE
KLIRREN DIE FAHNEN.

FRIEDRICH HÖLDERLIN

Raum IV
„Die drei Lebensalter"

Die drei Lebensalter

Periodisierungen des Lebens sind bereits in der antiken Kunst und Kultur vielfach vorgenommen worden. Im Sinnbild der Jahreszeiten wurde beispielsweise die Idee vom Werden, Blühen und Vergehen in der Natur dem Menschen gegenübergestellt und damit die Vorstellung von der ewigen Wiederkehr des Lebens propagiert.

Die frühe Neuzeit – in ihrer Moral christlich verwurzelt, jedoch auch vom Bildungsgut der Antike beeinflusst – stellte den Lebensphasen einer bürgerlichen Existenz nunmehr auch die Faktoren von wirtschaftlicher Leistungskraft und sozialem Verdienst des einzelnen an die Seite.

Der moderne Blick des Künstlers versucht bis heute im Porträt die individuelle Biografie des dargestellten Menschen zum Ausdruck zu bringen. In der Sicht auf die Gesellschaft verschieben sich von nun an die Schwerpunkte bis hin zu einer Periodisierung des menschlichen Lebens am Maßstab des Berufslebens: Ausbildung, Arbeitsleben und Ruhestand erscheinen heute als die uniformen Lebensetappen des Menschen.

Das Spannungsverhältnis zwischen der individuellen Biografie des einzelnen und den Erwartungen seiner Mitmenschen – auch im Sinne eines Dialogs der Generationen – wird für jeden Menschen erstmals in den Familienstrukturen erfahrbar. Die neuere Kunst löste sich von der traditionellen Wiedergabe klar strukturierter Familienbande in der (scheinbar) fest gefügten Bildformel des „Gruppenbildnisses" und hinterfragte die Beziehungen der Generationen vor dem Hintergrund psychologischer Fragestellungen.

Kat.-Nr. IV.3
Hans Schulze (1904–1982)
Die drei Lebensalter
1932

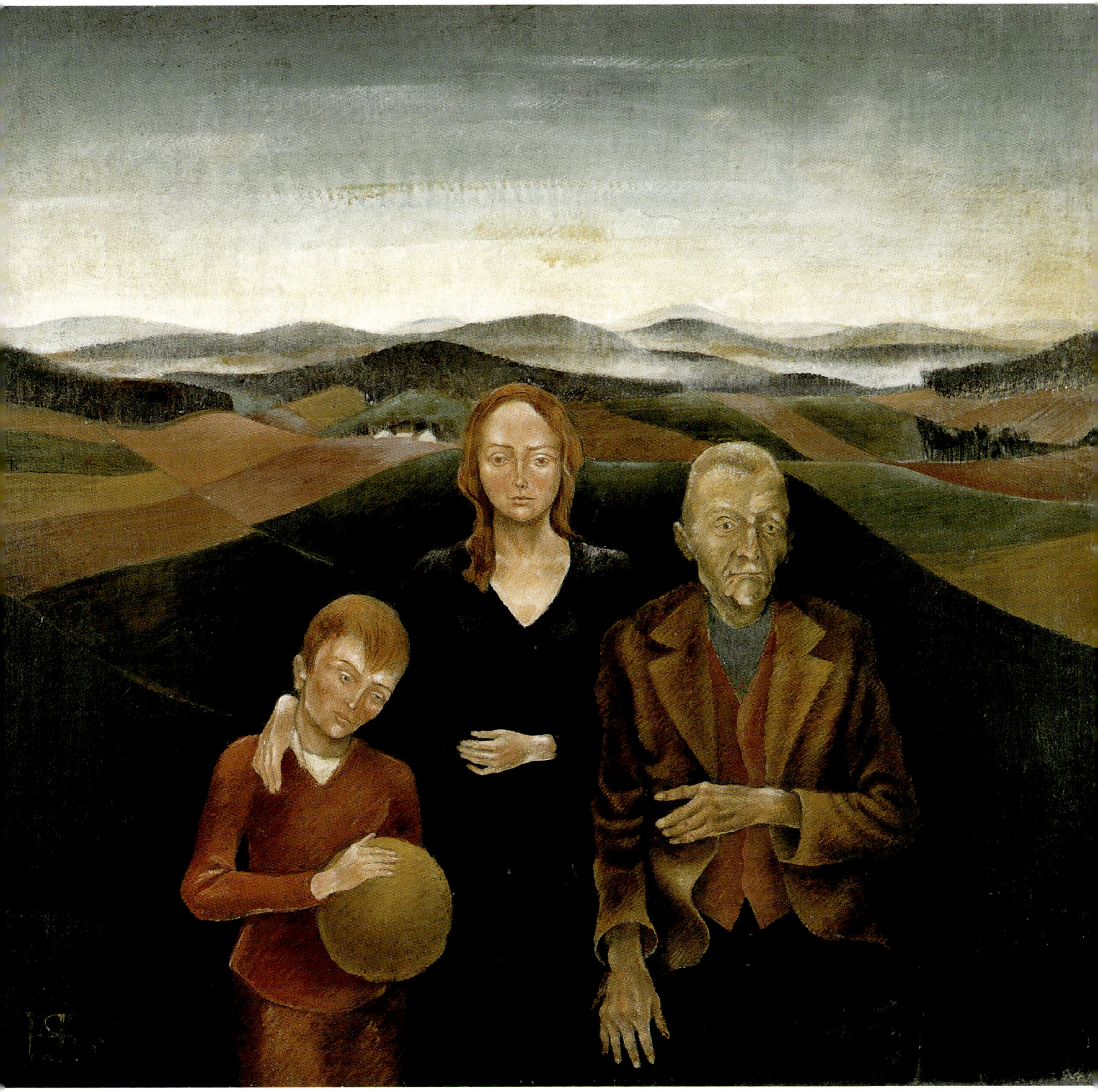

„Die drei Lebensalter" – Biografie und Generation im Leben des Menschen

Die traditionelle Auffassung über die Etappen des menschlichen Lebens war in typisierender Form in den Lebensalterdarstellungen der frühen Neuzeit und der Renaissance vorgeprägt. Sie basierten auf einem allgemein verbindlichen Codex von Verhaltensregeln und Tätigkeiten, der meist das Schema vom Reifen, Blühen und Vergehen variierte. Die letzte Phase des Lebens ließ in alter Zeit dabei dem Einzelnen kaum einen Spielraum für jenen notwendigen, selbst bestimmten Neuanfang, jene Neuorientierung einer eigenen Rolle im Alter, die Goethe (als eine Folge der europäischen Aufklärung) in den Maximen und Reflexionen in sein bekanntes Diktum fasste: „Altwerden heißt, selbst ein neues Geschäft antreten, alle Verhältnisse ändern sich, und man muß entweder zu handeln ganz aufhören oder mit Willen und Bewußtsein das neue Rollenfach übernehmen".

Allerdings herrschte allgemein noch bis weit in das 20. Jahrhundert hinein die traditionelle Auffassung vor, dass jedem Lebensalter ein bestimmter Habitus, eine bestimmte „Geschäftsfähigkeit" zuzuweisen sei und es steht zu fragen, in wie weit wir noch heute hiervon geprägt sind, quasi am langen Bart Gottvaters festhalten.
Dieses gesellschaftliche Reglement dokumentiert eindrücklich in Text und Bild die dem Schaffhausener Stecher Tobias Stimmer (1539–1575) zugeschriebene Folge der „Zehn Lebensalter von Mann und Frau". Diese Stichfolge, die mit zum Bedeutendsten gehört, was im Bereich der moralisch-lehrhaften Druckgrafik zu diesem Thema in Deutschland im Verlauf des 16. Jahrhunderts erschienen ist, repräsentiert jene Zeit, in der eine durch Handel und internationales Finanzwesen aufstrebende Gesellschaft ein generell an den Leistungen der Jugend orientiertes Menschenbild favorisierte.[8]
Greift man noch weiter zurück in die Geschichte, so liefert Ciceros berühmter Dialog über das Alter einen weiteren Ansatz zur Klärung des frühen Altersbildes: Jeder Phase des menschlichen Lebens sei demzufolge in einer Art von Naturgesetzlichkeit eine eigene Lebensweise bestimmt, die dieser angemessen ist.[9] Die menschliche Furcht vor Verfall und Tod am Ende des Lebens kann in diesem gedanklichen System keine Geltung haben. Bereits der antike Autor bemühte in diesem Sinne eine Allegorie, in der das Leben der Menschen als Kreislauf in Beziehung zu den Jahreszeiten gesetzt wird.

[8] Vgl. Peter Borscheid, Geschichte des Alters. Vom Spätmittelalter bis zum 18. Jahrhundert. Münster 1987.

[9] Marcus Tullius Cicero (106–43 v. Chr.): Cato der Ältere: Über das Greisenalter. „(...) Denn eine kurze Lebenszeit ist genug zu einem guten und rechtschaffenen Leben; ist man aber älter geworden, so soll man darüber nicht mehr trauern, als etwa der Bauer klagt, daß auf den holden Frühling Sommer und Herbst gefolgt sind. Denn der Frühling ist gewissermaßen ein Bild der Jugend und weist voraus auf die künftigen Früchte; die übrigen Jahreszeiten aber sind zum Ernten und Einbringen der Früchte da. Die Frucht des Alters aber ist, wie ich oft gesagt habe, das Bewußtsein früher erworbener Güter und ihre Fülle. Alles aber, was nach dem Gesetz der Natur geschieht, ist zu den Gütern zu rechnen. Was aber ist naturgemäßer, als daß die Alten sterben?", zit. n. M. T. Cicero: Cato maior de senectute. Hrsg. v. E. von Reusner. Stuttgart 1987, S. 38.

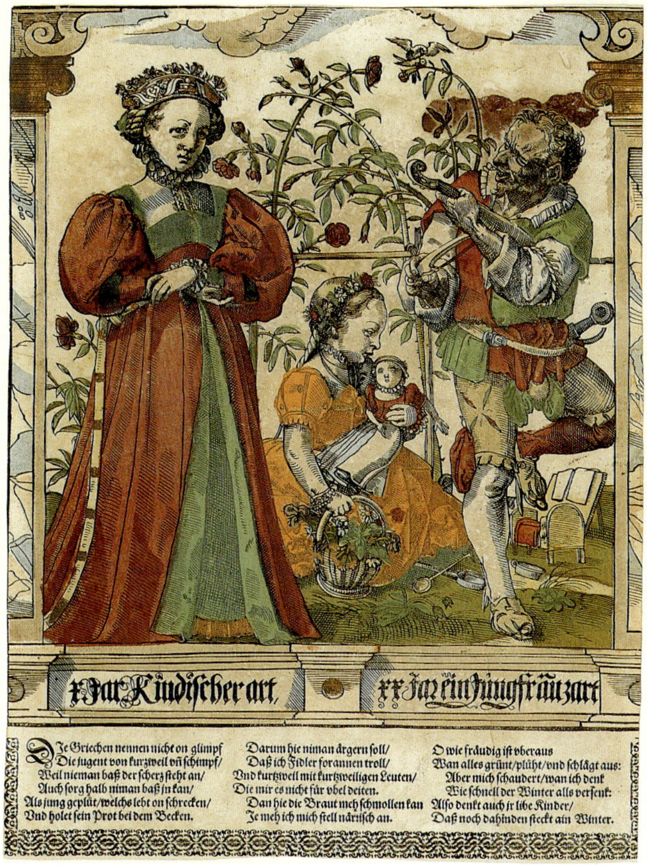

Kat.-Nr. IV.1
Tobias Stimmer (1539–1575)
Die zehn Alter von Mann und Frau
Um 1575/77

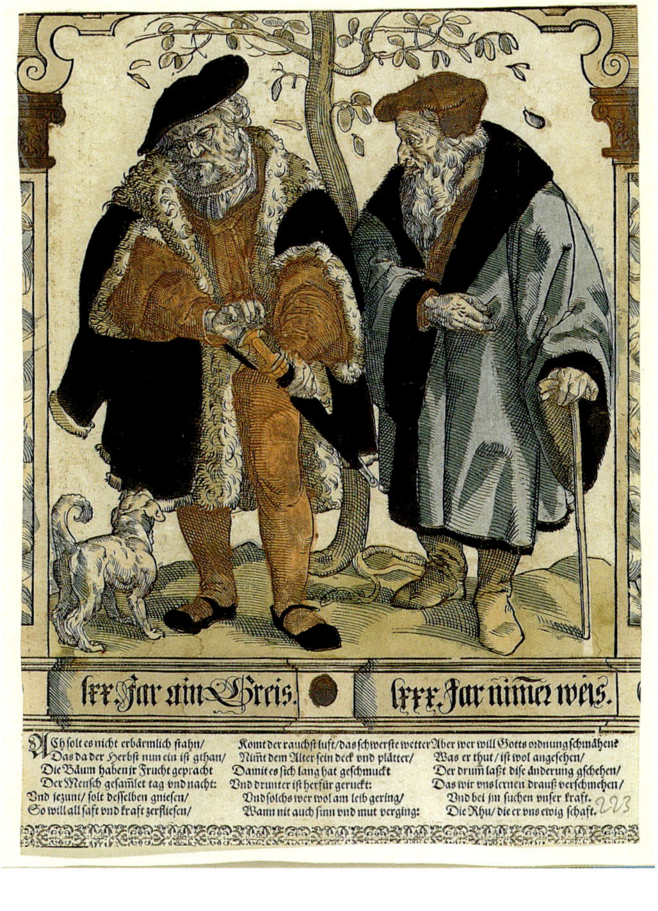

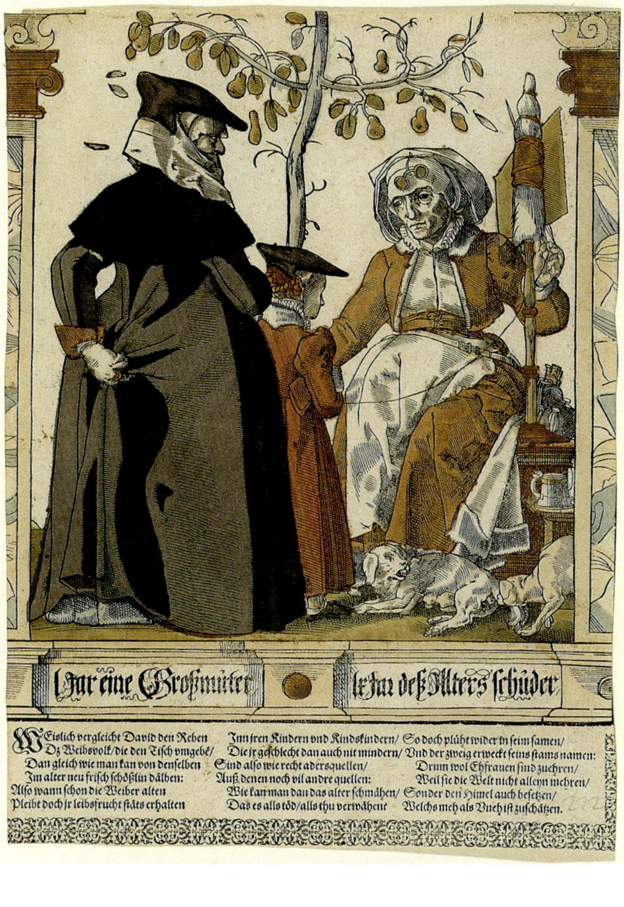

In der Ausstellung dienen die um 1600 nach Werken des Münchner Hofmalers Peter Candid (1548–1628) geschaffenen Kupferstiche, „Die Vier Jahreszeiten und Lebensalter", als Beispiele für eine Sicht auf das Alter, die sich mit Langmut in das Unabänderliche fügt und doch die Chancen des Alters, die in der Weisheit und Abgeklärtheit liegen, nutzt.

Es zeigen sich an diesen Beispielen bereits grundsätzlich konkurrierende Auffassungen des Menschen im Umgang mit Alter und Altern und spätestens seit der Zeit der Industrialisierung erfuhr das Bild des Alters eine erneute Veränderung, da die fortschreitende Technisierung und das Primat der Produktivität zu einer Aussonderung überkommener Traditionen und leistungsunfähiger Menschen führte. Mit der Sozialgesetzgebung trat erstmals in der Geschichte ein Ruhestand des Menschen auf den Plan. Nicht länger bildete die Erlösung des mühevollen Daseins durch einen „guten Tod" und eine – wie auch immer für den einzelnen geartete – Heilserwartung allein das Ziel allen Strebens, sondern zuvor sollte ein geruhsames und wohlverdientes Rentnerdasein das irdische Glück vollenden.

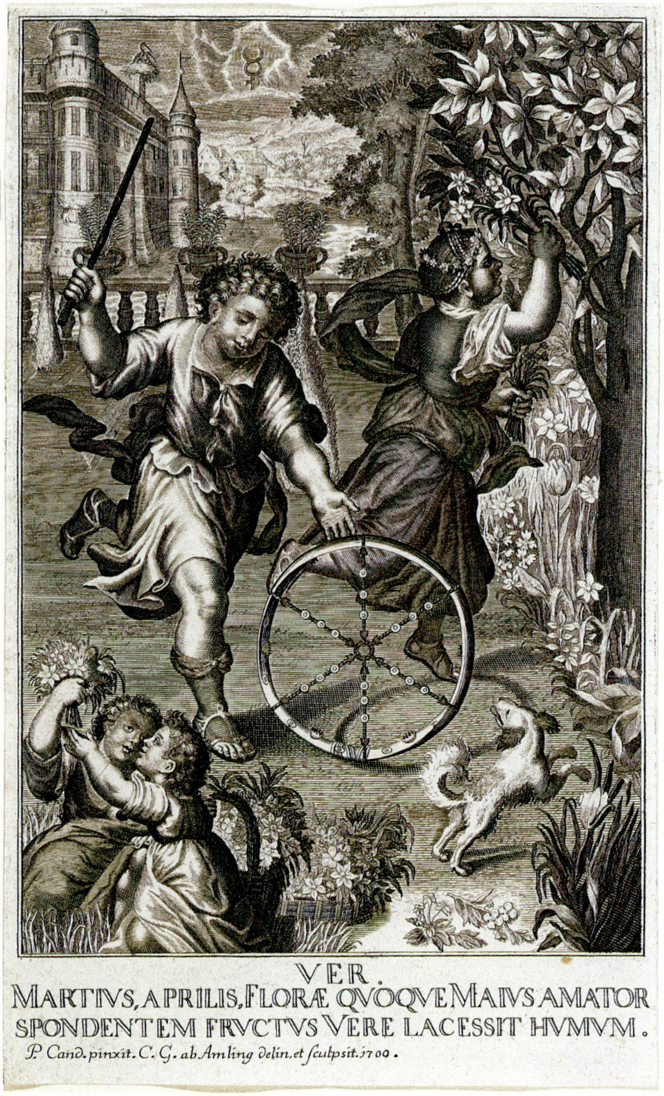

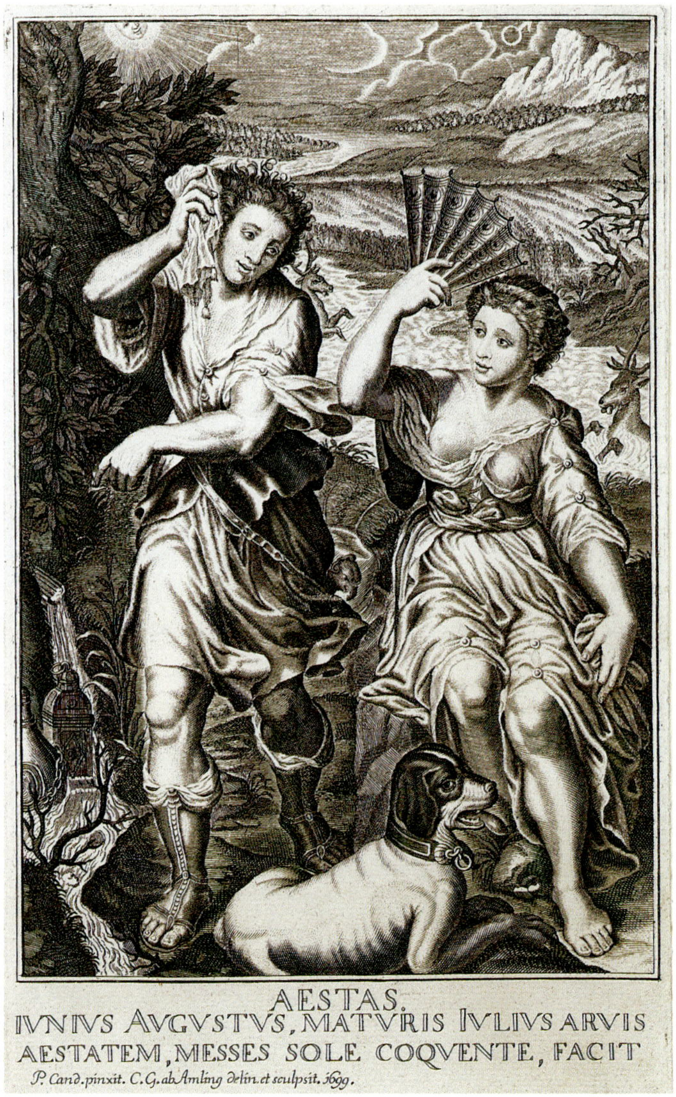

Kat.-Nr. IV.2
Karl Gustav von Amling (1650–1703)
(nach Peter Candid, 1548–1628)
Die Vier Jahreszeiten und Lebensalter
Um 1600

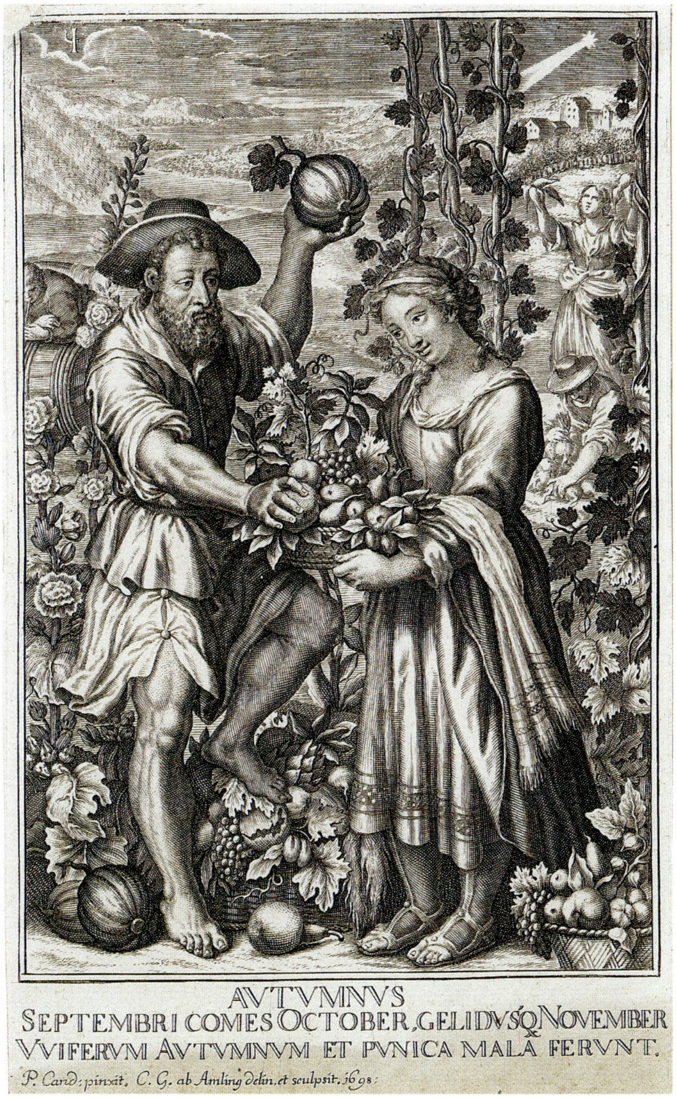

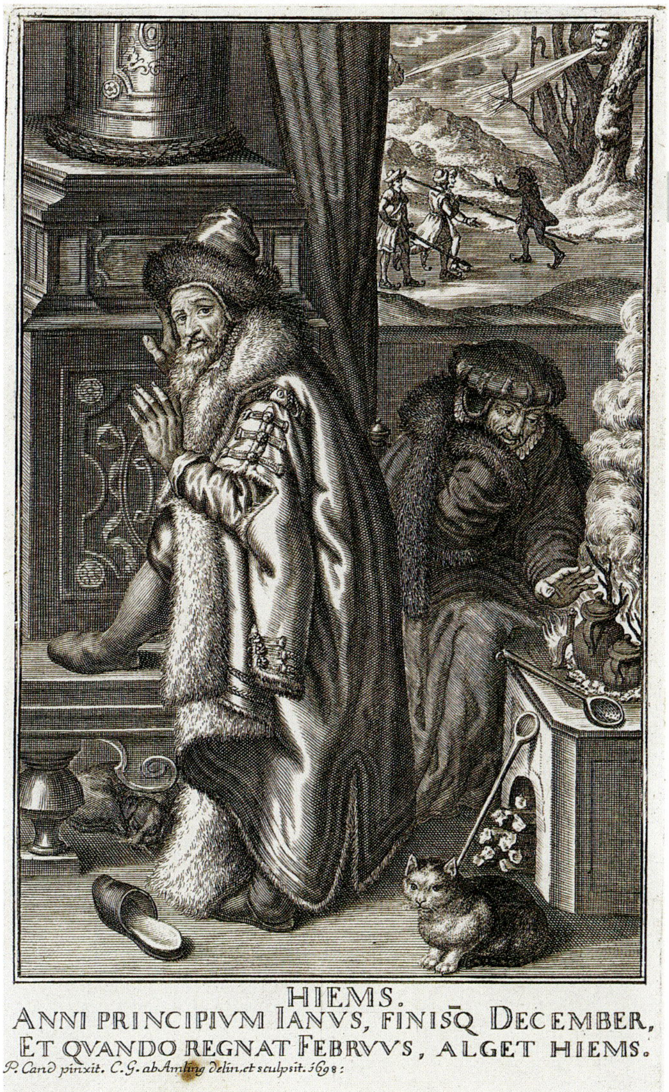

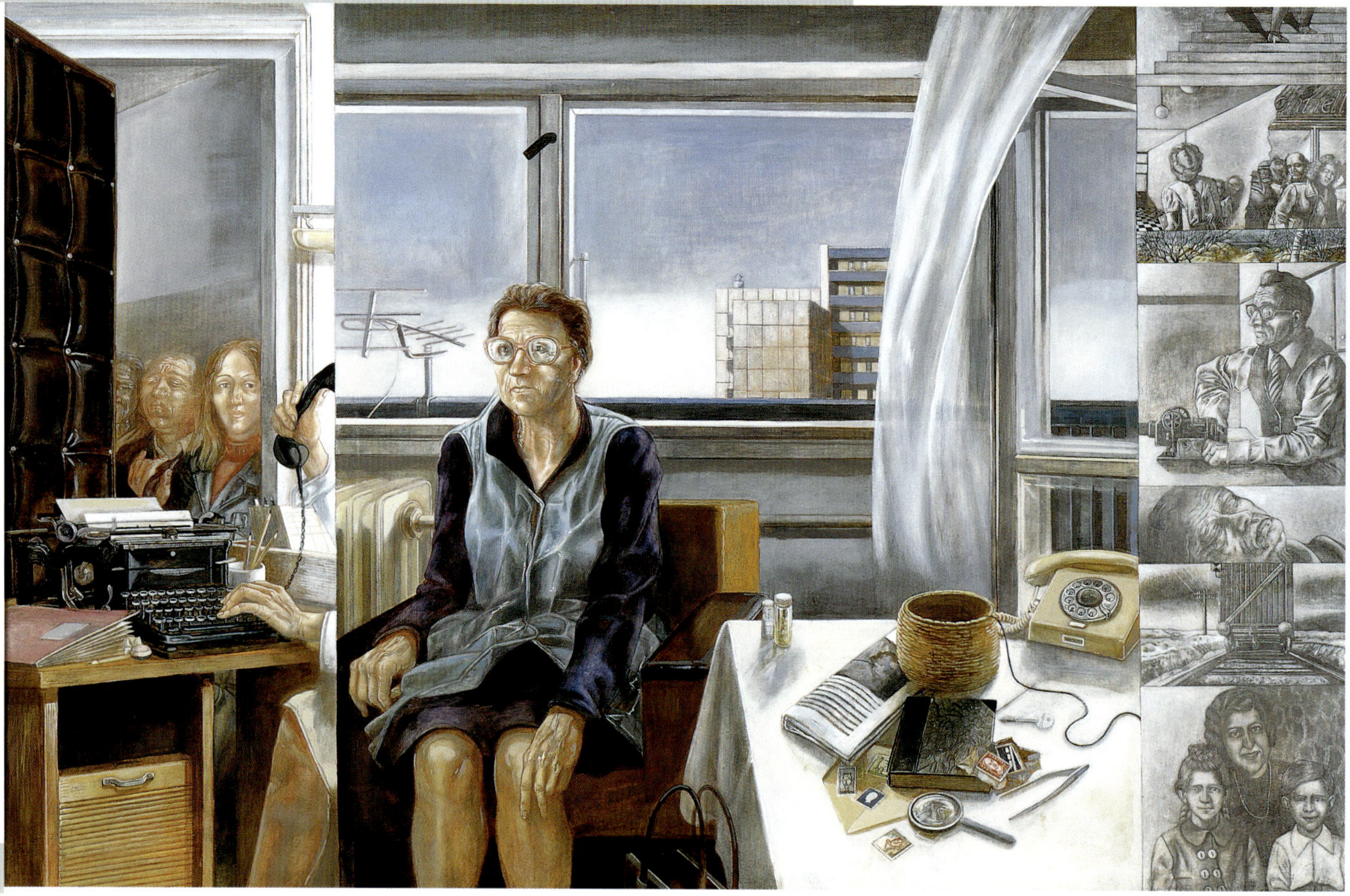

Kat.-Nr. IV.5
Ulrich Hachulla (*1943)
Erster Rentnertag
1976/77

Ulrich Hachulla (*1943) problematisiert in seinem Gemälde „Erster Rentnertag" aus den Jahren 1976/77 diese „Epochenscheide" in der Biografie als persönliche Alltagskatastrophe. Dem Ende des sinnstiftenden Berufslebens folgt Ratlosigkeit und Leere, die jenen Menschen erfasst, der sich nun die Frage stellt, was (noch) folgen soll.

Das Gemälde „Die drei Lebensalter" des Leipziger Malers Hans Schulze (1904–1982), bereits im Jahr 1932 entstanden, liefert schließlich das „Motto" zu diesem Raum, in dem traditionelle und aktuelle Anschauungen über die Periodisierung des menschlichen Lebens das Thema bilden (Kat.-Nr. IV. 3; Abb. S. 55). Schulzes Gemälde versetzt die drei dargestellten Familienmitglieder als Repräsentanten der drei Lebensalter in eine surreal anmutende Landschaft, die jeglichen Bezug zu unserer von Technik geprägten Zivilisation und Gesellschaft leugnet. Allein auf diese Weise gelingt ihm eine Fokussierung auf die rein menschliche Ebene der natürlichen Familienbindungen, die freilich mit den tatsächlichen alltäglichen Anforderungen – etwa den Aspekten von Beherrschung und Unterordnung, wie sie in der Familie, den Geschlechterbeziehungen, der Gesellschaft herrschen – wenig gemein hat.

Eine weitere Möglichkeit zur Kompensation der Daseinsangst besteht im Festhalten an der eigenen Vergangenheit, die durch gedankliche Repetition lebendig erhalten werden soll und oftmals das Potential Neues zu schaffen und Kontakt zur Umwelt zu halten überlagert. Die

Kat.-Nr. IV.4
Volker Stelzmann (*1940)
Bildnis Erich Pörschmann
1976

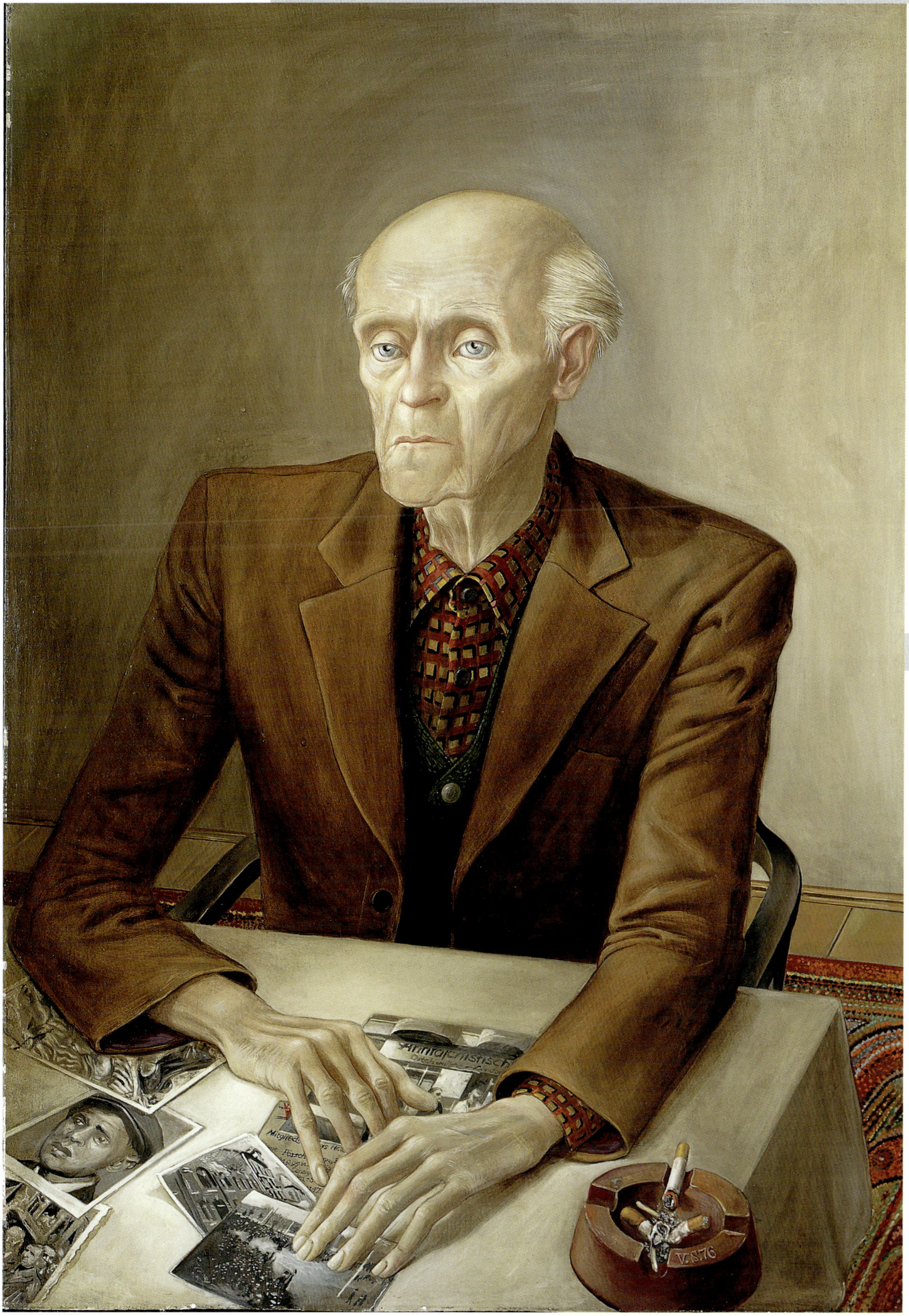

eigene Biografie wird so zur Selbstvergewisserung und Legitimation der eigenen Existenz in einer fremd gewordenen Gegenwart. Die Arbeiten von Volker Stelzmann (*1940), „Erich Pörschmann" (Kat.-Nr. IV. 4, Abb. S. 61) von 1976 und von Günter Hildenhagen, dessen Fotografie eine Heimbewohnerin bei der Erläuterung ihrer Lebensgeschichte zeigt (1973), reflektieren in sich ähnelnder Form diesen Gedanken (Kat.-Nr. IV. 8, Abb. S. 167): Die Geschichtlichkeit des Menschen visualisiert Stelzmann, indem er die unter den knochigen Fingern des alten Mannes auf dem Tisch ausgebreiteten Fotografien dokumentiert und dadurch dessen an Brüchen und Ereignissen reichhaltiges Leben als konservierte Geschichte betrachtet. Diese Fotografien bilden quasi die erläuternden Bausteine dessen, was sich in die Züge seines Gesichtes eingegraben hat.
Eine ganz ähnliche Situation – hier erweitert durch den Aspekt eines Generationengesprächs, als Sinnbild einer „Vererbung" der eigenen Lebensgeschichte – begegnet in der Fotografie Hildenhagens: Die älteste Bewohnerin eines Bielefelder Pflegeheims erzählt einem Zivildienstleistenden anhand einer Reihe vor ihr ausgebreiteter Fotografien ihre Familiengeschichte. Wie Menschen insbesondere in Altenpflegeheimen innerhalb ihres Wohnumfeldes versuchen, sich möglichst lange mit den „Fragmenten" ihres früheren Lebens zu umgeben und dieses durch Erzählung verfügbar und lebendig zu erhalten, wird auch durch die Fotodokumentation von Frank Hellwig (Raum II) mit Darstellungen aus der Paul-Riebeck-Stiftung in Halle deutlich (Kat.-Nr. II.4, Abb.S. 25-28).

Kat.-Nr. IV.9
Angela Neuke (1943–1997)
Pastor Ensslin am Grabe seiner Tochter
1978

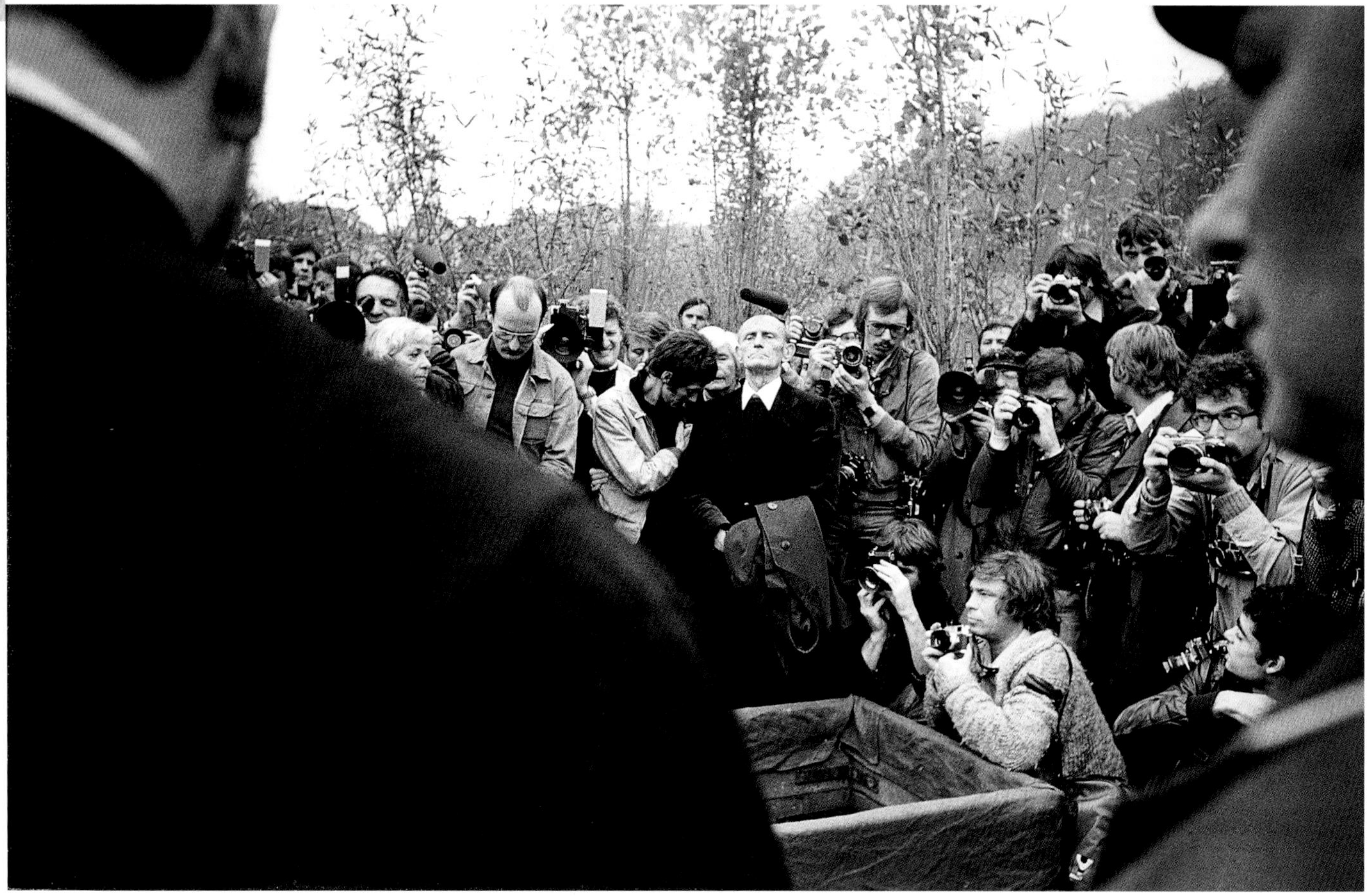

Einen Aspekt des „Generationenverhältnisses" beleuchtet die Ereignis-Fotografie von Angela Neuke, „Pastor Ensslin am Grabe seiner Tochter", aus dem Jahr 1978.
Diese Momentaufnahme gerät vor dem Hintergrund der Gewalttaten der Tochter und ihrem Tod in einer Gefängniszelle und somit durch die Dramatik der nicht geschilderten Ereignisse wie auch durch die provozierend selbstbewusste Haltung der zentralen Vaterfigur zu einer geradezu tragödienhaften Szene. Steht das stoische „Widerstehen" des alten Mannes inmitten der Menge der Pressefotografen für sein Aufrechterhalten der bürgerlichen Fassade, das Herauslösen seiner eigenen Existenz aus dem Gespinst der Umstände, in deren Verlauf Gudrun Ensslin für die meisten Bürger der Bundesrepublik Deutschland zum Symbol der abgründigsten Bedrohung für den Rechtsstaat geworden war? Oder steht hier der unbeirrbar zu seiner Tochter haltende Vater, zumal ein Vertreter der Kirche und ihrer Gesetze, am Grab einer Fehlgeleiteten? Das fotografische Dokument scheint somit nicht allein etwas über die Vater-Tochter-Beziehung zu verraten, sondern in unserem Zusammenhang auch den Versuch zu illustrieren, wie ein einzelner Mensch sich dem gesellschaftlichen Druck zu stellen vermag.
Neben den Aspekten der Einteilung der menschlichen Lebensphasen und dem Bewusstsein einer individuellen Biografie, ist auch die Beziehung der Generationen innerhalb einer Familie angesichts der grundlegenden Prägungen für jeden Menschen als Ausdruck personaler „Geschichtlichkeit" zu werten. Die Lichtinstallation „Tochter-Totem 1–3" von Annegret Soltau (*1946) aus dem Jahr 1999 setzt innerhalb der mehrfach in der Ausstellung begegneten Bildformel eines „Triptychons" drei „Stelen" in Szene, deren am Computer bearbeitete Bildcollagen aus Körperfragmenten ihrer Tochter und ihrer Mutter gebildet sind. Durch die erfolgte Fragmentierung und die anschließende Neukombination der Elemente werden Sinnbilder der körperlichen Versehrtheit, aber auch der Verwandtschaft und Verbundenheit geschaffen, an dem die Künstlerin, als Mutter und Tochter zugleich, durch den Werkprozess selbst Anteil hat. Der Werktitel „Totem" vereist auf diese „Präsenz" der Ahnen und der Kindeskinder im eigenen Selbst (Abb. 64f.).[10]

[10] Das Moment der Versehrtheit, das insbesondere durch die Geburtserfahrung der Frau ein prägendes Element des Lebens darstellt, wird in einer weiteren, in Raum VII ausgestellten Arbeit Soltaus noch stärker herausgearbeitet (Kat.-Nr VII.11).

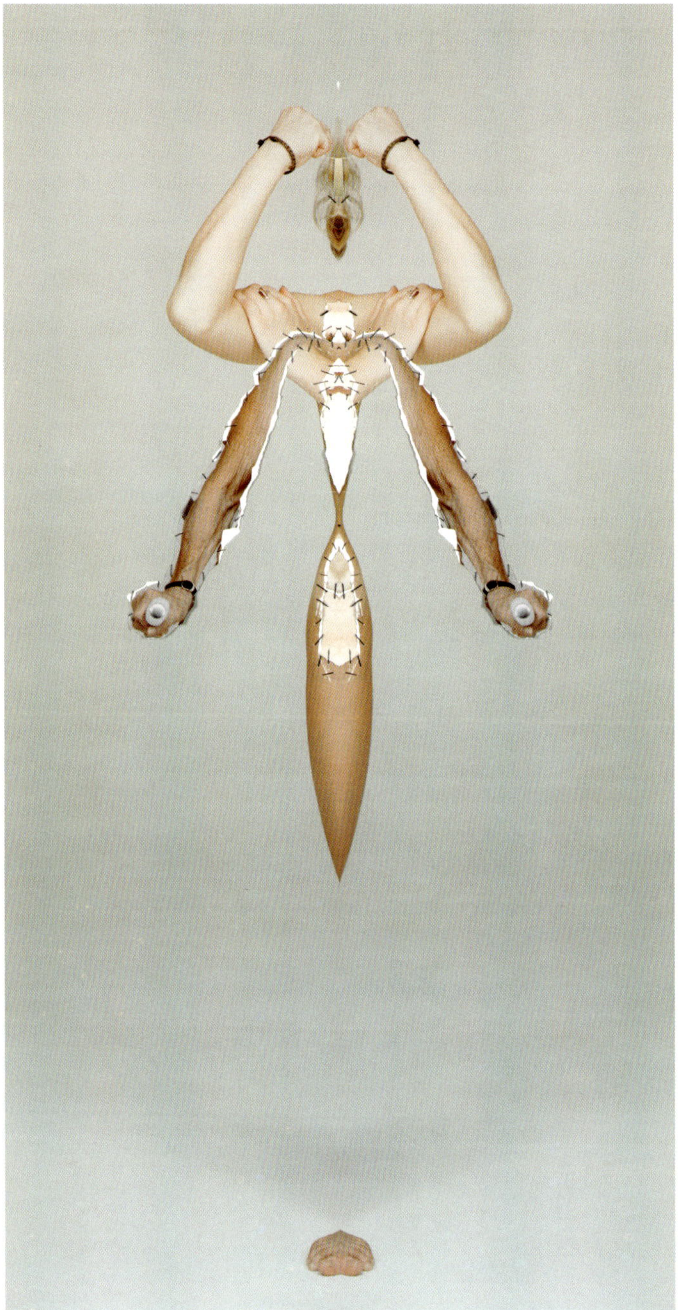

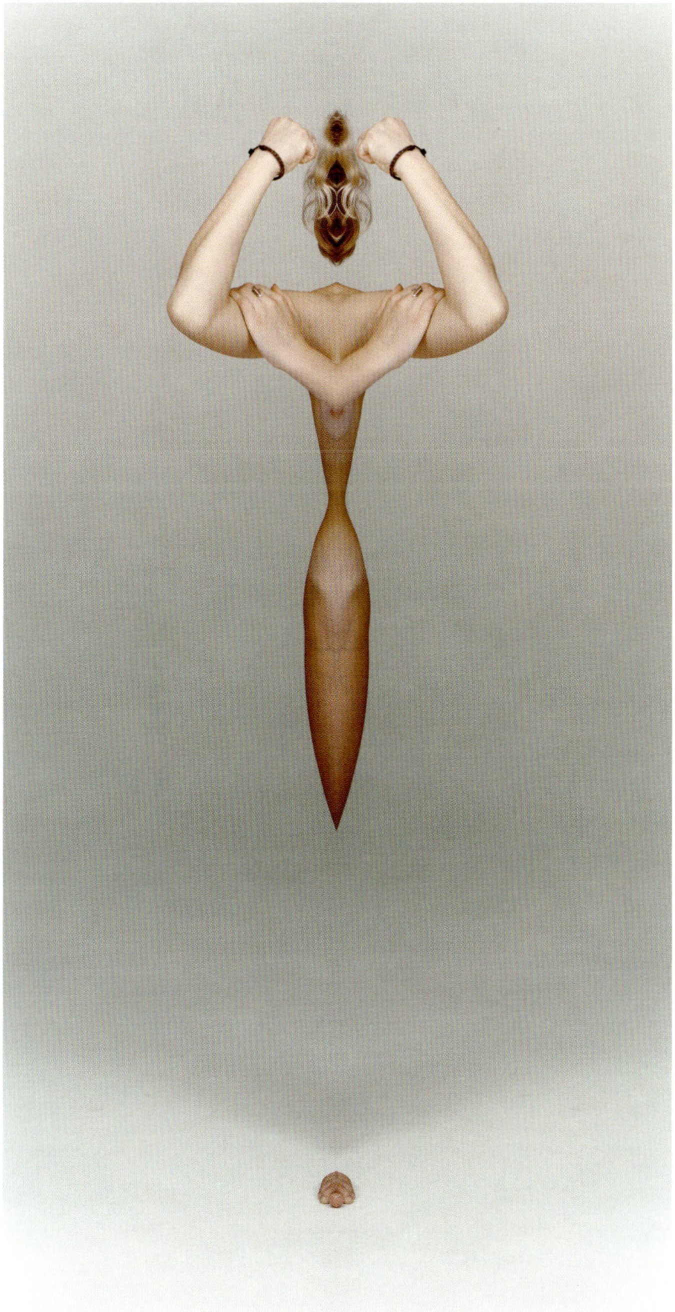

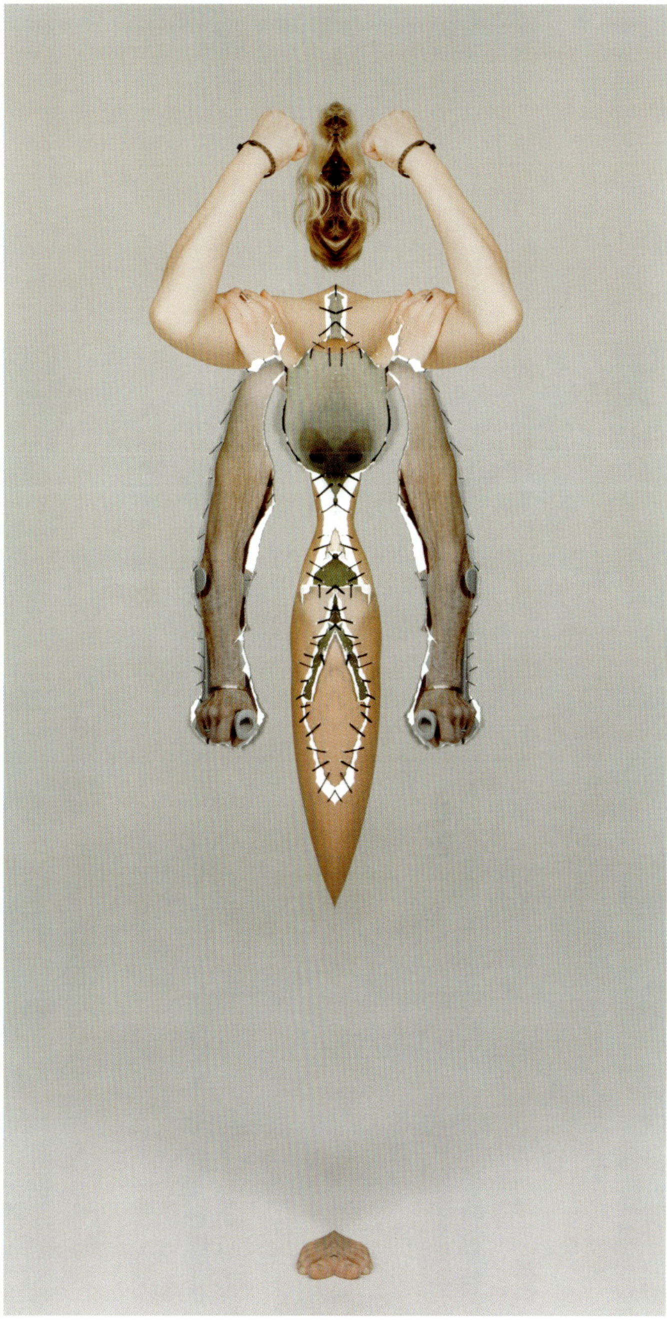

Kat.-Nr. IV.10
Annegret Soltau (*1946)
Tochter-Totem 1–3
1999

Das Spannungsverhältnis zwischen persönlicher Biografie und Gesellschaft war auch das Thema in Stefan Moses fotokünstlerischer Serie „Die großen Zeitzeugen" (1962–64), aus der das Portrait des ehemaligen Reichsbankpräsidenten Hjalmar Schacht (1877–1970) genommen ist. Schacht, der zunächst Adolf Hitler unterstütze und dann während der 30er Jahre zu seinem erbitterten Kritiker wurde und das Kriegsende im KZ überlebte, ist in seinem Habit und anhand der Attribute als Exponent der Geschäftswelt charakterisiert. Moses versetzt diesen Menschen jedoch in ein Waldstück und drückt in dieser ungewöhnlichen Konfrontation von gesellschaftlich kodifiziertem Äußeren und der Naturumgebung letztlich die Entfernung des Menschen von seinem Naturzustand durch die gesellschaftliche Konvention aus. Gleichzeitig präpariert die Momentaufnahme des Fotografen die nachhaltige Prägung der Existenz durch die persönliche „Biografie", hier derjenigen des Staatsamtes, zeichenhaft heraus.

Kat.-Nr. IV.7
Stefan Moses (* 1928)
Hjalmar Schacht
(aus: Die großen Zeitzeugen 1962–64)

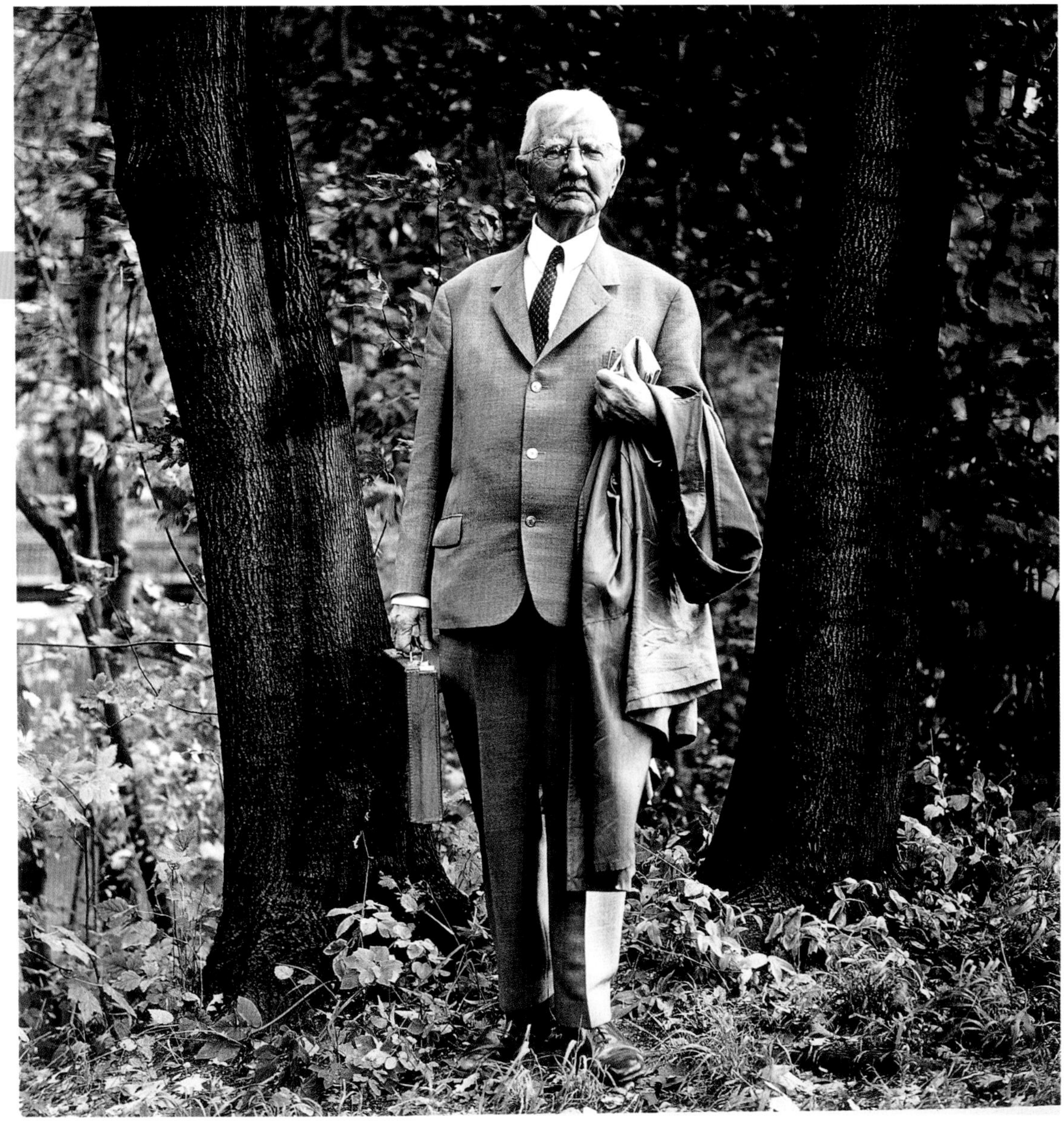

Der Fotograf Joe J(ulius) Heydecker (1916–1997) war als Soldat der Deutschen Wehrmacht zeitweise in Polen stationiert. Als „Grenzgänger“ in schwierigster Situation, Pazifist und rekrutierter Kriegsteilnehmer, hatte Heydecker jüdische Freunde im Warschauer Ghetto. Eine seiner heimlich aufgenommen und entwickelten Aufnahmen zeigt einen „alten jüdischen Mann mit einem Mädchen im Warschauer Ghetto“ und entstand im Jahr 1941. Dieses beklemmende Zeitdokument erinnert neben dem Leid des gesamten jüdischen Volkes vor allem auch an die besondere Exponiertheit von Kindern und alten Menschen während der Verfolgung durch die Nationalsozialisten. Das versteinerte Gesicht des Kindes lässt ermessen, dass Alter und Kindheit im Angesicht des Terrors zu relativen Größen werden.

Kat.-Nr. IV.6
Joe J. Heydecker (1916–1997)
Alter jüdischer Mann mit Mädchen, im Warschauer Ghetto
1941

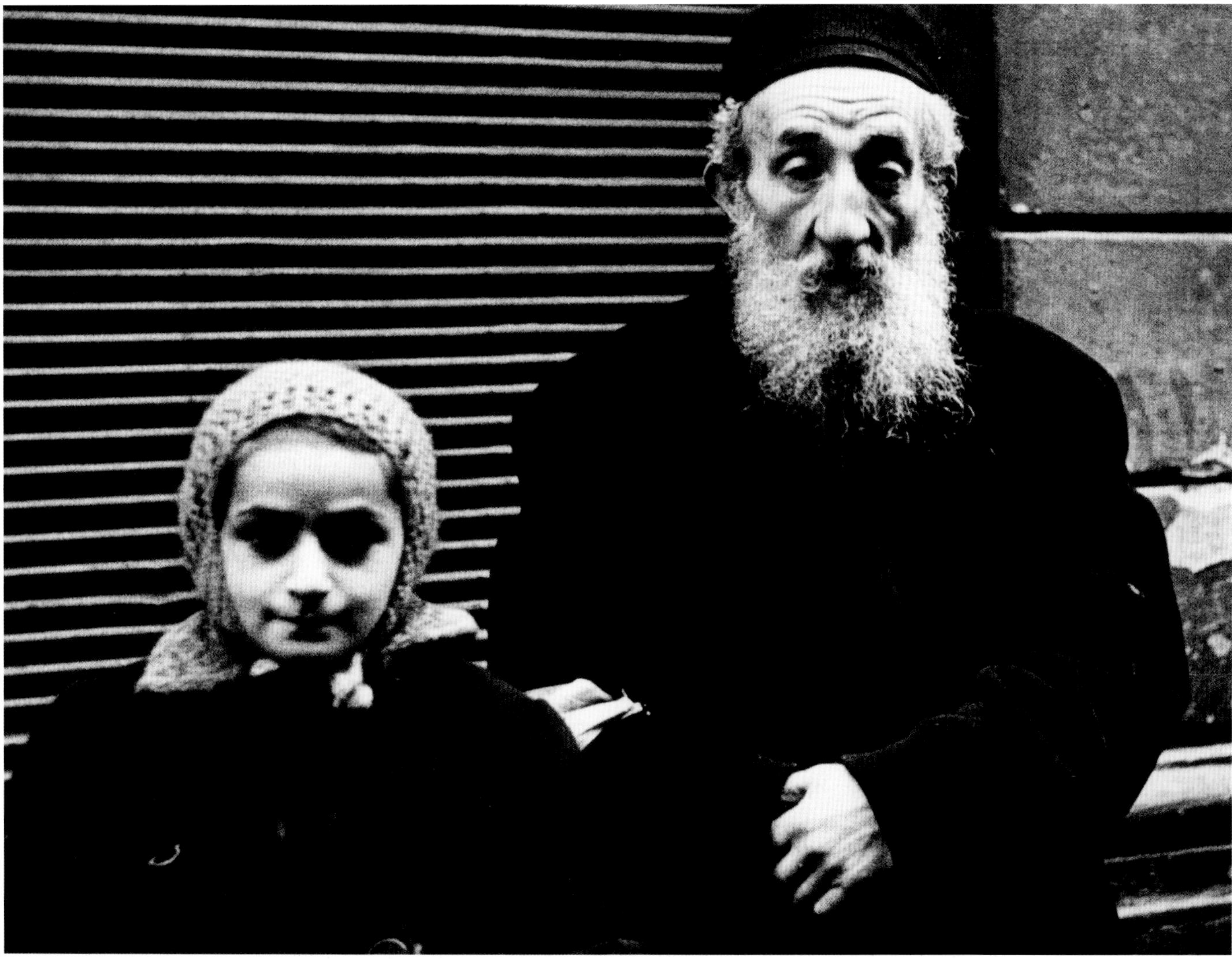

Altwerden

All der Tand, den Jugend schätzt,
Auch von mir ward er verehrt,
Locken, Schlipse, Helm und Schwert,
Und die Weiblein nicht zuletzt.

Aber nun erst seh ich klar,
Da für mich, den alten Knaben,
Nichts von allem mehr zu haben.
Aber nun erst seh ich klar,
Wie dies Streben weise war.

Zwar vergehen Band und Locken
Und der ganze Zauber bald
Aber was ich sonst gewonnen,
Weisheit, Tugend, warme Socken,
Ach, auch das ist bald zerronnen,
Und auf Erden wird es kalt.

Herrlich ist für alte Leute
Ofen und Burgunder rot
Ünd zuletzt ein sanfter Tod –
Aber später, noch nicht heute!

Hermann Hesse

Raum V

„So sind sie!“

So sind sie!

So alt wie die darstellende Kunst selbst erscheint auch der satirische Blick auf das Alter des Menschen.
Die zerlumpten Bettler der Barockzeit gaben die soziale Lage der untersten Schicht wieder und belustigten und erfreuten gleichzeitig in Form eines pittoresken „Genrebildes" eine durch die Jugend dominierte, höfische Gesellschaft.

Oftmals verbarg sich hinter der meist drastischen Darstellung auch der Wille, das lange propagierte Bild der stets „gütigen" alten Leute zu brüskieren und hinter den vermeintlich ehrwürdigen Fassaden der Honoratioren dieselben Laster und Schwächen aufzudecken, wie sie bei Menschen aller Generationen vorzufinden waren.

Daneben trat vor allem in der Zeit, als sich der Kunststil des Expressionismus entwickelte, in der künstlerischen Darstellungsabsicht auch ein sozialkritischer Aspekt zutage. Insbesondere in der Phase der wirtschaftlich verheerenden Veränderungsprozesse in der Zeit der großen Weltwirtschaftskrise am Ende der 20er Jahre des 20. Jahrhunderts waren alte Menschen – wie in allen Notzeiten – sozialer Härte meist in besonderem Maße ausgesetzt.

Die Kritik an den Älteren in der Gesellschaft war indes ein Hauptbestandteil der revoltierenden Ideologie der „68er-Generation": Die Kunst der späten 60er und 70er Jahre fragte verstärkt nach der Rolle der Elterngeneration in der Zeit des Nationalsozialismus. Wofür hatten Väter und Mütter eingestanden? Waren Sie Täter, Opfer, Mitläufer?

Den Aspekt der Vereinnahmung der älteren Generation drücken seit dem Beginn des 20. Jahrhunderts fest gefügte Altersbilder in der Produktwerbung aus. Die Werbebotschaften transportieren meist Inhalte in Form romantischer Projektionen unter vermeintlich „modernen" Vorzeichen. Ein Trend, der bis in die Gegenwart anhält, immer neue Felder erschließt und – parallel zu dem steigenden Lebensstandard älterer Konsumenten – das am Leistungsdenken junger Menschen orientierte Handeln Älterer zunehmend prägt.

Kat.-Nr. V.13
Max Schwimmer (1895–1960)
So sind sie – altes Paar
1953/58

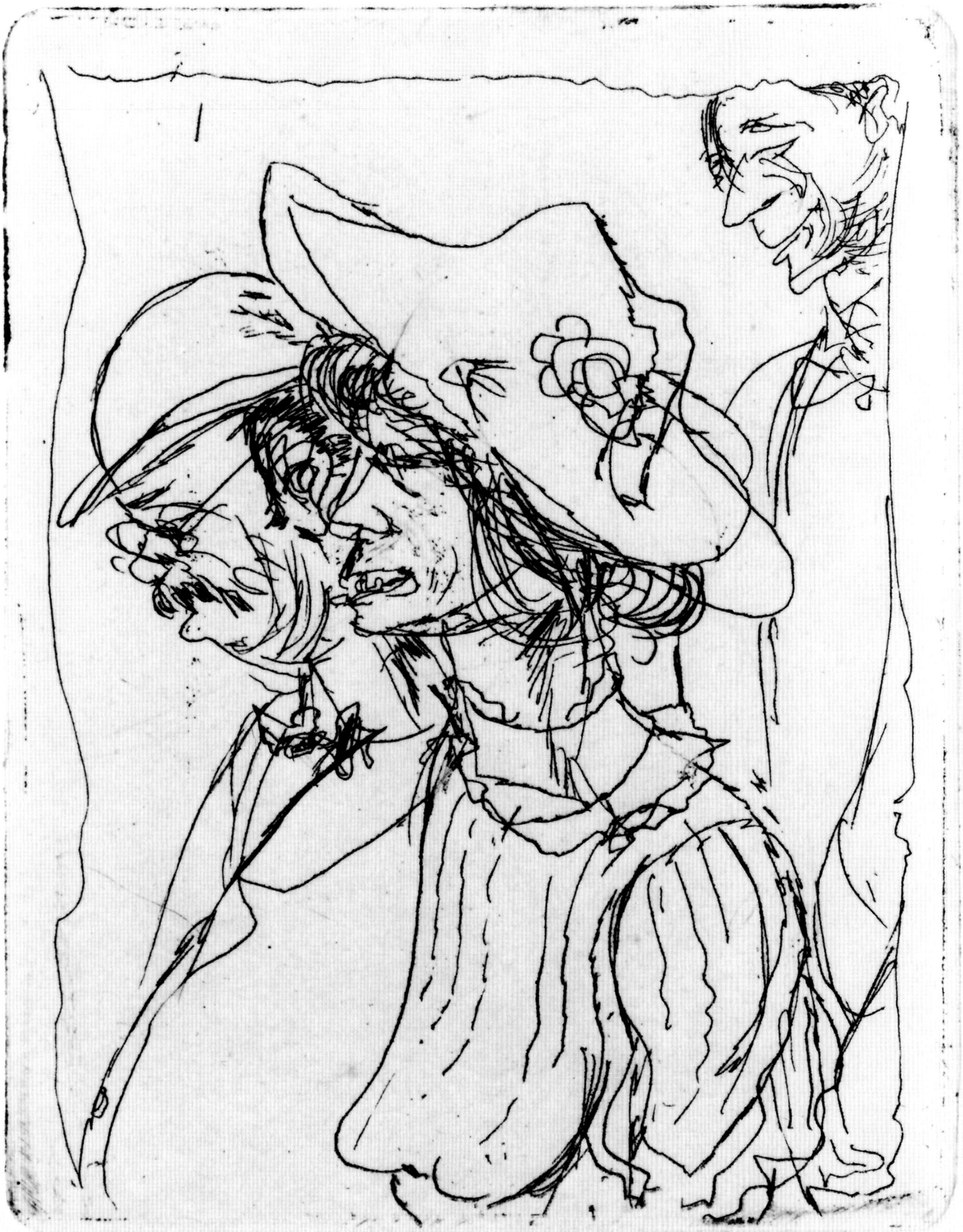

„So sind sie" – Verachtung und Vereinnahmung alter Menschen

Max Schwimmers (1895–1960) Radierung „So sind sie! – altes Paar", zwischen 1953 und 1958 ausgeführt (Abb. S. 67), persifliert die alten und neuen „Stützen der Gesellschaft" in der deutschen Nachkriegszeit und liefert die „Überschrift" zu dieser Ausstellungssequenz. Hier werden Beispiele für die Verunglimpfung und Vereinnahmung des Alters, die eine bald schwächer bald stärker hervortretende Grundkonstante in der Geschichte der Kunst und der Medien bilden, vorgestellt.

„Zerrbilder" des Alters, die zum Teil mit realistischer Wirklichkeitsbetrachtung nichts zu tun haben, sondern Details des körperlichen Verfalls ins Monströse steigern und als Kuriosum der Schaulust des Betrachters preisgeben, liegen in großer Zahl vor. Illustre Beispiele für dieses Delektieren am Absonderlichen, in dem noch die Sammelleidenschaft der Kunst- und Wunderkammern ihren Nachhall findet, bildet die Auswahl „Grotesker Köpfe", die, zum Teil nach Vorlagen Leonardo da Vincis, in der ersten Hälfte des 18. Jahrhunderts wohl in Norddeutschland entstanden sind.
Nicht allein das Zeugnis einer Freude am kurios-lächerlichen, sondern zugleich auch – vielleicht unbeabsichtigt – den Reflex tatsächlicher

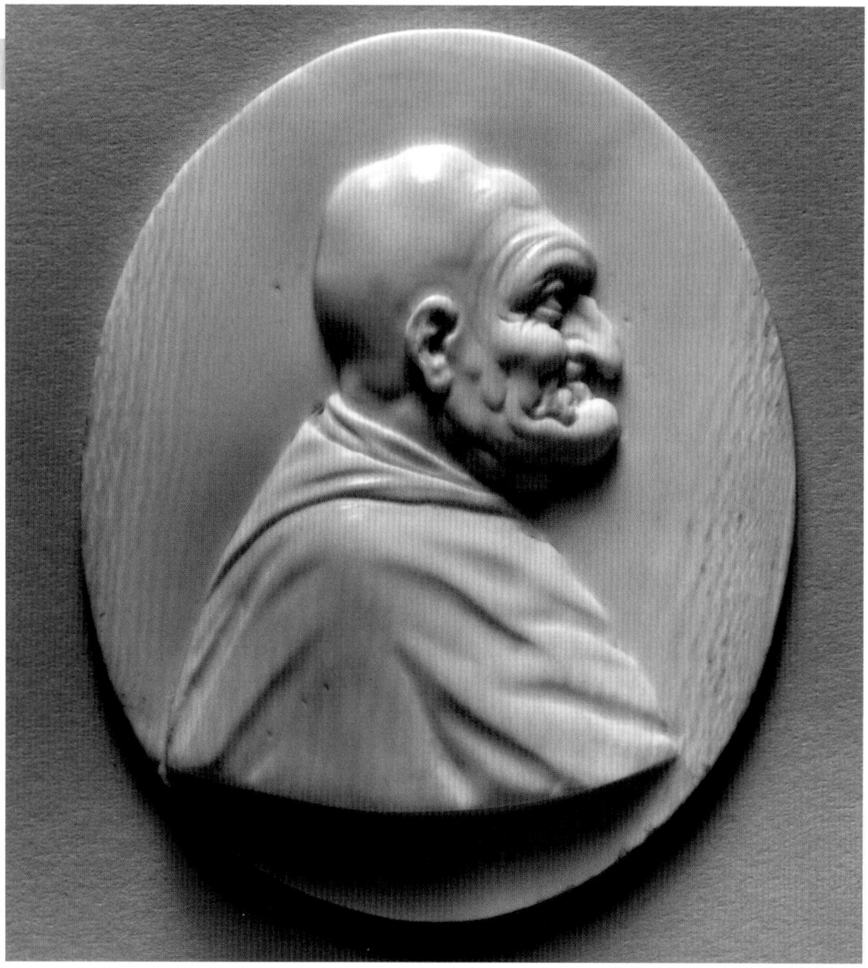

Kat.-Nr. V.19
Norddeutsch (?)
Zehn **„groteske Köpfe"**
2. Drittel 18. Jh. (?)

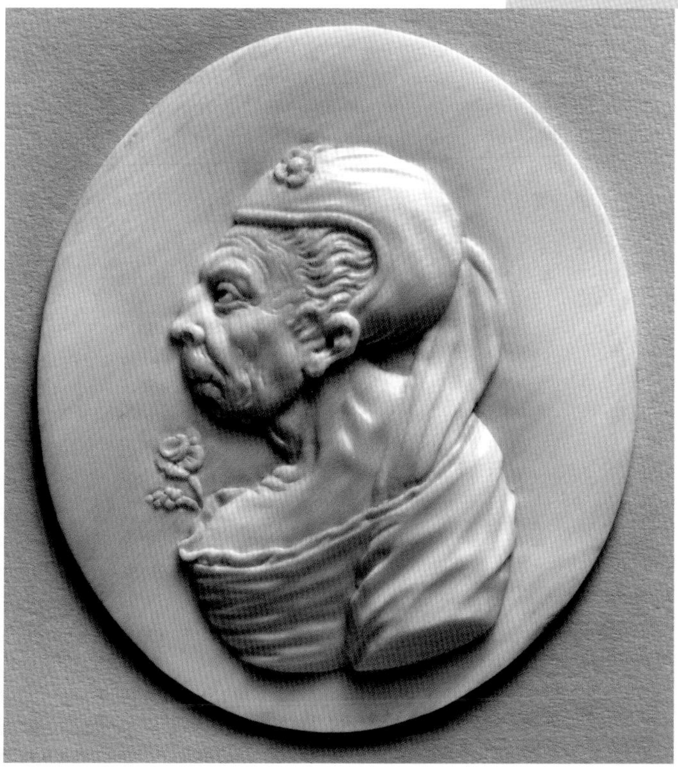

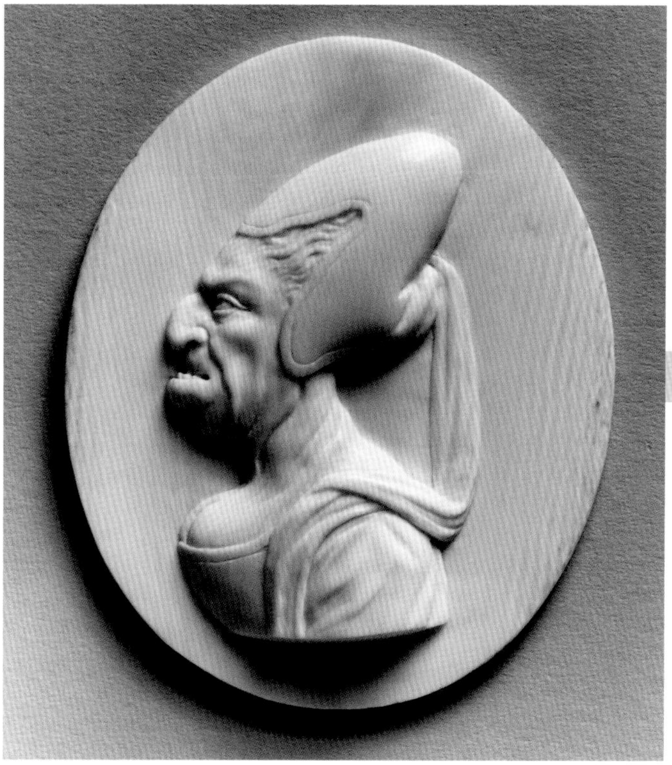

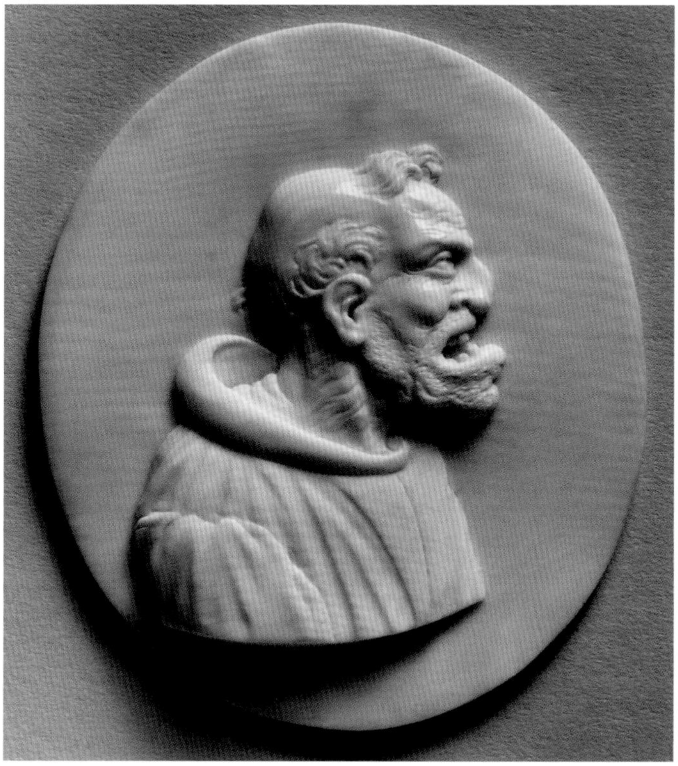

gesellschaftlicher Zustände der Zeit erkennt man in zahlreichen Beispielen der Druckgrafik: Adriaen Jacobsz. Mathams (um 1600– n. 1654) nach Adriaen Pietersz. van de Venne (1589–1622) gestochenes Kupfer „Zwei Bettler" bedient das überaus beliebte Bildsujet der närrischen, zerlumpten Landfahrer, das jedoch trotz seiner überzeichneten Drastik in der damaligen Zeit den Alltag für viele landlose Tagelöhner bedeutete.

Ein von Hendryk Barys (1640–1707) nach der Vorlage des Frans van Mieris (1635–1681) ausgeführter Kupferstich zeigt daneben eine alte Frau, die ihr Nachtgeschirr aus dem Fenster schüttet. Diese Alte ver-

Kat.-Nr. V.1
Adriaen Jacobsz. Matham
(um 1600–n. 1654)
(nach Adriaen Pietersz. Van de Venne, 1589–1622)
Zwei Bettler
Um 1630/40

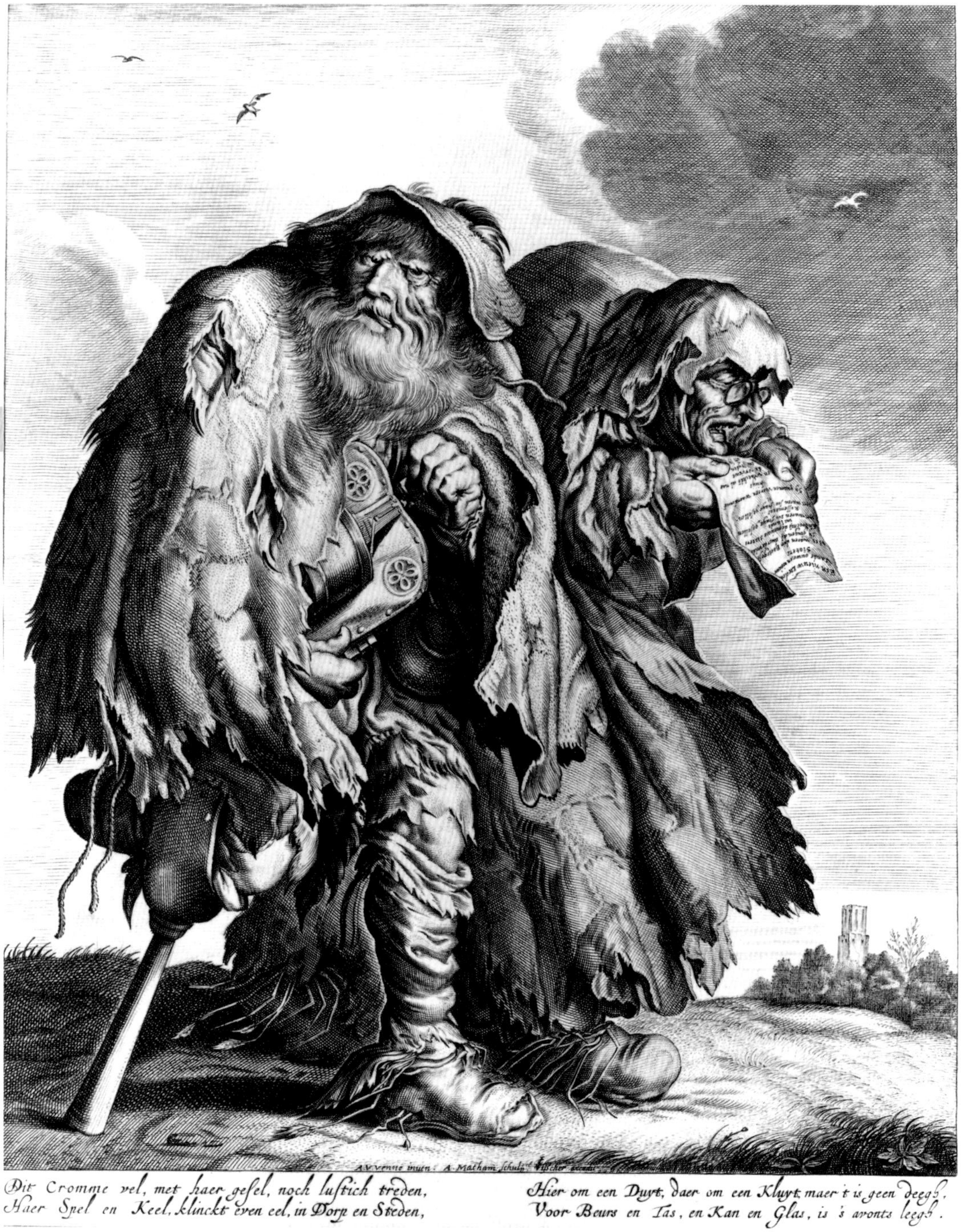

tritt nicht allein den Typus der durch ihr asoziales Verhalten isolierten Närrin, sondern die niederländische Beischrift bezichtigt ihr Tun zudem als Strategie einer aktiven Verschleierung ihres Greisenalters.

Ein zeitlicher Sprung innerhalb dieser Sequenz verharrt gleichwohl in ähnlichem sozialen Milieu: Der kritische Blick auf das Großstadtleben und die industriellen Arbeitsprozesse war ein Thema, das mit besonderer Drastik in der Kunst des Expressionismus verarbeitet wurde.

Kat.-Nr. V.2
Hendryk Bary (1640–1707)
(nach Frans van Mieris, 1635–1681)
Eine alte Frau gießt ihr Nachtgeschirr aus dem Fenster
Um 1680

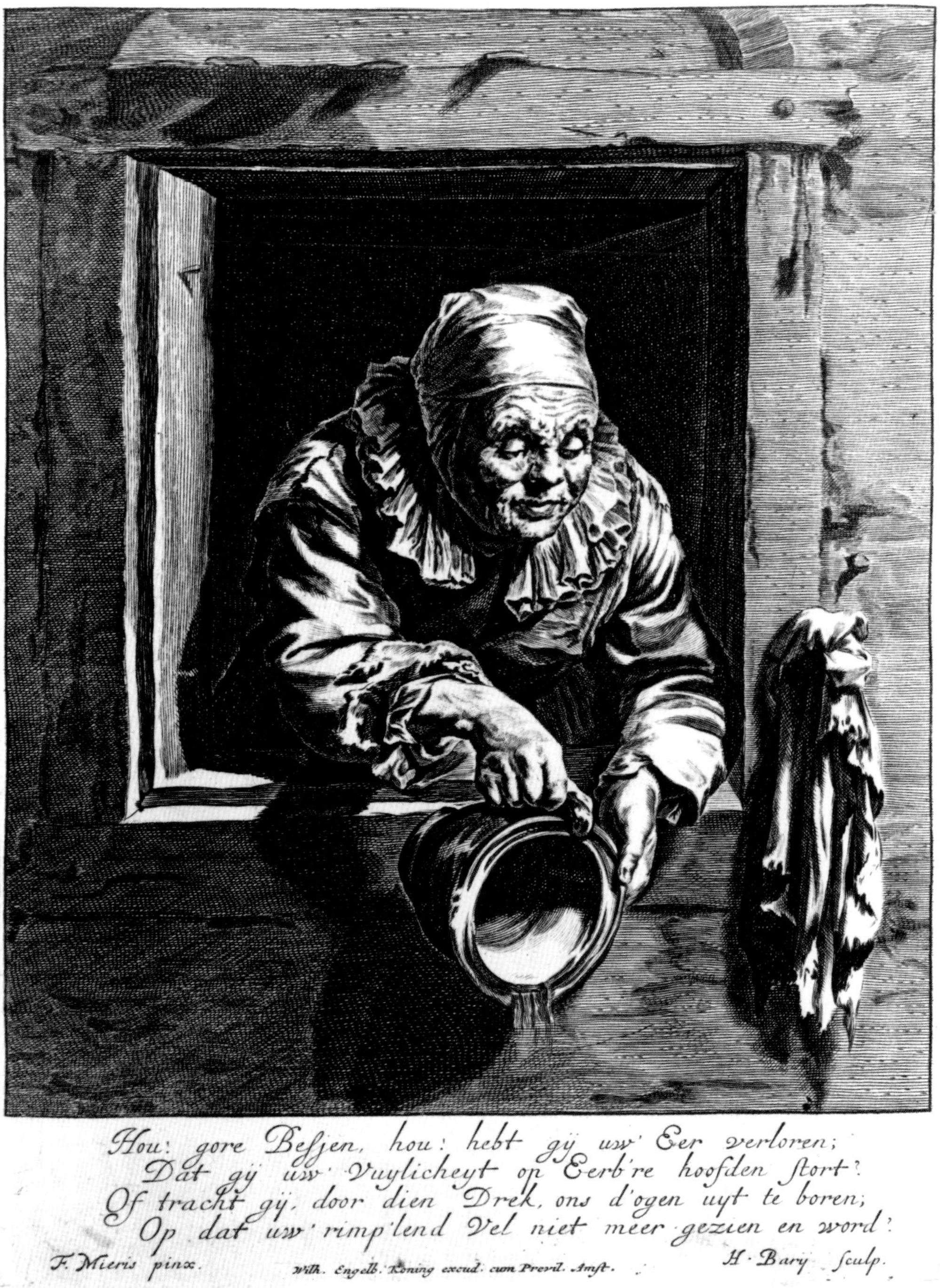

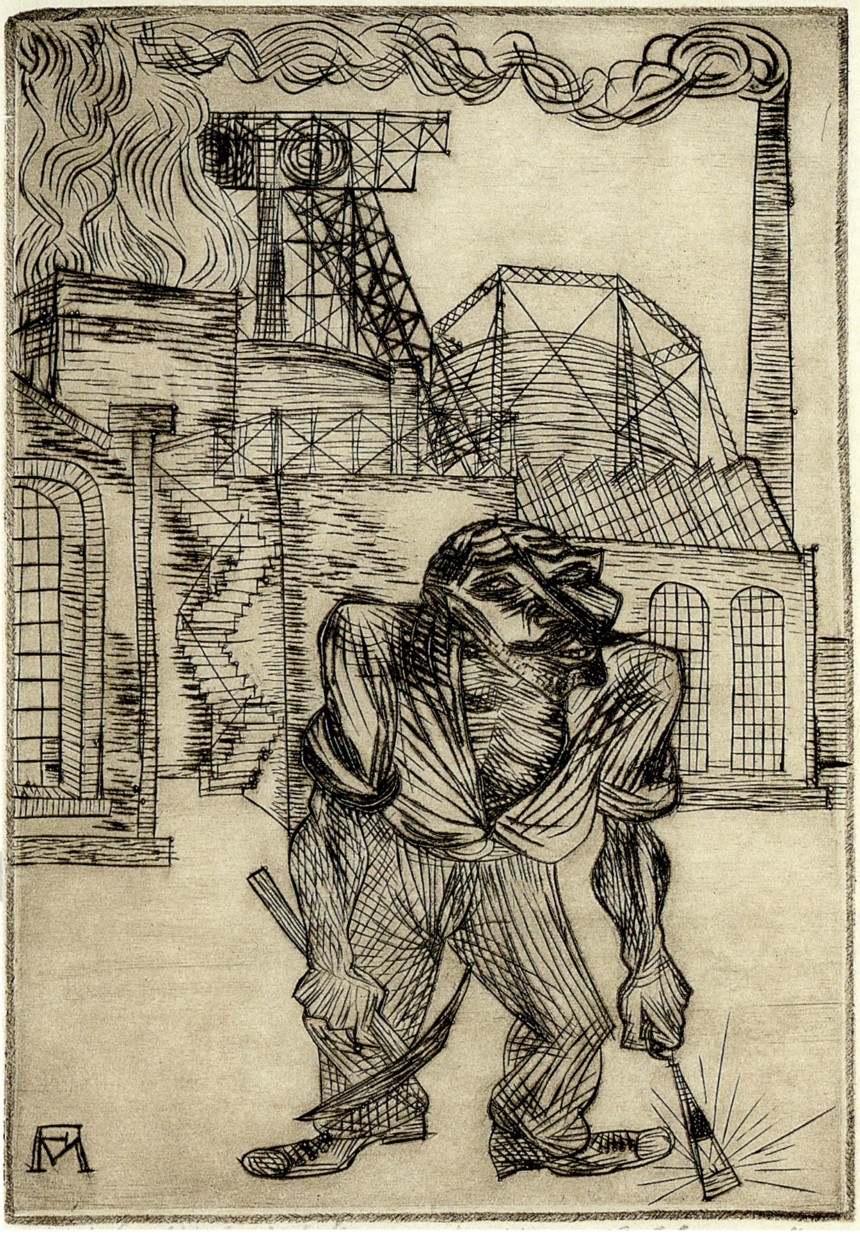

Kat.-Nr. V.5
Conrad Felixmüller (1897–1977)
Alter Arbeiter
1921

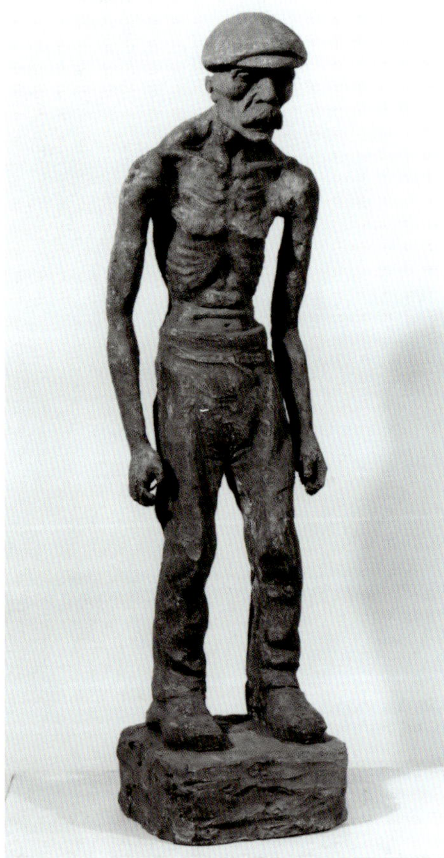

Kat.-Nr. V.24
Fritz Nolde (1904–1980)
Ausgepresster Prolet
1928/29

Künstler wie Otto Dix, Conrad Felixmüller und vor allem Fritz Noldes (1904–1980) Plastik „Ausgepresster Prolet" von 1928/29 nutzten für ihre kritische Argumentation gerade auch die prekäre Situation alter Menschen in der modernen Massengesellschaft. Sowohl die Prostituierte als auch der seine Arbeitskraft in den Kohlengruben bis zuletzt verkaufende Arbeiter sind mit ihren verhärmten, vor der Zeit gealterten Körpern Zeugen für die Prinzipien der Ausbeutung.

Das Thema des lüsternen Alten ist in allen Epochen der Kunst in den verschiedensten Facetten weit verbreitet. Max Klingers (1857–1920) Radierung „Ein Schritt" aus der Mappe „Dramen, Opus IX" von 1883, fasst das Sujet indes innerhalb eines gesellschaftlichen Rahmens mit deutlich sozialkritischem Aspekt: Das hier dargestellte, aus dem Elternhaus verstoßene Mädchen sieht sich den Einflüsterungen und

Kat.-Nr. V.8
Otto Dix (1891–1969)
Alte Dirne
1922

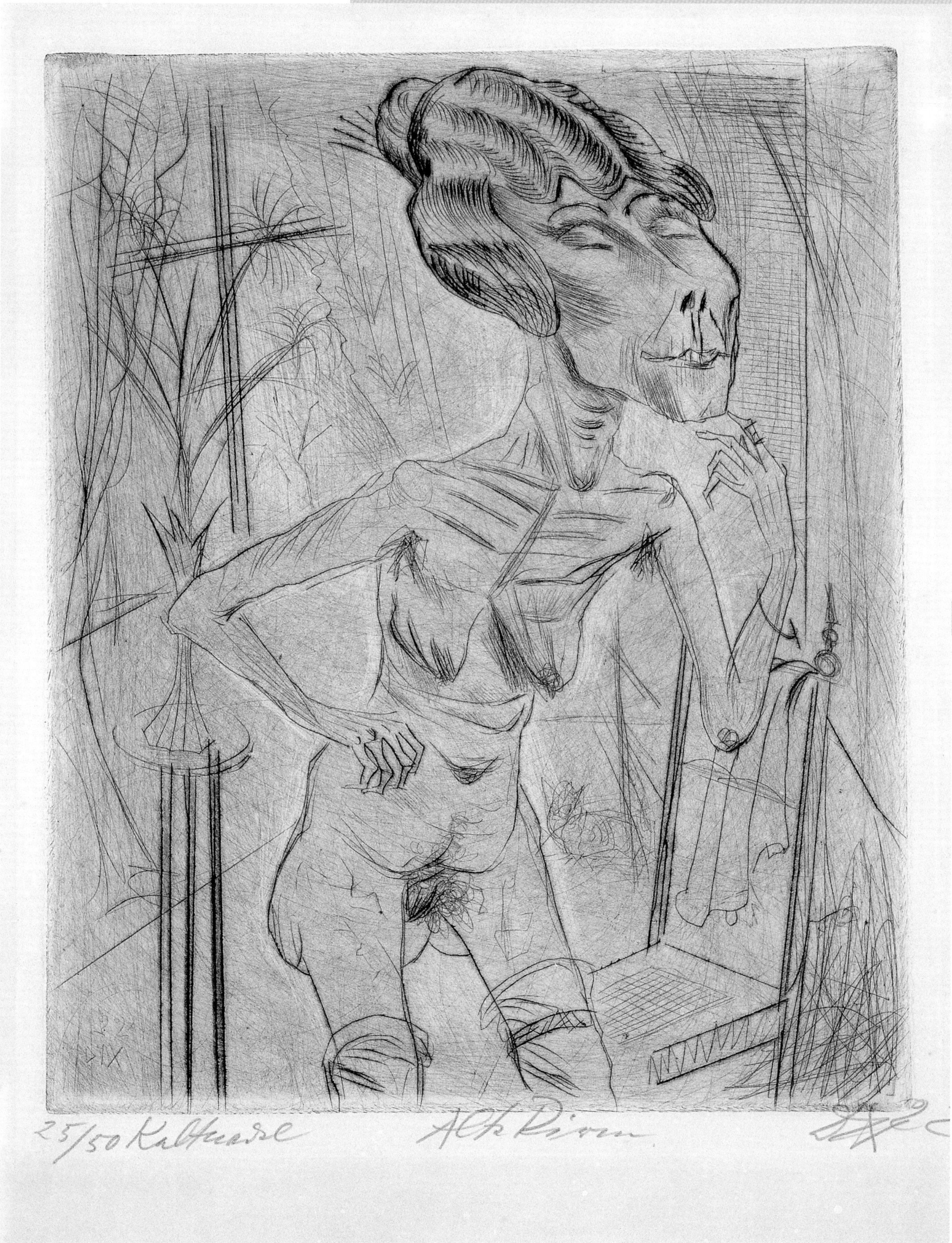
25/50 Kaltnadel

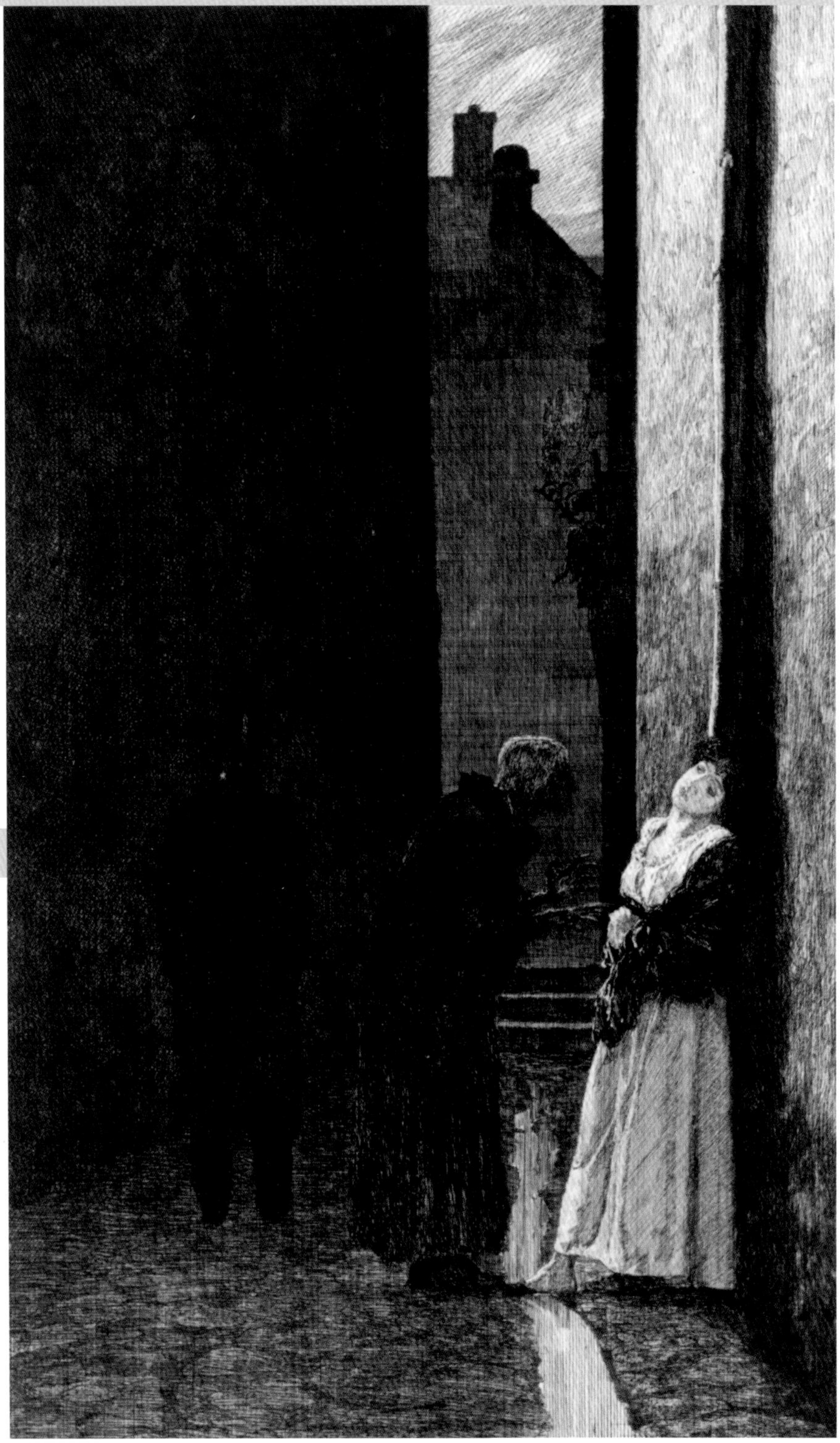

Kat.-Nr. V.3
Max Klinger (1857–1920)
Ein Schritt
1883
(aus der Mappe „Dramen Opus IX", Blatt 2)

Lockungen zweier gut situierter, von ihrem Alter und ihrem ungesunden Verlangen gezeichneten Herren ausgesetzt. Die „Gosse" zu ihren Füßen symbolisiert den letzten Schritt, der sie von ihrem endgültigen Fall (in die Prostitution) noch trennt. Den Topos vom „Ungleichen Paar" bedienen auch Tina Bauer-Pezellens (1897–1979) um 1925 entstandene Gouachemalerei, die eine typische Cafészene mit dem gutsituierten, indes abstoßenden Galan und einem eigentümlich gesichtslosen Mädchen wiedergibt (Kat.-Nr. V.11) sowie Magnus Zellers (1888–1972) „Der alte Ehemann" von 1922 (Kat.-Nr. V.7). Zeller führt den Blick auch weiter hinein in die Schlafzimmer einer von ihm als dekadent empfundenen Bürgerwelt und zeigt dort den „Sadisten" (1921) (Kat.-Nr. V.6; Abb. S. 80). Sicherlich schwingt in diesen Bildern die Frustration des Jüngeren über den Fortbestand der alten Eliten nach dem Ende des Ersten Weltkrieges mit. Deutlicher wird dies noch in dem Blatt „Die Herrschaft der Alten Männer" desselben Künstlers aus dem Jahre 1931 (Kat.-Nr. V.12; Abb. S. 81).

Kat.-Nr. V.9
Karl Arnold (1883–1953)
Mutter Frühbeißens Tratsch
1923
(nach Joachim Ringelnatz)

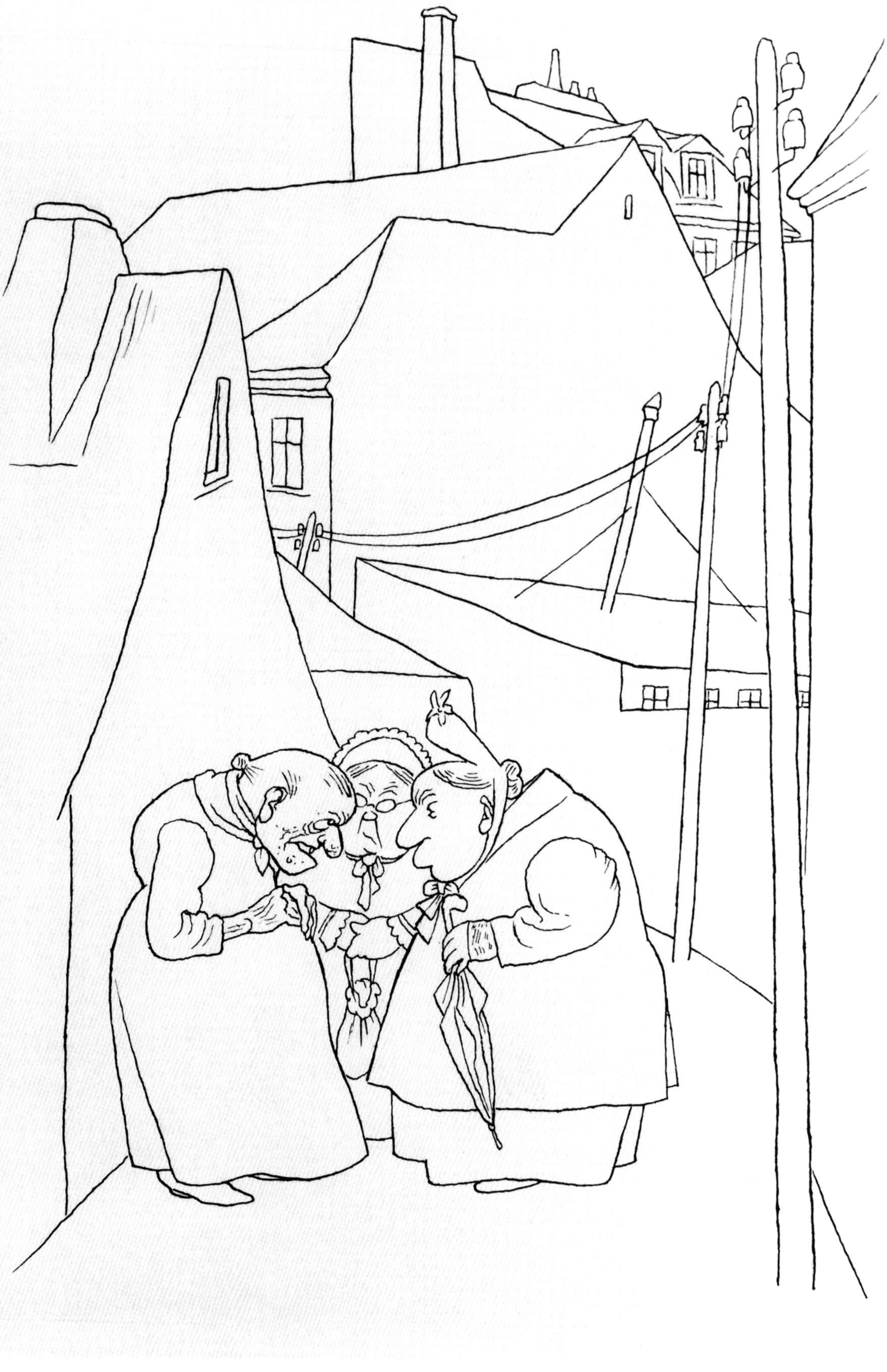

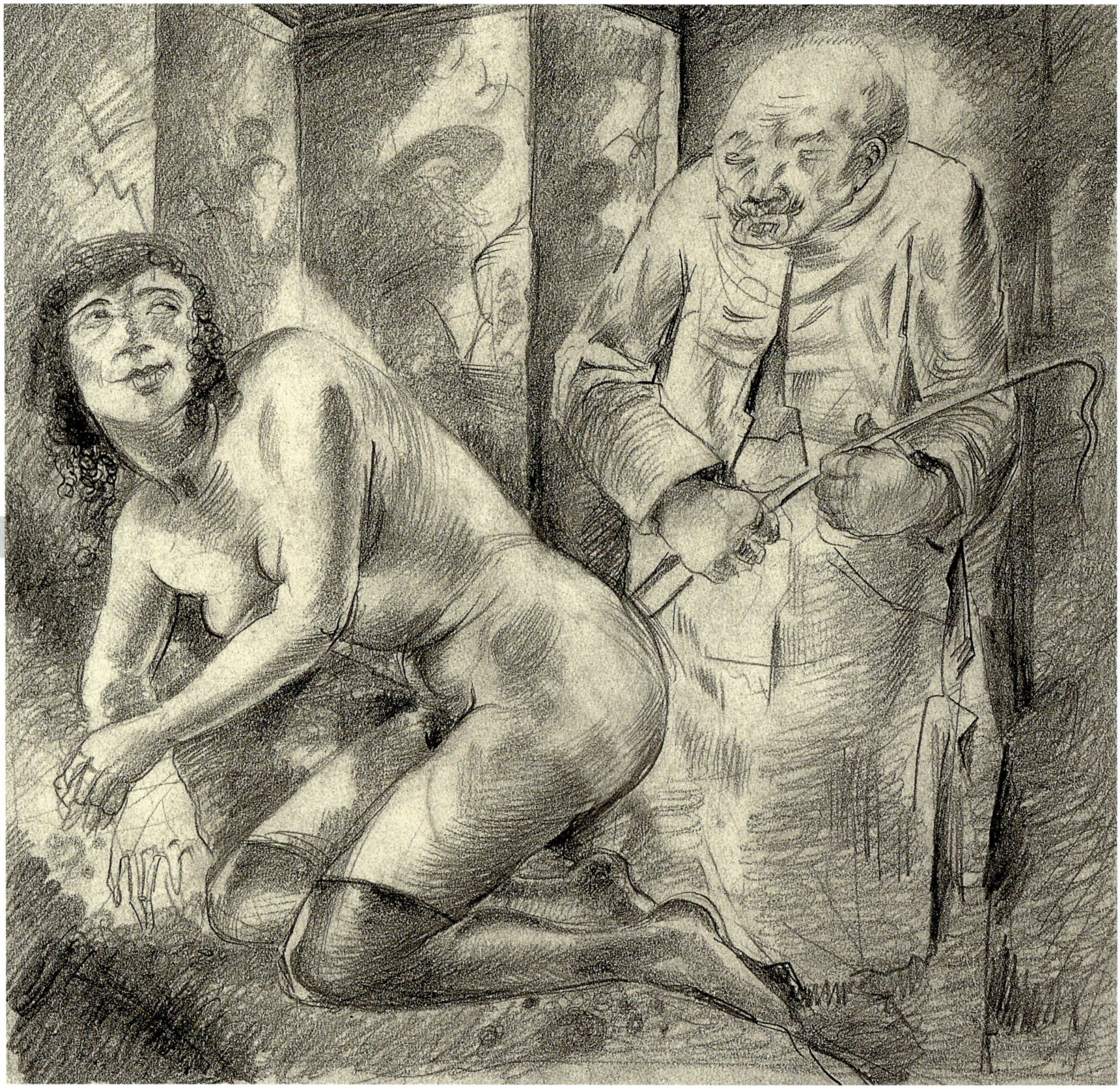

Kat.-Nr. V.6
Magnus Zeller (1888–1972)
Der Sadist
1921

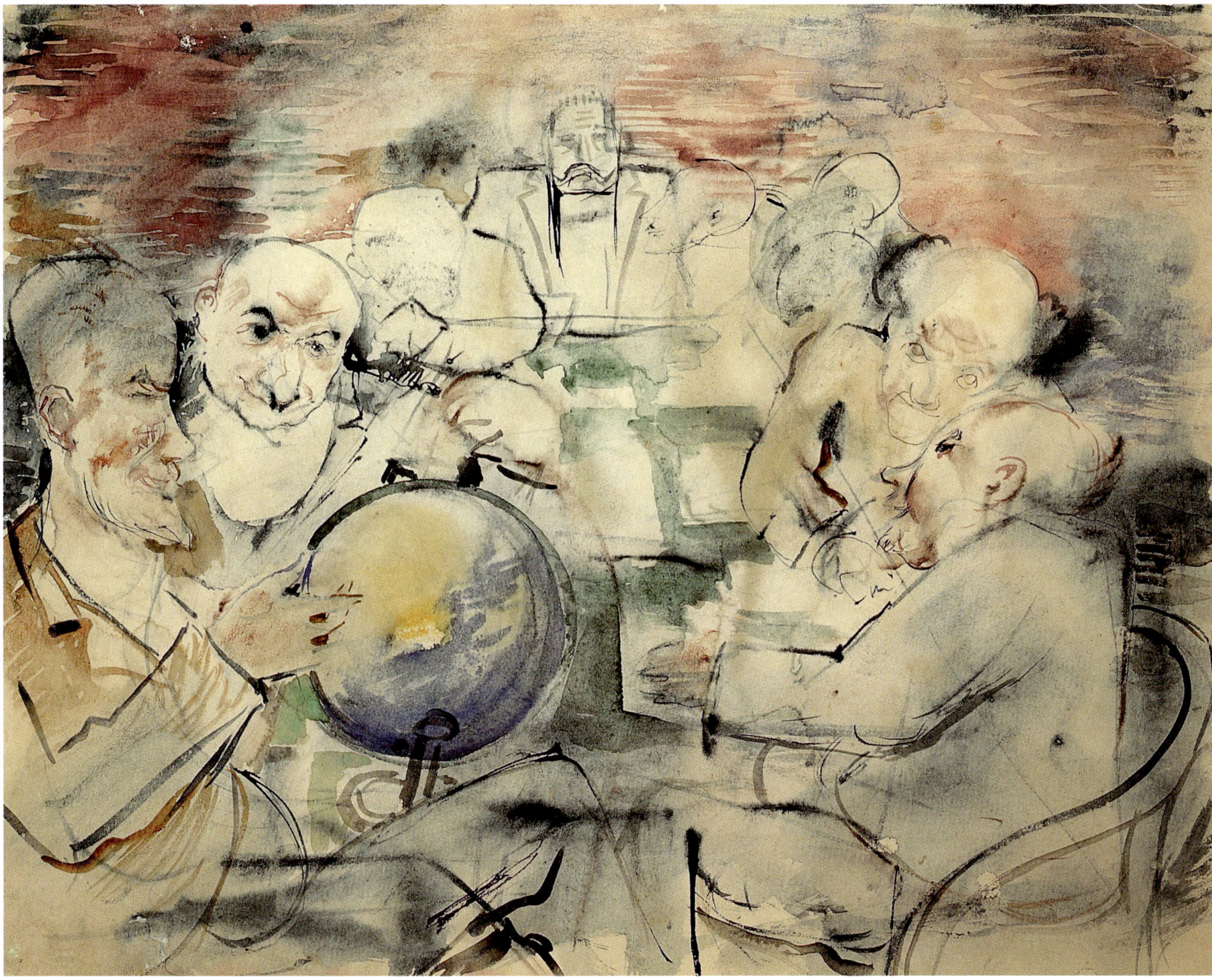

Kat.-Nr. V.12
Magnus Zeller (1888–1972)
Die Herrschaft der alten Männer
1931

Die Werbung der 1930er und 40er Jahre in Deutschland entdeckte demgegenüber neben Landschaft, Region, Brauch und Tracht auch das „Alter" als Sympathieträger im Dienste einer „nationalen" Konsumentenerziehung. Ludwig Hohlweins (1874–1949) Plakat für das Produkt „Esslinger Wolle" besticht nicht allein durch seine graphische Präzision, die den Forderungen dieses Werbemediums in völlig überzeugender Weise gerecht wird. An diesem Punkt schließt sich zudem der Kreis der gesellschaftlichen Projektionen, der das Alter – und in diesem Falle den Typus des „rechtschaffenen Mütterchens" wie er im frühen 19. Jahrhundert mit pädagogischen Zielen entwickelt worden war – nunmehr für die merkantilen Interessen der modernen Werbewirtschaft nutzbar macht.

Kat.-Nr. V.15
Ludwig Hohlwein (1874–1949)
Esslinger Wolle
1930er Jahre

Kat.-Nr. V.16
Helmut Thoma (1909–1993)
Einer für alle – Jeder für sich
1976

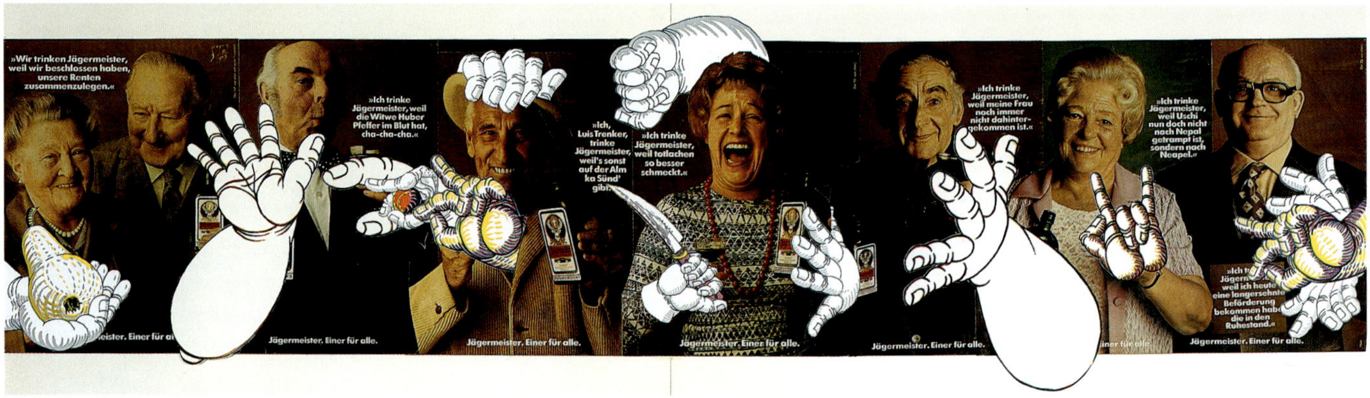

Die Collage „Einer für alle – Jeder für sich" von Helmut Thoma (1909–1993) aus dem Jahr 1976 nimmt eben diese Konsumentenhaltung anhand eines berühmt gewordenen Getränks aufs Korn. Zur Absatzsteigerung dienten seinerzeit nicht allein die „witzigen" Alten, die sich so völlig gegen die Stereotypie zur Wehr zu setzen schienen, sondern auch die durch diese Werbekampagne suggerierte gesellschaftliche Einheit der verschworenen Individualisten, die es freilich so niemals gegeben hat. Der Künstler verschiebt durch seine gestalterischen „Eingriffe" sehr gezielt die Akzente und blickt kritisch auf eine „Elterngeneration", die aus der Hexenküche der Imageberater stammt sowie allgemein auf eine die Beziehungen eher unterbindende, denn befördernde Waren- und Konsumwelt.

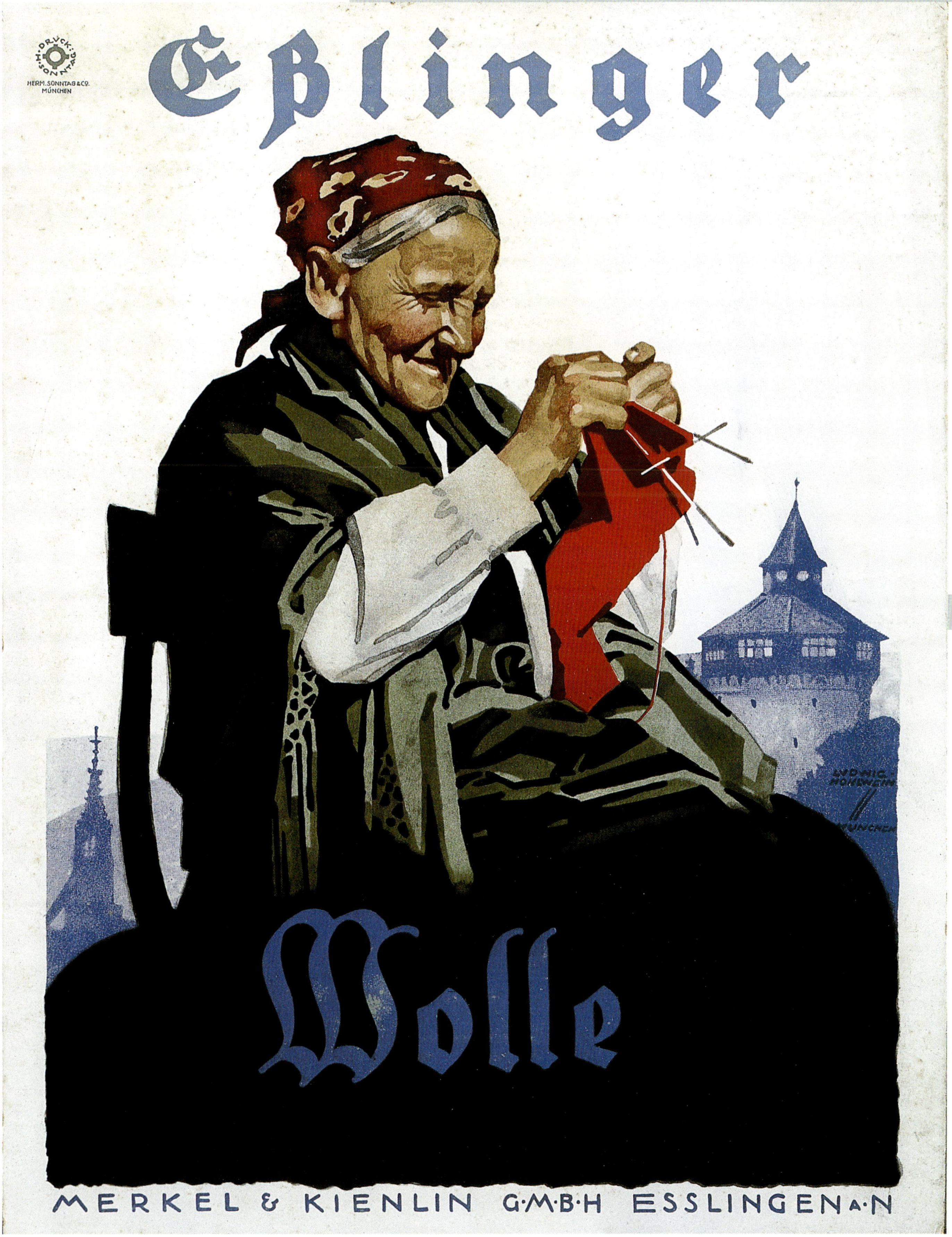
Eßlinger
Wolle
MERKEL & KIENLIN G·M·B·H ESSLINGEN A·N

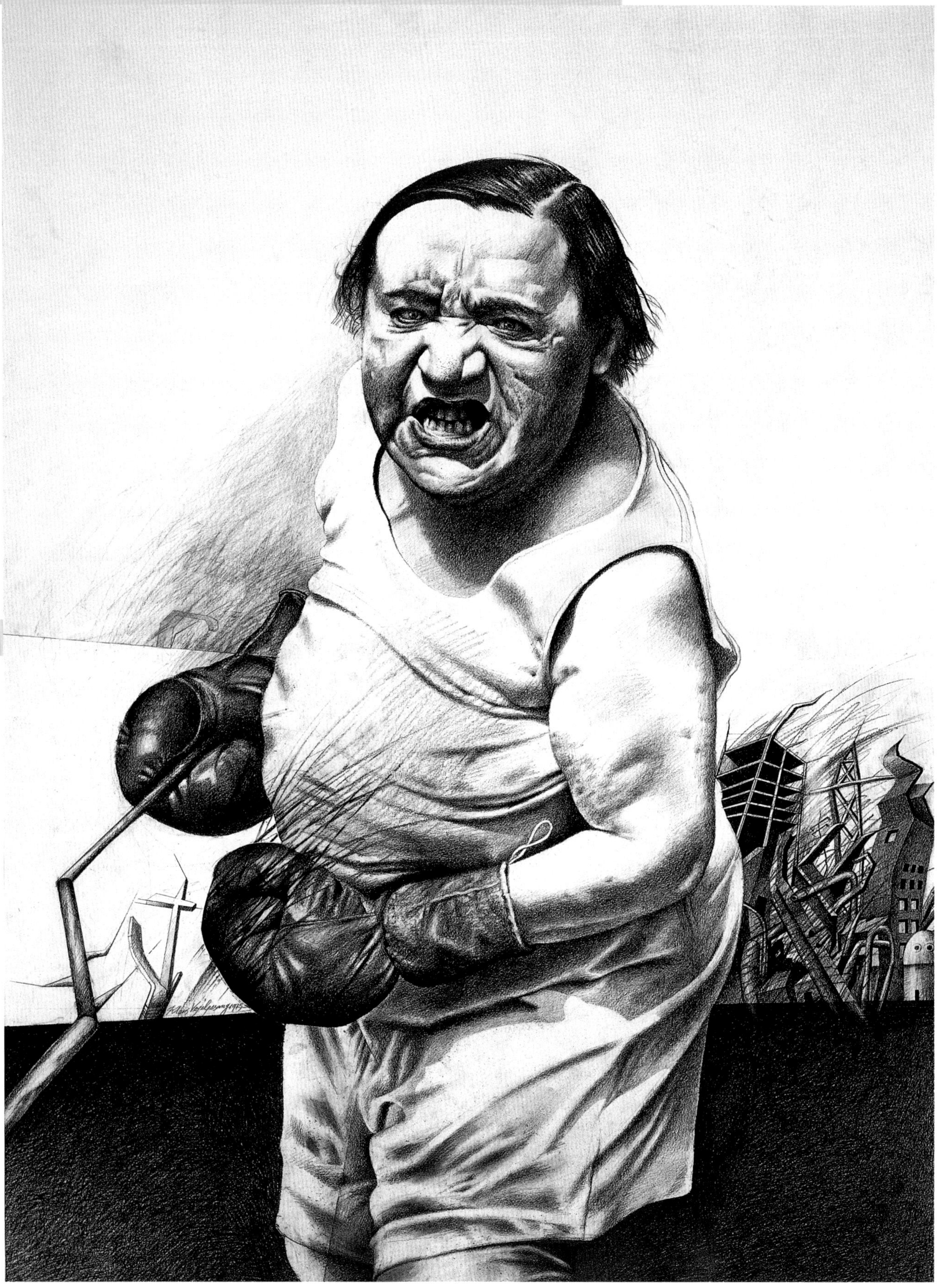

Die Kunst der 60er und 70er Jahre bezog sehr oft ihre Ausgangspunkte aus der Frage nach der politischen Verantwortung der Elterngeneration, der vorgeworfen wurde, die Zeit des Nationalsozialismus still erduldet oder gar mit getragen zu haben. Das traditionelle „Bildnis der Eltern" als Bildthema des Künstlers bekam deutliche Risse[11]. Klaus Vogelgesangs (*1945) Zeichnung „Faustrecht" von 1975 arbeitet diese Kritik in der aggressiven Haltung der hier wiedergegebenen alten Frau schonungslos heraus. Die auf den ersten Blick amüsante Darstellung erweist sich bei genauerem Studium als ein beklemmendes politisches Statement: Der Bildhintergrund verweist auf das in Trümmern liegende Nazideutschland. Die Protagonistin ist jedoch erneut (oder noch immer) „kampfbereit". Der Werktitel, der an die niedrigsten Formen gruppendynamischen Verhaltens erinnert, evoziert die durch Täter wie Mitläufer gleichermaßen getragene Rechtlosigkeit aller in einer Diktatur.

Harald Dörings (1941–1997) Gemälde „Problem Eltern" von 1973 nähert sich dem Thema auf eine andere Weise. Hier ist es weniger die politische Verantwortung der älteren Generation, als vielmehr die psychologische Isolation zwischen den dargestellten Personen. Der im Selbstbildnis auftretende Künstler steht vor einer leeren Leinwand.

[11] Vgl. hierzu auch die Elternbildnisse von –, Bernhard Heisig, Nuria Quevedo und Willi Sitte in Raum VI (Abb. S. 93, 94, 96)

Kat.-Nr. V.14
Klaus Vogelgesang (*1945)
„Faustrecht"
1975

Kat.-Nr. V.17
Harald Döring (1941–1997)
Problem Eltern
1973

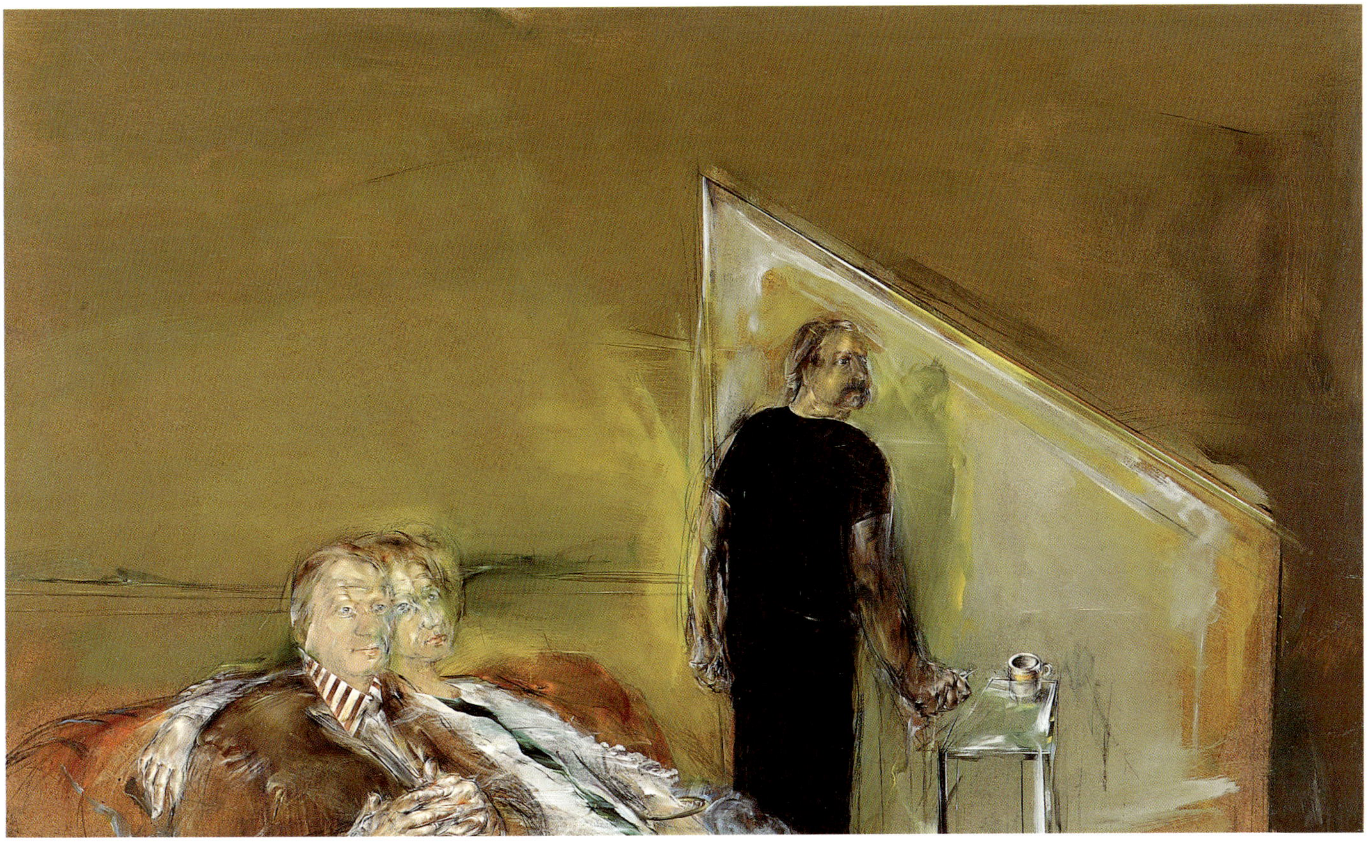

Er vermag sich kein Bild zu machen, von denen, die ihm so nahe stehen, jedoch, vollständig abgelenkt und durch die Barriere des Sofas auch räumlich von ihm geschieden, die Welt mit ganz anderen Augen zu sehen scheinen.
Gebraucht man als Betrachter die Perspektive des „So sind sie!" im Hinblick auf alte Menschen in unserer Gegenwart, geraten die so genannten „neuen Alten" früher oder später in den Blick. Günter Richters (*1933) Gemälde „Sport im hohen Lebensalter" aus dem Jahr 1981 thematisiert das heute sehr aktuelle Phänomen, dass die Erfüllung des Wunsches, über die sinnvolle Ertüchtigung des Körpers hinaus, die biologischen Prozesse des Verfalls aufzuhalten, mit immer größerem Aufwand verfolgt wird. Der alte Mann in Richters Gemälde trainiert allein in einer großen Sporthalle gegen sein Altern an. Die Physiognomie, die Persönlichkeit des Mannes treten dabei völlig in den Hintergrund. Ohne sozialen Bezug bleibt es offen, aus welcher Motivation und für welches Ziel er seinen Körper ausbildet.

Kat.-Nr. V.18
Günter Richter (*1933)
Sport im hohen Lebensalter
1981

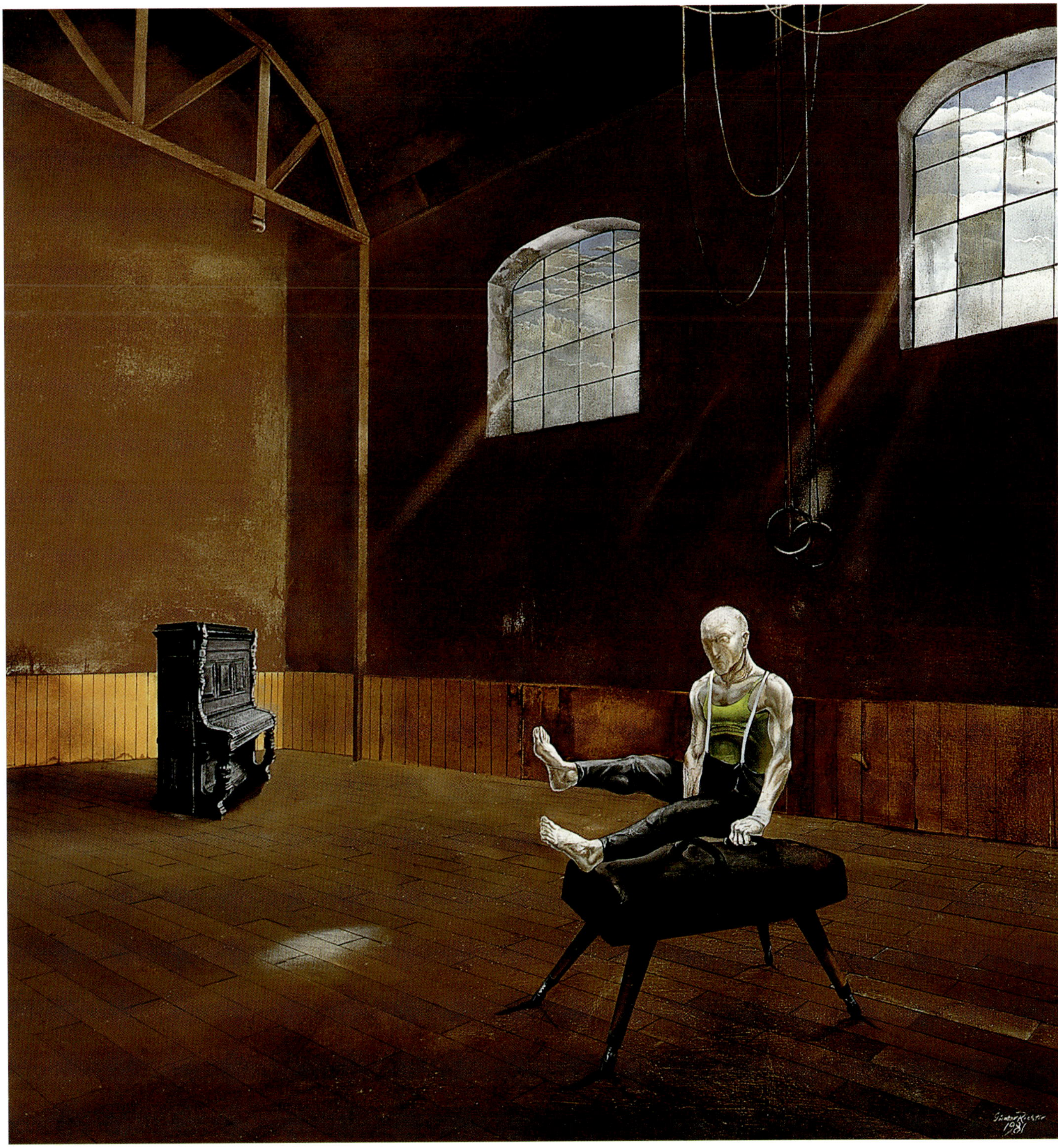

Porträt eines Greises

Dies Gesicht
eine Grafik

Schön
die häßlichen Wangen

Hieroglyphen
aus verjährten Geheimnissen

Das vergessene
komm komm
Erwartung und Traumverlust
um die Mundwinkel

Schön
die gemeißelte Herbsthaut

Herein-hinaus-Gedanken
in die Stirn gekerbt

Wer bist du
Grenzüberschreiter
von Jahr zu Jahr

Wer bist du
häßlicher schöner
Mitmensch

Rose Ausländer

Raum VI
„Selbst"

Selbst

Wie sehen Künstler und Künstlerinnen ihr eigenes Altern, wie das Altern von ihnen nahe stehenden Personen? Gibt es einen „Altersstil" oder ist die Spätphase eines Künstlers eher geprägt von der Ausschöpfung aller Mittel, vom souveränen Umgang mit Technik, Stil und Material?
Welche Gedanken und Inhalte sind bei der Darstellung alter Menschen für den Künstler von Belang, wenn es nicht darum geht, gesellschaftliche Konventionen, den sozialen Status oder die politische Denkungsart zu charakterisieren? Ein Beispiel bietet der Spiegel des Selbst im Bildnis der Eltern, wobei es weniger um die physische Präsenz des Gegenübers, als um die innere Verwandtschaft zwischen den Darstellenden und den Porträtierten geht.

Der Volksmund sagt, an den Händen eines Menschen ließe sich dessen Alter nicht verleugnen. Daneben werde aber an den Händen eines Menschen auch dessen „Innenleben" offenbar. Im Anblick dieser primären Werkzeuge sei die Schaffenskraft, das schöpferische Element offenkundig. Oftmals dienten isolierte Darstellungen der Hände in der Kunst der ideellen Überhöhung und Rechtfertigung solcher Gedanken.

Anders scheint es sich indes bei der Momentaufnahme einer „ungestellten" Situation zu verhalten, etwa im Gespräch zweier Menschen. Hier verraten Gesten und Gebärden viel von der jeweiligen Persönlichkeit.
Worin liegt die Faszination in der Beobachtung „alter Hände"?

Kat.-Nr. VI.13
Robert Häusser (*1924)
Selbst
1981

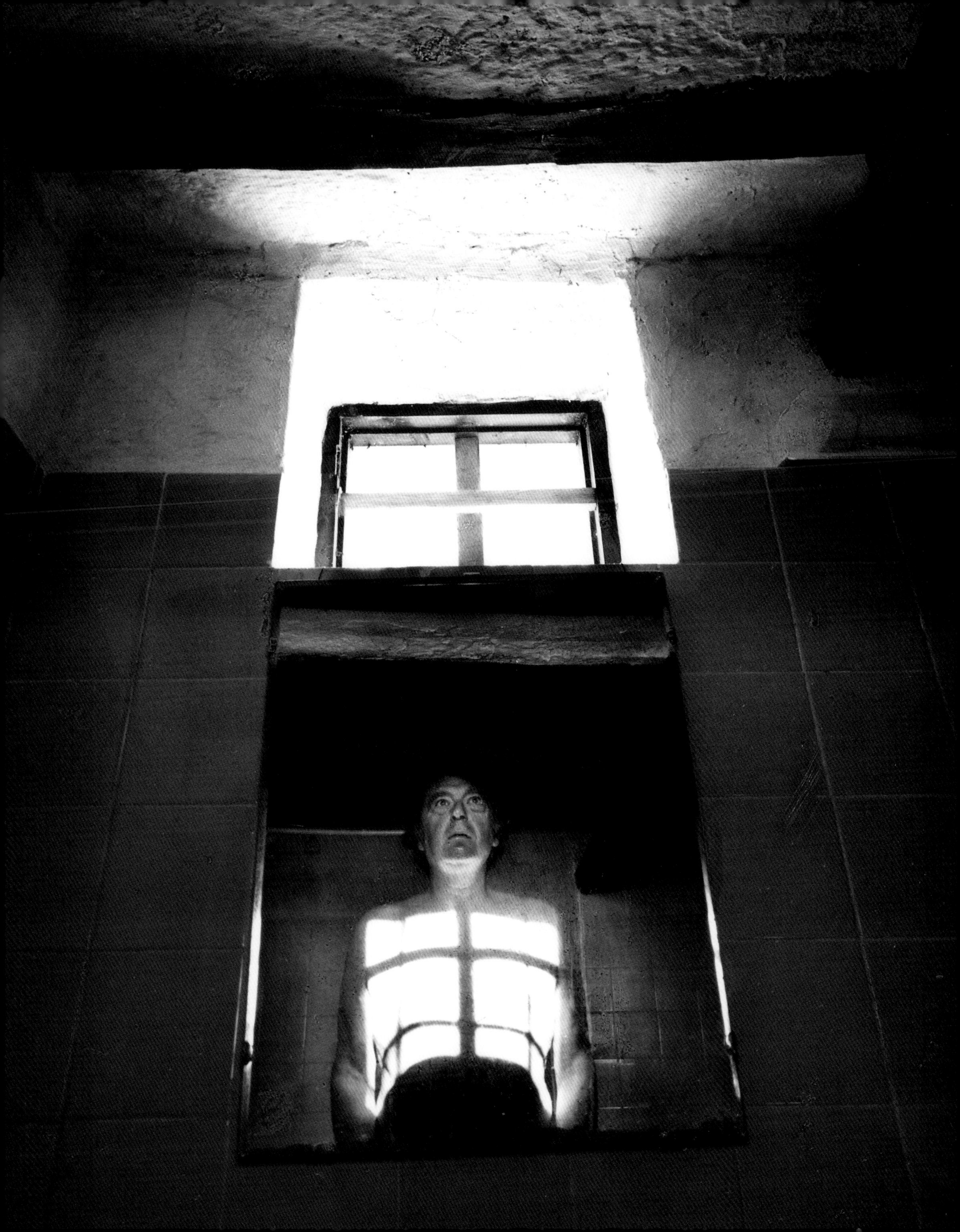

„Selbst" – Der subjektive Blick auf das Alter

Ein grundlegender Impuls für die künstlerische Beschäftigung mit dem Thema „Alter" ist zum einen die Reflexion des Künstlers über sein eigenes Altern oder dasjenige ihm nahe stehender Menschen. Nicht zuletzt tritt bei dieser Betrachtung auch der umstrittene Aspekt des „Alterswerkes" im Schaffen von Künstlerinnen und Künstlern in den Blick[12]. Somit sind das Individuum, seine subjektiven Erfahrungen und Stimmungen im Alter und deren Niederschlag in der Kunst Themen dieser Ausstellungssequenz. In dieser Weise wird hier die globaler gehaltene, gesellschaftliche Perspektive auf die Generationenfrage und die „Biografik" wie sie in Raum IV behandelt wurde, ergänzt und erweitert.

[12] Grundlegend zu diesem Thema aufgrund der Authentizität der Perspektive immer noch: G. Benn: Altern als Problem für Künstler. Rede gehalten am 7.03.1954 im Süddeutschen Rundfunk Stuttgart (u. ö.). Abdruck in: Gottfried Benn. Sämtliche Werke. Stuttgarter Ausgabe. Hrsg. v. G. Schuster und H. Hof. Bd. IV, Prosa. Stuttgart 2001, S. 123–150. – W. Jens: Das künstlerische Alterswerk. In: B. Hoppe/Ch. Wulf (Hgg.): Altern braucht Zukunft. Anthropologie, Perspektiven, Orientierung. Hamburg 1996, S. 126–140. – Vgl. auch den Beitrag von Thorsten Smidt in diesem Katalog.

Robert Häussers (*1924) fotografische Arbeit „Selbst" von 1981 zeugt in seltener Konzentration und Intensität von der Beschäftigung des Künstlers mit seiner eigenen Existenz. Die Wiedergabe von Häussers eigenem Körper ist eine Spiegelung in doppeltem Sinne. Nicht allein der fotografische Apparat sondern auch die Oberfläche der reflektierenden Spiegelschicht übersetzt und interpretiert das Abbild seiner leiblichen Erscheinung. Dasselbe Mittel wendet Häusser in der Projektion eines gegenüberliegenden Fensters auf seinen Brustkorb an. Neben der Allusion des Kreuzes und der darin immanenten Todesmetaphorik erinnert Häusser auch an das gleichfalls fotografische Mittel einer Röntgenuntersuchung und legt damit Gewicht auch auf die körperliche Fragilität und Gefährdung des Menschen: Abbilden und Erkennen, „Durchleuchten", als Strategien der künstlerischen Selbsterfahrung.

Einen eigenen Zugang in der Frage der Generationenbeziehungen suchten Nuria Quevedo (*1938) und Bernhard Heisig (*1925) in den Bildnissen, die beide von ihren Müttern 1973 bzw. 1967 geschaffen haben (Abb. S. 93, 94). Auf den ersten Blick arbeiteten beide mit den Mitteln des traditionellen Personenporträts. Doch erschließen sich die tieferen Schichten der Bildbedeutung vor allem in der jeweiligen Behandlung von Bildraum und Farbe.
In diesen Darstellungsmedien wird im Werk der spanischen Künstlerin die Isolation und Distanz der dargestellten Frau in der Perspektive ihrer Tochter unmittelbar anschaulich. Bernhard Heisig, der dieses Bildthema mehrfach verarbeitet hat, erweitert die Szenerie hingegen durch die Ansicht der im Zweiten Weltkrieg vernichteten Stadt Breslau im Bildhintergrund.

Kat.-Nr. VI.2
Bernhard Heisig (*1925)
Meine Mutter
1967

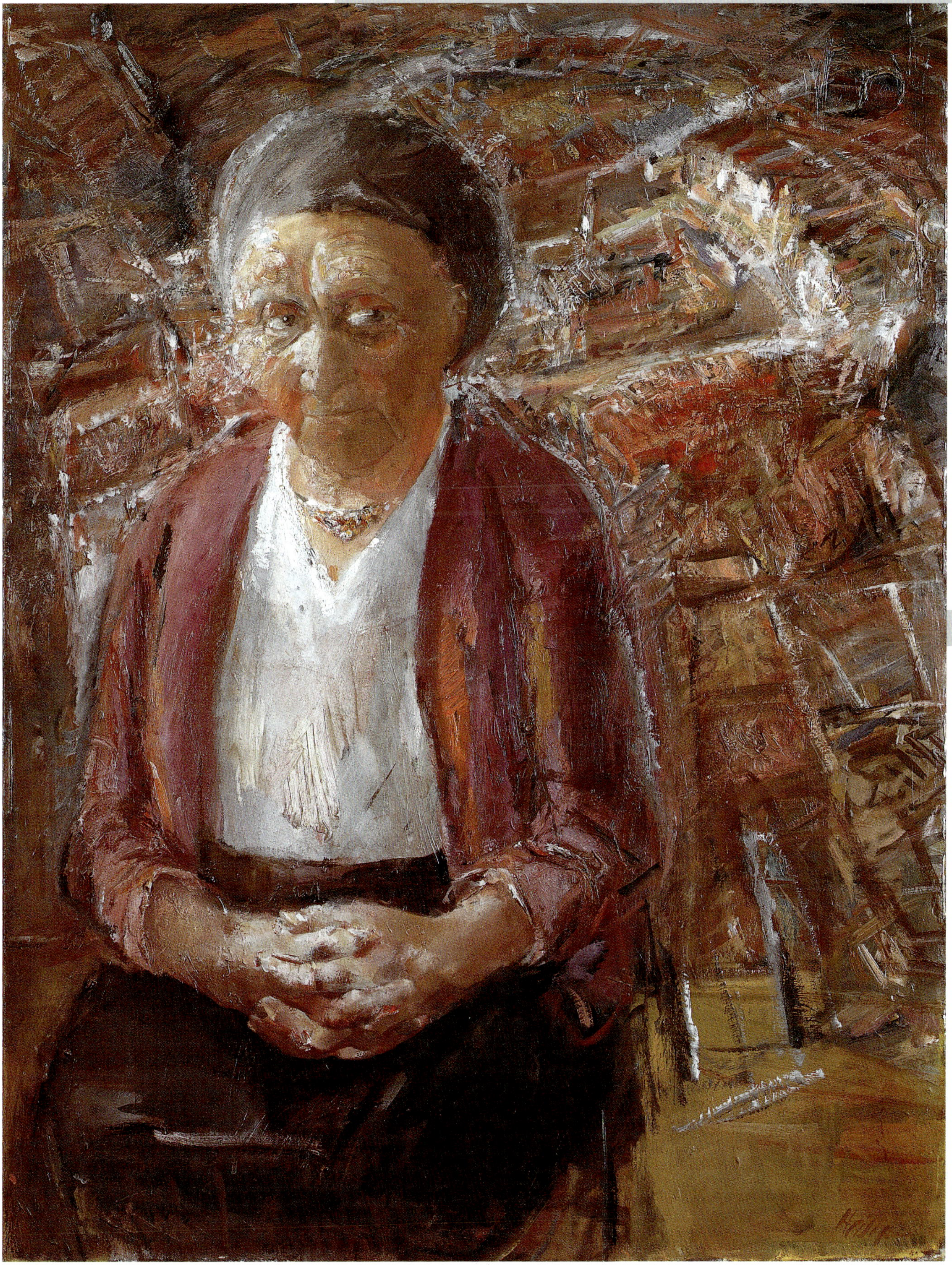

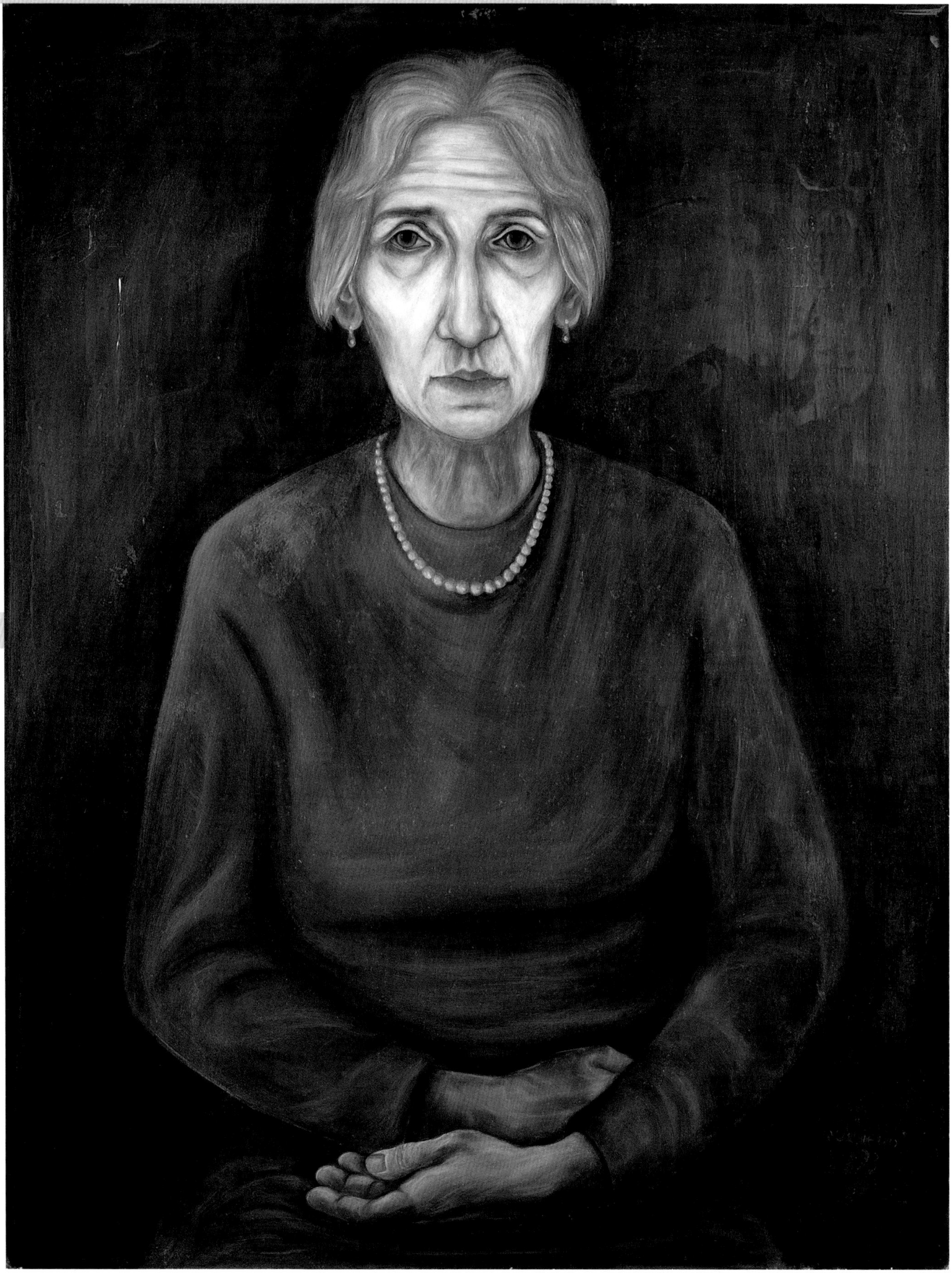

Einer der wesentlichsten Einschnitte im Leben der dargestellten Frau, der Krieg und die Flucht, werden auf diese Weise mit ihrer gegenwärtigen Erscheinung in Beziehung gesetzt. Die eigene Biografie, deren prägende Elemente den Menschen ausmachen, wird so für das Verstehen des Menschen im Hier und Jetzt verfügbar gemacht.[13]
Der Aspekt einer Widerspiegelung des Selbst im anderen, insbesondere im Wesen und in der Gestalt der Eltern wird in dem Gemälde „Elternbild II" angesprochen, das Willi Sitte (*1921) im Jahr 1963 geschaffen hat (Abb. S. 96). Die Eltern des Malers treten dem Betrachter ganz unvermittelt bei ihrer Alltagsarbeit entgegen und man meint, etwas von der leisen Neugierde und dem Erstaunen der Eltern über die „Bestandsaufnahme" des Sohnes bei der Tätigkeit des „Abbildens" zu spüren.

[13] Vgl. Hierzu auch die Arbeiten von Volker Stelzmann und Günter Hildenhagen in Raum IV (Abb. S. 61, 167)

Kat.-Nr. VI.3
Nuria Quevedo (*1938)
Meine Mutter
1973

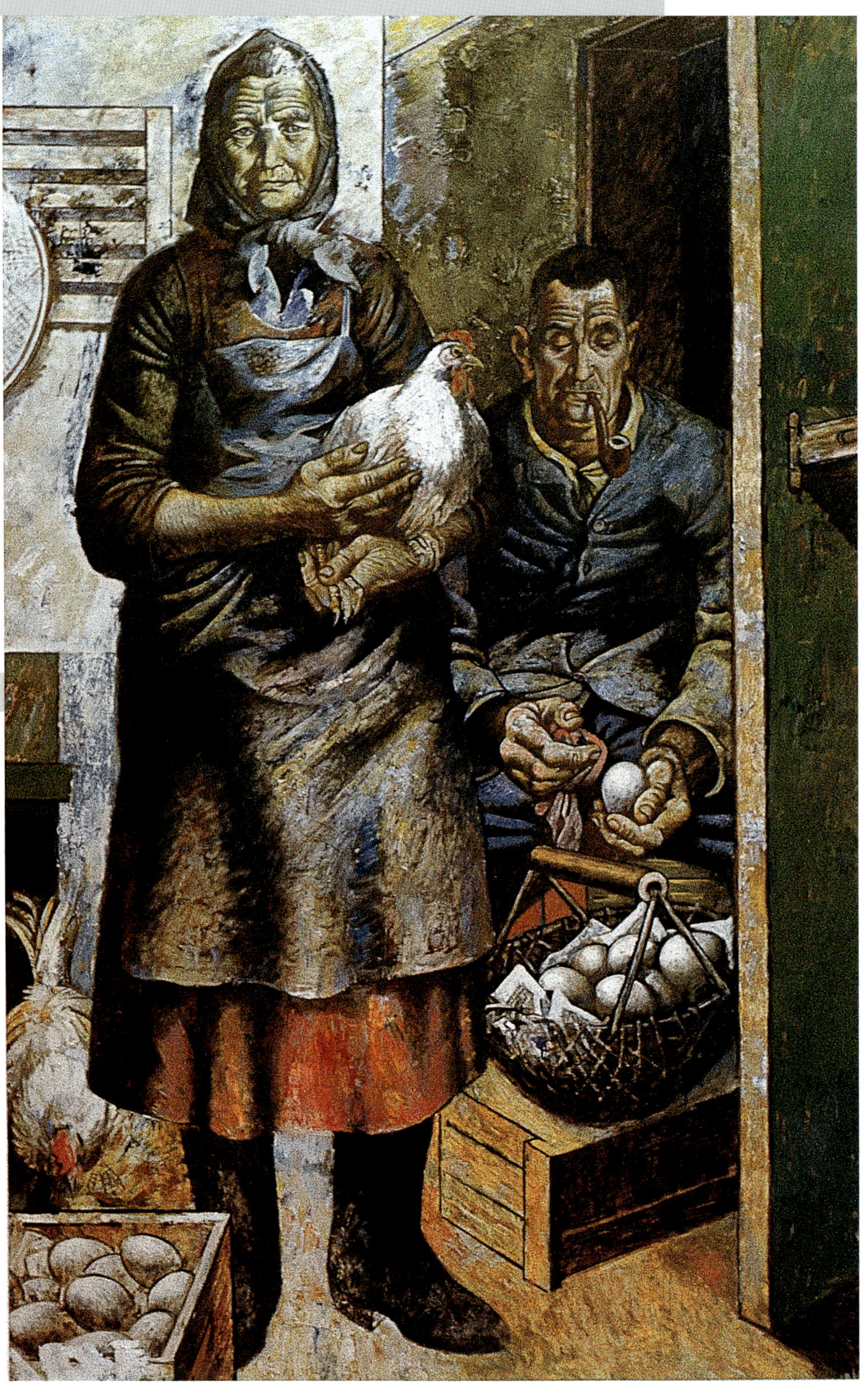

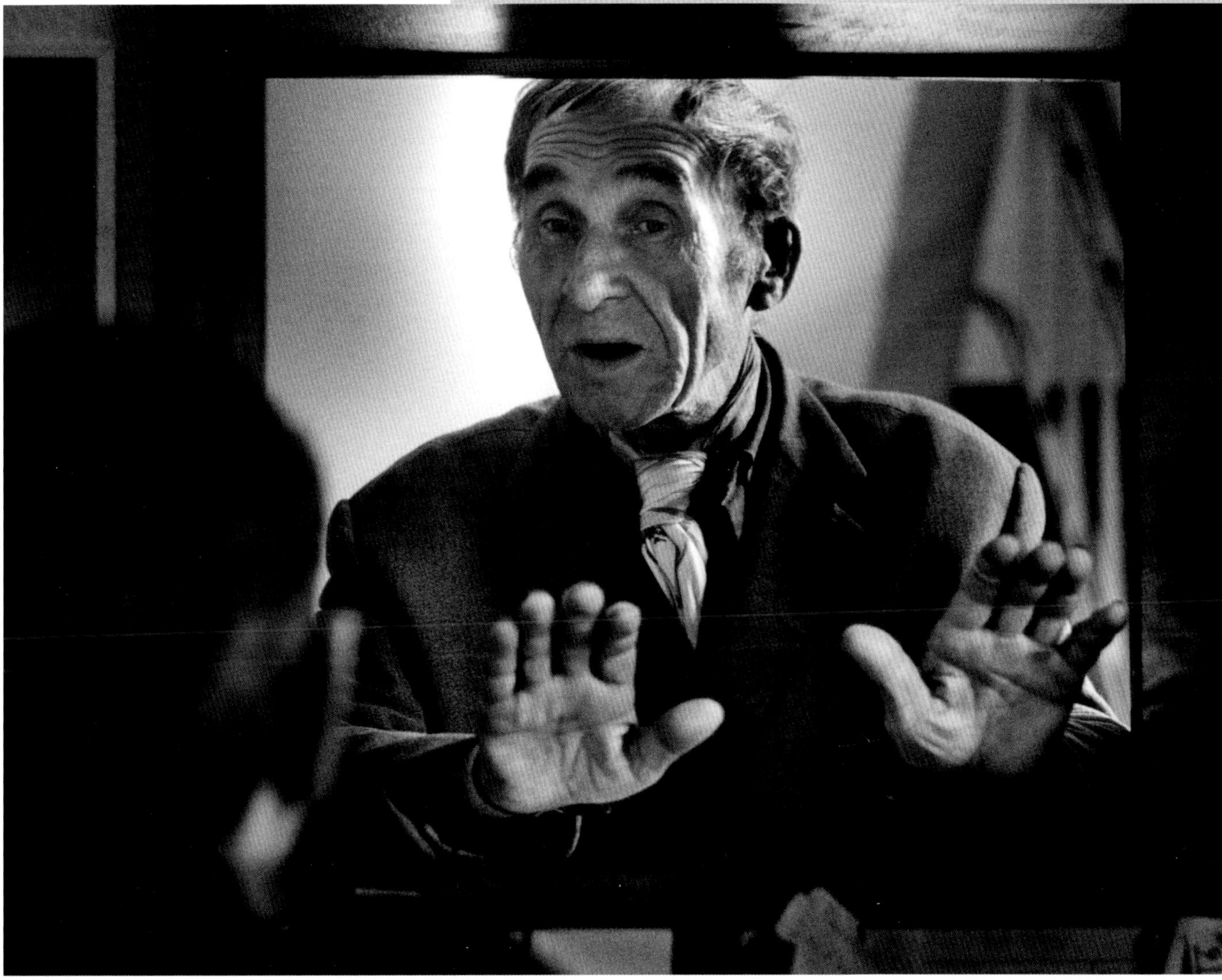

Kat.-Nr. VI.10
Günter Hildenhagen (*1935)
Herberge zur Heimat
Um 1970

Die beiden fotografischen Arbeiten Günter Hildenhagens „Im Altenheim, Soest" von 1981 (Abb. S. 2, Frontispiz) sowie „Herberge zur Heimat" (um 1970) behandeln das Thema der menschlichen Hand als Zeichen des Alters sowie die „Sprache der Hände". Dieses Bildthema begegnete bereits in Raum III beim Gestus der „Märchenerzählerin" von Hans Thoma (Abb. S. 46). In dieser Sequenz stehen die genannten Fotografien – beide Momentaufnahmen aus Gesprächssituationen – in Zusammenhang mit Berenice Abbotts Aufnahme „Die Hände von Jean Cocteau" (um 1925/30) sowie der plastischen Arbeit des Leipziger Bildhauers August Gaul (1869–1921), der seine eigenen Hände in Bronze goss (Abb. S. 98-99).
Ähnlich wie Gesichtern, so wird den Händen des Menschen traditionell die Gabe zugesprochen, ganz allgemein das Alter ihres „Besitzers" zu verraten, aber auch Ausdrucksmittel der Persönlichkeit, also der Summe der Erfahrungen und Prägungen, kurz Zeichen der persönlichen „Biografie" zu sein.

Kat.-Nr. VI.1
Willi Sitte (*1921)
Elternbild II
1963

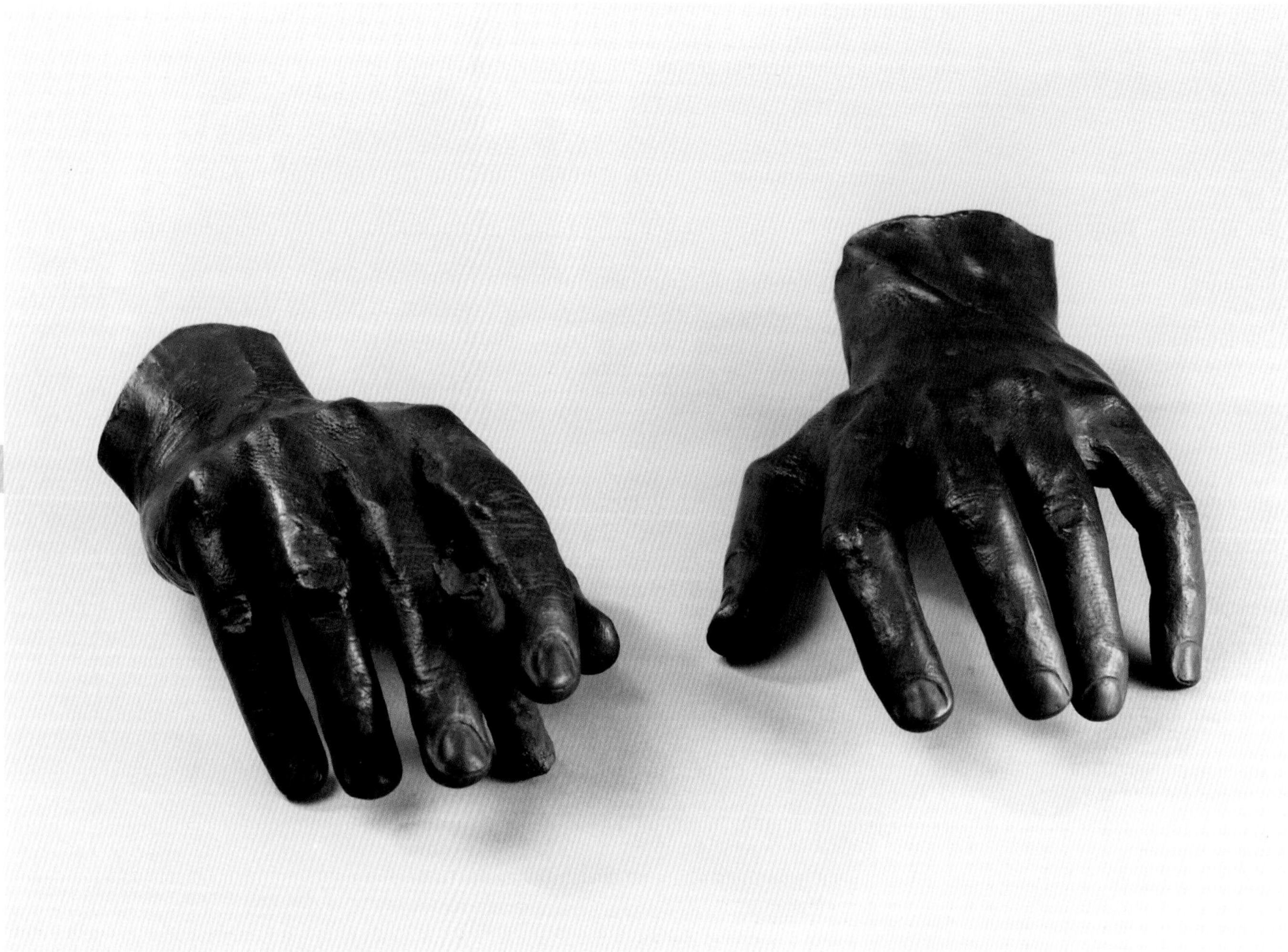

Kat.-Nr. VI.14
August Gaul (1869–1921)
Abgüsse nach den lebenden Händen des Künstlers

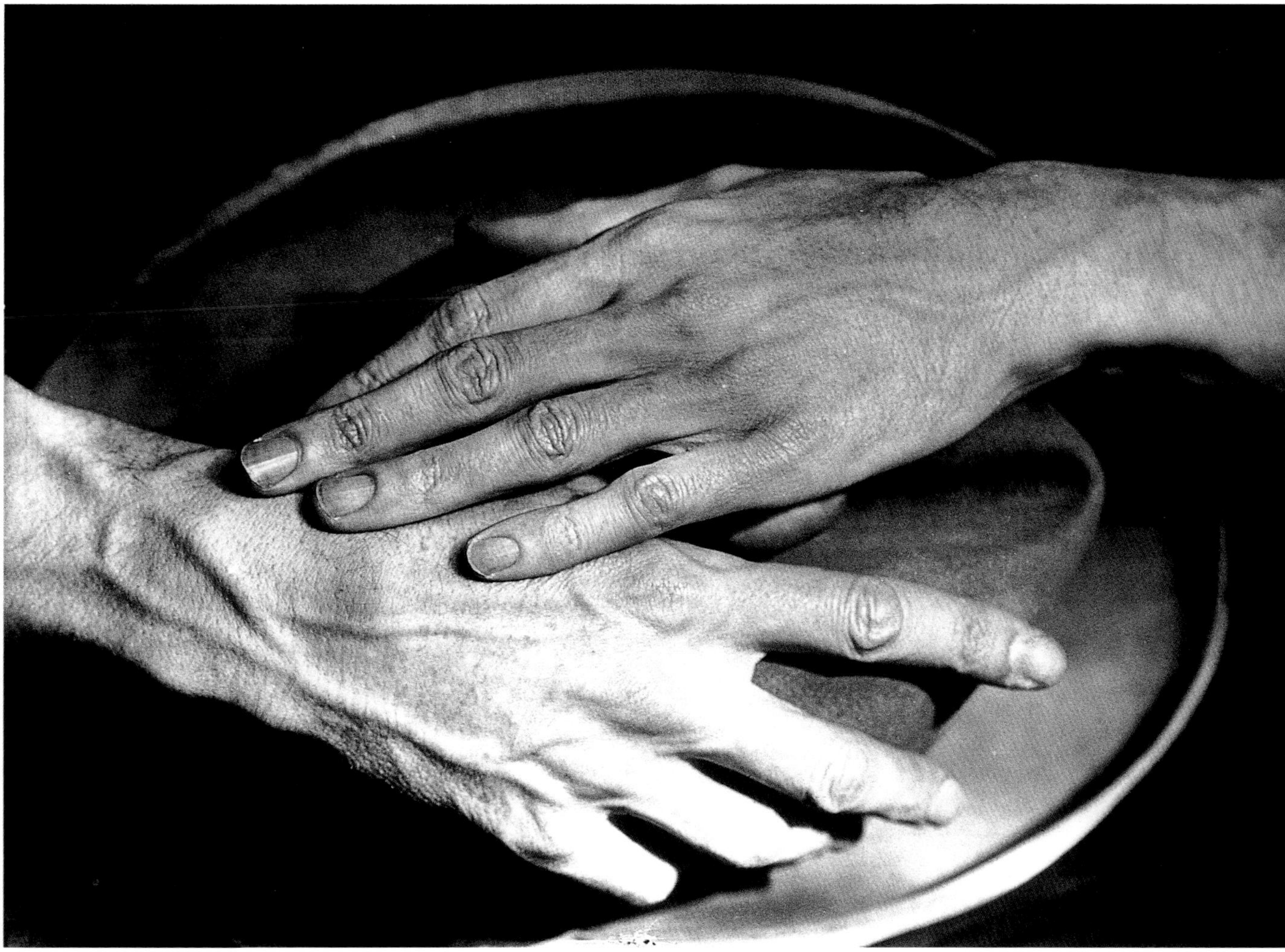

Kat.-Nr. VI.6
Berenice Abbott (1898–1991)
Die Hände von Jean Cocteau
um 1925/30

Kat.-Nr. VI.16
Christine Berndt (*1967)
Tante Walli
2001

Eine Verbindung zwischen dem körperlichen Phänomen „alternder Hände" und der abstrakten Größe der menschlichen „Biografie" schafft die Berliner Künstlerin Christine Berndt (*1967) mit ihrer Videoarbeit „Tante Walli". Zwei Monitore zeigen zum einen das Psychogramm einer alten Frau, das die Künstlerin anhand einer Sammlung von beschriebenen Zetteln darstellt, die jene zur Kommunikation benutzte und die ihre Einsamkeit zum Ausdruck bringen. Daneben hielt die Kamera die Hände der alten Dame während eines Gesprächs fest. Beides wird für den Betrachter zunächst optisch in Beziehung gesetzt, doch wird rasch klar, wie sehr es sich bei der physischen Geste um eine Art visuelle Übersetzung des Niedergeschriebenen handelt.

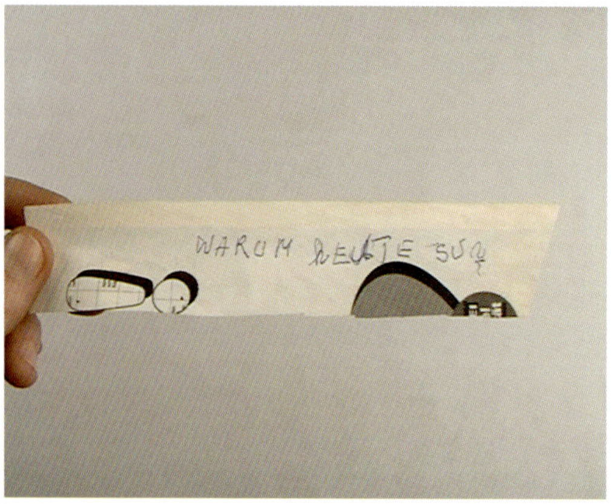

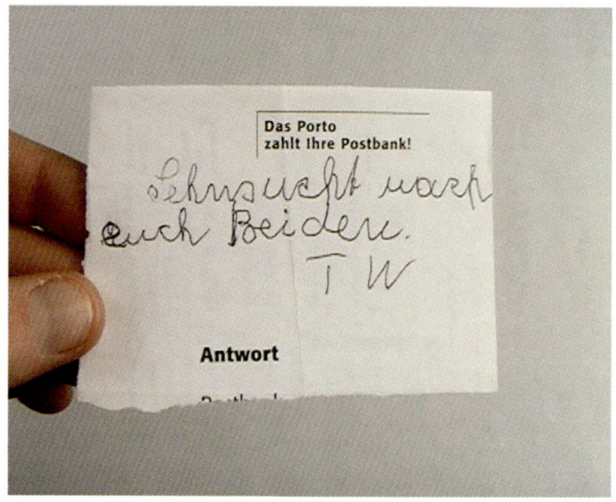

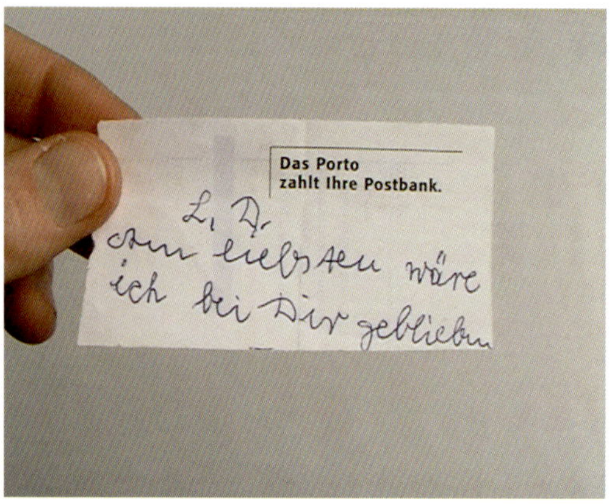

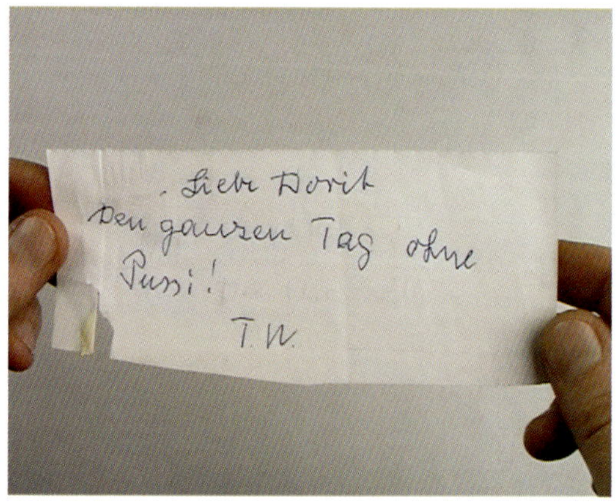

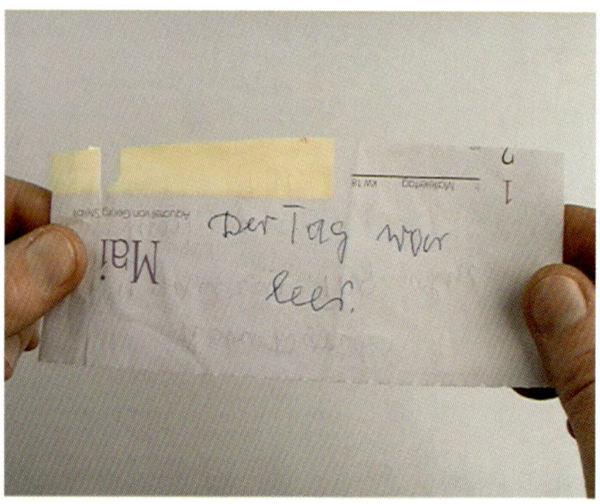

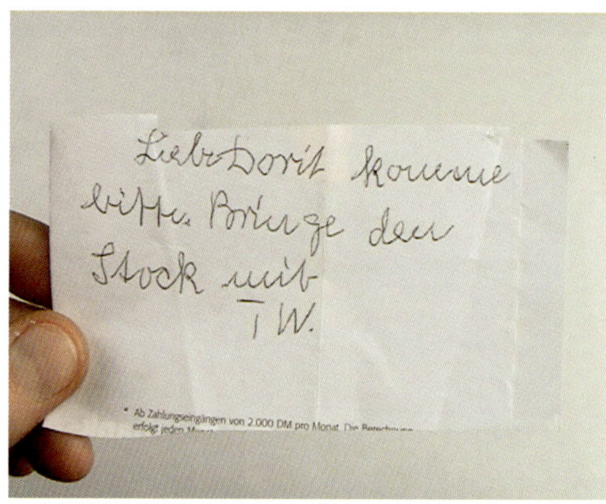

Die beiden graphischen Blätter von Hermann Kätelhön (1884–1940) und Conrad Felixmüller (1897–1977), „Alter Mann" bzw. „Meine Großmutter" (1922) (Abb. S. 102) sind dagegen Studien alter Menschen in klassischen Medien. Beide Künstler nutzten die Möglichkeit der Radierung zur feinlinigen Wiedergabe der Physiognomien. Der Kontrast zwischen der schwarzen Druckfarbe und dem weißen Fond des Blattes steigert die expressive Wirkung dieser großformatigen Charakterstudien. Bei Kätelhöns äußerst dichter und präsenter Darstellung wird der Bildraum zudem zum Bedeutungsträger. Wem wendet sich der Greis zu? Ist es jemand oder etwas das er im Licht erkennt?

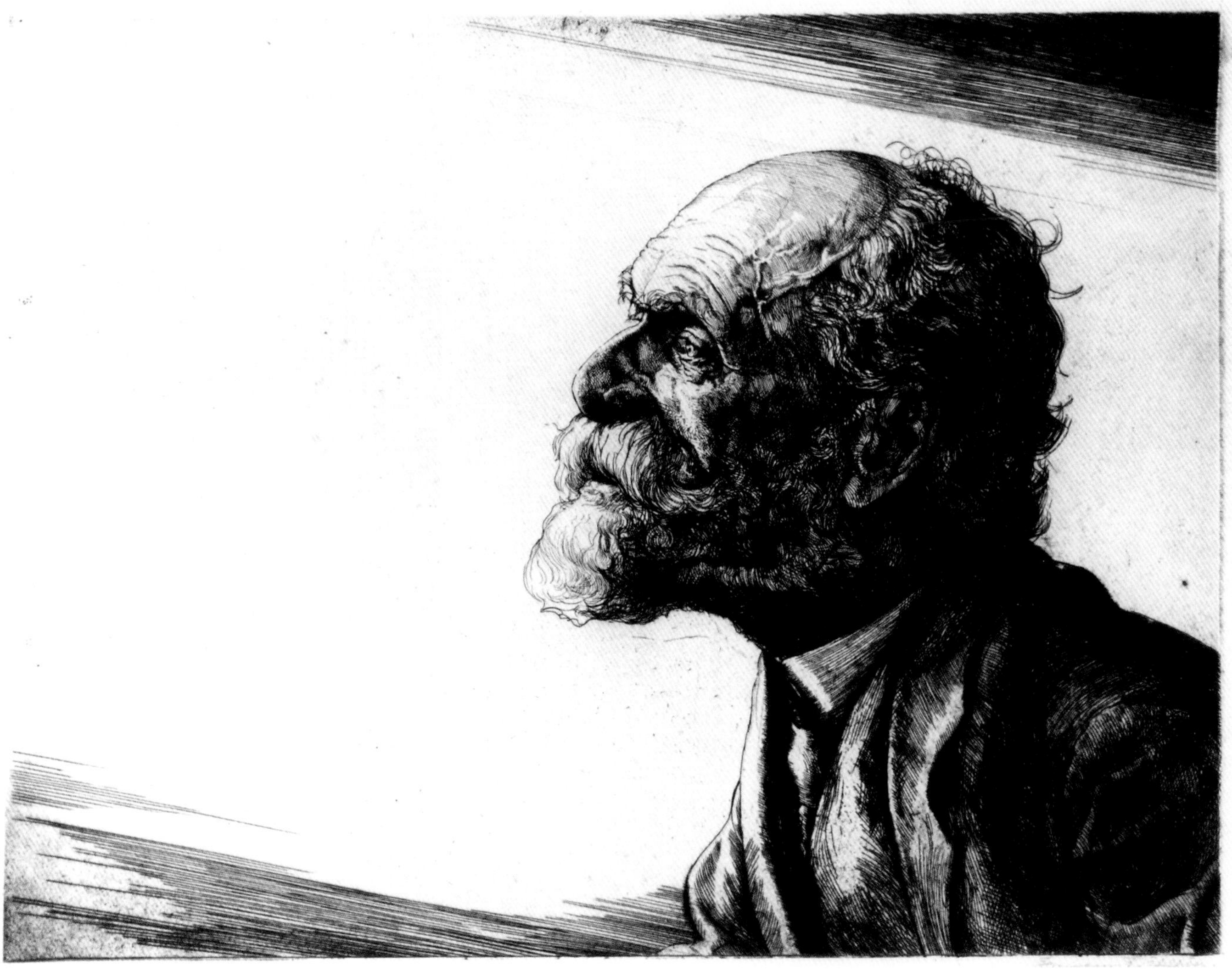

Kat.-Nr. VI.8
Hermann Kätelhön (1884–1940)
Alter Mann

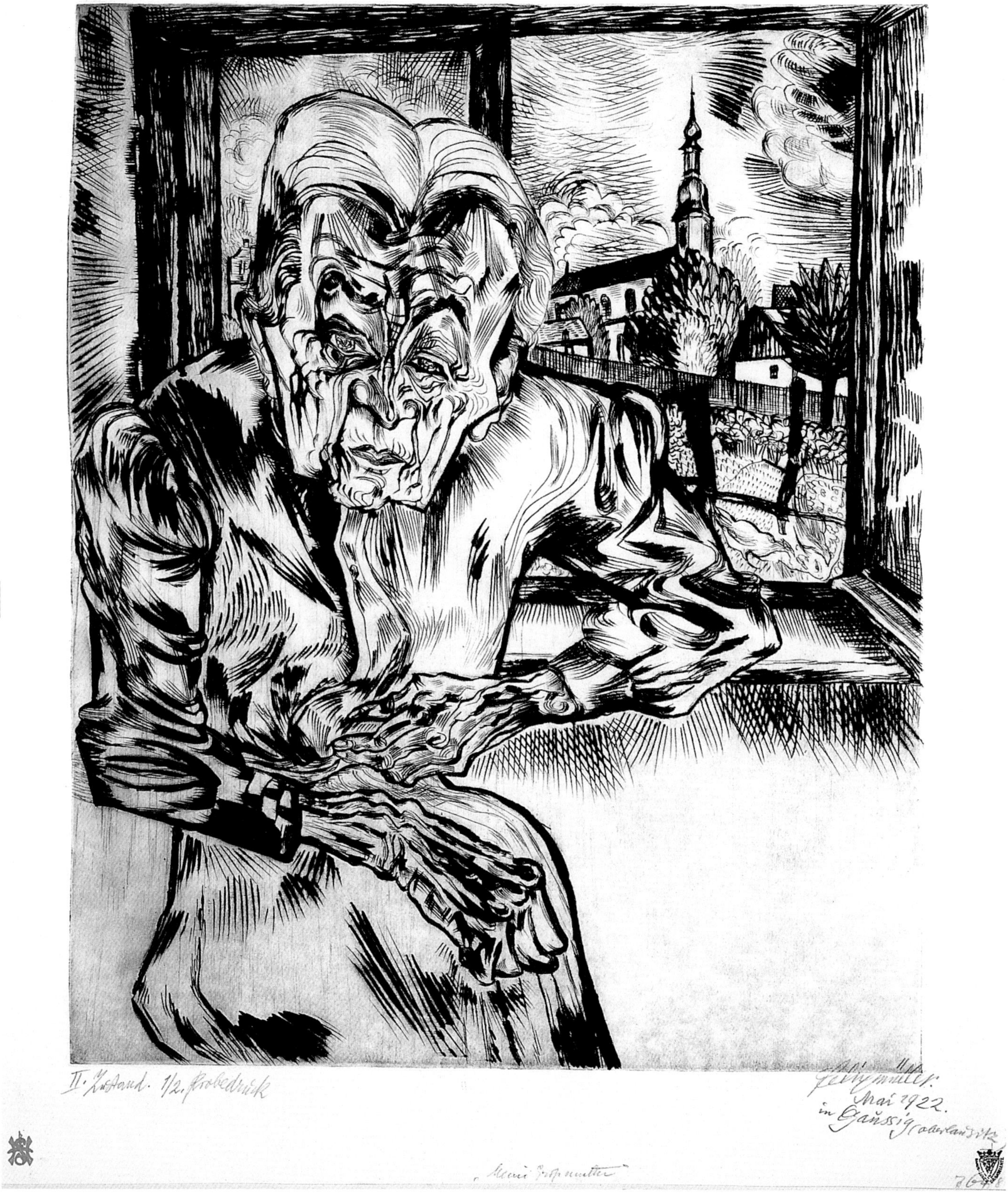
II. Zustand. 1/2. Probedruck
Felixmüller.
Mai 1922.
in Gaussig (Oberlausitz)
„Meine Großmutter"

Conrad Felixmüller, dessen „Alter Arbeiter" in Raum V zu sehen ist (vgl. Kat.-Nr. V.5, Abb. S. 76), wendet bei seinem Bildnis der Großmutter dieselben expressiven Stilmittel an, um die den Unbilden der Zeit ausgesetzte Persönlichkeit dieses Menschen zu charakterisieren. In dem Interesse des Künstlers an den Extremen der menschlichen Natur, hier des Alters, wird ein wesentlicher Ausgangspunkt der Kunst des Expressionismus deutlich.
Dem besonderen Interesse an der künstlerischen Aufgabe, das Alter des Menschen darzustellen, ist auch die Zeichnung „Liegender Akt einer alten Frau" von Max Beckmann aus dem Jahr 1916 verpflichtet. Beckmann, hier noch stärker am akademischen Stil seiner Frühzeit orientiert, verzichtete bei seiner Darstellung auf jedwede Entwertung seines Modells, indem er die Haltung der alten Frau nicht mit traditionellen Sichtweisen in der Aktdarstellung in karikierender Absicht in Konflikt brachte, sondern die Frau so darstellte, „wie sie ist" und dadurch besonderen Respekt vor seinem Gegenüber bewies.

Kat.-Nr. VI.5
Conrad Felixmüller (1897–1977)
Meine Großmutter
1922

Kat.-Nr. VI.4
Max Beckmann (1884–1950)
Liegender Akt einer alten Frau
1916

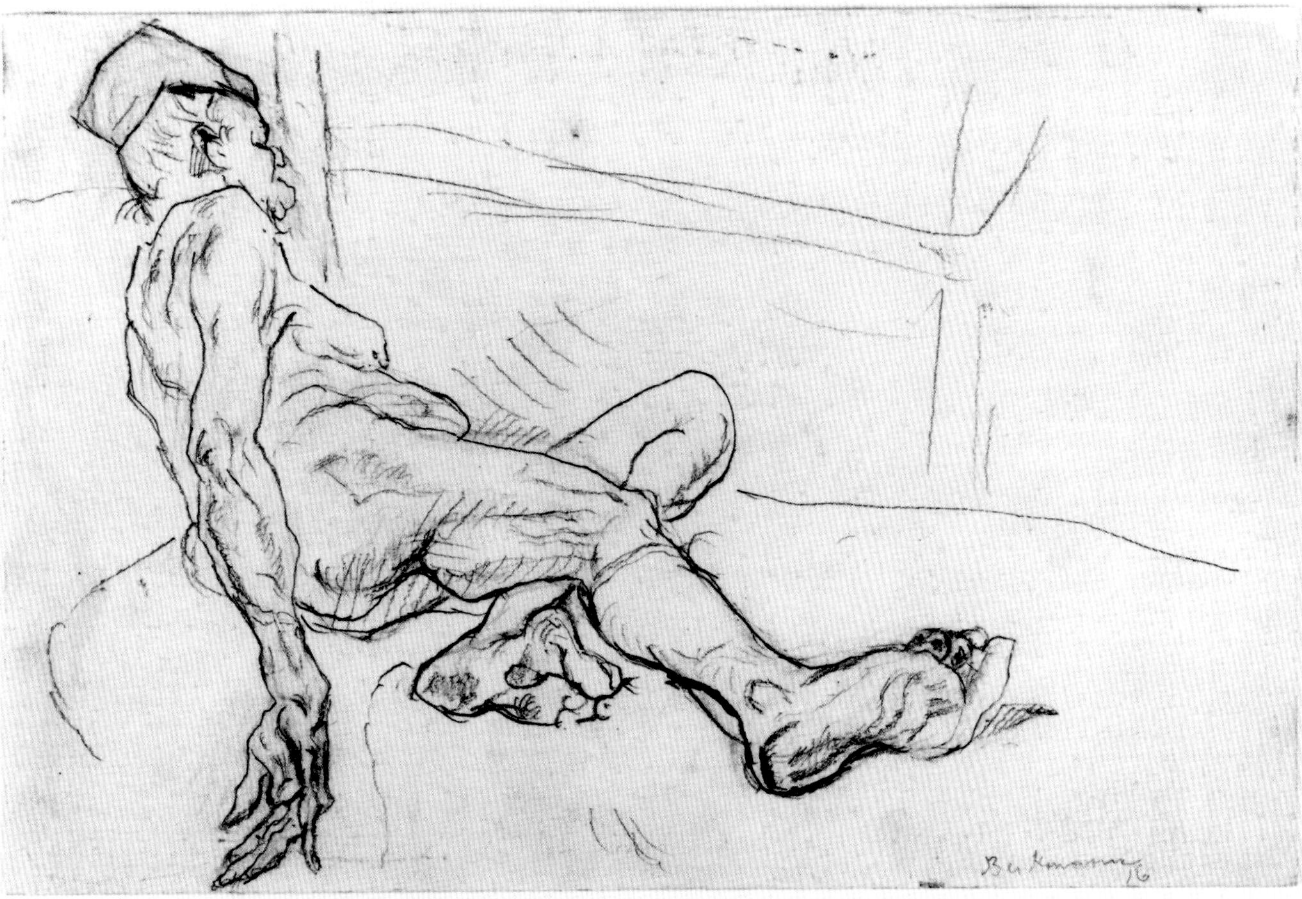

DE MORTUIS ODER: ÜBLE NACHREDE

Langsam schließen sich die Wunden der Jugend, und
    nichts will an ihre Stelle treten.
Auch das Leiden an der Menschheit
wird ja mal zum bloßen Routinefall;
nun, dann kokelt die alte Seele wohl so allmählich zu Ende,
es geht immer so weiter mit uns,
und wenn es weiter so weitergeht wie bisher,
ist bald Schluß.

Jetzt, zum Beispiel, haben wir auch die Linden schon wieder
    im Rücken.
(Wer spricht noch vom Flieder?)
Man wagt fast gar nicht mehr i c h zu sagen
bei soviel
    Geschäftigkeit.
Bald,
wenn mit unaufhaltsamen Blättern
der Herbst
abwinkt
und auch die Drosseln ihre Lieder einziehn,
heizt du die hohle Brust
– Jetzt Kohlen kaufen! –
mit Nietzschewörtern.

Kein Grund zum Aufgeben, Meister!
Auch das Alter ist noch ein durchaus vollgültiger
    Lebensabschnitt,
und solange der Stuhlgang gesichert ist,
ist der Tag doch nicht unerfüllt –
Ah – natürlich,
und dann noch der Trick mit dem Einerseits-andrerseits,
schleimlösende Dialektik:
das lernt man doch auch erst in, sagen wir, vorgeschrittenen
    Jahren.
Wenn die Spannkraft nachläßt.
Und der Mund sich auftut:
grau
und von Liedern leer.

Peter Rühmkorf

Raum VII
„Im kleinen Leben liegt der große Schmerz“

Im kleinen Leben liegt der große Schmerz

Der künstlerische Blick auf die gesellschaftlichen Bedingungen des Alterns ist schonungslos. Dies gilt für die Literatur ebenso wie für die Bildende Kunst. Und es gilt für die Schilderung des eigenen Alterns bei Literaten und Künstlern gleichermaßen wie für das subjektive Empfinden der von ihnen dargestellten Menschen: Das körperliche wie das geistige Element im Prozess des Altwerdens und der Krankheit im Alter werden von Künstlerinnen und Künstlern gleichermaßen als existenzielle Probleme wahrgenommen und auf dem „Seziertisch" ihrer gestaltenden Annäherung ausgebreitet.

Es liegt wahrscheinlich an der Grundbedingung der menschlichen Kreativität innerhalb des Schaffensprozesses, dass aus der Sicht der Künstler der Phase des Alterns und dem Alter des Menschen kaum Chancen zur Verklärung beigemessen werden. Wirkt darin ein übertriebener Skeptizismus oder drückt sich in dem Befremden, das der Betrachter angesichts der Werke verspürt, dessen eigene Ferne zur Lebenswirklichkeit aus, die in der künstlerischen Sichtweise offen gelegt wird?

Gesellschaftliche Missstände, soziale Kälte oder die inhumane Apparatemedizin, sind oft Themen der modernen Kunst, wenn es um das Thema des menschlichen Alters geht. Hinzu treten die Isolation und die Einsamkeit des vereinzelten Menschen am Ende seines Lebens. Es ist ein stummer Appell zur Veränderung unserer Wahrnehmung.

„!Alterskultur?" – Dieser Zwischenruf meint unter dem „Blickwinkel der Kunst" kein stilles Refugium für die Alten in der Gesellschaft, wohl versorgt, aber sprachlos. Vielmehr scheint der Begriff eine von allen einzufordernde Haltung zu umschreiben. Einen neuen, ideellen „Generationenvertrag".

Kat.-Nr. VII.10
Ulrike Kaiser (*1953)
Im kleinen Leben liegt der große Schmerz
1992

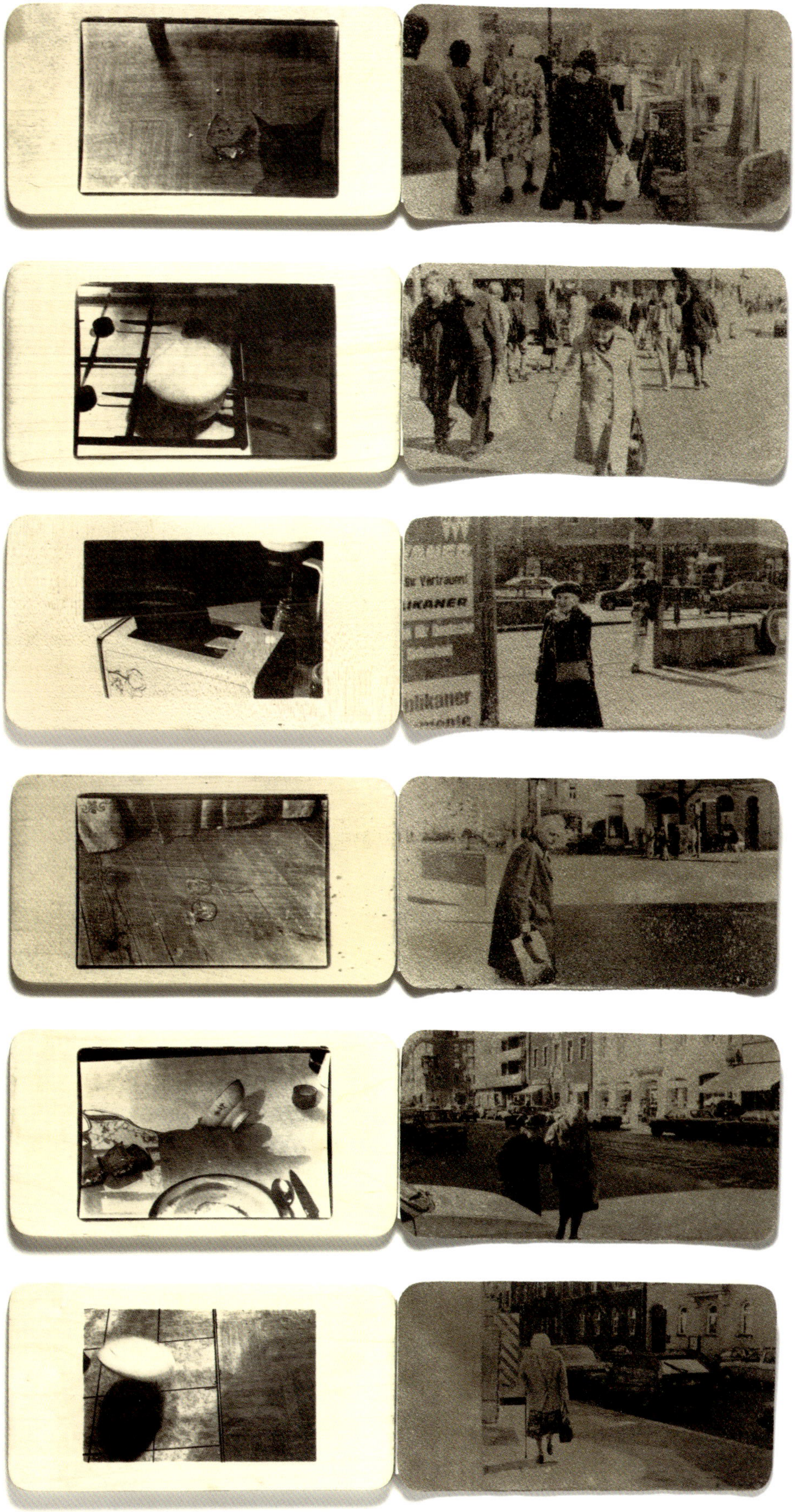
LIKANER

Im kleinen Leben liegt der große Schmerz

Kat.-Nr. VII.12
Waldemar Otto (*1929)
Rentnerin im Sessel
1973

Das Alter als schwer tragbare, für Junge oft bedrohliche Perspektive in der Mitte des Lebens, in jedem Falle aber als existenzielle und unaufschiebbare Lebenswirklichkeit ist Gegenstand unzähliger Werke der bildenden Kunst und der Literatur. Für den Nicht-Künstler, zumal für den heutigen Beobachter einer gesellschaftlichen Diskussion, die zum Ziel hat, den Schrecken über den Verlust der Lebenskräfte und der Möglichkeiten zur freien Gestaltung des Daseins zu revidieren und dagegen die Chancen der dritten (oder vierten) Lebensphase hervorzukehren, mutet diese meist problematische Interpretation der Künste befremdlich an. Gehen die Perspektiven der Künstler und der Gesellschaft derart weit auseinander? Nehmen nur die einen wahr was für die anderen physiologisch und psychologisch nicht, oder nur sehr viel eingeschränkter Geltung haben sollte? Oder legt die Kunst schonungsloser den Finger in die gesellschaftliche Wunde, zeigt unbarmherziger, quasi als Gegenentwurf zu der ihr immanenten Kreativität und Schaffenskraft, den Verfall als trauriges Ziel des Lebens und das mitmenschliche Versagen im Umgang mit Alten als alltägliche Realität?

In dieser Sequenz der Ausstellung werden Bildwerke gezeigt, die die Härte des Daseins, das sich seinem Ende nähert zum Thema haben; sei es, dass diese Mühsal durch äußere Umstande, Armut oder Isolation, hervorgerufen oder durch psychologische oder biologische Prozesse bedingt ist. Ulrike Kaiser (*1953) hat in ihrer kleinformatigen Collage „Im kleinen Leben liegt der große Schmerz" aus dem Jahr 1992 Fotografien alter Frauen mit Missgeschicken und Unfällen, die diesen im Alltag geschehen, in Beziehung gesetzt (Kat.-Nr. VII.10, Abb. S. 107). Die Künstlerin hat damit versucht, für die kleinen, aber existenziellen Geschehnisse zu sensibilisieren. Oftmals sind es vermeintlich kleine Begebenheiten, die ein bislang selbst bestimmtes Leben für alte Menschen nicht mehr zulassen und eine Rückkehr aus einem betreuten und uniformen Anstaltsleben für immer ausschließen. Dem Alter, das von Beschränkungen gekennzeichnet ist, obliegt das Innehalten, die Reflexion und auch ein Stück weit die Verzweiflung über die späten Mühen des Daseins am Ende der Lebensbahn. Dies war die etwas verkürzte Botschaft der Lebensalterstufen, wie sie in der Renaissance und der Barockzeit beliebt und weit verbreitet waren. Noch das Gemälde „Dämmerstunde" des Münchner Malers Leopold von Kalckreuth (1855–1928) suggeriert diese natürliche, gesellschaftliche Position des „Ausgedinges" in der isolierten, an den Bildrand gedrängten, in ihrem Sessel kauernden Gestalt der dargestellten Frau, einer Bekannten des Künstlers (Kat.-Nr. VII. 7, Abb. S. 45).
Eine ähnliche Perspektive wählt der Plastiker Waldemar Otto (*1929) bei seiner fast lebensgroßen Bronze „Rentnerin im Sessel". Die in der „Landschaft" des Möbels beinahe verschwindende Frau wird zum Sinnbild einer Wartenden, ohne Absichten und Ziele.

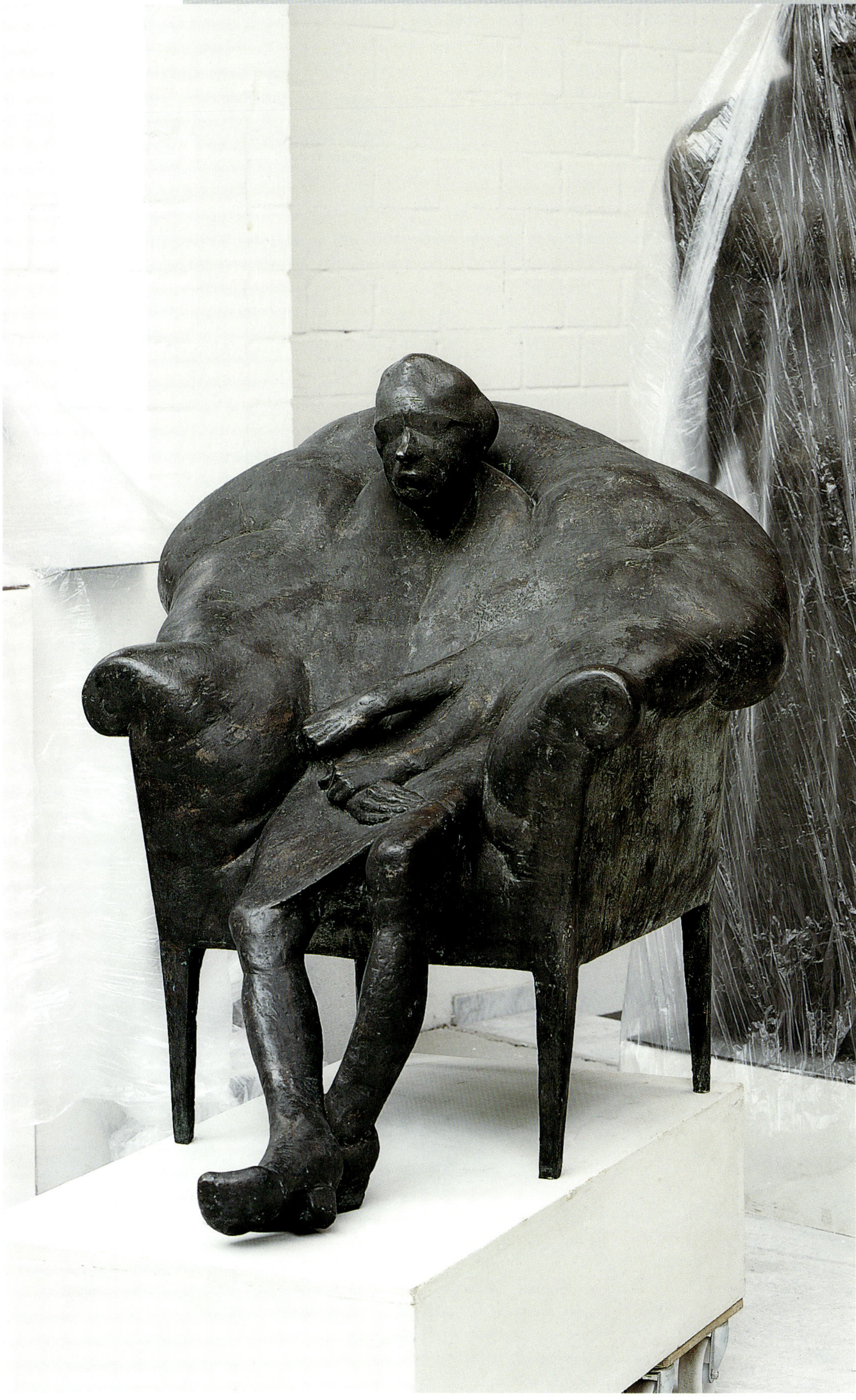

Wie sich aus nicht hinterfragter menschlicher Nähe im Laufe eines Lebens und im Fortschritt seiner Sozialisation, im Prozess der Gewöhnungen, die Einsamkeit eines Individuums geradezu als Kern herauszuschälen vermag, verdeutlichte in schonungsloser Weise Harald Duwe (1926–1984) in seinem großen Bildzyklus „Liebe – Eine ganz alltägliche Geschichte" aus dem Jahr 1980. Die bürgerliche Konzeption von Ehe, Familie und Beruf, lässt die Ehefrau als „Überlebende", am Ende als Pflegefall – sinnentleert – mit sich allein. Vorangegangen war ein Leben der ritualisierten Beziehungen, wie die emotionslosen Darstellungen der frühen „Hochzeit" und des familiären „Weihnachtsabends" im Zentrum des Zyklus zeigen. Duwe spielt dabei, und hierauf wurde bereits hingewiesen, mit der „sakralen" Bildform des Triptychons, um, ähnlich wie dies zuvor Dettmann (Raum III) und später auch Soltau (Raum IV) unternahmen, eine Art „Weltganzes" anzudeuten. Nur, dass dieses vermeintlich kohärente Ganze des modernen menschlichen Lebens an allen Enden offen steht und sich nicht mehr auf eine von außen durch Tradition oder Konvention wirkende Zielgerichtetheit einschwören lässt. Duwe vermeidet auch nicht den Sarkasmus, wenn der Morgenmantel der alten Frau, durch die isolierte Lokalfarbe schreiend hervorgehoben, ihr als eine Art „Uniform" des Ausgeschiedenseins zeichenhaft zugemessen wird.[14]

Diesen Sinnbildern der Vereinzelung des Menschen im Alter, stehen Arbeiten gegenüber, die die Aspekte des Körperlichen, der Versehrtheit auch im psychologischen Sinne zum Thema haben. Hier sind Karl Heinz Jakobs (*1929) „Genesender" von 1980/81 und Detlef Reinemers (*1944) Plastik „Das Kissen" aus dem Jahr 1981 zu nennen (Kat.-Nr. VII.4; VII.13; Abb. S. 112, 113). Insbesondere Reinemers Arbeit führt, ähnlich wie die Fotosequenz „Meine Oma" (Kat.-Nr. VII.14) von Frank Hellwig (*1950), die Fragilität und Ausgesetztheit eines alten Menschen vor Augen, dessen letzte „Lebensspuren" die Faltentäler im Bett einer Pflegeanstalt oder eines Krankenhauses bilden.

[14] Vgl. die Fotografie von Günter Hildenhagen „Die älteste Bewohnerin…" (Abb. S. 167)

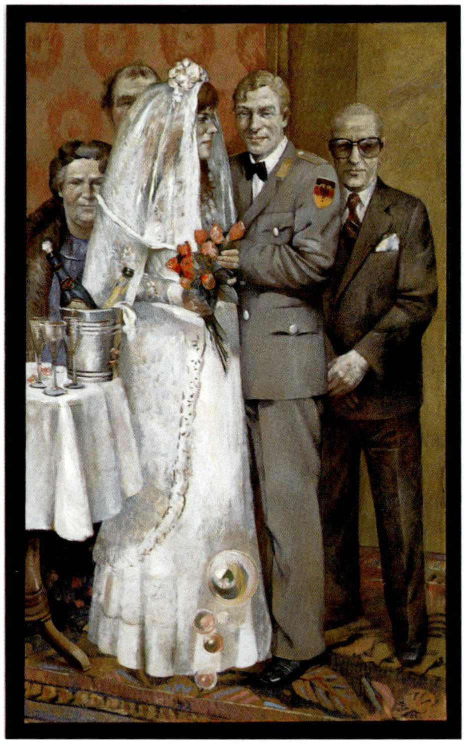

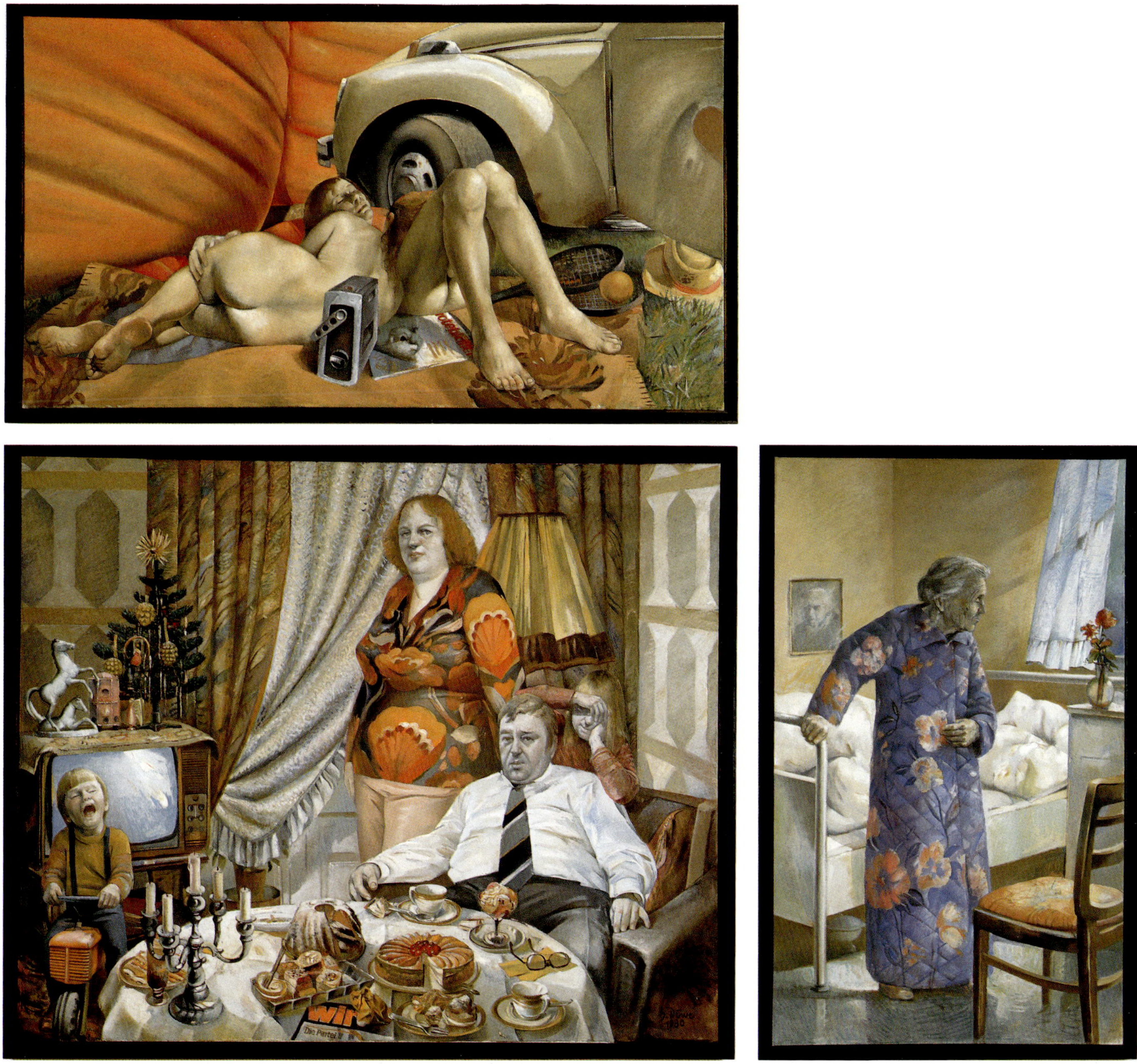

Kat.-Nr. VII.3
Harald Duwe (1926–1984)
Liebe – Eine ganz alltägliche Geschichte
1980

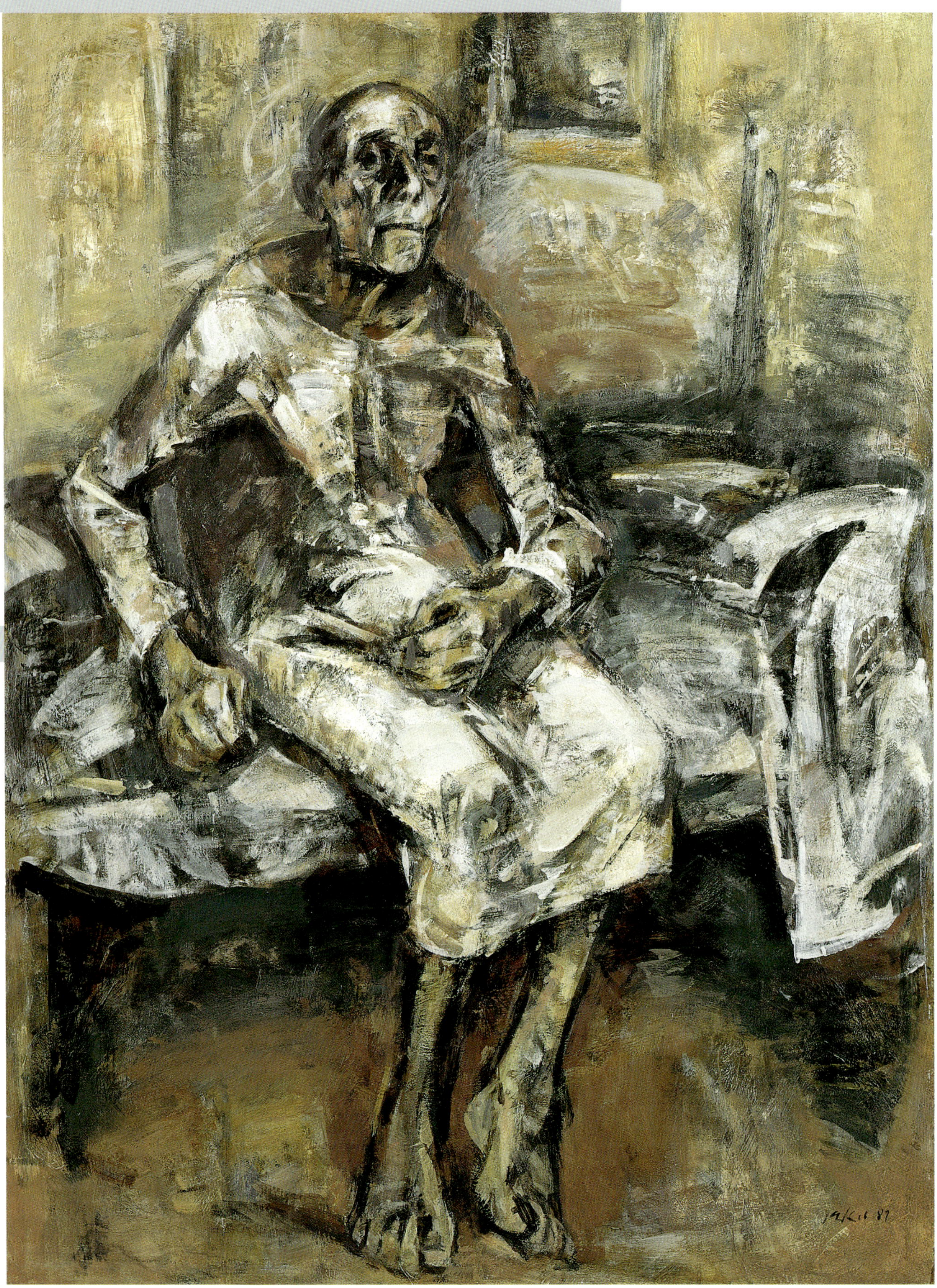

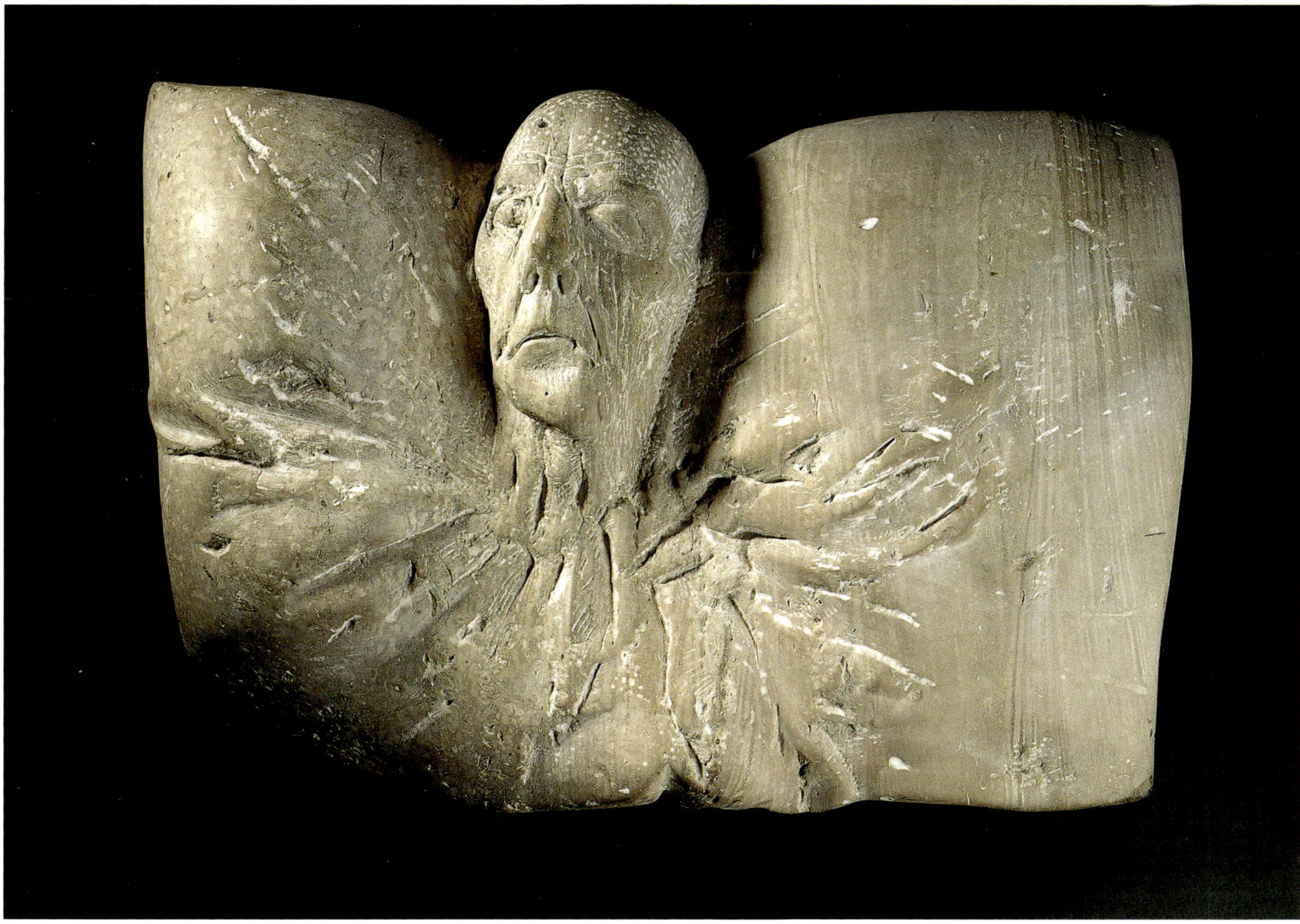

Kat.-Nr. VII.13
Detlef Reinemer (*1944)
Das Kissen
1981

Kat.-Nr. VII.4
Karl Heinz Jakob (*1929)
Genesender
1980/81

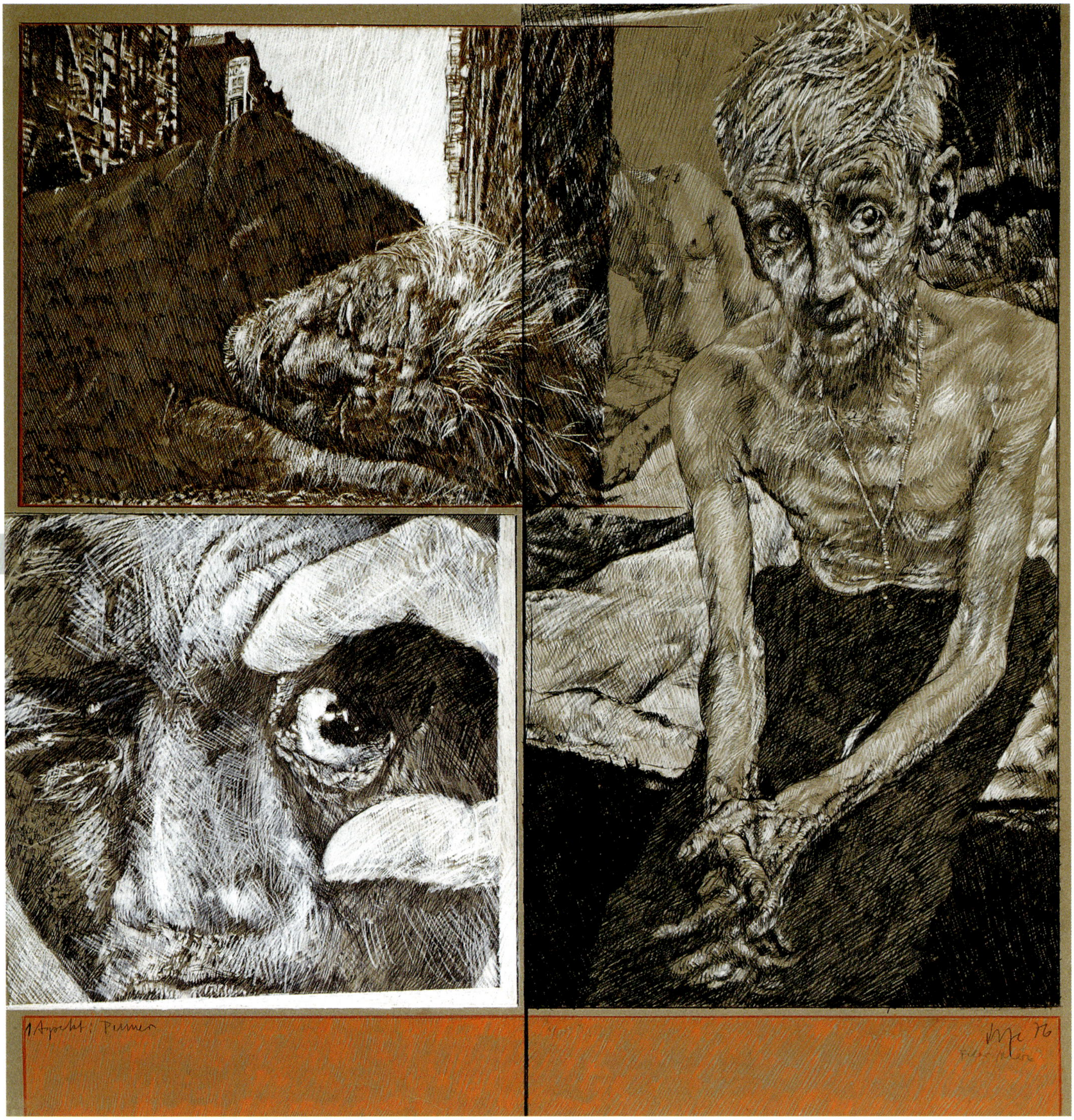

Kat.-Nr. VII.7
Peter Sorge (1937–2000)
Ein Aspekt: Penner
Vor 1979

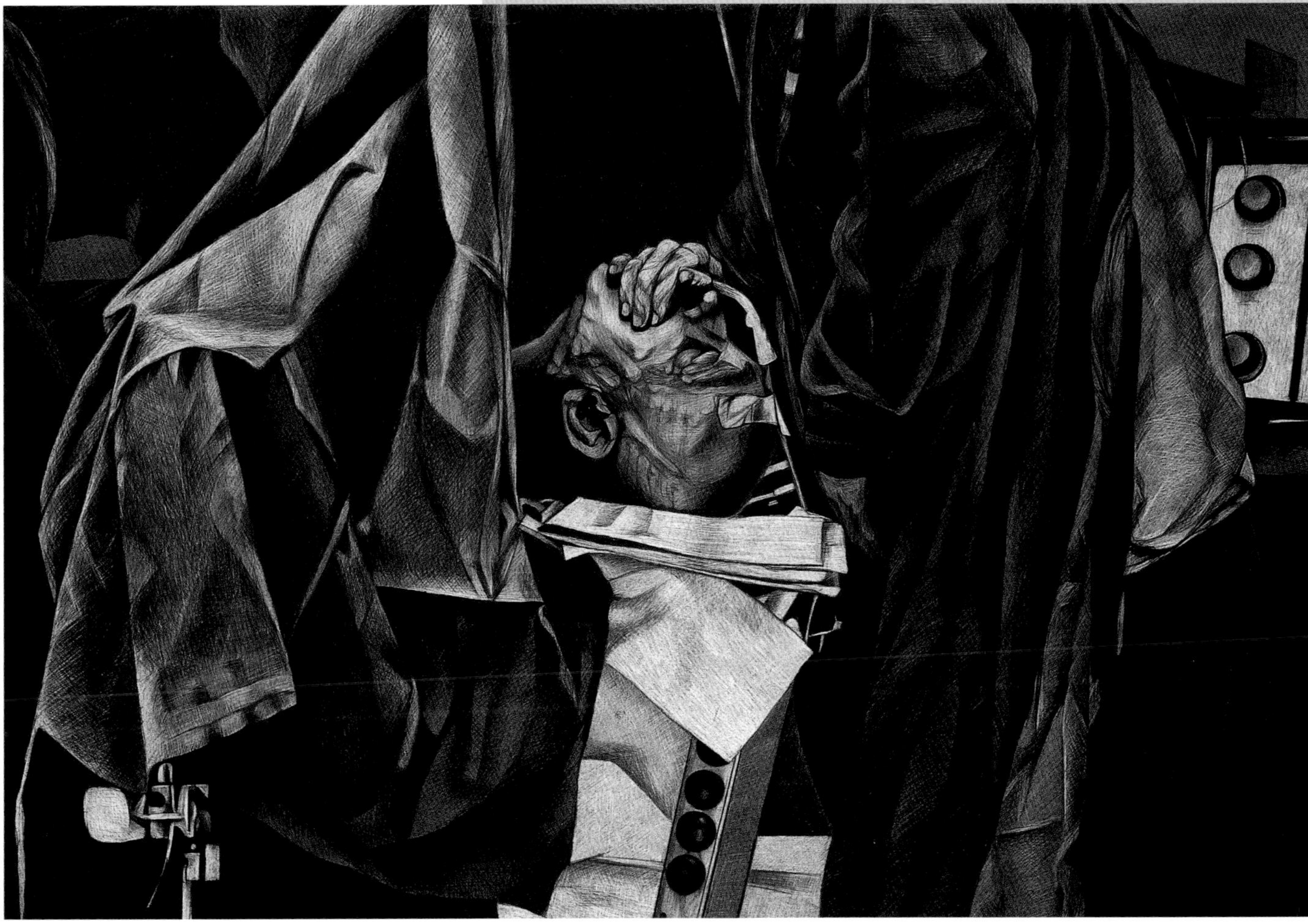

Kat.-Nr. VII.6
Maina-M. Munsky (1943–1999)
Natura morte
1974

Einen Schritt weiter gehen Peter Sorge (1937–2000) mit seiner Radierung „Ein Aspekt: Penner" (vor 1979) und Maina-M. Munsky (1943–1999) mit ihrer Zeichnung „Natura morte" aus dem Jahr 1974. Beide Künstler erweitern die Sicht auf den leidenden Menschen um den Aspekt des gesellschaftlichen Desinteresses: Sorge mit dem Hinweis auf Altersarmut und Munsky, mit der Perspektive auf das Vorkommen unmenschlicher Bedingungen in der Pflege und medizinischen Versorgung alter Menschen.

Sanfter Mut

„Du
würdest auch noch dem Tod
leise
entgegentreten?“

„Leise?
Vielleicht.
Aber:
entgegentreten.“

Erich Fried

Raum VIII

„Sanfter Mut“

Sanfter Mut

Während der zuvor beschriebene Raum der Ausstellung die Problematik von Einsamkeit, Krankheit und Tod als alltägliche individuelle Katastrophe schildert, eröffnet die hier gezeigte Fotodokumentation, die Frank Hellwig für dieses Ausstellungsprojekt hergestellt hat, Perspektiven für einen menschlichen Umgang mit sterbenden Menschen am Beispiel der Hospizarbeit in St. Elisabeth in Halle.[15] Hellwig erhielt die Möglichkeit, einen Patienten durch seinen Alltag zu begleiten, der geprägt ist von dem Vertrautwerden mit dem eigenen Ende und der Erfahrung des Angenommenseins in einer verständnisvollen Gemeinschaft.

Die Fotoarbeit „Tania" von Robert Häusser aus dem Jahr 1984 beschließt den Ausstellungsrundgang (Kat.-Nr. VIII.2, Abb. S. 123). Die Metaphorik dieses Werks, die das Kind nackt in einem durch Licht- und Schattenwirkung transzendent erscheinenden, durch geometrische Formen stark konstruiert wirkenden Bildraum stellt, führt den assoziierenden Blick des Betrachters nicht allein auf Ursprünglich-Existenzielles sondern auch auf Beginnendes. In seiner im Wesen ungestellten, vorurteilslosen Auffassung liegt in dieser Darstellung ein sehr großes geistiges Potential. Dies mag am Ende der Ausstellung als Hinweis darauf gelten, dass die Bedingungen des menschlichen Lebens mit den Mitteln der Reflexion immer wieder von Neuem auf das Wesentliche zurückgestellt werden müssen.

[15] Vgl. hierzu den folgenden Beitrag von Thomas Kolodziej in diesem Katalog.

...am Ende

Gottfried Benn (1886–1956) hat wenige Jahre vor seinem Tod eine noch heute berühmte Rede zu dem Thema „Altern als Problem für Künstler" gehalten. Der Dichter hat sich diese Aufgabe seinerzeit nicht leicht gemacht, sondern er hat sich, wie anhand des kritischen Berichts in der Gesamtausgabe seiner Werke nachvollzogen werden kann, über Wochen durch sorgfältige Recherche vorbereitet. An einer zentralen Stelle des Vortrags heißt es in Benns unverwechselbarem Sprachstil:

> „(...) Erinnern Sie sich an ein Selbstportrait von Tintoretto, Alterswerk, ich weiß nicht wo es hängt, ich sah es nur auf einer Abbildung, aber ich kann es nicht vergessen, dafür gibt es nur eine Vokabel: ranzig. Oder Rembrandts Spätbild: verschlossen, vorsichtig, ein kaltes: ohne mich. Keiner der großen Alten war Idealist, sie kamen ohne Idealismus aus, sie konnten und wollten das Mögliche – Dilettanten schwärmen."[16]

[16] Zit. nach Benn, (s. Anm. 12), S. 140f.

Am Ende dieser Präsentation wird sich der eine oder die andere die Frage stellen, ob die in der Ausstellung zur Sprache gekommenen Anschauungen über das Altern nicht zu pessimistisch ausgefallen sind, ob nicht zu nachdrücklich jene Facetten herausgestellt wurden, in die Gefährdungen alter Menschen im Sinne sozialer, gesellschaftlicher und psychologischer Probleme deutlich werden.

Die Grenzen aber auch die Chancen einer Einflussnahme der Kunst auf unsere Gesellschaft werden jedoch auf diese Weise im Sinne unserer angestrebten, tagesaktuellen Spurensuche, dieses „Weges zu einer Alterskultur" deutlich: Künstler interessiert in der Regel nur das Existenzielle am Thema des menschlichen Alters, das sich meist nicht in einem „Sich-genügen", „Sich-in-die-Rolle-finden", kurz in stiller Resignation erschöpft. Die Absichten der künstlerischen Stellungnahmen sind vielfältig. Neben eine, man könnte sagen, „sozialreformerische" Intention, die die gesellschaftlichen und zwischenmenschlichen Zustände anprangert und Veränderungen einfordert, tritt auch die Faszination der künstlerischen Aufgabe selbst, die mit der Darstellung eines naturgegebenen Extrems verbunden ist und bleibt – in diesem Fall die Wiedergabe des gealterten Körpers eines Menschen und seiner psychischen Verfassung.

Dieser „kontrollierende", weit in die Tiefe reichende Blick der Kunst wird für uns daher zum „Testfall" für die gesellschaftliche Entwicklung. Ob sie zu einem notwendigen Korrektiv unserer Handlungen werden kann, bleibt fraglich. Fragen in dieser Richtung zu stellen, hierzu soll aber diese Ausstellung dienen.

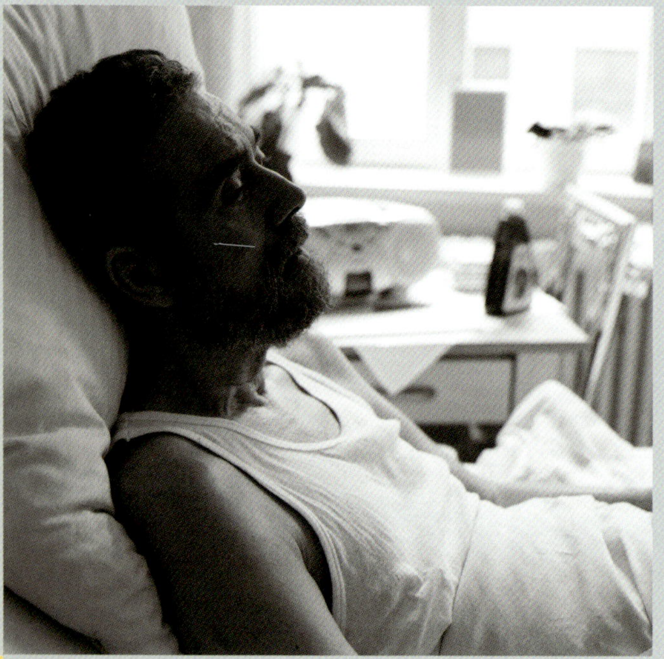

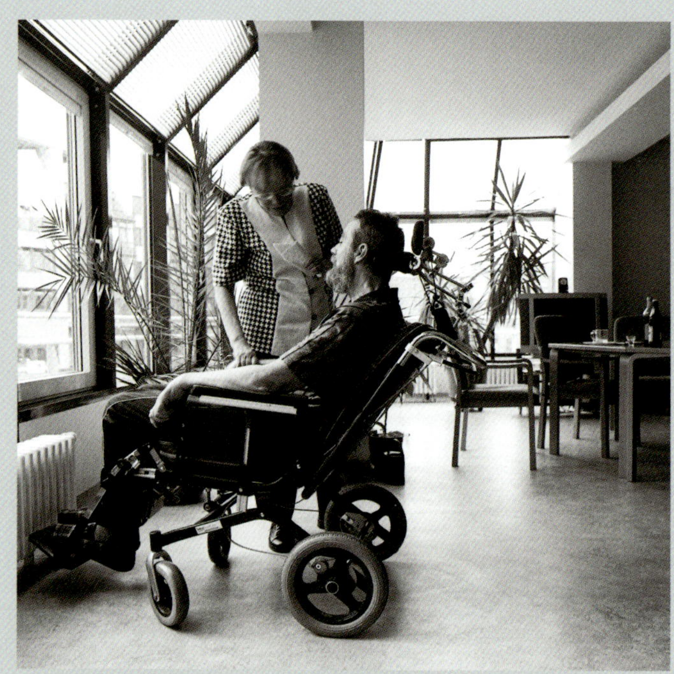

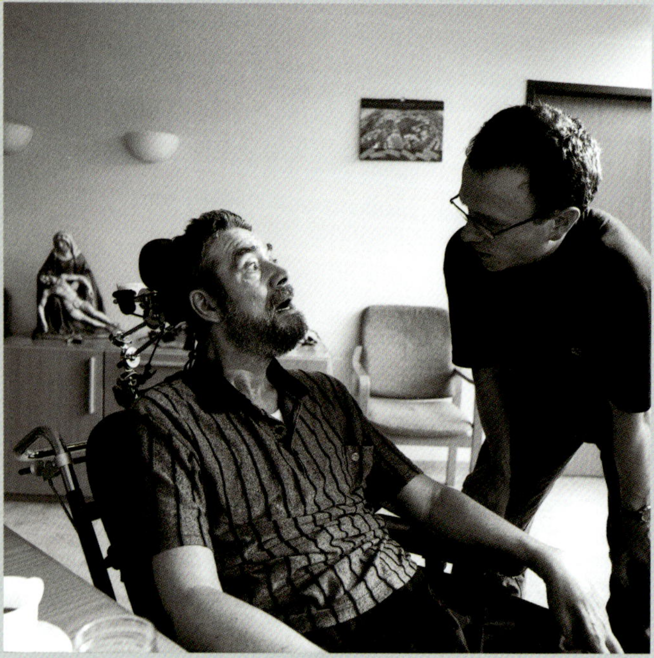

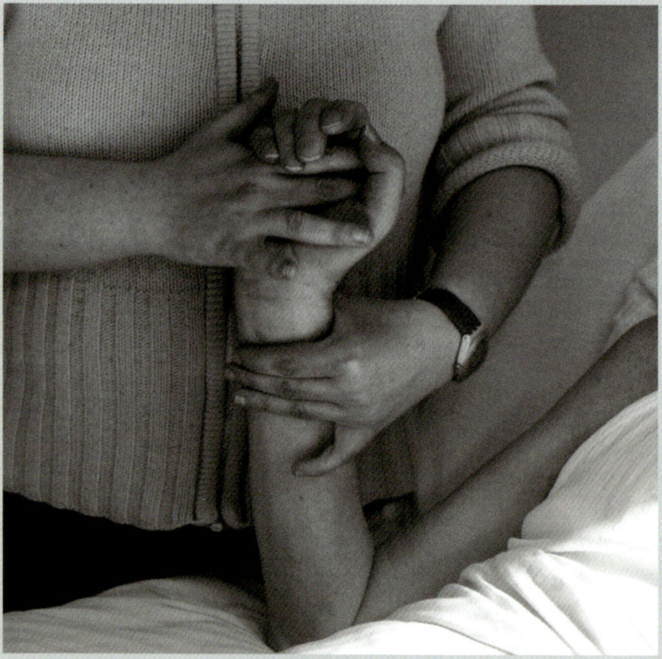

Thomas Kolodziej

Sanfter Mut

Hospize werden traditionell als Herbergen oder Gasthäuser verstanden. Im Mittelalter fand man sie an Pilgerwegen, und noch heute sind an Passstraßen im Alpenraum Hospize zu finden.

Die moderne Hospizbewegung möchte Menschen, die an einer nicht mehr heilbaren Krankheit leiden, Begleitung und Unterstützung anbieten. Der Schwerpunkt liegt auf der Begleitung der Patienten in ihrem Lebensumfeld. Ziel ist es, so lange wie möglich zu Hause leben, und dort auch sterben zu können. In manchen Situationen ist diese Pflege und Begleitung zu Hause jedoch nicht möglich. In kleinen stationären Einheiten wird diesen Patienten ein Lebensraum angeboten, in dem sie bis zuletzt leben können.

Den Geist, in dem diese Begleitung stattfindet, reflektiert das Gedicht „Sanfter Mut" von Erich Fried (1921–1988). An seinem Titel wird deutlich, dass einerseits ein gewisses Maß an Mut notwendig ist, andererseits auch Sanftheit (vgl. S. 116). Wie aber können Mut und Sanftheit zusammengehen, wenn sie doch im alltäglichen Sprachgebrauch kaum miteinander in Beziehung gebracht werden. Mut ist etwa die Fähigkeit unkonventionell zu denken, andere Wege als üblich zu gehen, Grenzen zu überschreiten und Gedanken auch gegen Widerstände zu verwirklichen. Sanftheit scheint indes dazu gegensätzlich, scheint von Zurückhaltung und vielleicht sogar von Anpassung zu sprechen.

Das Ende des Lebens dieser Patienten, dieser schwer Leidenden soll bestimmt sein von echter Mitmenschlichkeit. Diese Mitmenschlichkeit kann nur erfahrbar werden, wenn die Begleitenden den Mut haben, sich gänzlich auf den Kranken einzulassen; sich selbst mit den eigenen Gefühlen und Empfindungen zurückzunehmen, sie aber dennoch wahrzunehmen. Dieser Mut des bedingungslosen Einlassens braucht Sanftheit, denn nur durch diese Sanftheit kann man dem Kranken wirklich nahe sein und dennoch seine ihm eigenen Grenzen respektieren.

Mut meint hier also für mich jenen Mut, mich als Mitmensch, vielleicht Partner, anzubieten, aber ganz auf meine Rolle zu verzichten.

Sanftheit meint Einfühlungsvermögen und das Sich-Einlassen-Können.

Zwei Worte bestimmen dieses Gedicht: Es sind die Worte „leise" und „entgegentreten".

Leise – um die Stimme des Kranken hören zu können, seine Bedürfnisse aufzunehmen, Zwischentöne wahrzunehmen.

Entgegentreten – um selbst in dieser hoffnungslos scheinenden Situation den Blick zu heben und dem nahen Tod die Stirn zu bieten und alles zu tun, damit ein wirkliches „Leben bis zuletzt" möglich wird.

Viele Kranke sterben vor ihrem Tod viele kleine Tode durch quälende körperliche Symptome, soziale Isolation, Angst und nicht enden wollende Fragen nach dem „Warum". Hier können Pflegende im Hospiz in gelebter Mitmenschlichkeit dem Tod leise entgegentreten. Für dieses „leise Entgegentreten" braucht es sanften Mut. Diesen sanften Mut möchte ich uns allen wünschen.

(Der Autor ist Pflegedienstleiter im Hospiz Halle)

Kat.-Nr. VIII.1
Frank Hellwig (*1950)
Im Hospiz (Halle/S.)
2003

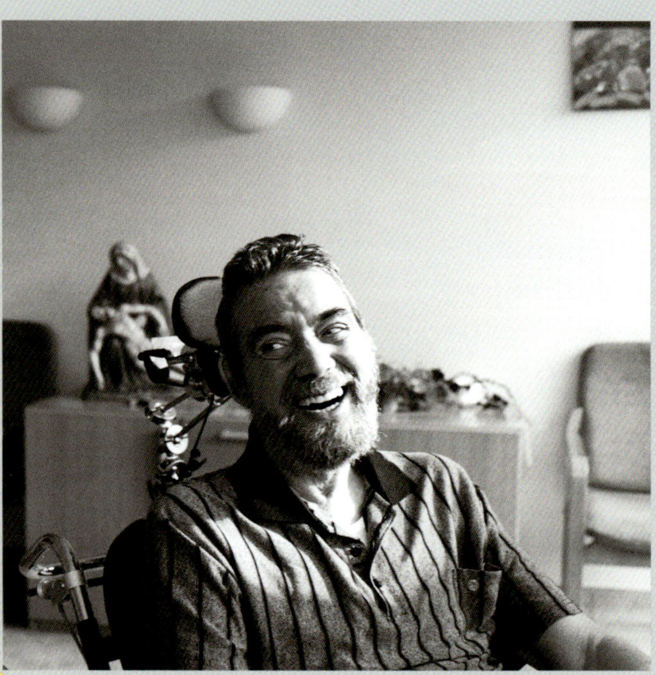

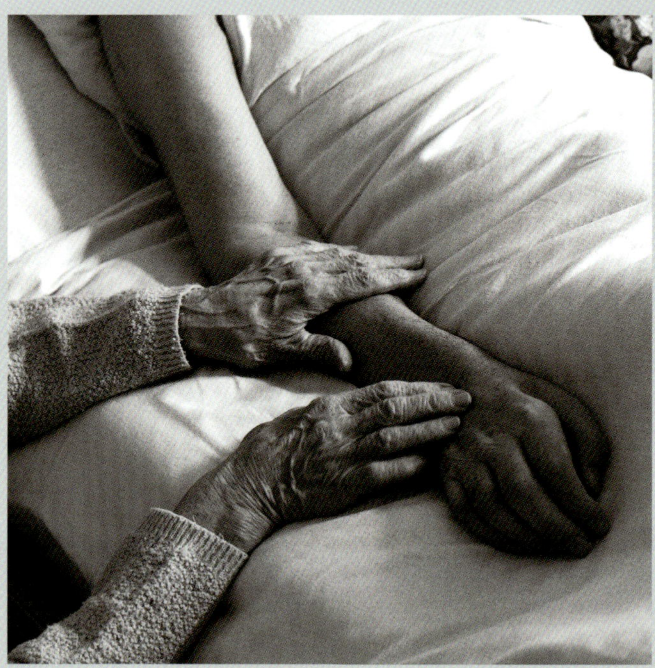

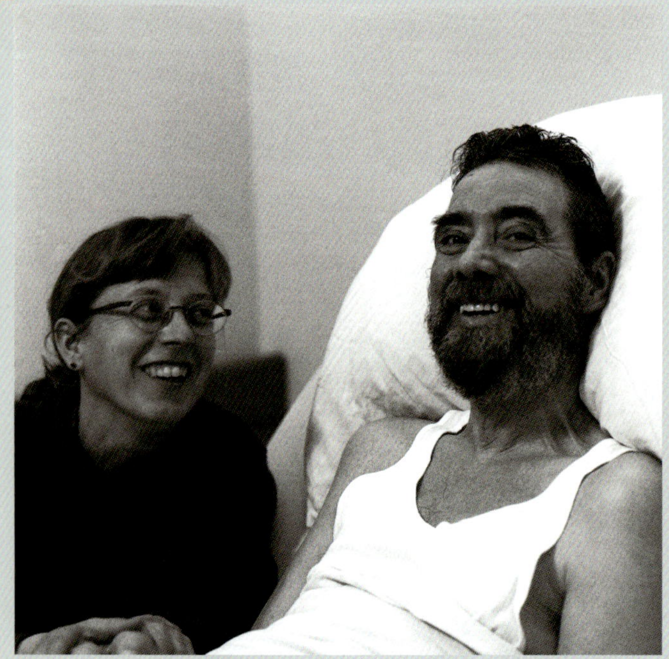

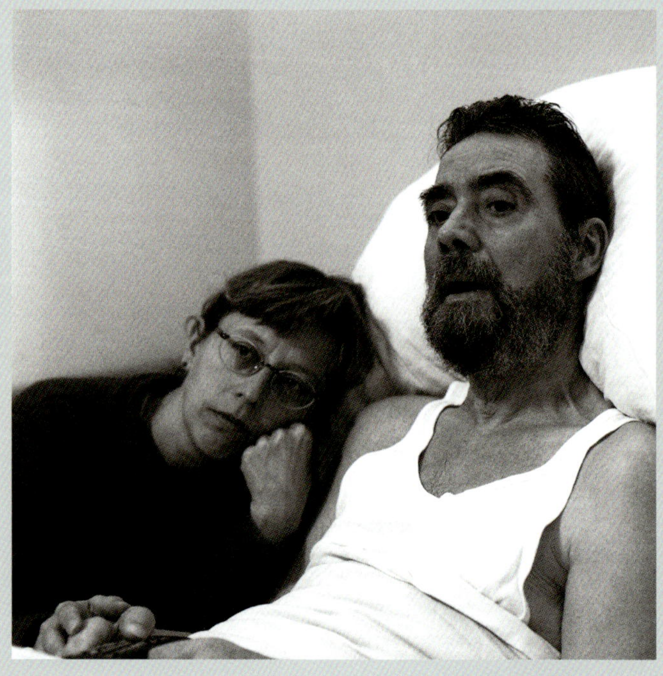

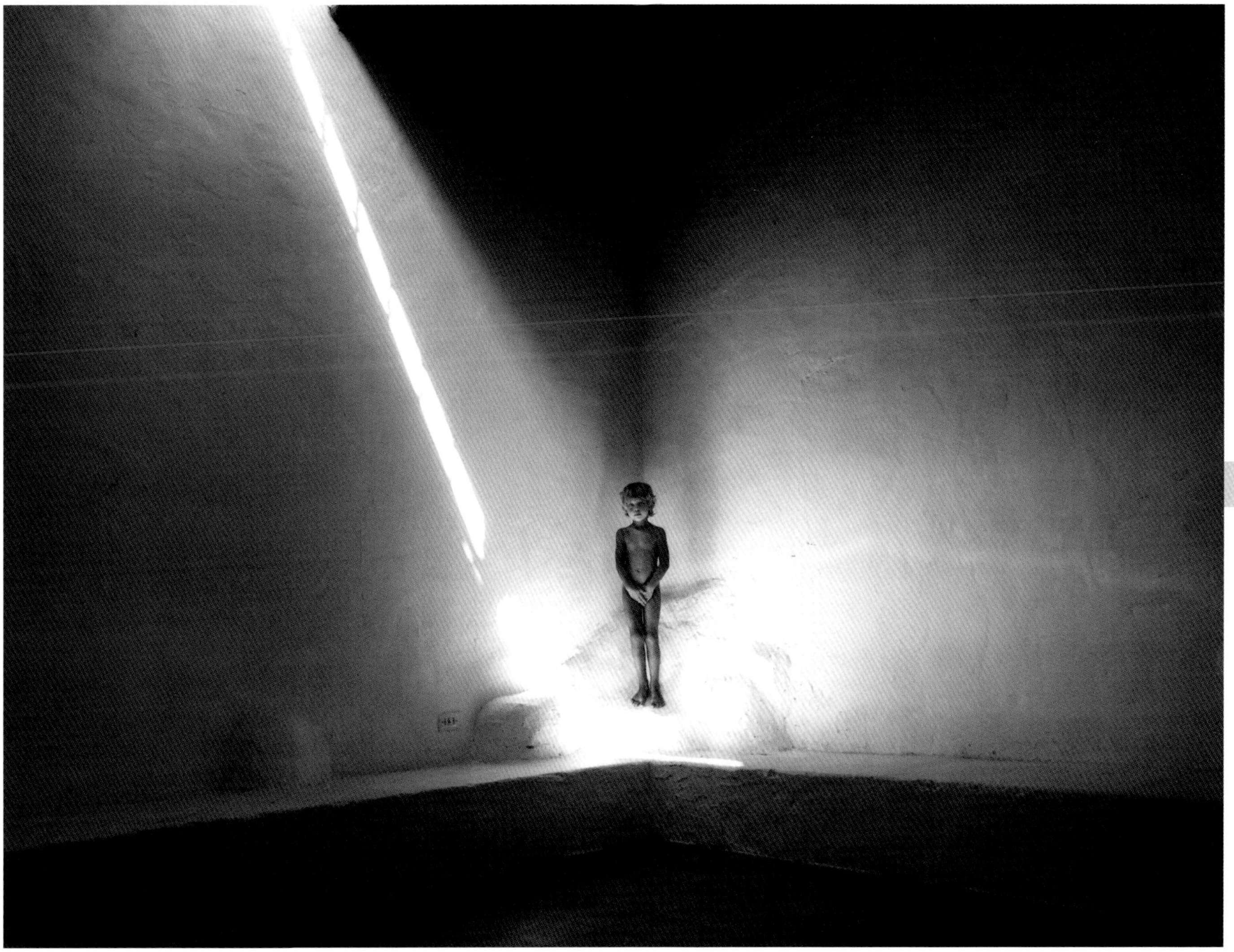

Kat.-Nr. VIII.2
Robert Häusser (*1924)
Tania
1984

ES IST IMMER DREI UHR

Über das Geheimnis, glücklich zu sein

Ich habe natürlich gedacht, es würde nie passieren. Ich sah die Anzeichen überall um mich herum und ging dennoch meiner Wege, als hätte dies alles nichts mit mir zu tun. Die Wirklichkeit ist ja eine schöne Idee. Aber wer will ihr schon ins Gesicht sehen? Ich habe während meines Lebens einige Leute sterben sehen, die von der Sache auch nicht überzeugt waren. Insgeheim hoffen wir doch alle, daß wir die Ausnahmen von der Regel sind.

»Man wird euch schnappen!« Das habe ich vor langer Zeit einigen jungen Dieben in meiner Nachbarschaft zugerufen, die vorhatten, eine Garage auszurauben. Wie haben sie mich ausgelacht! Wie haben sie mich bemitleidet! Sie strotzten nur so vor Selbstvertrauen. Andere würden geschnappt werden, aber gewitzte Jungs wie sie niemals.

»Wenn du alt genug bist, wirst du schon sehen.« Dies sagt einem immer irgend jemand, wenn man jung ist. Als es noch keine Bankautomaten gab und man Großmütter um Geld angehen mußte, hatte man bei diesen still zu sitzen und sich ihre hart verdienten Weisheiten anzuhören. Alles würde ein schlimmes Ende nehmen, die jungen Leute würden mit jedem Tag unverschämter, in ihrer Jugend habe man seinen Vater noch mit »Sir« angeredet, und junge Mädchen seien errötet, wenn von Sex die Rede war. Ich saß unruhig auf der Stuhlkante, bestätigte das Lamento meiner Großmutter voller Inbrunst und wartete darauf, daß sie ihre Geldbörse öffnen und mir ein paar abgezählte Münzen zustecken würde.

Die Bühne im Kopf

Ich habe schon damals verstanden, daß es zu den Freuden des Alters gehört, die Jugend zu kritisieren. Es machte mir nichts aus, zum hundertsten Mal anhören zu müssen, welche Katastrophen all die Familienmitglieder heimgesucht hätten, die nicht auf den guten Rat gehört hatten, den sie mir geben konnte, oder wie es um ihre zahlreichen Leiden stand und was der hirnlose Doktor gesagt hatte. Wenn dann aber das »Wenn du alt genug bist« kam, hielt ich es nicht mehr aus und machte mich davon. Wie ist meine arme Großmutter mir auf die Nerven gegangen. Die traurige Wahrheit ist, daß sie recht hatte. jetzt, wo ich selber alt bin, sehe ich die Dinge tatsächlich anders als früher.

Die Realität des Alterns hat mich erst ereilt, als ich fünfzig wurde. Ich wachte eines Morgens kurz vor meinem Geburtstag auf und sah das Alter Plötzlich in seiner ganzen Größe vor mir. Ein halbes Jahrhundert ist kein Witz. Als ich unsere Katze am Schwanz zog, ließ Hitler sich die Sehenswürdigkeiten von Paris zeigen. Es waren die Erinnerungen, die mich an diesem Morgen einholten, nicht meine grauen Haare oder der Rettungsring um meine Taille. Ich erinnere mich daran, wie ich während meiner frühen Schulzeit in einem Klassenzimmer saß, in dem hoch über der Tafel Porträts von Karl Marx, Stalin und General Tito hingen. Meine Mutter hatte mir gesagt, daß diese Männer böse seien, und so suchte ich jeden Tag in ihren Gesichtern nach den Zeichen des Bösen. Ich erinnere mich auch an den Geschmack amerikanischer Essensrationen, an längst vergessene Zigarettenmarken, an Schlager und Jazzmelodien, als diese noch neu waren, und an Hunderte von Menschen, die tot sind und an die sich außer mir niemand mehr erinnert.

An diesem Morgen kurz vor meinem fünfzigsten Geburtstag kehrten so viele Gesichter in meiner Erinnerung zurück, daß es mir angst machte. Mein Kopf war wie ein dunkler Theaterraum, in dem flüchtige Geister kurze Szenen aus ihren Leben aufführten. Die Bühne glich einem Antiquitätenladen. Wie hatte ich nur, fragte ich mich an jenem Morgen, so viel altes Gerümpel anhäufen können?

In einem meiner letzten Gespräche mit meinem Vater hat er mir – oder eher der Decke des Krankenzimmers – erzählt, daß er in seinem Leben einen schlimmen Fehler gemacht habe, einen Fehler, den er wirklich bereue. Ich schrak auf und machte mich bereit für ein Geständnis von Dostojewskischen Ausmaßen, das nun auf der Schwelle zum Tod enthüllt werden würde. Daraufhin erzählte mein Vater, daß sein großer Fehler darin bestanden habe, im Alter von siebzig Jahren dem Rat seines Arztes zu folgen, keine Würste und Salamis, keinen Speck, kein Spanferkel und keine anderen lebensnotwendigen Spezialitäten mehr zu essen. Und er, mein Vater, habe diesem Rat idiotischerweise Folge geleistet. Er fühlte sich einige Jahre lang erbärmlich schlecht. Wie schlecht, wollte ich wissen. Rastlos und deprimiert. Eines Tages besann er sich, fing wieder an, all das zu essen, was schlecht für ihn war, und fühlte sich um zweihundert Prozent besser. Nun bereute er nur noch die Jahre, die er durch die Anordnung des Arztes vertan hatte.

Die Ernährungsphilosophie meines Vaters – von der ich überzeugt bin – lief auf folgendes hinaus: Wenn etwas auf dem Teller gut aussieht und gut schmeckt, dann ist es auch gesund. Heutzutage wird allerdings genau das Gegenteil gepredigt: Je köstlicher etwas ist, desto schneller wird es einen umbringen. Das heutige amerikanische Ideal ist es, in blühender Gesundheit im Sarg zu liegen. Trotz alledem muß ich aber gestehen: Ich kann nicht mehr soviel essen wie früher. Wenn meine alten Freunde, die sich an meinen legendären Appetit erinnern, sehen, wie mäßig ich heute esse, sind sie bestürzt. Sie erzählen mir dann von meinen früheren Freßorgien, und ich höre ihnen mit Skepsis und leichtem Ekel zu. Ich konnte ja tatsächlich bis vor kurzem essen wie ein Pferd und dann noch um ein paar Rühreier bitten, weil ich sonst vor Hunger sterben würde. Mittlerweile habe ich immer noch nicht wirklich gelernt, mich zu beherrschen, aber ich bin sehr wählerisch geworden. Kann man daraus ableiten, daß man im Alter zum Gegenteil dessen wird, was man früher war? Könnte sich zum Beispiel ein überzeugter Pessimist im Alter zu einem Optimisten entwickeln? Wahrscheinlich doch nur, wenn er auf dem Weg dahin auch seinen Verstand verloren hätte.

Ich bin jetzt einundsechzig und fühle mich an manchen Tagen wie ein Auto mit 300 000 Kilometern auf dem Tacho. Der Motor stottert manchmal, die Heizung läuft auf Hochtouren, die Karosserie rostet, die Sitzpolster sind fleckig und zerrissen, ein Scheibenwischer funktioniert nicht mehr, der Auspuff hat Löcher, und der Wagen verliert Öl. Mein Arzt sagt, ich soll mir keine Sorgen machen. Er besteht darauf, daß ich trotz Bluthochdrucks, eines Anflugs von Diabetes und Taubheit in einem Ohr in guter Verfassung bin. Er klingt immer mehr wie ein Gebrauchtwagenhändler, der einen Unfallwagen wieder flottmachen muß. Aber was soll ich machen? Ich höre ihm zu wie ein leicht zu beschwatzender Kunde und fahre nach der Konsultation in einer Abgaswolke fröhlich von dannen, ausgelassen und ein Lied auf den Lippen.

Morgens um drei, nach schlafloser Nacht, geht es mir weniger gut. Ich sehe aus müden Augen in mein unrasiertes Gesicht im Badezimmerspiegel, und mir gefällt nicht, was ich dort sehe. Peter Lorre sah sogar als Kindermörder gesünder aus. Vor kurzem quengelte ein Rezensent, daß mein neuer Gedichtband zu todesbesessen sei. Zwischen den Zeilen riet er mir, gerade in meinem Alter positiver zu denken, das Ewigmenschliche und die Schönheiten der Natur zu preisen und Weisheiten abzusondern, gerade so, als hätte ich einen weißen Bart, ein langes weißes Gewand und eine sektiererische Fangemeinde in Kalifornien. Warte nur, Grünschnabel, sagte ich zu mir selbst, warte nur, bis du in meinem Alter bist und einmal im Monat zu einer Beerdigung gehst. Worüber sollte ich denn positiv denken? Wenn man in die Zeitungen schaut, sind fast überall immer noch die gleichen mörderischen Idioten am Ruder, und die Massaker an den Unschuldigen nehmen kein Ende, während die literarische Intelligenz eifrig die Tatsache zu verbergen versucht, daß uns seit fünfzig Jahren nichts Neues mehr eingefallen ist. Wenn man jung ist, erzählt einem niemand von diesen Dingen; und wenn sich jemand die Mühe macht, vergißt man es schnell wieder.

Der Grossinquisitor im Bikini

Man sollte sich nichts vormachen. Die Erfahrungen eines Lebens sind im Grund wertlos. Warum sollte sich jemand anderer dafür interessieren? Da unser wahres Schicksal Einsamkeit ist, können wir diese Erfahrungen nur dazu verwenden, uns selbst zu quälen. In einem gewissen Alter ist es eben immer drei Uhr morgens. Früher oder später trifft jeder auf seinen persönlichen Großinquisitor. Meiner trägt heute nacht einen rosa Bikini und eine dunkle Sonnenbrille, und sie sitzt mit übereinandergeschlagenen Beinen inmitten verschiedener klassischer Folterinstrumente und lackiert sich die Nägel. Sie sieht aus wie Lolita, aber ihre Fragen sind von geradliniger Gemeinheit: »Warum ist dein Leben verlaufen, wie es verlaufen ist? Lag es an den historischen Ereignissen? An dem ersten Gedicht, das du jemals gelesen hat? An den Frauen?« – »Darüber zermartere ich mir seit Jahren das Hirn. « – » Und wie steht's mit Gott?« – »Gott sei Dank, daß es keinen Gott gibt, der mich hier jetzt sehen kann.« – »Und der Teufel?« – »Der hat gestern im Fernsehen eine Pressekonferenz gegeben.« – »Du versuchst, schlau zu sein, und redest Unsinn. Wie kannst du an den Teufel, aber nicht an den Allmächtigen glauben und dabei auch noch herumlaufen und dich bei jeder Gelegenheit bekreuzigen?« – »Ich pfeife auf deine theologischen Argumente. Außerdem habe ich andere Sorgen. Ich gehe nicht grinsend durch die Welt, denn ich habe Schulden, sorge mich um meine Kinder an entfernten Orten, sorge mich darum, daß meine Gedichte blödsinniges Gefasel sind, daß ich zuviel trinke, daß meine Katze heute nacht nicht nach Hause kommt, daß ich verrückt werden und eines Tages meinen eigenen Namen vergessen und zahnlos und bucklig und in schmutziger Unterwäsche umherschlurfen könnte. Es sind nicht nur ein paar metaphysische Probleme, die ich jede Nacht lösen muß; ich muß auch herausfinden, wie ich das Geld für das neue Dach auf meinem Haus auftreiben kann.«

Als sie aufhört, mich zu piesacken, schaue ich verstohlen auf die Uhr. Es ist schon Viertel vor fünf! Man sagt ja, daß die Zeit schneller vergeht, wenn man die sechzig überschritten hat. Ich glaube, das stimmt. Denn wo sind die trägen Sommer meiner Jugend geblieben? Ich erinnere mich daran, wie ich in meinem Zimmer in Oak Park, Illinois, auf und ab ging und mir mit wachsender Überzeugung einredete, daß das Leben langweilig sei. Damals, als die Zeiger der Uhr sich kaum rührten, schien die Zeit ein langes Nickerchen zu machen, bis sie sich herabließ, sich wieder zu rühren – und dann auch nur, um mich zu ärgern. Heute denke ich, was für ein Narr ich war, diese zeitlose Zeit war doch pure Glückseligkeit. Das Geheimnis des Glücks lag in dieser Uhr. Die Zeit hielt gütig für mich an; die Ewigkeit öffnete wie eine neue Geliebte die Tür zu einem Raum, den man dort nie vermutet hätte, einem Raum, der zu anderen Räumen führte, luftigen Räumen voll von trägem, goldenen Sonnenlicht. Man trippelte nervös auf der Schwelle und dann – nach einer Schrecksekunde – atmete man erleichtert auf, als sich die Tür vor einem schloß und der Zeiger der Uhr einen Schritt vorrückte.

Aus dem Amerikanischen von Julika Griem

Essays

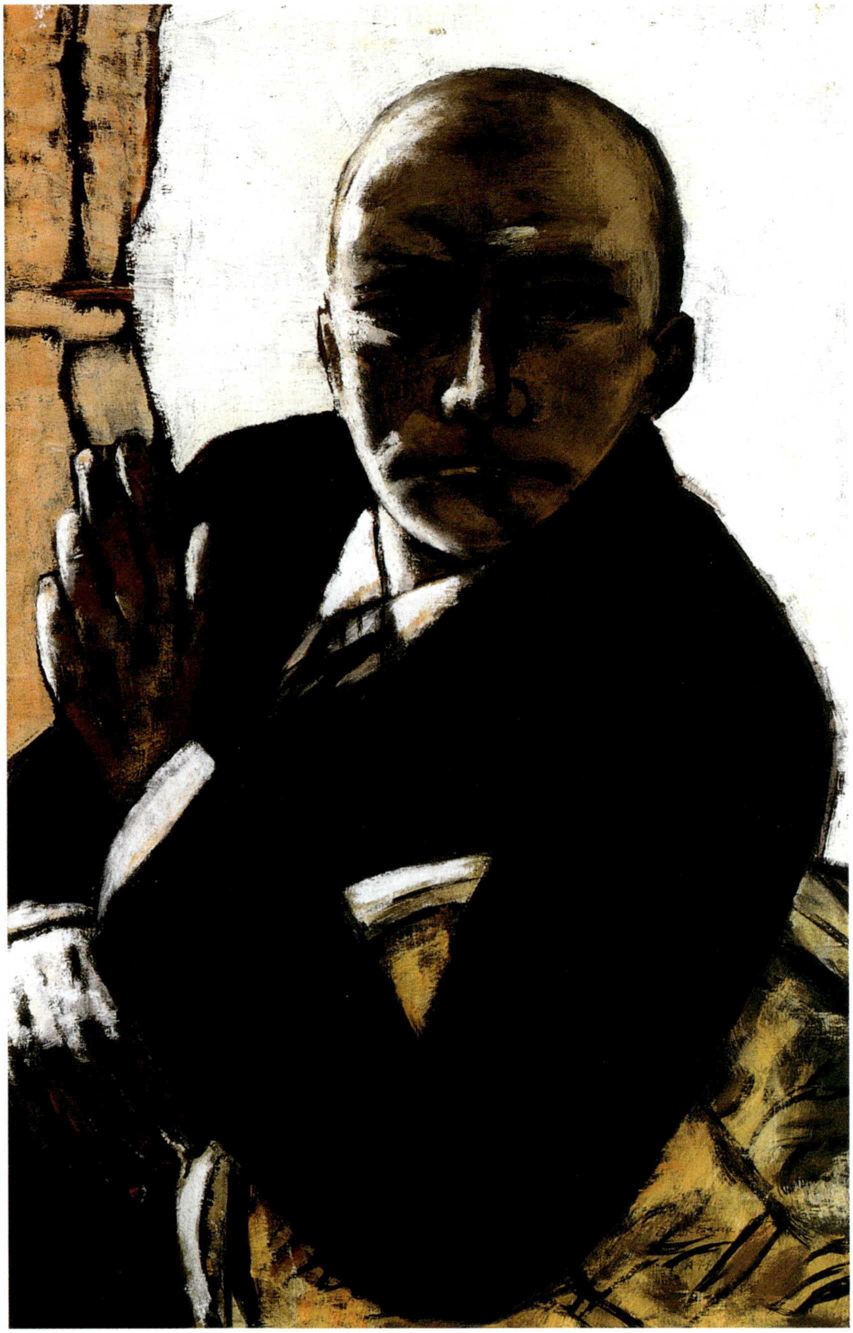

Abb. 1: Max Beckmann: Selbstbildnis in Schwarz, 1944, Öl/Lw., 95 x 60 cm, München, Pinakothek der Moderne

Thorsten Smidt

Vergänglichkeit und Ewigkeitssehnsucht
Das Alter in der (Selbst)sicht der Künstler

Eine künstlerische Auseinandersetzung mit der Hinfälligkeit des Alters kann zuweilen tragisch enden. Das jedenfalls lehrt die Geschichte des antiken Malers Zeuxis, der im Alter buchstäblich vor Lachen erstickt sein soll, als er eine „runzelige, drollige alte Frau" porträtierte.[1] Zeuxis, dessen Ruhm als meisterhafter Künstler sich bis in die Neuzeit verbreitete, scheitert an der Aufgabe, eine malerische Form für das Antlitz des Alters zu finden. Dem Maler wird zum Verhängnis, keine Distanz zu seinem Modell bzw. seinem Motiv zu wahren. Er lacht sich tot, obwohl oder gerade weil er selbst schon ein alter Mann ist. Der Darstellende und die Darzustellende sind in tragikomischer Weise aufeinander bezogen. Offenbar erkennt sich der Maler Zeuxis beim Anblick der alten Frau selbst.

Im Gegensatz zu anderen Geschichten des Zeuxis wurde diese von seinen Nachfolgern nur selten gemalt. Rembrandt (1606–1669) hat sich als einer der ersten dieses Themas angenommen. In seinem „Selbstbildnis als Zeuxis", um 1662 (Abb. 2),

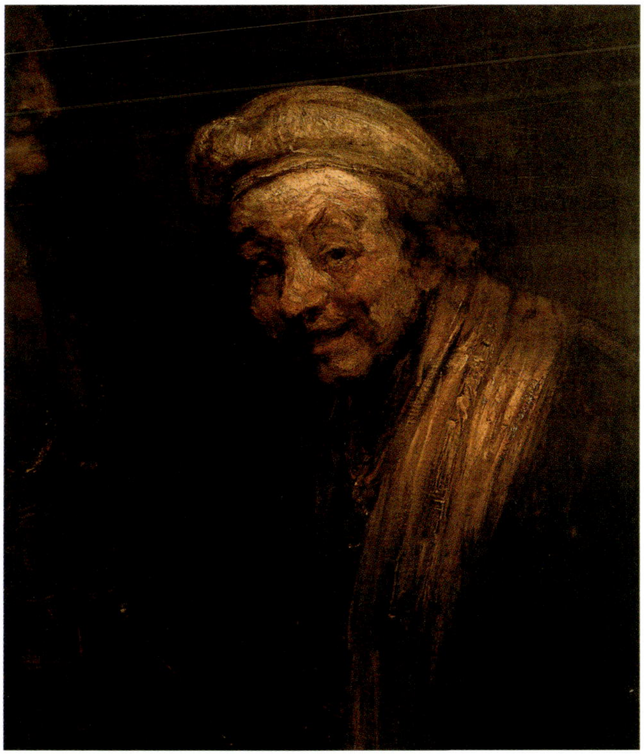

Abb. 2: Rembrand: Selbstbildnis als Zeuxis, um 1662, Öl/Lw., 82,5 x 65 cm, Köln, Wallraf-Richartz-Museum

wendet er sich, den Malstock in der Hand, lachend dem Betrachter zu. Der freie Pinselduktus und der pastose Farbauftrag lassen Rembrandts Gesicht runzelig erscheinen, während die leicht zusammengekniffenen Augen, die hoch gezogenen Augenbrauen und der halb geöffnete Mund ihm einen lachenden und damit vitalen Ausdruck verleihen. Statuarisch wirkt dagegen eine Figur, die schemenhaft am linken Bildrand zu erkennen ist. Sie kann als jene alte Frau gedeutet werden, die Zeuxis das Leben gekostet hat.[2] Doch erscheint sie nicht als Modell im Atelier, sondern als bereits gemalte Figur auf einer Leinwand, die als schwarze Fläche neben ihr auszumachen ist und deren Kontur sich als eine vertikale Linie gegen den geringfügig helleren Hintergrund abhebt.[3] Da sich das Bild der Alten offenbar der Vollendung nähert, überlebt Rembrandt in der Rolle des Zeuxis – zumindest bis zum dargestellten Moment – seine künstlerische Auseinandersetzung mit dem Alter. Doch übertrumpft er Zeuxis nicht nur in dieser Hinsicht. Er hält neben dem Anblick der Frau auch seinem eigenen Spiegelbild lachend stand.[4] Rembrandt malt sich mit jenen Spuren des Alters, die bei der alten Frau als Bild im Bild kaum zu erkennen sind. Während Zeuxis' Selbsterkenntnis ein tragisches Ende nimmt, gelingt Rembrandt deren malerische Bewältigung.

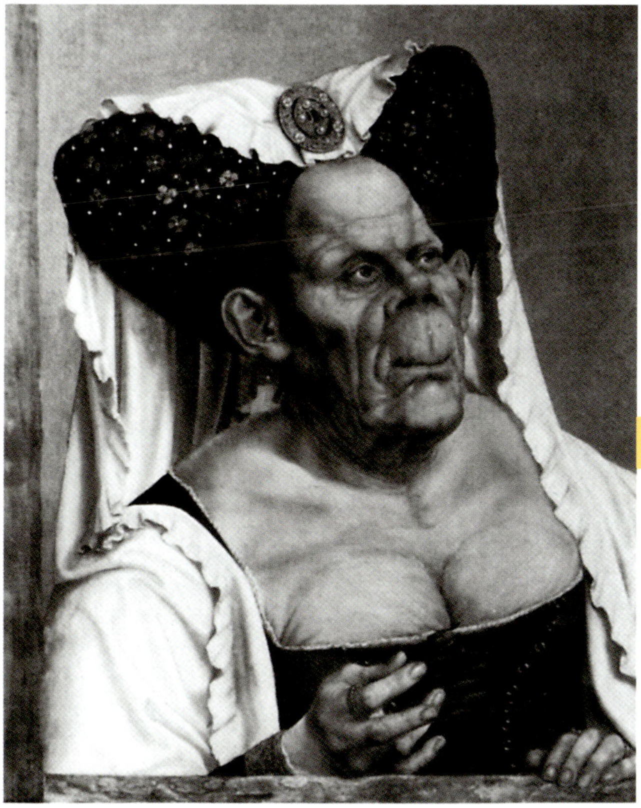

Abb. 3: Quentin Massys: Groteske alte Frau, um 1535–30, Öl/Eiche, 64,1 x 45,4 cm, London, National Gallery

Rembrandts Lachen über die alte Frau und über sich selbst nötigt Respekt ab. Ehrfurcht und Spott beim Anblick des Alters fallen in eins, zwei Haltungen, die jeweils ihre eigene Bildtradition entwickelt haben. Wer wäre beim Anblick der „Grotesken alten Frau" (Abb. 3), die Quentin Massys (um 1543–1589) nach einem Vorbild Leonardos gemalt hat, nicht berührt und belustigt? Mit ihrer faltigen Haut, der übergroßen Mundpartie und der nach oben verschobenen Nase bietet sie ein Zerrbild des Alters dar. Zu einer Karikatur wird die Darstellung aber vor allem durch die inadäquate Kleidung. Die alte Frau ist herausgeputzt wie eine junge Braut: mit Haube, Schleier und einem tief ausgeschnittenen, archaischen Kleid; in der Hand hält sie eine kleine Rosenblüte. Doch das bizarre Bild, das sie damit abgibt, scheint sie selbst nicht wahrzunehmen.

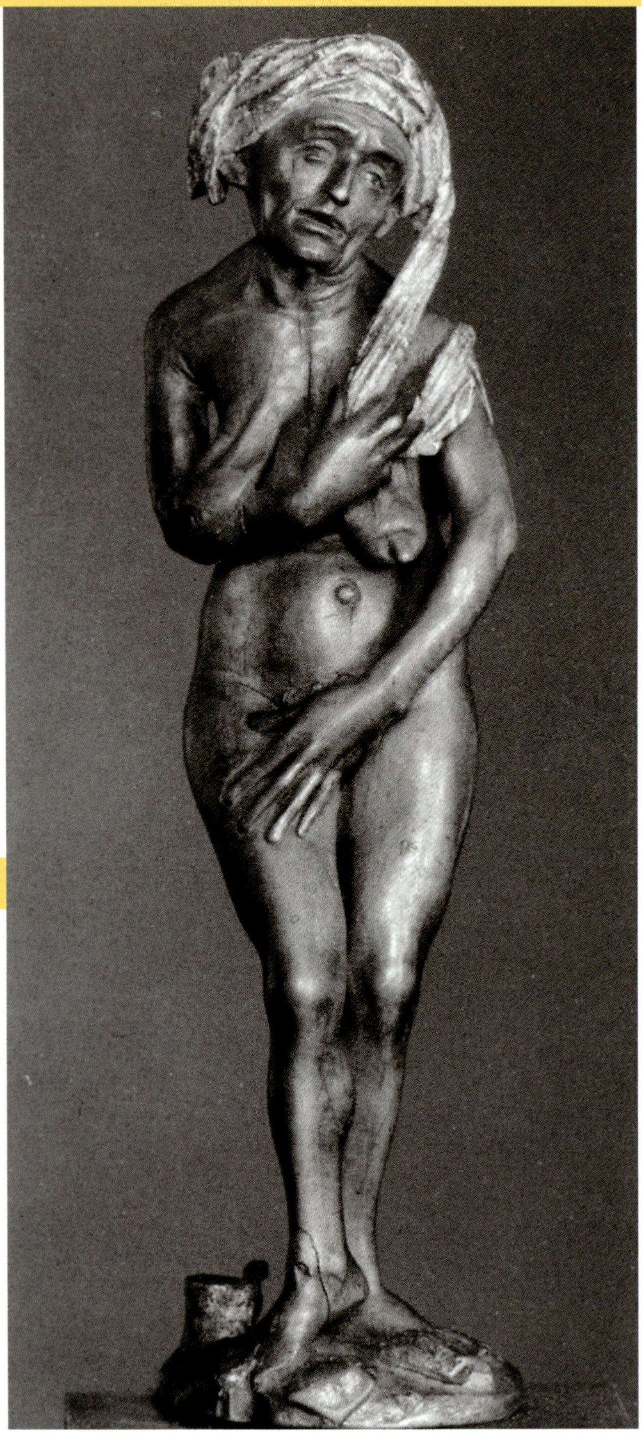

Abb. 4: Unbekannter oberrhein. Künstler: Garstige Alte, um 1500, Buchsbaumholz, H: 16 cm, Frankfurt/M., Liebighaus

Als Symbolisierung des törichten Stolzes entspringt diese Darstellung einer literarischen Vorlage.[5] Erasmus von Rotterdam schreibt in seinem 1509 erstmals erschienen *Lob der Torheit*:

> Aber noch amüsanter ist es, wenn man seine Aufmerksamkeit alten Weibern zuwendet, die vom langen Dahinsiechen schon halb tot sind und so leichenhaft aussehen, daß man glauben könnte, sie seien gerade aus dem Totenreich zurückgekehrt […] [Sie] beschmieren sich fleißig das Gesicht mit Schminke, […] suchen mit zittrigem Gekläff ihre schlappe Lust aufzugeilen […].[6]

Der drastischen Formulierung von Erasmus entspricht die drastische Bildfindung von Massys. Die Gegenposition zu diesem als dumm gegeißelten Stolz war die Scham über verblichene Schönheit. Die „Garstige Alte" (Abb. 4) eines unbekannten oberrheinischen Künstlers schildert in aller Deutlichkeit den vom Leben ausgelaugten Körper mit schlaff herunterhängenden Brüsten und gekrümmtem Rücken, hagerem Gesicht und zahnlosem Mund.[7] Indem die nackte Alte mit den Armen ihre Blöße zu verdecken sucht, nimmt sie die Pose der schamhaften Venus an. Dieser Verhüllung fehlt jedoch jeder erotische Reiz, sie lässt vielmehr die Spuren des Alters umso schmerzlicher bewusst werden. Im vorgelittenen Zustand eines hohen Alters klingt der vormalige Zustand vollendeter, tugendhafter Schönheit nur mehr als Erinnerung an.[8]

In dieser Tradition ist auch Erich Heckels (1883–1970) Holzschnitt „In der Tram" (Kat.-Nr. V.4, Abb. S. 12) zu sehen. Hier verhärten sich im unmittelbaren Nebeneinander zweier Frauenprofile die weichen und offenen Formen der Jugend zu den spitzen und verkniffenen Zügen des Alters. Ob real anwesend wie in Heckels Tram oder imaginiert wie durch die Gestik der „Garstigen Alten", in der Konfrontation von alt und jung erscheint die Vergänglichkeit des menschlichen Seins in unausweichlicher Drastik.[9] Dabei ist das hässliche Alter als Gegenbild zur idealen Schönheit durch die Jahrhunderte eine hauptsächlich weibliche Rolle.[10] Ob grotesk oder garstig, ob dumm oder schamhaft, es sind Frauen, alte Frauen, die diese Eigenschaften verkörpern sollten. Umgekehrt kennzeichnet weibliche Heilige oder andere positiv besetzte Figuren eine Jugendlichkeit, die in keinem Zusammenhang mit ihrem tatsächlichen Alter steht. Maria und ihre Mutter Anna können auf vielen Darstellungen nur durch ihre Attribute unterschieden werden, nicht durch ihre Alter. Schönheit war gleichbedeutend mit Tugend. So erklärt sich, dass Darstellungen alter Frauen mit moralisierenden, mahnenden Botschaften verknüpft waren.

Nur für Männer gab es Rollen, die auch im Alter lobenswert sein konnten. Lang ist der Bilderreigen, der von den alttestamentlichen Patriarchen über Eremiten bis zu Gelehrtendarstellungen reicht. Auch wenn es allein darum ging, vergangene Zeit zu symbolisieren, kam diese Rolle einem männlichen Greis zu. Chronos war als Personifikation der Zeit gebrechlich, ohne zum Zerrbild zu werden. Erst im 19. Jahrhundert verband sich im Zuge der Industrialisierung mit dem Bild des (alten) Mannes wieder eine mahnende Botschaft, wenn er etwa als ausgemergelter Proletarier ins Bild gesetzt wurde. Erinnerte die „Garstige Alte" an das Ideal der Venus, so ist in Conrad Felixmüllers (1897–1977) Bild des „Alten Arbeiters" (Kat.-Nr. V.5, Abb. S. 76) ein gebrochener Herkules zu sehen. Unter der Last seiner Werkzeuge steht er gebeugt vor einer dicht gedrängten Industriekulisse.

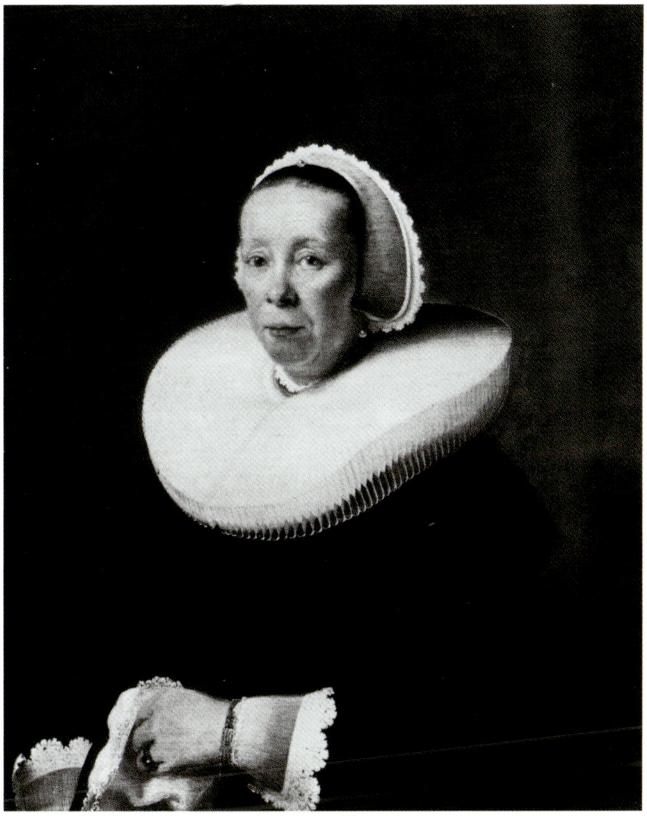

Abb. 5: Ferdinand Bol: Bildnis einer älteren Dame, 1642, Öl/Lw., 90 x 69 cm, Berlin, SMPK

Die Würde des Alters fand erst im Porträt ihren bildlichen Ausdruck. Während eines der frühesten Altersbilder der Kunstgeschichte, Giorgiones (um 1478–vor 1510) um 1507/08 datierte „Vecchia", ursprünglich als Deckelbild eines Jünglings gedient hat und so ein weiteres Gegensatzpaar von jung und alt schuf, entstanden vor allem im 17. Jahrhundert zahllose repräsentative Porträts alter Menschen (Abb. S. 138). Eine ganze Serie hat allein Ferdinand Bol (1616–1680) gemalt. Eines der ausdrucksvollsten ist das „Porträt einer älteren Dame" (Abb. 5) von 1642.[11] Ihr Gesicht, gerahmt von einer Haube und wie separiert vom Körper durch eine Halskrause, lenkt alle Aufmerksamkeit auf sich. Obwohl die Spuren des Alters nicht beschönigt, sondern genau wiedergegeben sind, verleiht der strenge, fast ein wenig traurige Blick dem Porträt einen würdevollen Charakter. Dieser wird unterstrichen vom Schnupftuch als Zeichen von Stand und ehelicher Ehrbarkeit.[12] Auch ihr in der damaligen Zeit bereits altmodisches Gewand unterstreicht gleichermaßen ihre Betagtheit wie auch die von äußerlichem Glanz sich abwendende, genügsame Gesinnung.[13]

An diese Form des Realismus haben Maler noch im 20. Jahrhundert angeknüpft. Bernhard Heisig (geb. 1925) setzt seine „Mutter" 1967 (Kat.-Nr. VI.2; Abb. S. 93) auf vergleichbare Weise ins Bild wie Ferdinand Bol die unbekannte Alte. Auch Heisigs „Mutter" ist als Sitzfigur mit leicht zur Seite gedrehtem Kopf dargestellt. Ihre einfache Kleidung und ihre demütig gefalteten Hände vermitteln Genügsamkeit. Ihr Gesicht erzählt die Geschichte eines langen Lebens. Die runzelige Haut ist dabei eine unmittelbare Fortsetzung des abstrakten Farbfeldes, von dem die Frau umfangen ist. Schemenhaft ist hier eine Stadtlandschaft zu erkennen, die als das brennende Breslau gedeutet werden kann, ähnlich wie Heisig dies in anderen Porträts seiner aus dieser Stadt stammenden Mutter konkretisiert hat. Der Widerschein des Feuers ist in Form von weißen und roten Pinselhieben auf ihre hellere, rechte Gesichtshälfte weitergeführt. Erhalten in Ferdinand Bols Bildnis die Gesichtszüge der alten Frau im Kontrast zum dunklen Hintergrund ihre Prägnanz, so ist Heisigs Bild von der brennenden Stadtlandschaft dominiert, die auch den Kopf der Mutter zu verzehren droht. In beiden Bildern verbindet sich das Interesse am porträtierten Menschen und seiner Lebensgeschichte mit dem Interesse an der Physiognomie des Alters an sich.

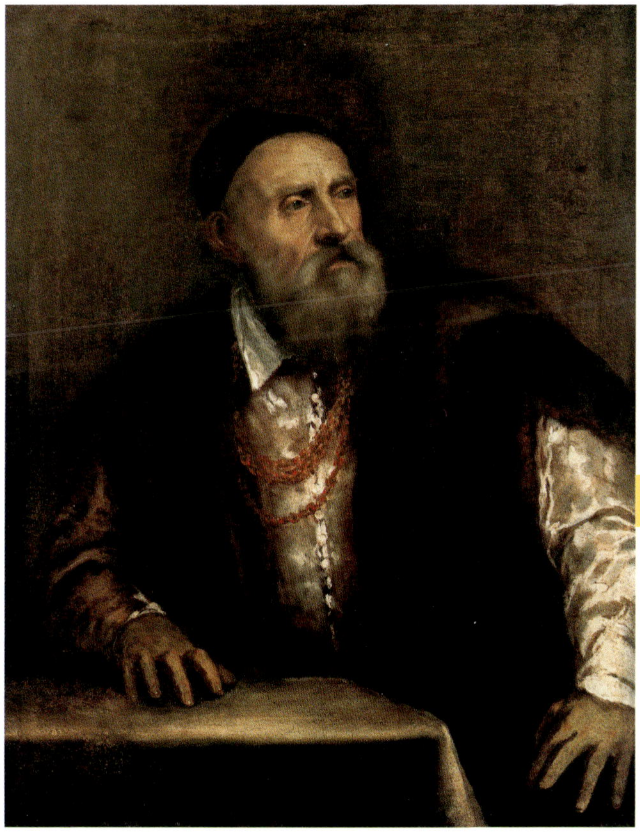

Abb. 6: Tizian: Selbstbildnis, Öl/Lw., 96 x 75 cm SMPK

Der alte Mensch ist auch deshalb ein beliebtes Thema der Malerei, weil er eine künstlerische Herausforderung darstellt. Dies gilt umso mehr, wenn es sich beim Dargestellten um den Künstler selbst handelt. Mit dem Selbstporträt verbindet er programmatische Aussagen über sein künstlerisches Selbstverständnis. So demonstriert der greise Tizian (1488/1490–1576) in dem Berliner „Selbstbildnis" (Abb. 6) seine scheinbar mühelose Maltechnik. Bereits zu Lebzeiten hat sie als venezianisches *colorito* und *seconda maniera* Tizians Ruhm begründet.[14] Während die Hände teilweise unvollendet geblieben sind, setzt sich der zerklüftete Faltenwurf des weißen Hemdes in abgemilderter Form in der ausdrucksvollen Modellierung der Gesichtszüge fort. Das Selbstbildnis ist als Exempel eines Malprozesses zu verstehen, an dessen Ende der lebensnahe Eindruck einer stolzen und altersweisen Persönlichkeit steht. Ihr Selbstbewusstsein steht in einem bemerkenswerten Spannungsverhältnis zur Last des Körpers, der der Stütze bedarf.[15] Es ist sicherlich nicht übertrieben zu behaupten, in dem Bild, das der über 70-jährige von sich geschaffen hat, ein malerisches Vermächtnis zu sehen.

Tizian zieht in ähnlicher Weise Bilanz wie dies für Rembrandt und seine späten Selbstbildnisse gilt.[16] Beide entwickelten erst im Alter ihre äußerst freie Malweise. Doch während Rembrandt sich als Zeuxis mit schonungslos in die nasse Farbe modellierten Altersfalten zeigt, lässt Tizian vor allem seine Kleidung verwittert erscheinen und nicht so sehr sein Gesicht. Er blickt ernst zur Seite und nimmt damit eine Pose ein, in der der Zeichner sein Modell fixiert.[17] Betrachtet Tizian also sein Spiegelbild? Jedenfalls bricht er dabei nicht in Lachen aus wie Rembrandt. Tizian distanziert sich entschieden vom Betrachter, Rembrandt spricht oder vielmehr lacht ihn an.

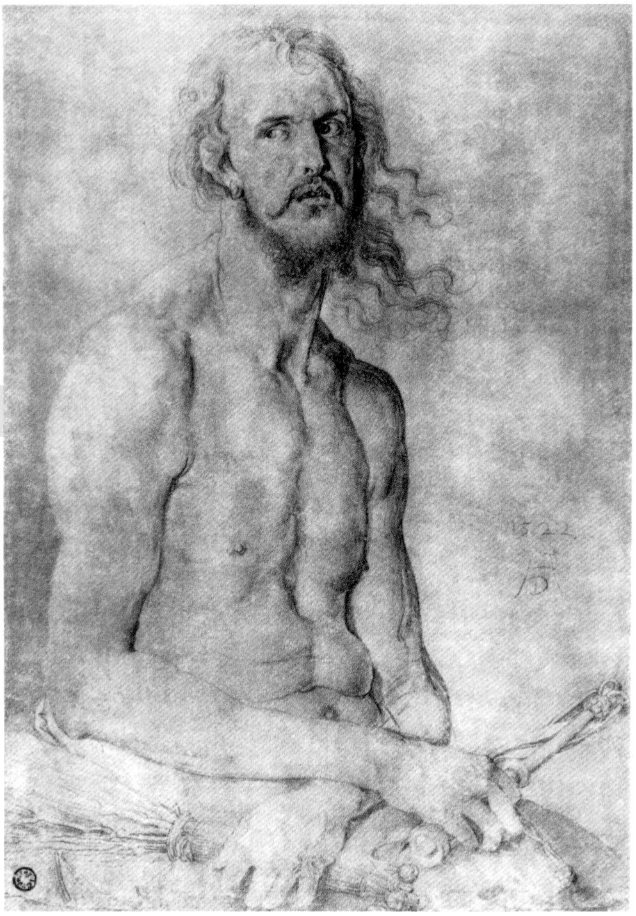

Abb. 7: Albrecht Dürer: Schmerzensmann, 1522, Bleigriffel/Papier, 40,8 x 29 cm, Bremen, Kunsthalle

So unmittelbar hat vielleicht erst wieder Max Beckmann (1884–1950) in seinen zerrissenen Seelenzustand hineinblicken lassen, auch er mit einer Ahnung vom nahenden Tod. In der Sinnsuche, die sich mit Bildern des Alters verbindet, eröffnet sich hiermit eine neue Dimension. Beckmanns „Selbstbildnis in Schwarz" von 1944 (Abb. 1, S. 130) könnte illusionsloser kaum sein. Auf einem Stuhl sich umwendend, blickt er den Betrachter unvermittelt an. Anstatt sich, der Tradition folgend, als Figur von einem dunklen Hintergrund abzuheben, stellt die Figur in ihrem Frack selbst eine dunkle Fläche dar. Das Schwarz breitet sich als geschlossene, autonome Form über das Bild aus.[18] Es setzt alle räumlichen Zuordnungen außer Kraft.[19] Dadurch wirkt das Bild flach wie eine gegenstandslose Komposition. Die Figur ist nicht eingebettet in einen schützenden Raum, sondern steht dem Betrachter unmittelbar gegenüber. Lediglich die Verschattung des Gesichtes gibt ihr einen gewissen Schutz. Vermittelt der schwarze Frack bereits Trauer,[20] so verstärkt das Gesicht diesen Eindruck noch zusätzlich.

Dem Altern kommt in Beckmanns Selbstbildnis eine existentielle Dimension zu. Damit stellt sich die Frage nach dem Verhältnis, das den alten Künstler und sein Werk verbindet. Beckmanns desillusionierendes Selbstbildnis steht in einer Tradition, die ursprünglich die christliche Heilserwartung bemüht hat, um angesichts des nahenden Todes eine Sinnsuche mit künstlerischen Mitteln zu betreiben. Der kranke Albrecht Dürer (1471–1528) identifiziert sich 1522 in einer Bleigriffel-Zeichnung mit dem „Schmerzensmann" (Abb. 7). Er zeigt sich gebeugt und erschöpft, mit dünnem Haar und qualvoll zur Seite gewendetem Fieberblick, in den Händen die Marterwerkzeuge Rute und Geißel. Nachdem Dürer bereits 1500 mit einem Selbstbildnis Maß an der Imago Christi genommen hatte, ist ihm für dieses Blatt umgekehrt der eigene, von Alter und Krankheit gezeichnete Körper Maß für die Leiden Christi. Seine schonungslose Selbstbeobachtung findet mit diesem Bildthema seinen überhöhenden Rahmen und seine Rechtfertigung zugleich.

Es ist nicht allein die christliche Ewigkeitshoffnung, die aus diesem Blatt spricht. Vielmehr ist hier bereits jenes Legendenmotiv angelegt, nach dem der Künstler im Werk überlebt, in ihm gleichsam aufgeht. Diesem Motiv liegt die Angst zugrunde, als Mensch, aber auch als Künstler keine bleibenden Spuren zu hinterlassen. Künstlerische Vermächtnisse auf Leinwand oder in Stein anzulegen, sind aber nur eine bedingt taugliche Strategie. Chronos, als Personifikation der Zeit meist selbst in hohem Alter dargestellt, verschlingt auch steinerne Monumente. Er ist nicht nur jener Feind der Menschen, der ihn altern, sterben und in Vergessenheit geraten lässt. Er ist auch der Feind des Kunstwerks.[21]

Ein unvergängliches Monument, dauerhafter als Erz und Stein, ist paradoxerweise Papier: Das auf Papier gedruckte Werk – gleich ob Buch oder Grafik – war als „der große und mächtige Gegner der alles vernichtenden Zeit" ein Topos.[22] Edouard Manet (1832–1883) hat in besonders anspielungsreicher Weise darauf Bezug genommen. Er ließ ein Exlibris anfertigen, das seine Porträt-Stele beinhaltet, geschmückt mit Palette und Pinsel. Ergänzt ist es um die Worte: „MANET / ET MANEBIT" (Er bleibt und er wird bleiben) (Abb. 8). Als Wortspiel unmittelbar aus dem Künstlernamen abgeleitet, bringt das Motto einen Wunsch zum Ausdruck, den wohl jeder Künstler hegt und den er insbesondere mit zunehmenden Alter zum Programm erheben kann. Hier verbindet er sich mit einem Altersbild Manets, das seinerseits ein (Toten-)Denkmal zitiert: die Porträtstele.[23] Die Kleingrafik weist mit Formen der Vergangenheit über die Gegenwart hinaus in die Zukunft.[24] Das Beispiel zeigt in aller Deutlichkeit, wie eng im Altersbild Vergänglichkeit und Ewigkeitssehnsucht aneinander gebunden sein können.

Manets Exlibris thematisiert die Frage, was die Kunst der Vergänglichkeit des Menschen, aber auch der Vergänglichkeit ihrer selbst entgegenzustellen vermag. Dabei auf den eigenen Namen zu setzen, noch dazu als eine Art sich selbst bestätigende Vorhersage – manet et manebit – , scheint weniger eine

Lösung als das Eingeständnis zu sein, eine dauerhafte Lösung letztlich nicht finden zu können. Nur das Exlibris, eingeklebt in Bücher, lässt den Namen Manet überdauern. Es muss offen bleiben, ob der Künstler dies auch seinen gemalten Bildern zugetraut hat. In dieser Relativität offenbart sich das grundsätzliche Dilemma des Altersbildes. Der Vergänglichkeit steht zwar die Ewigkeitshoffnung entgegen, aufheben lässt sie sich dadurch jedoch nur bedingt. Möglicherweise ist es eben diese Erkenntnis, die Rembrandt auflachen lässt.

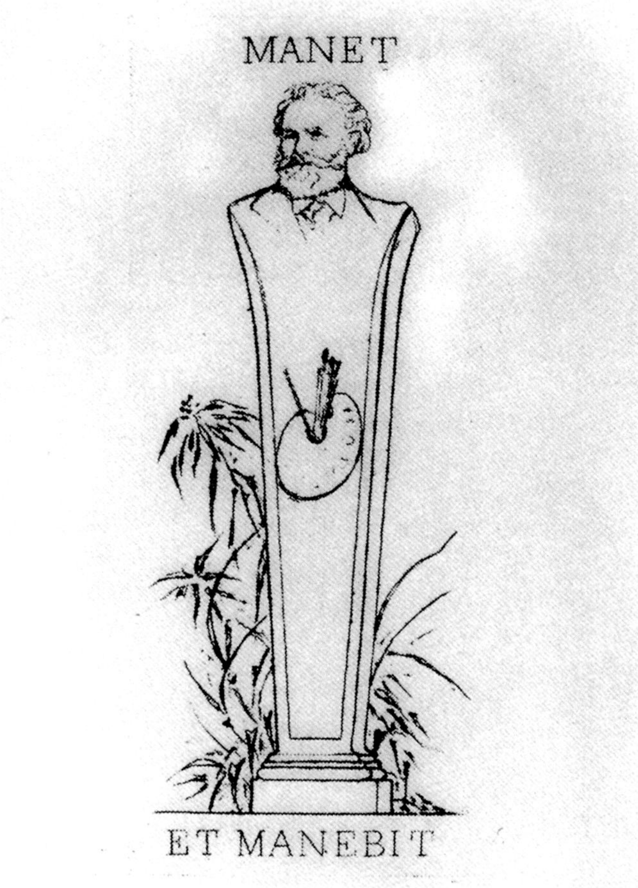

Abb. 8: Félix Bracquemond: Exlibris für Edouard Manet, 1866/1874

Kehren wir abschließend noch einmal zu Rembrandts „Selbstbildnis als Zeuxis" (Abb. 2) zurück. In diesem Bild fallen mehrere Aspekte, die das Alter aus der Sicht der Künstler ausmachen, zusammen. Es ist zum einen das Interesse am alten Menschen als Motiv, das sich in vielerlei Geschichten, Allegorien oder Bildnissen ausdrückt, zum anderen die Selbstbeobachtung im Alter, die im Selbstporträt zugleich ihren bildlichen Ausdruck und ihre Reflexion erfährt. Rembrandt malt sich anders als viele andere Maler lachend. Er weist uns augenzwinkernd auf die Relativität alles Irdischen hin.[25] Davon nimmt er die alte Frau nicht aus, aber auch nicht sich selbst. Wenn Zeuxis sich schon allein beim Anblick des Alters zu Tode lachen musste, so kann das Selbstbildnis als kleiner Sieg gelten. Die entscheidende Botschaft ist jedoch nicht, dass Rembrandt dem alles verschlingenden Chronos (noch) widerstehen kann, sondern dass er dem Unausweichlichen lachend ins Auge blickt.

Anmerkungen:

1 Albert Blankert: Rembrandt, Zeuxis and Ideal Beauty. In: Josua Bruyn u.a. (Hg.): Album Amicorum J. G. van Gelder. Den Haag 1973, S. 32-39, hier S. 35; vgl. zuletzt: Rembrandts Selbstbildnisse. Ausstellungskatalog Mauritshuis, Den Haag/National Gallery, London 1999/2000, S. 216-219.

2 Rembrandts Selbstbildnisse [s. Anm. 1], S. 216. Dass Rembrandt tatsächlich diese Geschichte meint, verdeutlicht ein Vergleich mit dem Selbstbildnis als Zeuxis (1685) des Rembrandt-Schülers Arent de Gelder. Röntgenaufnahmen belegen zudem, dass Rembrandt sich ursprünglich mit einer Palette in der Hand bei der Arbeit gemalt hatte. Die Relativierung dieser Deutung durch Jeroen Giltaij, in: Rembrandt. Rembrandt. Ausstellungskatalog Städelsches Kunstinstitut, Frankfurt am Main/Kyoto National Museum 2002/03, ist nur in Teilen nachvollziehbar.

3 Rembrandts Selbstbildnisse [s. Anm. 1], S. 218 f.

4 Thomas Döring: Bilder vom alten Menschen. Anmerkungen zu Themen, Funktionen, Ästhetik. In: Bilder vom alten Menschen in der niederländischen und deutschen Kunst 1550–1750. Ausstellungskatalog Herzog Anton Ulrich-Museum. Braunschweig 1994, S. 17-36, hier S. 34.

5 Larry Silver: The Paintings of Quinten Massys. With Catalogue Raisonné. Oxford 1984, S. 141.

6 Erasmus von Rotterdam: Das Lob der Torheit. Eine Lehrrede (1509/1512). Übersetzung aus dem Lateinischen und Nachwort von Kurt Steinmann. Zürich 2002, S. 79.

7 Brita von Götz-Mohr: Die Deutschsprachigen Länder 1500–1800. Katalog Liebighaus. Museum Alter Plastik (Nachantike Kleinplastische Bildwerke, 3). Hg. von Herbert Beck, Kat.-Nr. 1.

8 Götz-Mohr [s. Anm. 7], Kat.-Nr. 1.

9 Zur Vanitasallegorik vgl. Döring [s. Anm. 4], S. 21. Biblische wie mythologische Geschichten haben den Kontrast von jung und alt zur Grundlage, etwa Vertumnus und Pomona oder Judith mit dem Haupt des Holofernes.

10 Zirka Z. Filipczak: Why Are there no Old Women in Heaven? In: Jaarboek van het Koninklijk Museum voor Schone Kunsten Antwerpen 2000, S. 68-89.

11 Albert Blankert: Ferdinand Bol (1616–1680). Rembrandt's Pupil. Doornspijk 1982, S. 56.

12 Vgl. Döring [s. Anm. 4], S. 24.

13 Vgl. Döring [s. Anm. 4], S. 24.

14 Hans-Joachim Raupp: Der alte Künstler und das Alterswerk. In: Bilder vom alten Menschen in der niederländischen und deutschen Kunst 1550–1750. Ausstellungskatalog Herzog Anton Ulrich-Museum. Braunschweig 1994, S. 87-97, hier S. 89.

15 Raupp [s. Anm. 14], S. 89.

16 Raupp [s. Anm. 14], S. 90.

17 Raupp [s. Anm. 14], S. 89.

18 Ortrud Westheider: Die Farbe Schwarz in der Malerei Max Beckmanns. Berlin 1995, S. 113.

19 Westheider [s. Anm. 18], S. 114.

20 Westheider [s. Anm. 18], S. 114.

21 Peter Springer: Tod der Unsterblichen. Zur Rolle des Künstlers in Selbstreflexion und Erinnerungspraxis der Kunst. In: Wettstreit der Künste. Malerei und Skulptur von Dürer bis Daumier. Ausstellungskatalog Haus der Kunst, München/Wallraf-Richartz-Museum, Köln 2002, S. 21-37, hier S. 22 f.

22 Springer [s. Anm. 21], S. 25.

23 Springer [s. Anm. 21], S. 34.

24 Springer [s. Anm. 21], S. 34.

25 Rembrandts Selbstbildnisse [s. Anm. 1], S. 219.

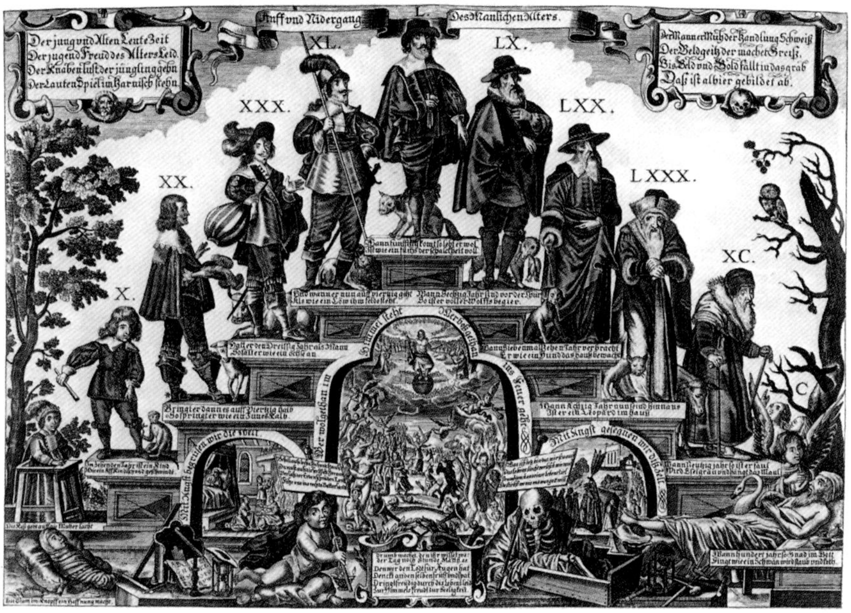

Abb. 1: Anonym, Köln (?) Mitte 17. Jahrhundert: Auff und Nidergang Des Manlichen Alters, Kupferstich, 272 x 375mm, Düsseldorf, Totentanzsammlung „Mensch und Tod" der Universität

Dirk Suckow

Altersbilder in Kunst und Gesellschaft

Vom Spätmittelalter bis zur Wende des 19. Jahrhunderts erfreuten sich Darstellungen so genannter „Lebenstreppen" einer langen Tradition und weiter regionaler Verbreitung (Abb. 1). Sie führen den Lauf des menschlichen Lebens in Form eines Halbkreises als Aufstieg, Stillstand und Niedergang vor. Zu verstehen sind sie als Versuch, die Prozesse des Alterns zu interpretieren und mit vertrauten Denkmustern abzugleichen, etwa mit den zeitlichen Rhythmen der Natur oder mathematischer Symbolik. Entsprechend vielgestaltig begegnen sie, die Einteilung der Lebensalter konnte in Analogie zu den zwölf Monaten oder vier Jahreszeiten angelegt oder nach dem Siebener- bzw. Zehnersystem konstruiert sein. Vielfältig waren auch die Symbole der einzelnen Stufen der Lebenstreppe. Sie konnten dem Tier- oder Pflanzenreich, der Sonnenbahn, dem Planetenlauf oder dem Fluss der Jahreszeiten entlehnt werden.[1]

Historische Lebenstreppen führen eine Gleichförmigkeit des Lebenslaufs vor, die für die Masse der Menschen vorindustrieller Gesellschaften nicht gegeben war. Das in ihnen wiedergegebene Verhältnis von Altersbildern und Altersrealitäten ist eher indirekter Natur. Zwar konnten Einzelne ein hohes Alter erreichen und Eheleute gemeinsam altern, jedoch war dies – wie auch ein Ruhestand in materieller Sicherheit – nicht die Perspektive ganzer Generationen. Zudem schildern Lebenstreppen Altern vor allem als biologischen Prozess, zunächst als phasenweisen Zugewinn, im Weiteren vor allem aber als Verlust an körperlicher und geistiger Kapazität bis hin zu Verfall und Tod. Die aus den biologischen Vorgängen resultierenden sozialen Konsequenzen jedoch, z.B. eine veränderte Stellung in Arbeit, Haushalt, Familie und Öffentlichkeit, führte nicht zwangsläufig in eine bestimmte und für die Mehrheit vorgegebene Richtung.

Im Unterschied dazu haben sich in der Gegenwart die vielschichtigen individuellen Erfahrungen biologischen Alterns nachhaltig mit einer kollektiven sozialen Alterserfahrung verbunden. Sozial gesetzte Zäsuren prägen den Lebenslauf. Nicht primär körperliche und geistige Verfasstheit, vielmehr die Struktur der Arbeitsmärkte, Konjunkturzyklen und die Regeln der gesetzlichen Rentenversicherung bestimmen z.B. den Zeitpunkt des Ruhestands.[2] Die Figur der Lebenstreppe nimmt eine Regelmäßigkeit des Lebenslaufs vorweg, wie sie erst die entwickelte Industriegesellschaft und der moderne Wohlfahrtsstaat vor allem in der zweiten Hälfte des 20. Jahrhunderts geschaffen haben.

Heutige „repräsentative" bzw. „institutionalisierte Lebensläufe", mit deren Modell die sozialwissenschaftliche Forschung operiert, sind durch klar definierte Phasen strukturiert: Ausbildung, Erwerbstätigkeit, Ruhestand. Die Grenzen zwischen den einzelnen Abschnitten, das Alter z.B. des Ein- und Austritts in Schule, Beruf bzw. Arbeitsmarkt, haben sich dabei zunehmend eingependelt. Das heißt, die Institutionalisierung des Lebenslaufs wird von seiner Chronologisierung begleitet. Rente oder Pension schreiben den sozialen Status des Erwerbslebens in der Regel fort.

Eine zunehmende Abkopplung des Alters von der individuellen Biologie und seine soziale Definition haben dazu geführt, im Prozess des Alterns eine strukturell einheitliche und kollektiv erfahrbare Phase abzugrenzen. Diese von den Sozialwissenschaften als „drittes Alter" oder eigentliches „Alter" bezeichnete Periode sei demnach von einem „vierten Alter" zu trennen, das den Zeitraum des physischen und psychischen Verfalls umfasst. Letzterer erscheint weniger als eigener Lebensabschnitt als vielmehr als Vorstufe zum Tod. Die Ausformung des Alters als besonderer Lebensphase ist als gesellschaftliche Konstruktion zu begreifen. Sie wird im 19. Jahrhundert eingeleitet und im 20. Jahrhundert zur praktisch erfahrenen Realität für die Mehrheit der Bevölkerung. Ihre Akteure und Institutionen sind in Staat, Wirtschaft, städtischer Gesellschaft, sozialen Bewegungen und Wissenschaft zu suchen. An Anfang und Ende der Entwicklung begegnen mit dem „Greis" und dem „Rentner" idealtypische Personifikationen der jeweils vorherrschenden Altersmuster, die für zwei unterschiedliche Vergesellschaftungsformen der späten Lebensphase stehen.[3]

Fragt man nach dem Wandel, nach Brüchen und Kontinuitäten von Altersbildern in Kunst und Gesellschaft über einen längeren Zeitraum – etwa im Verlauf des 20. Jahrhunderts – ist dieser Strukturwandel zu berücksichtigen. Er erklärt u.a., warum im Medium der Kunst verhandelte Altersbilder der zweiten Jahrhunderthälfte häufig die Frage aufwerfen, welcher Restsinn am Dasein nach sozial gesetzten Zäsuren eines institutionalisierten, ja ritualisierten Lebens bleibt. In Ulrich Hachullas (*1943) Gemälde „Erster Rentnertag" etwa führt der Wechsel von der Erwerbstätigkeit in den Ruhestand zu tiefer Ratlosigkeit (vgl. Kat.-Nr. IV.5, Abb. S. 60). Der Maler zeigt uns eine Frau, die unbeweglich und wie gelähmt mit dem Rücken zum Fenster ihrer hochgelegenen Neubauwohnung sitzt. Die Dinge um sich herum, das stumme Telefon, ein Buch, eine Handarbeit kann sie nicht anrühren. Vor Augen hat sie ihren Arbeitsplatz, ihre Kolleginnen, sie sieht ihre Kinder, ihren Mann. Doch es scheinen Bilder einer bereits fernen Welt zu sein, an der sie keinen Anteil mehr hat.

Gleichzeitig darf der historische Befund auch nicht überinterpretiert werden, sonst besteht die Gefahr, im Zusammenhang mit Altersbildern die soziale Dimension des Alters allzu künstlich vom biologisch-anthropologischen Kern zu trennen, der Alter und Altern eben doch in entscheidender Weise bestimmt. Gerade die künstlerische, nicht selten sehr persönliche und intime Annäherung fängt oft den wohl wichtigsten Aspekt der Alter(n)serfahrung ein: dass sich Menschen zunehmend mit der Verkürzung ihrer Zukunft, der Abnahme körperlichen Vermögens und dem Verlust nahestehender Personen konfrontiert sehen. Der gesellschaftlich-soziale und diskursive Überbau, der „Alter" definiert, spielt hier – wenn überhaupt – eine untergeordnete Rolle.

Altern ist und bleibt ein unausweichlicher Prozess, der mit dem zeitlichen Charakter menschlichen Lebens verbunden ist. Diesen Zusammenhang führt beredt und großartig zugleich Giorgiones (ca. 1477–1510) um 1508 entstandenes Gemälde „La Vecchia" vor (Abb. 2). In ihrer Rechten, mit der sie in unmissverständlicher Geste auf sich selbst weist, hält „die Alte" einen Zettel mit der Aufschrift „COL TEMPO": durch die Zeit oder mit der Zeit. Im Bild, das sich auf der Grenze zwischen Individualporträt und Altersallegorie bewegt, begegnet keine bestimmte Persönlichkeit, vielmehr ist hier der Prozess des Alterns in der Zeit selbst zur Darstellung gebracht.[4]

Alter und Altersbilder sind demnach relationale Begriffe. Sie sind nicht starr, nicht unwandelbar, nicht letztgültig festgelegt. Vielmehr scheint es so, dass sie stetig neu erfahren, beobachtet, erzählt, erfunden und bestimmt werden. Sie entstehen und wandeln sich im Blick des einzelnen Betrachters, von Gruppen und

Gesellschaften sowie in der Reflexion über eigenes und fremdes, vergangenes und gegenwärtiges Alter(n). Oft werden sie in Abgrenzung und Vergleich zu einem Gegenentwurf definiert. Ein Blick auf das Verhältnis von Alters- und Jugendbildern soll dies veranschaulichen.

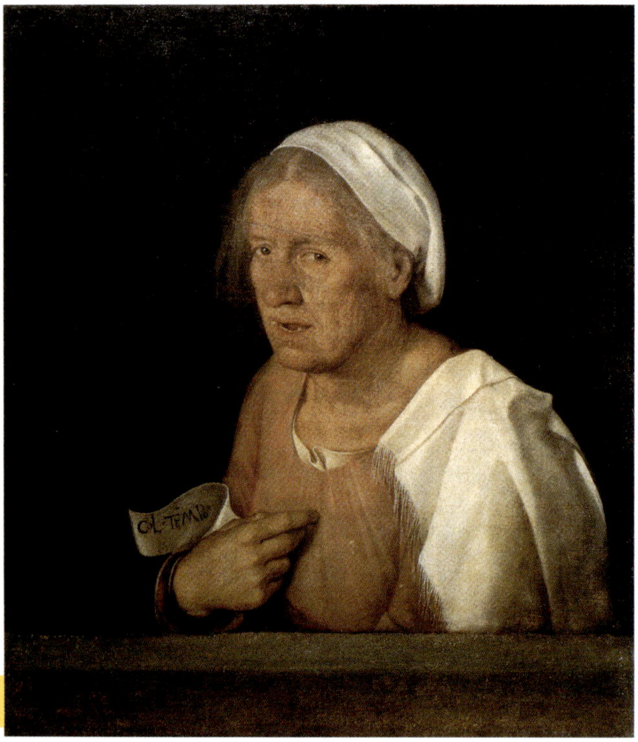

Abb. 2: Giorgione (um 1477–1510): La Vecchia, ca. 1508, Öl auf Leinwand, 68 x 59cm, Venedig, Galleria dell'Accademia

Bilder des Alters und Bilder der Jugend stehen häufig in engem Zusammenhang miteinander, ergänzen, verstärken, bedingen oder verdrängen sich wechselseitig. Das Spektrum der Variationen ist breit und reicht von der – meist imaginierten und gewünschten – harmonischen Einheit der Generationen (vgl. Kat.-Nr. III.12; III.17; Abb. S. 43, 46) bis zur extremen Gegenüberstellung, wie sie etwa die Darstellungen „Ungleicher Paare" exemplarisch vor Augen führen (vgl. Kat.-Nr. V.7; V.11). Eine besonders markante Abgrenzung im Nebeneinander ergibt sich, wenn im Bild zu den sichtbaren Unterschieden der Lebensalter in Körperhaltung, Physiognomie und Kleidung eine kompositorische Gegenüberstellung tritt. So kann etwa die Differenz und psychologische Isolation zwischen den Generationen durch die kontrastive Zuordnung von z.B. Hell und Dunkel, Licht und Schatten, Vordergrund und Hintergrund oder durch bildimmanente Barrieren und optische Grenzen zusätzlich verstärkt sein (vgl. Kat.-Nr. V.4; V.17; VI.3, Abb. S. 12, 85, 94). Die klassischen und bis in die Moderne tradierten Lebensalterdarstellungen periodisieren den Weg des Menschen von der Geburt bis zum Tod als Abfolge verschiedener, voneinander getrennter Daseinsstufen.

Die Funktion einer gegenseitigen Folie, die Alt und Jung füreinander besitzen, kann jedoch auch zugunsten einer Gleichzeitigkeit des einen im anderen abgeschwächt oder aufgegeben sein. Jüngst wurde für die Eliten der „new economy" – oft ebenso schnell gefallen wie aufgestiegen – der Begriff der „jungen Alten" verwendet. Er umschreibt eine gesellschaftliche Gruppe, die in noch relativer Jugend bereits einen Einkommens- und Karrierezyklus durchlaufen hat, für den bis vor wenigen Jahren oft ein ganzes Erwerbsleben nicht ausreichte, wobei für die Beschleunigung oft mit körperlicher Auszehrung und sozialer Vereinsamung zu zahlen war, Erscheinungen, die gemeinhin als Altersmerkmale gelten.

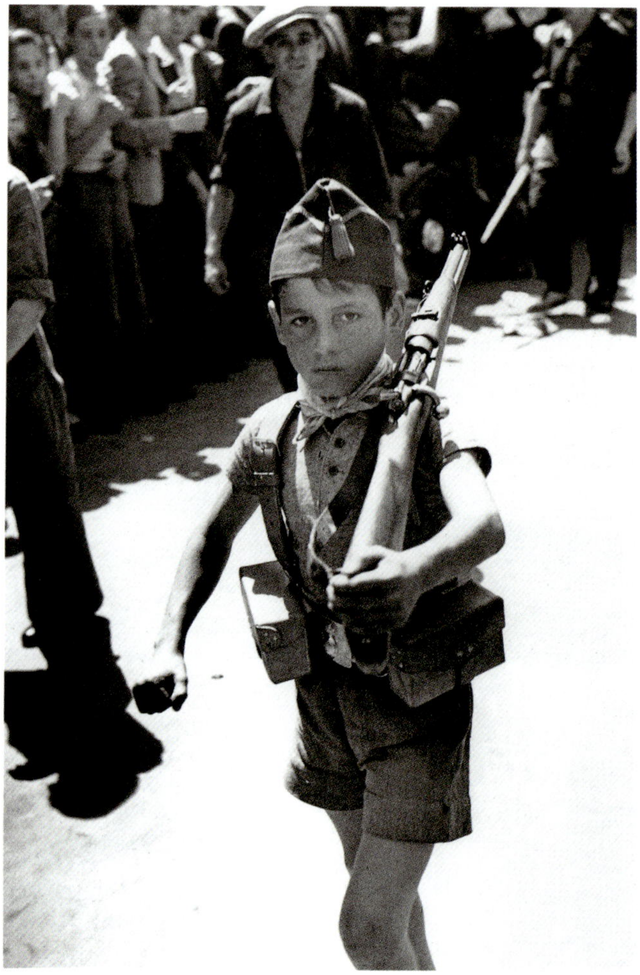

Abb. 3: Hans Namuth (1915–1990): Soldatenjunge beim Auszug der republikanischen Truppen aus Barcelona, Juli 1936

Dem „schnelleren" Altern in der Jugend kann die vermeintliche Verlangsamung und Rückgängigmachung des Alters an die Seite gestellt werden. Seit etwa einem Jahrzehnt löst sich die Werbeindustrie erkennbar von ihrer Jugendfixiertheit. Stattdessen versucht sie, das (Selbst)Bild und die Alterswahrnehmung der zahlungskräftigsten und zunehmend umkämpften Konsumentengruppe – der über 60-jährigen – in Richtung Verjüngung zu manipulieren. Das Lebensgefühl einer Altersgruppe, die im Fachjargon u.a. als „Best Agers", „Empty Nesters", „Woopies" (well off old people) oder eher zynisch als „Kukidents" firmiert, soll dem jüngerer Jahrgänge angeglichen werden.[5]

Das 20. Jahrhundert als „Zeitalter der Extreme" (Eric Hobsbawm), das Katastrophen, Kriege und die Entwertung menschlichen Lebens in bisher ungekannten Ausmaß hervorbrachte, liefert jedoch viel weitergehende Beispiele für das Ineinanderfließen von Alters- und Jugendbildern. Das Motiv der durch Krieg und Leid geraubten Jugend, des Alterns „vor der Zeit", kann paradigmatisch für das ganze Jahrhundert stehen, von den verlorenen Generationen des Ersten Weltkriegs, die uns Barbusse, Barlach, Dix, Kollwitz, Remarque und viele andere bewahrt haben, bis zu den Figuren in Emir Kusturicas Filmepos „Underground" und den Kindersoldaten der Gegenwart (Abb.3). Eindrucksvoll schildert der jugoslawische Literaturnobelpreisträger Ivo Andrić (1892–1975) den Zusammenhang von Krieg, Leid und vorzeitigem Altern in seiner Beschreibung der Frauen Belgrads und Sarajewos der Jahre 1945/46:

> Die Gesichter sind verhärmt, aber noch jung, und die Körperformen zeigen noch deutlicher ihre Jugend. Ich glaube zu sehen, wie die Hand des Krieges über die Köpfe dieser schwachen Geschöpfe hinweggegangen ist und sie mit vorzeitigem Grau bestreut hat, durch das noch die Jugend scheint. Dieses Bild wird man nicht für die Zukunft bewahren können; diese Köpfe werden bald noch stärker ergrauen und dann völlig von der wogenden Oberfläche der Passanten verschwinden. Das ist schade. Nichts würde künftigen Generationen besser und deutlicher etwas über unsere Zeit sagen als die jungen, grauen Köpfe, denen völlig oder teilweise die Sorglosigkeit und Freude der Jugend gestohlen wurde.[6]

Im Extremfall, im Angesicht von Terror und Vernichtung, können Alter und Jugend vollends zu relativen Größen werden. Auf eindrucksvolle Weise verdeutlicht dies Joe J. Heydeckers (1916–1997) Fotografie „Alter jüdischer Mann mit Mädchen im Warschauer Ghetto" von 1941 (vgl. Kat.-Nr. IV.6, Abb. S. 67). Hier tritt die Schutzlosigkeit, die Alte und Kinder gleichermaßen teilen, besonders zu Tage. Die Grenzen zwischen den Generationen ebnet der erschütternde Umstand ein, dass ihnen allen die Zukunft gewaltsam genommen werden wird.

Doch nicht nur Krieg und Verfolgung, auch soziale Verelendung, Kriminalität, Laster und die unbarmherzige Ausbeutung der menschlichen Ressource Körper verändern die Abgrenzung und Wahrnehmung von Jung und Alt. So zieht sich die Charakterisierung derjenigen, die gefallen und verbraucht sind und von der modernen kapitalistischen Gesellschaft als unnütz ausgeschiedenen werden, als vorzeitig gealterte Menschen wie ein roter Faden durch Kunst und Literatur des 20. Jahrhunderts, wobei sie zur Zeit des Expressionismus eine besondere Beachtung erfährt. Not und Härte des täglichen Daseins, das häufig ein Arbeitsleben ohne Ruhestand von früher Jugend bis zum Tod bereithielt, lassen die Grenzen zwischen den Altersphasen fließend werden (Abb. 4). Werke wie Conrad Felixmüllers (1897–1977) „Alter Arbeiter", Fritz Noldes (1904–1980) „Ausgepresster Prolet" oder die Gestalten von Halbwelt und Straße eines Otto Dix (1891–1969) dokumentieren dies mit besonderer Drastik (vgl. Kat.-Nr. V.6; V.8; V.24; Abb. S. 76, 77). In „Mit den Waffen einer Frau" führt Georges Simenon (1903–1989), Meister des psychologischen Romans, die 19-jährige Gelegenheitsprostituierte und Kleinkriminelle Yvette folgendermaßen in die Handlung ein: „Sie hatte das Gesicht eines Kindes und zugleich das einer uralten Frau – eine Mischung von Naivität und Verschlagenheit. Von Unschuld und Laster [...]".[7]

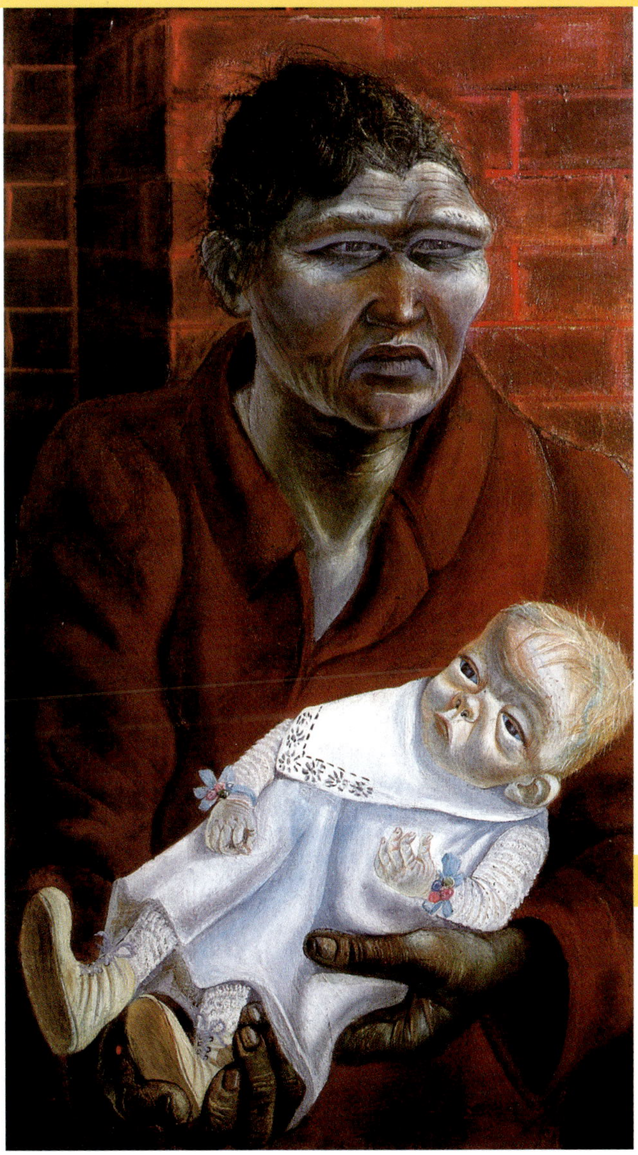

Abb. 4: Otto Dix (1891–1969): Mutter und Kind, 1923,
Öl auf Sperrholz, 82,5 x 48cm,
Stuttgart, Galerie der Stadt Stuttgart

In umgekehrter zeitlicher Richtung sind auch der Körper und das Gesicht des Alters als Spiegel der Fährnisse der Jugend und Reife und der in ihr erlebten oder erlittenen Geschichte zu lesen. Das Altersantlitz wird gleichsam zum Speicher der individuellen Biografie, deren prägende Bilder und Geschichten, die den gewachsenen Menschen ausmachen, es bewahrt. Hier finden auch wesentliche Einschnitte und Brüche der Jugend, wie sie das 20. Jahrhundert mit Krieg, Verfolgung, Flucht und Vertreibung für ganze Generationen bereithielt, und die für das Verstehen eines Menschen in seinem Hier und Jetzt unabdingbar sind, ihren Platz. Erfahren diese Zäsuren im Medium des Bildes zusätzliche Visualisierung – etwa als Vorder- oder Hintergrund – gelingt eine besonders eindrucksvolle Verknüpfung von Vergangenem und Gegenwärtigen. So ermöglichen in Volker Stelzmanns (*1940) „Bildnis Erich Pörschmann" (bis 1945 Häftling des KZ Buchenwald) zum einen die Gesichtszüge und Hände, zum anderen die vor dem Porträtierten ausgebreiteten Fotografien eine doppelte biografische Spurensuche (vgl. Kat.-Nr. IV.4; Abb. S. 61). In Bernhard Heisigs (*1925) Mutterbildnissen, in der Ausstellung mit der Altenburger Version vertreten, bildet ein Teilpanorama der brennenden, im Zweiten Weltkrieg vernichteten Stadt Breslau – Heimat der Familie Heisig – den Bildhintergrund (vgl. Kat.-Nr. VI.2; Abb. S. 93). Die in der Moritzburg zu Halle befindliche Variante des Bildes lässt mit der Doppelturmfassade des Domes St. Johannis und der Dombrücke eine genaue Lokalisierung zu. Vor allem das Motiv der Brücke symbolisiert die untrennbare Verbindung von Gestern und Heute, von Alter und Jugend, von Mutter und Sohn. Sie kann als Übergang und Weg aus der Katastrophe in ein Weiterleben und eine Zukunft, als Pfad in eine unwiderruflich verlorene Vergangenheit oder als Ort verstanden werden, an dem sich die Erinnerungen der Generationen an ein verschwundenes und dennoch präsentes Gestern treffen.[8]

In aufsehenerregender, zugleich sehr persönlicher Weise behandelt Annegret Soltau (*1946) das Mit- und Ineinander von Alters- und Jugendbildern. Ihre Lichtinstallationen und Fotovernähungen kombinieren Körperfragmente der Künstlerin, ihrer Mutter und ihrer Tochter. So entstehen äußerst ausdrucksstarke Sinnbilder des Werdens und Vergehens, der Versehrtheit aber auch der Verwandtschaft und Verbundenheit der drei Generationen (vgl. Kat.-Nr. IV.10; VII.11; Abb. S. 19, 64f.).

Wahrnehmungen und Bilder des Alters können auch in weitreichendem Maß von Jugendbildern und -entwürfen verdrängt oder verzerrt werden, in viel größerem Umfang, als es z.B. der Jugendwahn der unmittelbaren Vergangenheit und Gegenwart

vorgeführt hat. Dies ist vor allem in Gesellschaften und sozialen sowie künstlerischen Bewegungen („Avantgarden") der Fall, die ihre Selbstlegitimation aus der rhetorischen und tatsächlichen Ablehnung des Alten und Vorangegangenen beziehen. In Diktaturen wie dem faschistischen Italien und dem nationalsozialistischen Deutschland, die sich selbst als „jung" und quasi voraussetzungslos propagierten, geraten Altes und Alter folgerichtig an den Rand. Das gesellschaftliche Großexperiment der Schaffung des Neuen Menschen – in konservativer, liberaler und linker Ausprägung bereits Traum und Projekt des bürgerlichen Zeitalters – ließ keinen Platz für Altes. Der Held der neuen Zeit, wie ihn etwa Arno Breker (1900–1991) vorführte, hatte jugendlich, vorwärtsgewandt, tatkräftig, rein und gesund im umfassenden Sinn zu sein.

Unter diesen Bedingungen diente das Alter lediglich als Ergänzung eines harmonischen „Volksganzen" oder der Vorführung einer eugenischen Funktion, seine Würde trat hinter seine Nützlichkeit für die Gemeinschaft zurück. Seltene Thematisierungen des alten Menschen zeigen meist den starken und verdienten Greis der bäuerlichen Lebenswelt. Die Generationenkonzeption des Nationalsozialismus tritt z.B. in Wilhelm Petersens (1900–1987) „Die Familie" exemplarisch in den Blick und wird durch den Bildtypus des an mittelalterliche Altäre erinnernden Triptychons nachgerade sakralisiert (Abb.5). In den Mittelpunkt des Familienverbandes rückt auf der zentralen Tafel die junge Mutter mit ihren drei Kindern. Ihre Darstellung adaptiert deutlich das Motiv traditioneller Marienbilder. Sie sitzt erhöht, eine Kerze im rechten Bildvordergrund und die Farbe des Alkovenvorhangs, die an die Goldgründe mittelalterlicher Tafelmalerei erinnert, verleihen ihr eine besondere Weihe. In der vom Zentrum ausgehenden Hierarchie der Personen besetzen dagegen die unbeweglich-starr und dunkel gegebenen Vertreter der Großelterngeneration die minderwertigen äußeren Plätze und sind gleichzeitig durch bildimmanente Barrieren (Stuhl und Stock) vom Mittelpunkt des Geschehens getrennt.

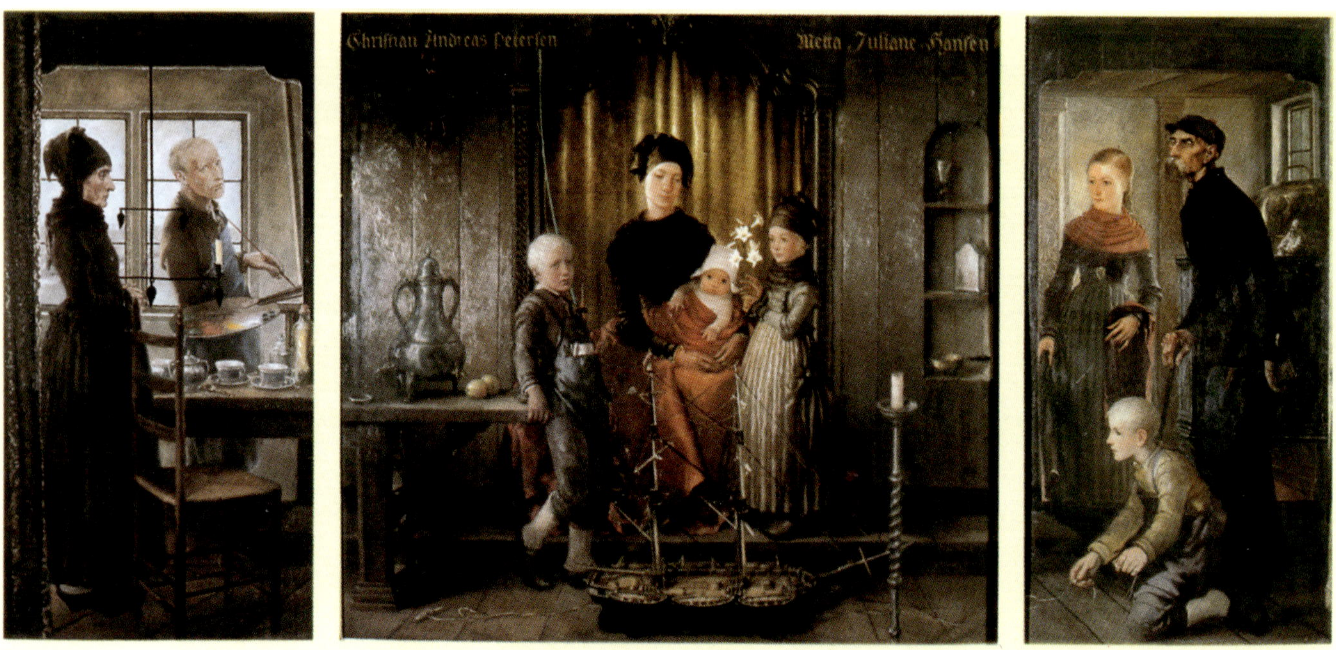

Abb. 5: Wilhelm Petersen (1900–1987): Die Familie, 1938
(Technik, Maße und Verbleib unbekannt)

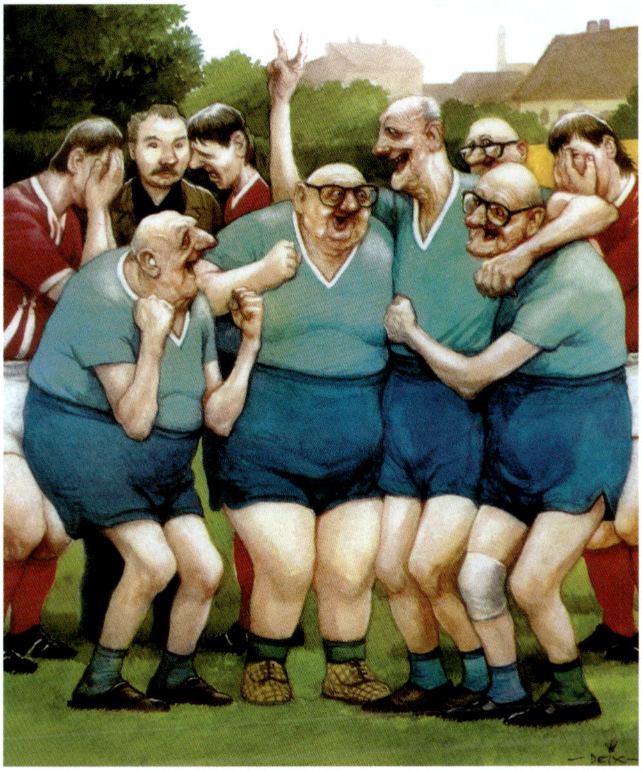

Abb. 6: Manfred Deix (*1949): Österreichs Nationalteam verliert und verliert

Eher seltener im Vergleich ist der Fall, dass Bilder des Alters dazu dienen, Jugendbilder der Lächerlichkeit preiszugeben oder zu diffamieren, wofür der österreichische Zeichner und Karikaturist Manfred Deix (*1949) ein Beispiel liefert (Abb.6). Seine Senioren obsiegen in ihrer körperlichen Gebrechlichkeit über die Jüngeren und präsentieren sich gleichzeitig mit deren Posen und Gesten, wodurch das Versagen der letzteren zusätzlich betont wird.

Den Kreis der Beispiele soll die bereits erwähnte „Vecchia" Giorgiones beschließen. Hier wird Altern nicht allein als Prozess vorgeführt (s.o.), die Darstellung gewinnt zusätzliche Komplexität aus dem Umstand, daß ursprünglich auch in diesem Fall das Altersbild mit einem Jugendbild verknüpft war. Wie Angelica Dülberg erkannte, diente die „Vecchia" anfänglich als Porträtdeckel („timpano") für ein heute verlorenes Jünglings- bzw. Männerbildnis.[9] Der volle Gehalt beider Bilder – und damit von alt und jung – erschloss sich also nur in ihrer Konfrontation miteinander.

Die aufgeführten Arbeiten können die Verschiedenartigkeit von Altersbildern in Kunst und Gesellschaft bezüglich Entstehung, Gestalt und Funktion verdeutlichen. Klar erscheint, dass ihrem Wandel nicht über das „Durchdeklinieren" künstlerischer Stile, Strömungen und Techniken – etwa vom Jugendstil zur Postmoderne oder von der Zeichnung zur Videoinstallation – gerecht zu werden ist. Welche Altersbilder jeweils in das Bewusstsein breiterer Schichten oder einer Mehrheit gelangen hängt nicht zuletzt von der Durchsetzungsfähigkeit der vermittelnden Medien und vom Wahrnehmungswillen einer Gesellschaft ab. Der Kunst fällt dabei eine eher marginale Rolle zu.

1 Zum Bildtypus der Lebenstreppe vgl.: Die Lebenstreppe. Bilder der menschlichen Lebensalter. Katalog der Ausstellung des Landschaftsverbandes Rheinland. Rheinisches Museumsamt, Brauweiler in Zusammenarbeit mit dem Städtischen Museum Haus Koekkoek, Kleve; Köln und Bonn 1983.

2 Dazu grundlegend: Josef Ehmer: Sozialgeschichte des Alters. Frankfurt/M. 1990.

3 Zur gesellschaftlichen Konstruktion des Alters als gesonderter Lebensphase: Christoph Conrad: Vom Greis zum Rentner. Der Strukturwandel des Alters in Deutschland zwischen 1830 und 1930. Göttingen 1994 (=Kritische Studien zur Geschichtswissenschaft; 104).

4 Vgl. Gottfried Böhm: Bildnis und Individuum. Über den Ursprung der Porträtmalerei in der italienischen Renaissance. München 1985; S. 107–110.

5 Vgl. Elisabeth Niejahr und Marcus Rohwetter: Lasst sie jung aussehen. In: Die Zeit 4/2003.

6 Ivo Andrić: Wegzeichen. München 1982, S. 108 f.

7 Georges Simenon: Mit den Waffen einer Frau. München 1968, S. 16.

8 Zur Zerstörung Breslaus zuletzt: Norman Davies u. Roger Moorhouse: Die Blume Europas. Breslau – Wroclaw – Vratislavia. Die Geschichte einer mitteleuropäischen Stadt. München 2002, S. 29-59. Zu Dom und Dombrücke vgl. ebenda Abbildung vor S. 481.

9 Vgl. Angelica Dülberg: Privatporträts. Geschichte und Ikonologie einer Gattung im 15. und 16. Jahrhundert. Berlin 1990; S. 15 f., 49-51, 160, Nr. 210.

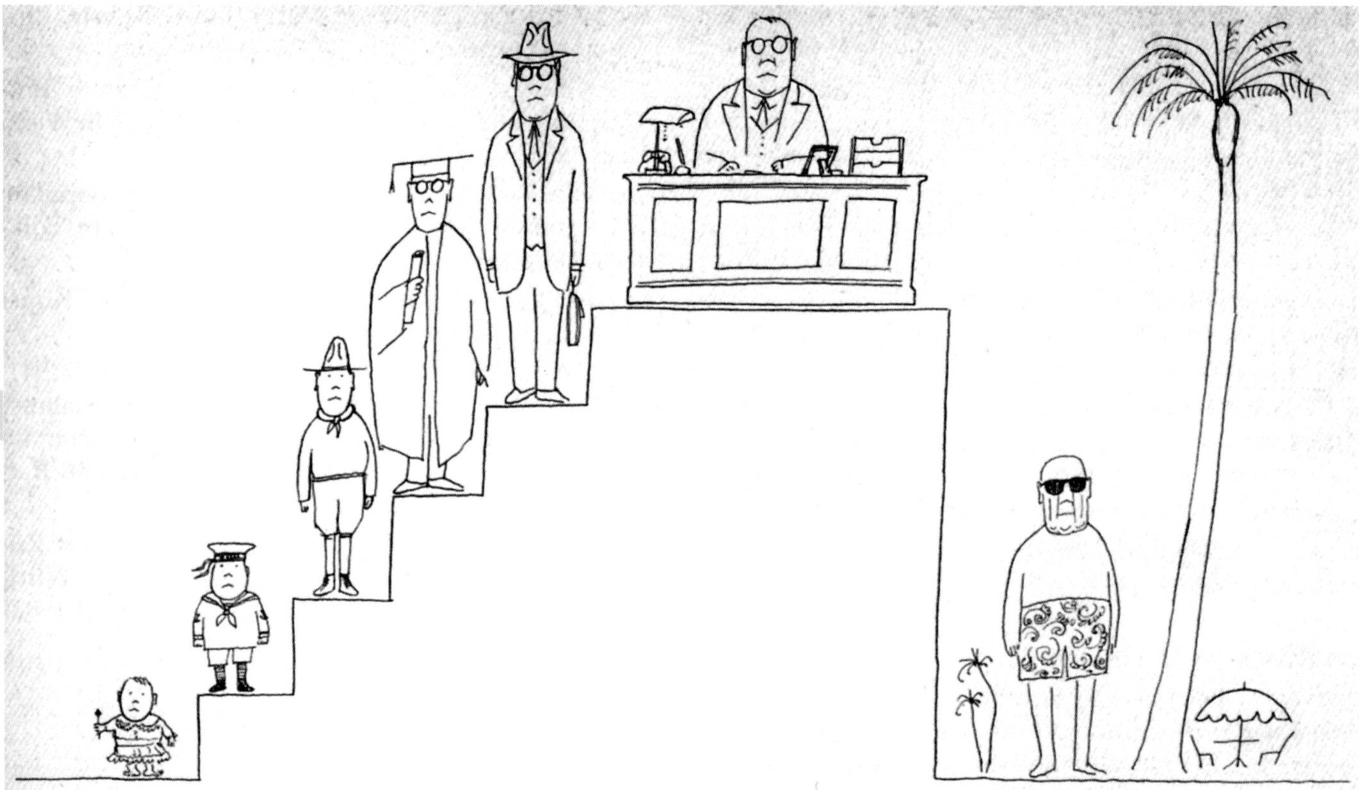

Saul Steinberg (1914–1999)
„Lebenstreppe", 1954

Peter Zeman

Phänomene der Alterskultur in der Gegenwart

1.
Gewonnene Jahre und Drittes Lebensalter

Alt werden und dennoch von den Schattenseiten des Alters so lange wie möglich verschont bleiben – das war schon immer ein Menschheitstraum. Aber im gerade beendeten 20. Jahrhundert sind die Hoffnungen gestiegen, diese Perspektive Wirklichkeit werden zu lassen. Historiker reden von „gewonnenen Jahren"[1], denn die Langlebigkeit hat auf eine Weise zugenommen, welche die Menschen noch um 1900 kaum für möglich gehalten hätten. Damals lag die durchschnittliche Lebenserwartung bei 37 Jahren, heute leben wir mehr als doppelt so lange. Eine 60-jährige Frau hat mit statistischer Wahrscheinlichkeit noch weitere 23 Jahre vor sich, ein 60-jähriger Mann noch 19 Jahre. Zwar haben wir die degenerativen und chronischen Krankheiten, die in der letzten Lebensphase zunehmen, keineswegs im Griff, aber vergleichende Untersuchungen zeigen, dass sich auch im höheren Alter der Gesundheitszustand von Geburtsjahrgang zu Geburtsjahrgang merklich verbessert hat. Ein statistisch deutlicher Anstieg der Pflegebedürftigkeit tritt heute erst nach dem 80. Lebensjahr ein.

Durch den medizinischen Fortschritt und die Entwicklung des Wohlfahrtsstaates ist am Ende des Erwerbslebens eine neue Lebensphase entstanden. Sie wird häufig als das „Dritte Alter" bezeichnet. In Unterscheidung zum „Vierten Alter" soll damit deutlich gemacht werden, dass dies eine Zeit der persönlichen Erfüllung, der späten Freiheit und der Selbstverwirklichung sein kann, die nicht von Abhängigkeit und Pflegebedürftigkeit überschattet ist. Und wir wissen heute, dass auch viele Beeinträchtigungen des „Vierten Alters" besser bewältigt werden, wenn es gelingt, die Lebensphase davor in ihren sozial und gesundheitlich präventiven Möglichkeiten bewusst zu nutzen.

Für jeden einzelnen hat die Bedeutung der Lebensphase Alter zugenommen, aber eben auch für die Gesellschaft insgesamt. Wir erleben nicht nur eine historisch einmalige Verlängerung der Lebenserwartung, sondern auch eine Verschiebung im zahlenmäßigen Gleichgewicht der Generationen: Durch immer mehr ältere Menschen und immer weniger jüngere ist eine demographisch stark alternde, die so genannte „ergrauende Gesellschaft" entstanden. In der gesellschaftlichen Diskussion sind heute vor allem die Folgen für die Systeme der sozialen und gesundheitlichen Sicherung, ebenso relevant aber – wenngleich weit weniger beachtet – sind die Auswirkungen des Alterstrukturwandels auf Wirtschaft und Konsum, auf soziale und kulturelle Entwicklungen.

Die Lebensphase Alter hat einen immensen quantitativen und qualitativen Bedeutungsgewinn erfahren; ihre Ambivalenzen haben sich dadurch jedoch nicht aufgelöst, sondern verstärkt. So oszilliert das Alter heute mehr denn je zwischen Hoffnungen und Befürchtungen, zwischen dem Aufbruch in eine „späte Freiheit" und dem Rückzug in die sich „schließenden Lebenskreise" (Fontane). Es besteht individueller und gesellschaftlicher Gestaltungsbedarf des Alter(n)s. In welchen kulturellen Phänomenen aber manifestiert er sich? Lassen sich Anzeichen für eine, der alternden Gesellschaft angemessene Alterskultur erkennen? Bilden sich neue Orientierungen, Normen und Werte heraus, welche die individuelle und gesellschaftliche Meisterung des Alter(n)s unterstützen können? Und welche Rolle spielen die Älteren selbst als Pioniere einer neuen Alterskultur?

Die „ergrauende Gesellschaft", so zeigt die nähere Betrachtung, ist äußerst bunt. Der hohe Anteil an Älteren ist eben kein monolithischer „Rentnerberg", keine „Rentnerlawine", die alles ersticken und gleichmachen würde. Im Gegenteil, der Altersstrukturwandel hat die Vielfalt des Alter(n)s verstärkt. Je länger die nachberufliche Lebensphase ist und je mehr Menschen sie teilen, desto größer ist die Fülle höchst unterschiedlicher Lebenssituationen, die sie umschließt. Resultat unterschiedlicher Lebensläufe, begleitet von mannigfaltigen Optionen, aber eben auch von Einschränkungen. Das Alter ist heute geprägt durch eine Vielfalt von Vorstellungen und Plänen, wie man ein Leben gestalten kann und muss, dass einerseits vom Zwang zur Existenzsicherung durch Erwerbsarbeit befreit ist, dem aber andererseits das damit verbundene soziale Feedback fehlt.

Der so genannte „Ruhe-Stand" ist heute einfach zu lang, um sich darin einfach nur auszuruhen. Ein Viertel des Lebens als „Lebens-Abend", das ist keine Belohnung für geleistete Erwerbsarbeit, das ist eher eine Strafe. Verschoben haben sich aber auch innerhalb des nachberuflichen Lebens die so genannten „Altersgrenzen". Wen der Arbeitsmarkt heute als „zu alt" ausscheidet, der fühlt sich nicht nur jung, angesichts seiner ferneren Lebenserwartung ist er es auch. Und auch wer mit 65 in Rente geht, oder – wie heute der Durchschnitt der Menschen – mit 59,2 Jahren, gilt heute nicht mehr als „alt". Aus empirischen Untersuchungen wissen wir: Erst ab 70 sagen die meisten Menschen: jetzt würden sie allmählich „alt" und erst ab 75 sagen sie: sie sind es.[2] Selbsteinschätzung und Fremdeinschätzung stimmen dabei erstaunlich überein. Aber auch objektive Merkmale des Gesundheitszustands bestätigen, dass für den größten Teil der Bevölkerung erst ca. 15 bis 20 Jahre nach dem Austritt aus dem Erwerbsleben Hilfebedarf mehr und mehr zur Regel wird. Die Jahre davor sind für die meisten durch weitgehende Unabhängigkeit von Hilfe und Alltagskompetenz gekennzeichnet.[3]
Zunehmend verändern sich die kulturellen Erwartungen an das Alter. Dennoch ist ein übergreifendes kulturelles Konzept für das Älterwerden und die Lebensphase Alter, welches der Vielfalt der heute gleichzeitig existierenden Alterssituationen und den mitunter schleichenden Übergängen zwischen Möglichkeiten und Einschränkungen im Alternsprozess gerecht würde, nicht in Sicht. Eher scheint sich die Janusköpfigkeit des gesellschaftlichen Altersbildes zu verstärken, welches zwischen einem Alter der Gewinne und einem Alter der Verluste und Abhängigkeiten trennt – zumeist entlang der Grenze zwischen drittem und viertem Lebensalter.

Heute sind die Phänomene einer kulturell bewussten Altersgestaltung (noch?) deutlich auf das dritte Lebensalter fokussiert, auf jene gewonnenen Jahre also zwischen Erwerbsleben und dem Eintreten massiver funktioneller, gesundheitlicher und sozialer Einschränkungen im Alternsprozess. Am Wertehimmel des so genannten „neuen Alters" stehen vor allem eine (nicht mehr am Erwerb ausgerichtete) neue soziale und kulturelle „Produktivität" und ein Höchstmaß an Selbstbestimmung und Selbstverantwortung.

2.
Voraussetzungen und Motive für ein aktives und engagiertes Leben im Alter

Zumal von den Menschen im dritten Lebensalter, wird heute ein hohes Maß an Selbstständigkeit und Selbstverantwortlichkeit erwartet. Das ist realistisch und entspricht auch ihren Bedürfnissen. Sie wollen sich keineswegs vorschreiben lassen, wie ein „gutes Alter" auszusehen hat, wollen – nur weil sie nun im Ruhestand sind, nicht plötzlich gesagt bekommen, wie sie leben sollen. Sie wollen nicht rundum betreut, versorgt, verschult oder gar – und das ist nicht weit davon entfernt – bevormundet werden. Was sie mit der Lebenszeit nach dem Erwerbsleben anfangen, sehen sie als „ihre eigene Sache" an.

Viele, vermutlich die meisten Älteren sind froh, Verpflichtungen des Erwerbslebens los zu sein – sie wissen die so genannte „späte Freiheit" durchaus zu schätzen. Freiheit im doppelten Sinn: Freiheit von fremdbestimmten Zwängen, Freiheit für die Vertiefung von bestehenden aber mitunter vernachlässigten Interessen, aber auch für die Suche nach neuen Horizonten – wenn nicht jetzt, wann dann? Sie wollen noch etwas anderes tun, als nur den üblichen Alltagskram erledigen und für die Enkel da sein (wenn sie denn welche haben). Sie wollen auch mehr als nur Einkaufen und Reisen. Sie wollen gebraucht und mit ihren Fähigkeiten anerkannt werden, sie suchen neue Erfahrungen, wollen sich an neuen Herausforderungen messen und daran weiterentwickeln, sie beanspruchen ihren Platz in sozialen Bezügen und schaffen sich solche Bezüge neu, sie wollen weiterlernen und weitergeben, was sie gelernt haben.

Die sozialen Rollen, welche die Gesellschaft für solche Bedürfnisse des Alters bereitstellt, sind noch rar. Rollen als Konsumenten, als Patienten und Klienten, als familiäre Unterstützer der Ehepartner, Lebensgefährten, Kinder und Enkel – all diese stehen für die Alten bereit. Verantwortungs- und Gestaltungsrollen für das Alter jedoch sind – jenseits der Privatwelt – als kulturelle Muster noch kaum zu finden. Die Alterskultur der alternden Gesellschaft steckt noch in den Kinderschuhen, und die heute Alten sind in diesem Sinne noch immer eine Pioniergeneration: Sie müssen ihre Altersrollen selbst finden und neu entwickeln. Aber die so genannten „neuen Alten" haben damit begonnen, eben dies zu tun.

Die meisten dieser „neuen Alten" verfügen über die Ressourcen, die man braucht, um das Alter aktiv und engagiert zu gestalten. Sie haben die dafür erforderliche materielle Sicherheit, sie sind bei ausreichender Gesundheit, haben viele Fähigkeiten im Laufe ihres bisherigen Lebens erworben, haben eine Bildungsbiografie, die ihnen reiche Anschlussmöglichkeiten bietet zur nachberuflichen (Weiter)Bildung und zum so genannten „lebenslangen Lernen", sie können Erfahrungswissen einsetzen und haben nun – nach dem Arbeitsleben – mehr Zeit für den Aufbau und die Pflege sozialer Kontakte, für selbstbestimmt-sinnvolle Aktivitäten und die Mitgestaltung ihrer Umwelt: der räumlichen wie der sozialen.

Auf der anderen Seite haben auch sie Verluste zu verkraften, die mit dem Älterwerden einhergehen: Verluste an gesellschaftlicher Partizipation, an sozialer Einbettung und Anerkennung. Ihre Zeitbudgets sind auch nach dem Erwerbsleben keineswegs unerschöpflich, sie werden begrenzt durch unverminderte, mitunter wachsende private Verpflichtungen und Verantwortlichkeiten (z.B. gegenüber pflegebedürftigen eigenen Eltern, Ehe- oder Lebenspartnern, unterstützungsbedürftigen Kindern und Enkelkindern). Für vieles wird auch mehr Zeit gebraucht, und vieles kostet mehr Kraft, wenn gesundheitliche und funktionelle Einschränkungen und Mobilitätsprobleme mit zunehmendem Alter spürbarer werden. Auch dies sind Gründe dafür, weshalb ältere Menschen sich nicht wahllos in Aktivitäten stürzen und blind engagieren wollen.

Sinnkrisen können entstehen, wenn das Berufsleben als Quelle des Lebenssinns in den Hintergrund getreten ist, oder die aktive Familienphase mit ihrer unmittelbaren Verantwortung für die Entwicklung der Kinder nicht mehr den Lebensmittelpunkt bildet. Manchmal münden die Fragen: „Wer braucht mich noch?" oder: „Wozu bin ich noch nütze?" in Depressionen. Sie können aber auch Impuls für die Suche nach neuen Quellen für den Sinn des eigenen Lebens sein.

Solche Menschen bilden das Potential für das soziale Engagement im nachberuflichen Leben. Dass es diese Menschen in großer Zahl gibt, wissen wir nicht nur aus persönlicher Erfahrung sondern mittlerweile auch aus mehreren wissenschaftlichen Untersuchungen. So zeigt die Forschung zur Selbsthilfe und zum Engagement nach dem Erwerbsleben, dass viele Ältere einen Mangel an sozialer Bestätigung empfinden. Selbst wenn sie einen guten Kontakt zu Verwandten und Freunden haben, können solche Netzwerke nicht ersetzen, was mit dem Berufsleben verloren gegangen ist: Die Integration in weiterreichende soziale und gesellschaftliche Zusammenhänge und Aufgaben.

Wenn den Menschen diese Lücke bewusst wird und wenn ihnen zugleich bewusst wird, dass sie „eigentlich" über genügend Kompetenzen verfügen, um dem abzuhelfen – man könnte sich ja vielleicht mit anderen in ähnlicher Situation zusammentun, man könnte vielleicht auch ganz persönlich einen Beitrag leisten, damit die Welt ein bisschen schöner, das Leben auch für andere ein bisschen besser wird, ein bisschen gerechter – dann haben wir den klassischen Auslöser für Selbsthilfeorganisation und den Beginn einer Suche nach geeigneten Feldern für ein soziales, kulturelles und bürgerschaftliches Engagement. Eine starke Triebfeder ist dabei das vorhandene Erfahrungswissen. Auch in Engagementformen, die über „Selbsthilfe" im engeren Sinne hinausgehen, bildet die Anwendung schlummernden oder brachliegenden Erfahrungswissens einen Kern des Handelns. Die sozial produktive Realisierung von Erfahrungswissen hat einen Nutzen für andere, aber auch für den „Geber" selbst eröffnen sich damit neue Perspektiven.[4]

3.
Nachberufliches Engagement als Teil einer neuen Alterskultur

Der Freiwilligensurvey, eine groß angelegte repräsentative Befragung zum freiwilligen und ehrenamtlichen Engagement in der Bundesrepublik, gibt uns u. a. auch zum Engagement der Älteren Auskunft: Zwischen dem 60. und 70. Lebensjahr liegt der Anteil an ehrenamtlich aktiven, freiwillig tätigen und engagierten

Menschen bei 31% dies entspricht dem Bevölkerungsdurchschnitt. Erst bei den über 70-jährigen sinkt dieser Anteil, vor allem aus gesundheitlichen Gründen, so dass er für die Gesamtgruppe der Senioren ab 60 Jahren durchschnittlich bei 26% liegt. Jedoch: Je älter die Menschen sind, desto wichtiger ist das Engagement für ihr persönliches Wohlbefinden. Acht von zehn freiwillig Engagierten über 60 Jahren geben an, dass ihnen das Engagement wichtig ist, um in der Gesellschaft anerkannt zu werden und teilzuhaben.

Nach Aussage des 3. Altenberichts der Bundesregierung ist das Engagement älterer Menschen für viele gesellschaftliche, soziale und sportliche Bereiche ein tragendes Element, das aus der Praxis der Organisationen, Vereine und Einrichtungen nicht wegzudenken ist. Darüber hinaus nehmen Ältere Aufgaben in modernen Freiwilligenvereinigungen wahr, sie arbeiten in Selbsthilfegruppen mit und organisieren selbst Veranstaltungen, beispielsweise zu gesunder Lebensführung, im Kultursektor (z.B. Tanz und Theater) und im Sport.

Ältere Menschen haben, wie auch der Alterssurvey nachweist – eine repräsentative Befragung der 40- bis 85-jährigen, deren zweite Erhebungswelle gegenwärtig durch das Deutsche Zentrum für Altersfragen durchgeführt wird – eine hohe Bereitschaft zur Übernahme von Verantwortung bei freiwilligen Tätigkeiten in Kommunen, Nachbarschaften, Vereinen, Verbänden und Organisationen. Die Zahl der von älteren Menschen gegründeten und getragenen Initiativen gemeinnütziger Zielsetzung hat sich laut Altenbericht seit 1992 insgesamt mehr als verdreifacht.[5] Allerdings zeigen alle Untersuchungen und Praxisberichte, dass sich – zumal bei den jungen Alten – die Motive für das Engagement verändert haben. Im Vordergrund stehen nicht mehr ausschließlich Altruismus oder karitative Beweggründe, sondern zunehmend der Wunsch nach einem Gewinn für das eigene Leben. Man möchte einerseits nützlich sein und Verantwortung übernehmen, andererseits aber auch persönliche Befriedigung erfahren. Die Chancen zur Mitgestaltung, die freie Zeiteinteilung und die erwartete Anerkennung für die erbrachte Leistung stehen an oberster Stelle.

Vergleichsweise hoch liegt auch unter Älteren der Anteil des Engagements, das nicht an die Mitgliedschaft in einem Verein oder Verband gebunden ist – von allen ehrenamtlich tätigen 40- bis 85-jährigen sind 28% (ausschließlich oder zusätzlich) ohne eine solche Organisationszugehörigkeit tätig.[6] Weitere zentrale Motive sind Wünsche nach Kontakten, nach Erfahrungsaustausch oder nach eigener Weiterbildung. Auch altenpolitisch von großer Bedeutung sind generationenverbindende Projekte, in denen ältere Menschen ihre persönlichen Potenziale und ihr Erfahrungswissen einbringen können. Ein neues Bundesmodellprogramm dient der Weiterbildung von Multiplikatoren, die als „seniorTrainer" ihr Erfahrungswissen für Initiativen des bürgerschaftlichen und ehrenamtlichen Engagements verfügbar machen (Erfahrungswissen für Initiativen, EFI).

Das Interesse älterer Menschen an generationenübergreifenden bzw. altersneutralen Projekten bestätigt sich auch durch den Alterssurvey. So wissen wir, dass die Beteiligung älterer Menschen an speziellen Partizipationsangeboten für Senioren unerwartet niedrig ist. Wer sich engagiert, tut dies vor allem im altersunspezifischen Bereich. (Bei den 55- bis 69-jährigen sind dies 91%, bei den 70-bis 85-jährigen 68%).
Unter den altersspezifischen Gruppen und Vereinen aber findet der „traditionelle" Bereich z.B. Seniorenfreizeitstätten und Seniorentanz noch immer den stärksten Zulauf. Neue Formen treten demgegenüber in den Hintergrund: Seniorenselbsthilfegruppen und Seniorengegenossenschaften 1,8%, Seniorenakademien und Weiterbildungsgruppen 0,6%, Politische Interessenvertretung in Seniorenvertretungen, Seniorenorganisationen von Parteien und Gewerkschaften 1,4% – insgesamt 3,5%.[7]

Die höchste Quote von freiwillig und ehrenamtlich Tätigen und Engagierten unter den 40–85-jährigen findet sich bei den Sportvereinen (knapp 4%), danach folgen gesellige Vereinigungen und kirchliche bzw. religiöse Gruppen (jeweils 2%) und die wohltätigen Organisationen (1%).

Als Zukunftsperspektive wird insgesamt davon ausgegangen, dass sich die quantitative Verbreitung von Partizipation und Engagement älterer Menschen in Deutschland in Zukunft erhöhen wird. (Potenzial aus individuellen Plänen, aus der Differenz zwischen Engagementbereitschaft und faktischem Engagement, auch im internationalen Vergleich erkennbar, Verbesserung der Bedingungen im Sinne individueller Ressourcen (v.a. Gesundheit, materielle Absicherung und Bildungsniveau) und stärkerer gesellschaftlicher Nachfrage, Veränderung der „Generationstypik" der zukünftigen Alten, z.B. die „68er Generation" und die sog. „baby boomer" der 60er Jahre, die bis zum Jahr 2030 „senior boomer" sein werden. Der Mangel an sinnvollen Altersrollen wird sich sukzessive zuspitzen und zu einem entsprechenden Bedarfszuwachs nach Formen subjektiv sinnvoller und sozial anerkannter nachberuflicher Aktivität führen.

Auch die Qualität von Partizipation und Engagement dürfte sich ändern. Heute liegen die Schwerpunkte noch im traditionellen Bereich von Verbänden und Organisationen, in denen die Älteren als „Stamm-Mitglieder" zum großen Teil eher passiv beteiligt sind. In Zukunft dürften die Partizipationsbedürfnisse der Älteren anspruchsvoller werden und sich auch vermehrt auf selbst organisierte und selbstbestimmte Formen richten.[8]
Entscheidend bleibt aber immer der Nutzen, den die Menschen für sich selbst in ihrem Engagement erkennen.
Häufig besteht für engagierte und engagementbereite Ältere der besondere Wert ihres Tätigseins darin, dass es sowohl für die eigene Person von Nutzen und Bedeutung ist, wie für andere und dass sich dies miteinander verbindet. Das eigene Tätigsein soll Freude machen, aber es soll auch Wirkungen haben. Und diese Wirkungen sind auf mehreren Ebenen möglich:
1. Man tut etwas für sich selbst, in dem man seine Fähigkeiten übt und weiterentwickelt. Schließlich weiß man, Fähigkeiten, die man nicht nutzt, gehen leicht verloren und sie veralten rasch. Dies ist die klassische individuelle Selbsthilfe.
2. Man tut etwas gemeinsam mit anderen, wodurch ganz neue Aktionsfelder entstehen und vor allem auch ein Netzwerk sozialer Beziehungen. Man erlebt, dass man Aktionsfelder und Beziehungen aktiv mitgestalten kann. Dies ist die gemeinschaftliche Selbsthilfe.
3. Beide Formen des Tätigseins erleichtern es ungemein, den Anschluss an die sich rasch verändernde gesellschaftliche Ent-

wicklung und an die Interessen jüngerer Generationen zu halten. Man gehört weiter dazu und kann mitreden. Dies ist der Partizipationseffekt. (Beispiel: Internet).

4. Der nächste und noch weitergehende Schritt ist dann die bewusste gestaltende Einflussnahme auf die räumliche und soziale Umwelt, in der man lebt. Dies kann man als soziale Produktivität und bürgerschaftliches Engagement bezeichnen.

Indem sich das produktiv engagierte Tätigsein nicht nur auf den eigenen Kreis bezieht, sondern auch nach außen wirkt, treten gleichzeitig positive Effekte für die Person und für die Gruppe auf. Selbstwertgefühl, Identität und Zusammenhalt werden entscheidend gestärkt. Wenn der Nutzen für sich selbst bewusst mit einem Nutzen für andere verknüpft wird, kann sich herausstellen: Eigensinn und Gemeinsinn, Eigennutz und Gemeinnutz müssen einander nicht ausschließen, sondern können eine fruchtbare und durchaus fröhliche Verbindung eingehen.
Solche Art von nachberuflicher Produktivität kann schließlich die Ernsthaftigkeit und den Wert einer Arbeit annehmen – und ist dennoch nicht zum Erfolg im Sinne wirtschaftlicher Profitabilität verpflichtet. Dies kann als ein hohes Privileg gesehen werden. Einen „Lohn" bekommt man auch hier, allerdings anderer Art. Die materielle Entlohnung tritt in den Hintergrund – umso wichtiger werden der „ideelle Gewinn" und die sozialen Formen von Belohnung, einschließlich der Steigerung des Selbstwertgefühls durch die Anerkennung anderer.

Das soziale und kulturelle Engagement älterer Menschen umfasst die ganze Vielfalt, in der sich die Phänomene einer neuen Alterskultur heute zeigen. Ältere sind öffentlich und (selbst-) organisiert in einer Fülle von Tätigkeitsfeldern aktiv, so im Bereich künstlerischer und im engeren Sinne „kultureller" Tätigkeiten, in der gesellschaftlichen und politischen Partizipation (z.B. in bundesweit rund 730 Seniorenvertretungen), im sozialen Engagement und generationsübergreifenden Hilfen, im Engagement für Sport und Bewegung, für Geselligkeit und Kontakte, für Weiterbildung und Bildung, für Wohnen und Umwelt sowie in der gesundheitlichen Selbsthilfe.

Das Spektrum der Aktivitäten und der Engagements im Alter ist weitgefächert. Es gibt viele Möglichkeiten, sich hier einzubringen oder auch ein weiteres Feld zu finden. Manchmal liegt die Gefahr nicht in einem Angebotsmangel sondern im Überangebot. Man verzichtet darauf, sein Alter im beschriebenen Sinne aktiv zu gestalten, weil man sozusagen „den Wald vor lauter Bäumen" nicht sieht. Weil man theoretisch alles machen könnte, tut man dann faktisch gar nichts. Ein mögliches Phänomen der alterskulturellen Entwicklung könnte daher die Gemeinsamkeit der Suche nach sinnvollen und erreichbaren Zielen der Altersgestaltung zu sein. Dabei kann es eine Richtschnur sich, sich bewusst zu machen, was die bereits realisierten Formen des sozialen und kulturellen Engagements im Alter verbindet: Es geht nicht um beliebig austauschbare Aktivitäten, sondern um solche, die man für sich selbst als sinnvoll erlebt. Viele erleben für sich als sinnvoll, was auch für andere einen Nutzen hat. Dies ist auch im Alter einer der Hauptgründe dafür, warum sich Menschen engagieren. Allerdings soll dieses Engagement nicht in eine neuerliche Form von Arbeit ausarten, bei der andere die Ziele bestimmen und den zeitlichen Einsatz festlegen. Sinnvolles Tun – sinnvoll nach den eigenen Maßstäben –, Selbstbestimmung und Zeitsouveränität – das sind heute die zentralen Stichworte wenn es um Aktivitäten und Engagement älterer Menschen geht.
Der gesellschaftliche Altersstrukturwandel hat zu einer simultanen Vielfalt unterschiedlicher Altersformen, Alterstile und Lebenslagen im Alter geführt. Dies scheint zugleich die Entwicklungsrichtung zu sein, welcher die Phänomene der Alterskultur in der Gegenwart folgen. Ein Grundzug, der dem allgemeinen gesellschaftlichen Trend zur Individualisierung entspricht, liegt in der Betonung eines Höchstmaßes an invidueller Gestaltbarkeit der Lebensphase Alter. Sie eröffnet einerseits neue Optionen, andererseits beinhaltet sie eine neue Verpflichtung zur Selbstverantwortung und zwar bis ins höchste Alter. Grundsätzlich wird dies von den meisten alten Menschen bejaht. Aber die selbstverantwortliche Lebensgestaltung setzt auch voraus, dass die dafür erforderlichen Ressourcen wirklich verfügbar sind. Dies ist keineswegs immer der Fall und ein neues Altersrisiko kann darin bestehen, zwischen der Ideologie eines „neuen Alters" für alle und den dafür unzureichenden eigenen Möglichkeiten ins Abseits zu geraten. Die bewusste Gestaltung auch des vierten Lebensalters, die gesellschaftlich humane Bewältigung von schwerer Hilfs- und Pflegebedürftigkeit, insbesondere auch angesichts der wachsenden Zahl altersdemenziell erkrankter Menschen und die Hineinnahme von Sterben und Tod in ein kulturell integriertes Verständnis menschlichen Lebens und Alterns – dies sind Herausforderungen an eine Alterskultur, denen sich die alternde Gesellschaft bislang wenig gewachsen zeigt.

1 Arthur Erwin Imhof: Die gewonnenen Jahre: von der Zunahme unserer Lebensspanne seit 300 Jahren oder von der Notwendigkeit einer neuen Einstellung zu Leben und Sterben. Ein historischer Essay. München 1981.

2 Martin Kohli: Altersgrenzen als gesellschaftliches Regulativ individueller Lebenslaufgestaltung. In: Zeitschrift für Gerontologie und Geriatrie. 33 (2000). Suppl. 1, S. 15-23.

3 BMFSFJ (Hrsg.): Dritter Bericht zur Lage der älteren Generation. Zugleich Bundestagsdrucksache 14/5130 vom 10.01.2001, S. 14 f., 70 f.

4 Peter Zeman: Zur Neugewichtung des Erfahrungswissens älterer Menschen. In: BaS/ISIS: Grundsatzthemen der Freiwilligenarbeit. Theorie und Praxis des sozialen Engagements und seine Bedeutung für ältere Menschen. Stuttgart/Marburg/Erfurt, 2002, S. 17 f.

5 Vgl. BMFSFJ 2001, S. 15 und 39 f.

6 Vgl. Martin Kohli/Harald Künemund (Hrsg.): Die zweite Lebenshälfte – Gesellschaftliche Lage und Partizipation im Spiegel des Alters-Survey. Opladen 2000, S. 140.

7 Ebd., S. 135 f.

8 Ebd., S. 197.

Kat.-Nr. VII.2
Peter Kodera (*1937)
Alter (Geros),
1971

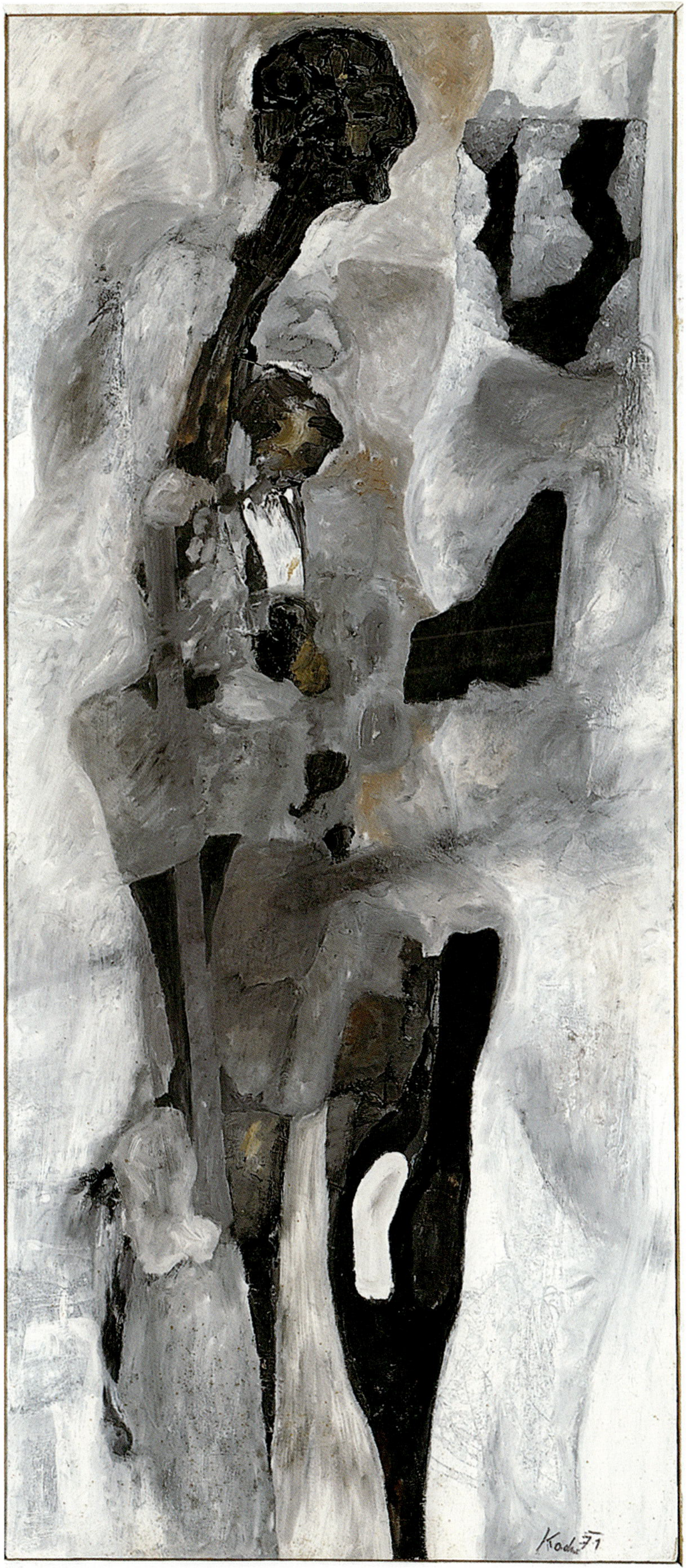

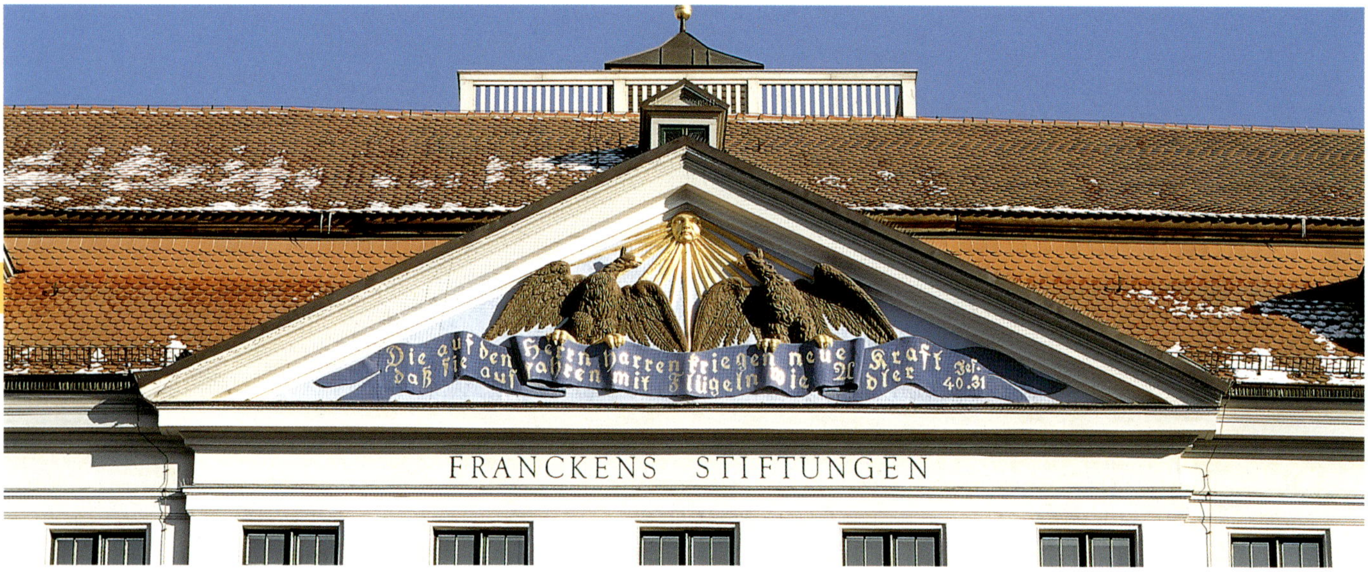

Abb. 1: Tympanon des Hauptgebäudes der Franckeschen Stiftungen

Brigitte Klosterberg

Der alte und der neue Mensch. Die Einstellung zum Alter bei August Hermann Francke

Wenn wir heute zu Beginn des 21. Jahrhunderts danach fragen, wie wir mit alten Menschen in unserer Gesellschaft umgehen und welche Vorstellungen wir mit dem Altsein und Altwerden verbinden, dann scheint die Frage selbst einen Wertewandel anzuzeigen, den die postmoderne Gesellschaft hervorgebracht hat. Die Frage impliziert, dass in früheren Epochen andere, vielleicht eindeutigere Vorstellungen vom Alter existierten und der Umgang mit dem Alter und alten Menschen im Wertesystem der Gesellschaft fest verankert war. Dass die Frage nach dem Alter nicht immer so eindringlich gestellt wurde wie heute, trifft auch auf die Entstehungszeit der Glauchaschen Anstalten vor den Toren Halles im 18. Jahrhundert zu. Für August Hermann Francke war mit dem Alter und den Alten keine drängende gesellschaftliche Frage verbunden, die er in seinen Predigten und Schriften thematisiert hätte. Sein Reformprogramm zur Verbesserung der christlichen Gesellschaft setzte bei der Erziehung der Jugend an und bezog seine Dynamik aus seiner persönlichen Glaubenserfahrung. Sein Bekehrungserlebnis in Lüneburg 1687 prägte seine Theologie und sein Menschenbild. Darum ist die Frage nach dem Alter und den Alten bei Francke letztlich eine theologische Frage. An dieser Stelle kann lediglich eine bescheidene Spurensuche nach den Einstellungen zu alten Menschen und zu der Bewertung des Alters in den Franckeschen Stiftungen und in der Theologie Franckes versucht werden. Eine umfassende Sichtung der Quellen, insbesondere eine Auswertung der reichen Korrespondenz im Stiftungsarchiv, ist zukünftigen Untersuchungen vorbehalten.

Gab es nun aber alte Menschen in den Glauchaschen Anstalten? Bekannt ist, dass die engen Mitarbeiter August Hermann Franckes bis zu ihrem Tod in den Anstalten lebten. Das trifft auch auf Personen zu, die alt, krank und gebrechlich wurden. Von Johann Anastasius Freylinghausen (1670–1739), lange Zeit die rechte Hand Franckes und sein Nachfolger als Stiftungsdirektor, ist beispielsweise überliefert, dass er mehrmals einen Schlaganfall erlitten hat und in den letzten beiden Jahren vor seinem Tod von so schwacher Konstitution war, dass er nicht mehr öffentlich auftreten konnte.[1] Karl Heinrich Bogatzky (1690–1774), ein verarmter schlesischer Adliger und einer der erfolgreichsten pietistischen Schriftsteller, ist der „zweiten" Generation der Pietisten zuzurechnen. Er erhielt 1746 von Gotthilf August Francke eine Wohnung in den Stiftungen und lebte dort bis zu seinem Tod 1774. Für Bogatzky scheint es unproblematisch gewesen zu sein, seinen Lebensabend in den Stiftungen zu verbringen, denn seinen engsten Bekanntenkreis, sozusagen sein soziales Netz, hatte er dort und in der Stadt Halle, wie der Herausgeber des von Bogatzky selbst verfassten Lebenslaufes, der erst 27 Jahre nach seinem Tod erschienen ist, dargelegt hat.[2] Diese Beispiele zeigen, dass die Familie – sowohl Freylinghausen als auch Bogatzky waren verheiratet und hatten Kinder – und die Gemeinschaft in den Franckeschen Stiftungen für die alten Menschen in ihrer Umgebung da waren. Die Zuständigkeit der Familie, der jüngeren Generation für die ältere Generation, war zu Franckes Zeiten eine Selbstverständlichkeit. Davon zeugt auch ein kurios anmutender Fall, den Johann Christoph Silchmüller (1694–1771) aus Salzungen 1725 August Hermann Francke schildert. Silchmüller berichtet von einer Frau,

> […] deren Vatter vor einiger Zeit bey sehr hohem Alter, und da er gantz kindisch worden war, gestorben. Und weil ihn die Frau, als seine leibl. Tochter bey seinem Alter nicht in allen dingen gepfleget und gewartet, wie sie wohl hätte thun sollen, auch wohl ihm dann und wann ziemliche schmahle bißen mag gereichet haben: So wachet ietzo besagter Frau das Gewißen darüber dermasen auf, daß sie gantz untröstlich ist, und von der Obrigkeit begehret […dass sie] in dieser Welt von Weltlichen Gerichten dieser ihrer Sünden halber am Leben gestraft würde.[3]

Die Frau war davon überzeugt, zutiefst schuldig zu sein, weil sie sich nicht ausreichend um ihren Vater gekümmert hatte, und fand auch keinen Trost im religiösen Beistand. Die Sicht unserer Zeit, dass die Frau mit der Pflege ihres Vaters überfordert gewesen sein könnte, nehmen weder die Frau selbst noch Johann Christoph Silchmüller ein, der die Handlung der Frau als warnendes Exempel für die Todsünde des Geizes interpretiert:

> Der wahre Ursprung ihrer Sünde ist der leidige Geitz, der ihr nicht vergönnet, dem alten Vatter was zugut zu thun, und trifft bey ihr recht ein, daß der Geitz eine Wurtzel alles übels ist. […] Ihr Zustand aber mag insonderheit Kindern ein Spiegel seyn, so man ihnen vorhalten kan.

Das, was wir heute als Generationenvertrag bezeichnen, konnte aber nicht nur in der Pflege und Fürsorge, sondern auch der finanziellen Unterstützung der älteren durch die jüngere Generation bestehen. Beispielsweise ist im Missionsarchiv der Franckeschen Stiftungen überliefert, dass die Missionare Daniel Zeglin (1716–1780) und Christian Friedrich Schwartz (1726–1798) für ihre Eltern Geldbeträge in die Missionskasse zu Tranquebar einzahlten, die dann in Halle von den Missionsgeldern abgezogen und an die Eltern vermittelt wurden.[4] Die Missionare hatten dabei das Vorbild der Tamilen vor Augen, die bis zur Aufopferung für ihre alten Eltern sorgten. Davon zeugt ein Brief von Georg Heinrich Conrad Hüttemann (1728–1781), der 1749 zum Missionar in Indien berufen wurde, an Gotthilf August Francke vom 5.9.1753:

> Auch habe ich in vorigen Briefen gebeten meiner Mutter iärlich 12 Reichsthaler durch Herrn Pastor Horckel auf mein Debet reichen zu lassen und zweifle nicht, Er. Hochwürden werden nicht Bedencklichkeiten dagegen haben, um so weniger, da ich nach dem apost[olischen] Zeugniß und selbst nach der praxi der Malabaren ärger denn ein Heide seyn würde, wenn ich nicht auf alle mögliche Weise meinen armen Eltern assistiren wolte. Die hiesigen Malabaren haben eine Regel: man muß, wenn man es selbst nicht hat, betteln, damit man die Eltern nicht Nothleiden laße.[5]

Ob tatsächlich der Umgang mit alten Menschen in den Glauchaschen Anstalten fürsorglich war, ist kaum den Quellen zu entnehmen. Kritische Töne klingen in einem Brief des jungen Gotthilf August Francke 1719 aus Jena an seine Mutter an. Dort heißt es über Georg Heinrich Neubauer (1666–1726), einem der engsten Mitarbeiter Franckes und Ökonomen der Anstalten:

> Herr Neubauer kan freylich näher zukommen, wenn er den gantzen Tag in seinem alten Schlafrock auf der Stube steckt. Ich wünschte gewiß sehr, daß man bey geendigtem Waßerbau, darin er ja dem Waysenhause eine große Wohlthat erzeiget, ihn wenigstens schadloos hielte, damit er nicht Ursach finde zu klagen, daß er über seiner Treu, und da er bey dem Waysenhause veraltet, fast verderben müßte.[6]

Neubauer hatte 1706 ein altes Wasserreservoir südlich der Anstalten entdeckt[7], das später zum Bau einer Wasserleitung genutzt wurde. Nicht nur in dieser Hinsicht hatte er sich große Verdienste um die Anstalten erworben. Doch dürfte es nicht den Vorstellungen August Hermann Franckes entsprochen haben, wenn sich ein noch so verdienter Mitarbeiter wie Neubauer im Schlafrock zeigte. Francke selbst nahm trotz seiner Altersgebrechen seine Ämter wahr und stellte sein Leben aktiv in den Dienst Gottes. Sein Verhalten im Alter und angesichts des nahenden Todes, das ein Jahr nach seinem Tod in der Schrift *Kurtze [...] Nachricht, von dem sehr merckwürdigen und erbaulichen Lebens-Lauffe [...] Herrn August Hermann Franckens* geschildert wird, zeigt gleichsam das ideale Verhalten, das von einem alten gläubigen Menschen erwartet wurde:

> Vor einigen Wochen, machte Er [Francke] einen Anfang, an seine alten Freunde Erweckungs=Schreiben, in Lateinischer Sprache, abzulassen, des Inhalts, ut, in senectute, contra senectutem pugnarent, das ist, daß sie doch, mit Ihm, in ihrem Alter, wider die mit diesem verknüpffte Gebrechen und Schwachheiten, kämpffen möchten, daß es nicht hiesse: Da sie noch jung gewesen, hätten sie sich zwar wacker und eyferig in dem Werck des HErrn erwiesen; nachdem sie aber alt worden wären, nähme man an ihnen nichts anders, als Kaltsinnigkeit und Trägheit, wahr.[8]

Drei Wochen vor seinem Tod hielt August Hermann Francke am 15. Mai 1727 „wiederum eine Lectionem paraeneticam in dem Auditorio publico", war also, so lange es seine Kraft nur annähernd zuließ, als Hochschullehrer tätig. Er hat, wie es in dem Lebenslauf heißt, seine Kräfte „[...] in sorgfältiger Verwaltung seiner wichtigen Aemter, zur Ehre GOtes angewendet, bis Er solche, und sich selbst, bey herannahendem Alter, vollends gantz in dem Dienste Christi und seiner Kirche verzehret hat."[9] Im Leben des alten Menschen spiegelt sich also sein gesamtes Leben als Christ, der seine Pflichten gegenüber der Allgemeinheit und gegenüber Gott wie in seinem bisherigen Leben auch im Alter erfüllt. Dass der alte Mensch nicht nur seine körperlichen Schwächen zu tragen und klaglos hinzunehmen hat, sondern in seinem Alter eine Möglichkeit zu innerem Wachstum und Vervollkommnung seines Glaubens erkennt, wird deutlich ausgesprochen in der Leichenpredigt auf Johann Anastasius Freylinghausen, die Adam Struensee (1708–1791), Pfarrer an St. Ulrich, am 17. Februar 1739 gehalten hat:

> Nimmt der äussere Mensch gleich bey rechtschaffenen Knechten GOttes im Alter ab, und verlieren sich bey ihnen allmählich die natürlichen Kräfte; so hat man sich hierüber nicht zu verwundern: denn sie haben sich in dem Dienste ihres HErrn verzehret, und ihr Vermögen zum Besten der ihnen anvertrauten Seelen angewendet. Der inwendige Mensch aber wächset dennoch von Tage zu Tage zu einer göttlichen Grösse, dringet immer tiefer in GOttes Gemeinschaft ein, kommt zu einer immer mehreren Erfahrung in den Wegen GOttes, und ist zur Ausbreitung des Reiches JEsu Christi so lange wircksam und geschäftig, bis es dem weisen und gütigen GOTT gefällt, seine Pflantzen aus dem Weinberge der Christlichen Kirche hier auf Erden in sein himmlisches Paradis zu versetzen, und sie in der frohen Ewigkeit mit einer unaussprechlichen Herrlichkeit zu zieren, und mit ausnehmender Freude und Wonne gantz überschwänglich zu erquicken.[10]

Nach Struensee haben aber nicht nur die Alten tapfer die abnehmenden „natürlichen Kräfte" in Vertrauen auf Gott anzunehmen, sondern sie können sich auch auf die Fürsorge Gottes verlassen, wenn sie ihr Leben in den Dienst Gottes gestellt haben und in ihrem Herzen der Glaube an Gott gewachsen und gefestigt ist.

> Weil sie GOtt von Jugend auf gelehret hat, so verkündigen sie auch im Alter seine Wunder. GOTT verlässet sie nicht, auch wenn sie grau werden, bis sie seinen Arm verkündigen Kindes=Kindern, und seine Kraft allen, die nach ihnen kommen. Lässet sie der HERR gleich zuweilen erfahren viele und grosse Angst, und scheinet es zu Zeiten, als wolten sie ihre vorige Munterkeit und getrostes Wesen unter den vielen Trübsalen und listigen Nachstellungen des Bösewichts verlieren : so machet sie doch der treue GOtt wieder lebendig, und lässet sie keinesweges gar verderben, noch umkommen. GOTT [...] beschützet sie treulich : weil sie von ihm im Leibe getragen werden, und ihm in der Mutter liegen. Ja, GOTT träget sie bis ins Alter und bis sie grau werden. GOTT thut es. GOTT hebet und träget und errettet.[11]

Diese Trauerrede auf Freylinghausen enthält den Kern pietistischer Frömmigkeit und Theologie, nennt die christliche Erziehung als Grundlage eines christlichen Lebens, die Glaubensgewissheit der Kinder Gottes und ihre Behauptung gegenüber den Widrigkeiten und Verlockungen der Welt, ihr Glauben an die Ausbreitung des Reiches Gottes im irdischen wie auch himmlischen Leben. Das Alter ist lediglich eine Stufe zur Vervollkommnung der Seele des Gläubigen, des „inwendigen Menschen". Die Gebrechen des Alters stellen Anfechtungen dar, die im Glauben zu bekämpfen und zu besiegen sind, und bieten zugleich dem Gläubigen einen Anlass, seine Gotteskindschaft unter Beweis zu stellen.

Nach August Hermann Francke stellt das Alter aber auch kein Hindernis dar, noch ein Kind Gottes zu werden. In jedem Alter hat der Mensch die Chance, sich zum wahrhaftigen Christen zu bekehren. Dazu Francke in seiner berühmten Predigt *Die Lehre unsers HErrn JESU CHristi von der Wiedergeburt* von 1697:

> Spricht aber einer: Ich bin so alt worden, so werde ich dann nun nicht erst anfangen ein Christ zu werden. So

> sprach auch Nicodemus: Wie kan ein Mensch geboren werden, wenn er alt ist. Aber bezeugete ihm nicht Christus: Wahrlich, wahrlich, ich sage dir, es sey denn, daß iemand geboren werde aus dem Wasser u. Geist, so kan er nicht in das Reich GOttes kommen? Das lasse dir auch gesaget seyn.[12]

Die existentielle Wandlung ist unabhängig vom Stand, von der Bildung, von dem äußeren Ansehen und eben auch vom Alter des Menschen. Für Francke ist die Frage nach dem Umgang der Gesellschaft mit den Alten und des Einzelnen mit seinem Alter der existentiellen Glaubensfrage nachgeordnet. Er thematisiert nicht den Gegensatz von alt und jung, sondern von alt und neu, vom alten, der Welt verhafteten „natürlichen" Menschen und dem neuen, bekehrten Menschen. Sein Interesse zielt auf die innere Wandlung des Herzens, auf die Wiedergeburt des Menschen, wie er sie selbst in seinem Lebenslauf beschrieben hat. Franckes Bekehrungserlebnis in Lüneburg wurde zum Herzstück seiner Theologie und zum Prototyp für die pietistische Bekehrung bzw. Wiedergeburt schlechthin: die Verstrickung in der Sünde und der Eitelkeit der Welt, die Glaubensferne, die vergeblichen Versuche, sich Gott anzunähern, der Bußkampf und schließlich der plötzliche Durchbruch des Glaubens durch die Gnade Gottes.[13] In diesem Zusammenhang ist von Interesse, wie von Francke der Begriffsgegensatz „alt-neu" im Kontext seiner Theologie verwendet wird. In Franckes *Lebenslauff*, den er wenige Jahre nach seinem Bekehrungserlebnis niedergeschrieben hat, spielen diese Begriffe keine tragende Rolle. Die Wiedergeburt wird manifest in dem gewandelten Verhältnis von Gott und Mensch. Francke beschreibt die Liebe und Geduld Gottes mit dem verirrten, glaubensfernen Menschen als die Liebe eines Vaters zu seinem Kind. Das Kind selbst darf Gott aber erst Vater nennen, wenn es die existentielle Wandlung seines Herzens erfahren hat. Francke schreibt im Anschluss an seine Bekehrung und die damit gewonnene Glaubensgewissheit: „Denn wie man eine hand umwendet, so war alle mein zweiffel hinweg, ich war versichert in meinem hertzen der Gnade Gottes in Christo Jesu, ich kunte Gott nicht allein Gott sondern meinen vater nennen […]"[14] Erst danach beschreibt Francke die Verwandlung des bekehrten Menschen unter Berufung auf Luther mit dem Begriffsgegensatz von „alt" und „neu":

> Nun erfuhre ich, war zu seyn, was Lutherus saget in der vorrede über die Epistel an die Römer: Glaube ist ein GÖTTLICH WERCK IN UNS, das uns WANDELT und NEUGEBIERET AUS GOTT Joh. 1, 12. und tödtet den alten adam, machet uns gantz ANDERE MENSCHEN, VON HERTZEN, MUHT, SINN und ALLEN KRÄFFTEN […][15]

Dem „alten" Adam wird der „neu" geborene Mensch gegenübergestellt; durch die existentielle Erfahrung einer schmerzhaften neuen Geburt erhält das Leben Franckes eine eindeutige Zäsur und wird sein früheres Leben als „Kind der Welt" von seinem neuen Leben als „Kind Gottes" geschieden. In der 1728 erschienenen *Kurtzen […] Nachricht über das Leben Franckes* wird diese Trennung topographisch fixiert. Francke habe „[…] die Stadt Lüneburg seine andere und geistliche Geburts=Stadt, wie Lübeck die erste und leibliche, öffters genennet"[16]. Noch prägnanter als in seinem selbst verfassten Lebenslauf benennt Francke die Geburt des „neuen" Menschen in seiner bereits zitierten Predigt von der Wiedergeburt, die er am 30. Mai 1697 in Glaucha gehalten hat:

> Ist iemand in Christo, das ist, ist iemand ein CHrist, und will sich iemand in der Wahrheit also nennen, der ist eine neue Creatur, und muß demnach bey ihm eine neue Schöpfung vorgegangen seyn […] ENdlich haben wir […] zu erwägen, welches der Zweck der Wiedergeburt ist. Das ist der erste und näheste Zweck, daß ein neuer Mensch hervor komme, der in Gerechtigkeit und Reinigkeit vor GOtt ewiglich lebe. Der letzte Endzweck ist dann das ewige Leben, als zu welchem der Mensch wiedergeboren wird.[17]

Franckes Theologie der Wiedergeburt steht in der Tradition der deutschen Mystik und zielt wie diese auf die Vereinigung des Menschen mit Gott. Der Wiedergeborene ist indessen nicht der vollkommene Mensch, sondern bedarf des Wachstums, um sein Leben zu heiligen. Die Anfechtungen bleiben, so dass der „alte Mensch" täglich zu bekämpfen und zu töten ist.[18] Aus der persönlichen Erfahrung der Wiedergeburt und Erneuerung schöpfte Francke eine so elementare Hoffnung und Kraft, dass er nicht nur die Wandlung des Einzelnen befördern, sondern zugleich die gesamte Gesellschaft reformieren wollte. Er suchte die göttliche Heilsordnung auf die weltlichen Verhältnisse zu übertragen und übernahm damit selbst die Verantwortung für den Anbruch des Reiches Gottes in der Welt. Deshalb konzentrierte er sich auf die Erziehung der Jugend. Für ihn lag der Zweck der Erziehung darin, die Wiedergeburt des Einzelnen vorzubereiten und ihr zum Durchbruch zu verhelfen. Er wollte „neue" Menschen für eine „neue" christliche Gesellschaft erziehen. Im Mittelpunkt der Umgestaltung der menschlichen Lebensordnung aber stand für ihn das Hallesche Waisenhaus; von hier aus sollte die „Weltverwandlung durch Menschenverwandlung"[19] ihren Ausgangspunkt nehmen.

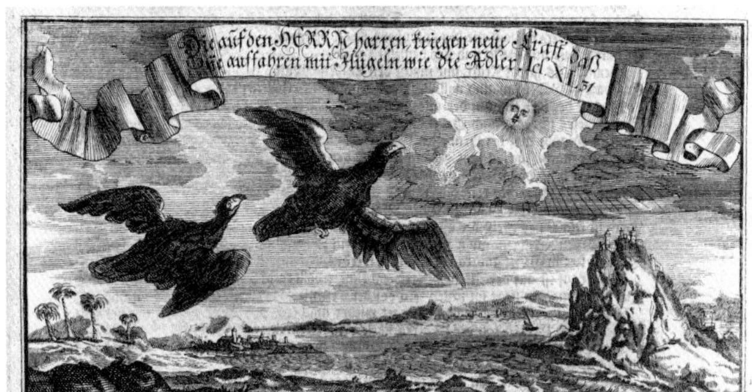

Abb. 2: Kupferstich aus dem Band der Epicedia oder Klag- und Trost-Carmina auf den Tod A. H. Franckes

Das Sinnbild der Verwandlung und Erneuerung ist bis heute auf dem Tympanon des Hauptgebäudes der Franckeschen Stiftungen weithin sichtbar: die zur Sonne fliegenden Adler (Abb. 1 S. 148).[20] In seiner Predigt *Vom Helden-Muth der Gläubigen*, gehalten in der Schul-Kirche in Halle 1720, zitiert Francke den Spruch Jes. 40, 31, wie er auf dem Tympanon zu lesen ist, und beruft sich dabei auf Martin Luther, den er als Exempel unerschütterlicher Glaubensfestigkeit vorstellt. 1520 habe sich Luther in tiefster Gefahr wegen des Evangeliums befunden, aber

geschrieben: „Ich bitte, daß ihm niemand vornehme, mich müde oder matt zu machen; denn mein Geist, mir von GOTT gegeben, stehet also, daß ich ehe die gantze Welt vertraue müde zu machen."
Dazu Francke:

> Er [Luther] gründete sich aber in diesen Worte auf die Schrift. Denn wenn er sagt, es solle niemand darauf warten, daß er werde müde oder matt gemacht werden; so beziehet er sich damit auf Esa. 40, 30. 31. da es heißt: Die Knaben werden müde und matt, und die Jünglinge fallen. Aber die auf den HERRN harren, kriegen neue Kraft, daß sie auffahren mit Flügeln wie die Adler, daß sie laufen und nicht matt werden, daß sie wandeln, und nicht müde werden.[21]

Die Ungläubigen, mögen sie auch jung sein und natürliche Kräfte haben, sind der Welt, der Sünde verhaftet und deshalb „müde und matt". Ihnen gegenüber stehen diejenigen, die ihr Leben in unerschütterlichem Glauben auf Gott gründen und dadurch eine „neue Kraft" erhalten, die stärker als die natürliche Kraft der Jugend ist. Diese Kraft kann durch christliches Handeln das Jetzt verändern. Die Glaubenskraft wohnt im Inneren, dem Herzen oder der Seele des Gläubigen. Francke thematisiert in seiner Predigt *Die Freyheit vom Tode*, die er am 29. März 1716 in der Ulrichkirche gehalten hat, das Fortleben der Seele über den leiblichen Tod hinaus und endet seine Predigt mit einem Schlussgebet und einer Lobpreisung Gottes, indem er Psalm 103,5-6 zitiert:

> LObe den HErrn meine Seele/ und was in mir ist/ seinen heiligen Namen. Lobe den HErrn/ meine Seele/ und vergiß nicht/ was er dir guts gethan hat/ der dir alle deine Sünde vergiebt/ und heilet alle deine Gebrechen. Der dein Leben vom Verderben erlöset/ der dich krönet mit Gnade und Barmhertzigkeit; Der deinen Mund frölich machet/ und du wieder jung wirst/ wie ein Adler.[22]

Wenn das neue, durch den Herrn erworbene Leben in der Seele des Menschen wächst und Kraft gewinnt, kann die Sünde vergeben und der Tod überwunden werden. Dieser Prozess der Erlösung wird mit Freude und Verjüngung gleichgesetzt; hier wird der Adler als Sinnbild für die „verjüngte" Seele der wahrhaft Gläubigen verstanden.

Das Motiv des Adlers in Kombination mit der Sonne geht auf antike Wurzeln zurück und fand Eingang in den Kanon christlicher Bildtradition. Die zur Sonne aufstrebenden Adler sind Sinnbild für die Beziehung zwischen Gott und Mensch, Mensch und Gott. Der Adler steht für das Streben der Seele zu Gott sowie die Flügel der Seele als uraltes Symbol des Seelenaufschwungs zu verstehen sind. Der Adler kann ungeblendet das Licht der Sonne ertragen und damit das Angesicht Gottes schauen.[23] Der Adler symbolisiert die Wandlung vom alten, sündigen Menschen zum neuen, gereinigten Menschen, wie es besonders deutlich im Physiologus, jener frühchristlichen Naturlehre, die Pflanzen und Tiere beschreibt und allegorisch auf das Heilgeschehen hin deutet, beschrieben ist. Dort heißt es über den Adler:

> David sagt [Ps. 102,5]: »Deine Jugend wird erneuert wie die des Adlers.« Der Physiologus sagte vom Adler, wenn er alt werde, würden ihm die Augen und die Schwingen schwer, und seine Augen würden trübe. Was nun tut er? Er sucht einen Quell reinen Wassers und fliegt zum Sonnenäther empor, verbrennt seine alten Flügel und die Trübung seiner Augen und fliegt zur Quelle herab und taucht dreimal unter; so wird er erneuert und wieder jung.
> In gleicher Weise sollst auch du, o Mensch, wenn du noch das Gewand des alten Menschen trägst und die Augen deines Herzens trübe sind, die geistliche Quelle aufsuchen, Gottes Wort, das da sagt: »Mich haben sie verlassen, den Quell lebendigen Wassers« [Jer. 2,13], und fliege empor zur Höhe der Sonne der Gerechtigkeit Jesu Christi, ziehe den alten Menschen mit seinen Taten aus [Kol. 3,9] und tauche dreimal unter in ewig strömenden Quell, im Namen des Vaters, des Sohnes und des heiligen Geistes; ziehe auch den alten Menschen aus, das ist das alte Gewand des Teufels, und ziehe den neuen Menschen an, der nach dem Bild Gottes geschaffen ist, und es wird sich auch an dir die Prophezeiung Davids erfüllen [Ps. 103,5]: »Deine Jugend wird erneuert wie die des Adlers«.[24]

Der Gegensatz vom alten Menschen aus dem Reich der Welt bzw. des Teufels und dem neuen Menschen wird im Physiologus durch die Beschreibung und allegorische Deutung des Adlers manifest. Hier wird der Verwandlungs- bzw. Verjüngungsprozess als erneute Taufe beschrieben, während Francke die Bekehrung bzw. Wiedergeburt in den Mittelpunkt der Verwandlung zum neuen Menschen stellt. Der Adler auf dem Tympanon des historischen Waisenhauses (Abb.1) oder auf dem ersten Exlibris der Bibliothek des Waisenhauses (Abb.3) wirkt denn auch nicht so kräftig und stark wie der Adler, der als Zeichen imperialer Macht bekannt ist. Auch wenn der Adler auf dem Tympanon des Waisenhauses an der preußischen Königsadler erinnert,[25] steht er zuvorderst für den jungen, gerade bekehrten Adler, dessen Glaubensweg beginnt und der sich mit neuer Kraft wie die Seele zu Gott zur Sonne emporschwingt.

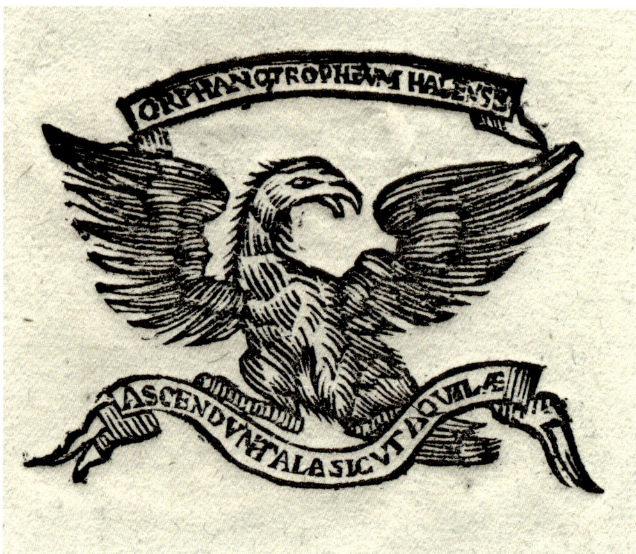

Abb. 3: Erstes Exlibris der Bibliothek des Waisenhauses

Deshalb ließ Francke den zur Sonne strebenden Adler gut sichtbar in den Giebel des Waisenhauses setzen und stellte damit sogleich die Providenz Gottes für den Aufbau und die Wirkung seiner Anstalten unter Beweis. Für ihn waren die Adler Symbole der immer wiederkehrenden Hoffnung, dass die Erneuerung des Einzelnen und der Welt an jedem Tag beginnen und geschehen kann. Zugleich sollten die Adler denen Kraft spenden, die von Anfechtungen und Leid nicht verschont werden. Diese Bedeutungsvielfalt des Adlers stellt Francke in der *Erweckungs=Rede Zum Lobe GOttes und zum Vertrauen auff GOtt In dem neu=angelegten Waysen=Hause* am 29. April 1700 dar:

> Solten wir alles erzehlen/ was der liebe GOtt uns in diesen fünff Jahren gethan/ von dem an/ da man etwa mit 4. Rthl. 16. Groschen in seinem Namen das gantze Werck angefangen/ und wie wunderbar Er seine Güte erwiesen/ so müste ich ein gantz Buch auffschreiben. Es mag gnug seyn/ daß jetzo so viel davon gedacht worden/ als zur Erweckung und Stärckung des Glaubens dienen mag. Zu dem Ende sind auch bey dem Zeichen der Adler oben ans Waysen=Hauß die Worte geschrieben: Die auff den HErrn harren/ die kriegen neue Krafft/ daß sie aufffahren mit Flügeln wie die Adeler/ daß sie/ wie es im Text weiter heisset/ lauffen und nicht matt werden/ daß sie wandeln/ und nicht müde werden/ damit nemlich die Leute im Vorbeygehen/ wann sie solches lesen/ etwa möchten zum Glauben an GOtt erwecket/ oder darinnen gestärcket werden. Dann wann manchmahl ein betrübter Mensch irgend vorbey gehet/ der in Noth stecket/ oder etwa verfolget wird/ und siehet da stehen: Die auff den HErrn harren/ kriegen neue Krafft/ & so schöpffet er vielleicht einen Trost daraus [...] Daher man wohl die Farbe nicht besser hätte anwenden können/ als daß damit dieser Trost=Spruch allen für die Augen gemahlet ist. Es wird noch mancher Mensch kommen von denen/ die jetzt leben/ und die noch sollen gebohren werden/ und wird sich dereins im Vertrauen auff GOttes Hülffe und Errettung stärcken. Sonderlich kan dieses wohl gesehen/ daß/ wann eimahl möchten die jenigen alt werden/ welche jetzt Kinder sind/ sie es hernach andern erzehlen: Das Haus ist von nichts gebauet/ man hat nichts oder sehr wenig gehabt/ da es ist angefangen worden; aber der liebe GOtt hat es dannach gebauet/ es ist im Glauben auff Ihn gebauet worden.[26]

Francke denkt über seinen Tod hinaus. Das imposante Waisenhaus mit den Adlern im Giebel symbolisiert für ihn das Walten Gottes in der Welt. Das Gebäude ist sichtbarer Beweis für die Geschichte des Vertrauens auf Gott, selbst wenn er und seine Mitstreiter nicht mehr am Leben sind, lebt durch das Gebäude die Glaubens- und Gedankenwelt des Pietismus fort und strahlt von Halle in die Welt aus. Die immerwährende Aufgabe der nachfolgenden Generationen ist die stete Verwandlung und Erneuerung des Menschen im Glauben. Für Francke hat diese Aufgabe eine individuelle existentielle und gesellschaftspolitische Dimension. Deshalb ist für ihn die Frage nach dem Alter und den Alten eine theologische Frage und der Gegensatz von alt und neu elementarer als der von alt und jung. Der Adler symbolisiert diese immerwährende Kraft der Erneuerung, ist Hoffnungsträger für den Beginn des Reiches Gottes auf Erden und die Überwindung des Todes. Deshalb mag es nicht verwundern, dass zu den eindrucksvollsten Zeugnissen in dem Band mit den *Epicedia oder Klag- und Trost-Carmina* (Abb.2) auf den Tod von August Hermann Francke ein Gedicht über die zu Sonne fliegenden Adler, dem Symbol der Erneuerung und Verjüngung, zählt:

> Ein muntrer Adler fleucht bis zu den Sternen=Höhen,
> Und schauet unverrückt die Sonnen=Strahlen an.
> Er will von unten auf durch Blitz und Donner gehen,
> Drum bricht sein schneller Flug ihm die gerade Bahn.
> Er krieget neue Kraft durch ein verjüngtes Leben,
> Womit er unverletzt sich wunderbahr erhält;
> Und dieses kan ihm auch ein hohes Alter geben,
> In welchem ihm kein Gift der Kranckheit überfällt.
> So muß ein Gläubiger verjüngten Adlern gleichen,
> Der unter GOttes Schutz in stoltzer Ruhe lebt.
> Er sucht des Glaubens Ziel und Kleinod zu erreichen,
> Wenn er den Adlern gleich nur nach dem Himmel strebt.
> Drum harret er auf GOtt in allem Creutz und Leyden,
> Und führt auf ebener Bahn den gantzen Lebens=Lauf.
> Ja, wenn zu guter letzt sich Leib und Seele scheiden,
> So fliegt sein edler Geist gleich muntern Adlern auf.[27]

Anmerkungen

1 Vgl. Brief von Gotthilf August Francke an Johann Martin Boltzius u. Israel Christian Gronau. Halle, den 16.02.1739. AFSt/M 5 A 7 : 31.

2 Carl Heinrich Bogatzky: Lebenslauf, von ihm selbst geschrieben. Halle 1801, S. 311-312.

3 Brief von Johann Christoph Silchmüller an August Hermann Francke. Salzungen, den 18.06.1725. Staatsbibliothek zu Berlin – Preußischer Kulturbesitz Stab/F 19,2/27 : 11.

4 Vgl. Briefe von Daniel Zeglin aus den Jahren 1741, 1743, 1744 (AFSt/M 1 B 28 : 59, B 31 : 25, B 32 : 14, B 32 : 20) und Briefe von Christian Friedrich Schwartz von 1751, 1753, 1754 (AFSt/M 1 B 40 : 22; B 42 : 15; B 42 : 34; B 43 : 15). Die Hinweise auf die Dokumente aus dem Missionsarchiv verdanke ich Herrn Dr. Jürgen Gröschl.

5 AFSt/M 1 B 43 : 53.

6 Gotthilf August Francke: Hertzliebe Mama. Briefe aus Jenaer Studientagen 1719–1720. Hrsg. v. Thomas Müller u. Carola Wessel. Halle 1998, S. 6.

7 Vier Thaler und sechzehn Groschen. August Hermann Francke (1663–1727). Der Stifter und sein Werk. Ausstellung im Hauptgebäude der Franckeschen Stiftungen vom 21. März 1998 bis 31. Januar 1999. Bearb. v. Paul Raabe unter Mitwirkung v. Hannelore Ruhle u. Elke Stateczny. Halle 1998, bes. S. 169.

8 Kurtze [...] Nachricht, von dem sehr merckwürdigen und erbaulichen Lebens=Laufe [...] Herrn August Hermann Franckens. Büdingen 1728. In: Lebensläufe August Hermann Franckes. Hrsg. v. Markus Matthias. Leipzig 1999 (= Kleine Texte des Pietismus; 2), S. 33-70, hier S. 61. Eines dieser „Erweckungs-Schreiben" ist im Archiv der Franckeschen Stiftungen erhalten: AFst/H A 135 : 88.

9 Kurtze [...] Nachricht, S. 49.

10 Adam Struensee: Rechtschaffene Lehrer als Bäume der Gerechtigkeit [...] [Abdankungs-Rede zum Tode von J. A. Freylinghausen am 17.02.1739]. Halle 1740, S. 47-71, hier S. 60.

11 Struensee (s. Anm. 10), S. 59-60.

12 August Hermann Francke: Die Lehre unsers HErrn JESU CHristi von der Wiedergeburt. In: August Hermann Francke. Predigten. Bd. 1. Hrsg. v. Erhard Peschke. Berlin/New York 1987 (= Texte zur Geschichte des Pietismus; Abt. 2, 9), S. 162-204, hier S. 200.

13 Zuletzt Helmut Obst: Grundzüge der Theologie August Hermann Franckes. In: Die Quelle als Inspiration. Historisches Wissen in der zeitgenössischen Kunst. Hrsg. v. Petra Lorass u. Patricia Drück. Katalog zur Ausstellung der Franckeschen Stiftungen zu Halle vom 18. Juni bis 1. September 2002. Halle 2002, S. 56-59; vgl. auch Martin Schmidt: A. H. Franckes Stellung in der pietistischen Bewegung. In: Wiedergeburt und neuer Mensch. Gesammelte Studien zur Geschichte des Pietismus. Witten 1969 (= Arbeiten zur Geschichte des Pietismus; 2), S. 195-211.

14 Herrn M. August Hermann Franckens vormahls Diaconi zu Erffurt [...] Lebenslauff. In: Lebensläufe August Hermann Franckes, wie Anm. 8, S. 5-32, hier S. 29.

15 Francke, Lebenslauff, S. 30.

16 Kurtze [...] Nachricht (s. Anm. 8), S. 40.

17 Francke, Die Lehre [...] von der Wiedergeburt (s. Anm. 12), S. 167, S. 201 202.

18 Peschke, Bekehrung und Reform, S. 106.

19 Schmidt, S. 206.

20 Hans-Joachim Kertscher: Das Frontispiz am Hauptgebäude der Franckeschen Stiftungen – Versuch einer Annäherung an den Symbolwert seiner bildkünstlerischen Gestaltung: In: Tagungsband zum I. Internationalen Kongress für Pietismusforschung. Halle [erscheint voraussichtlich 2004]. Ich danke Herrn Privatdozenten Dr. Hans-Joachim Kertscher für die Einsicht in das druckfertige Manuskript.

21 August Hermann Francke: Vom Helden-Muth der Gläubigen. In: August Hermann Francke: Predigten. Bd. 2. Hrsg. v. Erhard Peschke. Berlin/New York 1989 (= Texte zur Geschichte des Pietismus Abt. 2, 10), S. 309-334, hier S. 320.

22 August Hermann Francke: Die Freyheit vom Tode. In: August Herman Francke: Predigten. Bd. 2 (s. Anm. 21), S. 109–117, hier S. 117.

23 August Langen: Der Wortschatz des deutschen Pietismus. 2. erg. Aufl. Tübingen 1968, S. 197-203; Kertscher (s. Anm. 20), arbeitet den Symbolwert der Adler-Darstellung und seine Herkunft sowohl aus der griechisch-antiken als auch christlichen Tradition heraus.

24 Zitiert nach: Physiologus. Griechisch/Deutsch. Übersetzt und hrsg. v. Otto Schönberger. Stuttgart 2001, S. 13–15. Den Hinweis auf den Physiologus verdanke ich Herrn Karl-Andreas Hecker aus Berlin, der im Zusammenhang mit dem Bau der Potsdamer Garnisonkirche auf den Symbolwert des Adlers öffentlich aufmerksam machte. Karl-Andreas Hecker: Garnisonkirche. Das Turmsymbol geht auf eine frühchristliche Bildersprache zurück. Unten Suppe, oben Fanfare. In: Die Garnisonskirche. Beiträge zu ihrem Wiederaufbau. Bd. 1. Potsdam 2002, S. 38 f.; vgl. dazu auch Kertscher, (s. Anm. 20).

25 Vgl. beispielsweise Johann Peter Ludwig: Der Kronwürdige Preußische Adler. In: ders.: Gesamte Kleine Schrifften. Halle 1705; Kertscher, wie Anm. 20, zeigt auf, dass die Adler auf dem Tympanon schon bald nach der Errichtung des Gebäudes als preußische Adler interpretiert worden sind.

26 August Hermann Francke: Erweckungs=Rede zum Lobe GOttes und zum Vertrauen auff GOtt/ In dem neu=angelegten Waysen=Hause Zu Glauche an Halle gehalten. Den 29. April. 1700. Halle 1702, S. 28-29; Kertscher (s. Anm. 20), verdanke ich den Hinweis auf eine Predigt Franckes, die sich ganz dem Spruch Jes. 40, 31 widmet: August Hermann Francke: Neu-Jahrs-Ermunterung, Uber die Worte: Die auf den HErrn harren, krigen neue Kraft, u.s.w. Jes. XL, 31. In öffentlicher Versammlung auf dem Wäysenhause den 2. Jan. 1715. ertheilet, Und anietzo zur Glaubens-Stärckung beym Eintritt des 1741. Jahrs herausgegeben Von Gotthilf August Francken, [...]. Halle 1741.

27 J. G. M.: Die neue Krafft Der geistlich auffligenden Adler, An dem Ruhmwürdigen Exempel und aus dem Leichen=Text Esai. XL. v. 31. In: EPICEDIA Oder Klag= und Trost=CARMINA und andere dazu gehörige Schriften/ Bey dem seeligen Ableben Weyland August Hermann Francken [...] Von Einheimischen und Auswärtigen/ Hohen und Vornehmen Gönnern und Freunden abgefasset und eingesendet. Halle [1727].

Udo Hachmann

Das sozial-pädagogische Projekt im ehemals Königlichen Pädagogium

Newtonisch Weiß den Kindern vorzuzeigen,
Die pädagogischem Ernst sogleich sich neigen,
Trat einst' ein Lehrer auf, mit Schwungrads Possen,
Auf selbem war ein Farbenkreis geschlossen.
Das dorlte nun. „Betracht' es mir genau!
Was siehst du, Knabe?" Nun, was seh' ich? Grau!
„Du siehst nicht recht! Glaubst du, dass ich das leide?
Weiß, dummer Junge, Weiß! So sagt's Mollweide!"

Mit diesen Zeilen hat Johann Wolfgang Goethe, der Schöpfer der „Farbenlehre", eine Begebenheit festgehalten, die sich 1802 bei seinem Besuch der berühmten Schulstadt in Halle im Königlichen Pädagogium abspielte. Sie ist eine anekdotisch anmutende Reminiszenz an eine tatsächlich bedeutende Geschichte des Pädagogiums auf dem Gelände der Franckeschen Stiftungen. Diese höhere Lehranstalt – eben da unterrichtete der spätere Universitätsprofessor der Physik Karl Brandan Mollweide (1774–1825) – bestand zu der Zeit schon weit über 100 Jahre und war bereits seit bald 90 Jahren mit ihren Schul- und Alumnatsräumen in dem beeindruckend großen Bauwerk untergebracht, das, teilweise fünf Stockwerke hoch, mit seinem Querflügel den Lindenhof im Osten abschließt und dessen dahinter mittig angesetzter Flügel fast 60 Meter Länge erreicht.

August Hermann Francke (1663–1727) hatte bereits 1696 die Grundlage für die anspruchsvolle Erweiterung seines Schulangebotes in den Glauchaer Anstalten geschaffen. „Pädagogium Regium" durfte sich die Bildungseinrichtung ab 1702 nennen, als sie Schutz und Förderung durch ein eigens ausgestelltes Privileg des Königs in Berlin erhielt. Obwohl eigentlich keine Standesschule, war ihr Besuch wegen des hohen Schulgeldes vornehmlich Kindern von Adeligen und wohlhabenden Bürgern vorbehalten.
Es waren die wachsende Bedeutung des Pädagogiums für die Umsetzung sich herausbildender Erziehungsideale im preußischen Staat und der Zulauf von Scholaren, die bis 1713 die Errichtung des größtenteils heute noch erhaltenen, aber inzwischen nicht mehr nutzbaren Baukomplexes ermöglicht hatten. Schulforscher schätzen die seinerzeit wachsende Bedeutung des Halleschen Pädagogiums, das zu Anfang dem pietistisch strengen Verhaltenskodex unterworfen war, als hochrangig für die deutsche Bildungsgeschichte ein. Der sich weit verbreitende gute Ruf dieser Schule – dazu trug auch das neuartige Angebot eines anspruchsvollen Realienunterrichts bei – konnte nach der Mitte des 18. Jahrhunderts nicht aufrechterhalten werden. Eine Blütezeit gab es aber noch einmal unter dem Stiftungsdirektor August Hermann Niemeyer (1754–1828). Dieser Urenkel Franckes war es, der Goethe auf Grund freundschaftlicher Beziehungen zur Besichtigung von Franckens Stiftungen und zur „Inspektion" gerade auch des Pädagogiums eingeladen hatte, aus deren Anlass das oben zitierte Gedicht mit der hintergründigen Überschrift „Dem Weißmacher" entstand.

Nach erneutem Niedergang Mitte des 19. Jahrhunderts wurde das Pädagogium in den Gründungsjahren des Deutschen Reiches in das Stiftungsgymnasium Latina eingegliedert. Insbesondere der östliche Gebäudeflügel wurde als Wohnheim für Lehrer und Schüler in den Stiftungen weiter genutzt.
Zur Baugeschichte und späteren Nutzung des Pädagogiums soll noch erwähnt werden: Das T-förmige Gebäude auf der höchsten Erhebung des Stiftungsgeländes, gekrönt von einem längst wieder verschwundenen mächtigen Altan, hatte der verdienstvolle Stiftungsbaumeister Georg Heinrich Neubauer (1666–1726) in der üblichen Fachwerkbauweise errichtet. Am östlichen Ende wurden schon bald das nördliche und südliche Giebelhaus mit dem so genannten Aktussaal (später als Tanz- und Musikhaus bekannt) angebaut. Sie mussten zu DDR-Zeiten dem Bau der Straßenmagistrale weichen, die mitten durch den angrenzenden Apothekergarten getrieben wurde. Die Abrissspuren sind noch an Fundamentresten und Konturen an der Außenfassade des Längsflügels zu erkennen. Der vordere Querbau war schon Mitte des 19. Jahrhunderts baufällig gewesen und wurde durch den heute gelblich-grauen Ziegelsteinbau mit den dunklen Horizontalbändern ersetzt. Er fällt, hinter dem Francke-Denkmal gelegen, angesichts der übrigen Putz- und Fachwerkfassaden um den Lindenhof, besonders auf. Dieses Gebäude diente auch als Sitz der Stiftungsdirektoren.

Nach der politischen Wende von 1989 wurde der noch mit Öfen beheizte Fachwerkteil des Gebäudekomplexes wegen Unbewohnbarkeit geräumt. 1992 bezog allerdings noch die von der Montessori-Gesellschaft als Träger neu gegründete „Reformschule Maria Montessori – Evangelische Grundschule mit Integration" das ebenfalls in schlechtem Zustand befindliche Quergebäude, musste es aber im Frühjahr 2003 wegen akuter Baufälligkeit verlassen. In der festen Erwartung der Montessori-Gesellschaft, dort nach der anstehenden Sanierung endgültig wieder einziehen zu können, findet der Unterricht inzwischen behelfsweise in der nicht weit entfernten Glaucha-Schule statt.

Seit der rechtlichen Wiederherstellung der Franckeschen Stiftungen im Jahr 1991 wurde für das ehemals Königliche Pädagogium insgesamt nach einer neuen Nutzung gesucht. Mitte der 90er Jahre gab es den Plan, hierhin ein bestehendes Altersheim der Stadt Halle zu verlagern. Diese schon weitgehend vorbereitete Absicht scheiterte am Konkurs des Berliner Investors, der das marode Bauwerk sanieren wollte. In der Folge wurde im Kontakt mit den renommierten Hallenser Stiftungen Paul Riebeck und St. Cyriaci et Antonii versucht, dort eine Einrichtung für Betreutes Wohnen unterzubringen. Im Jahre 2000 eröffnete sich dann mit Hilfe eines Finanzierungsangebotes aus Mitteln der Pflegeversicherung die aussichtsreiche Möglichkeit, dort ein Altenpflegeheim mit 60 Betten zu schaffen. Direktor Prof. Paul Raabe war angesichts des auch sozialen Satzungsauftrages der Franckeschen Stiftungen gewillt, diese Chance für eine sinnvolle Wiederbelebung des vom Verfall bedrohten hinteren Gebäudes zu nutzen. Schließlich konnte die Paul-Riebeck-Stiftung als Partner für die Investition und den Betrieb gewonnen und mit ihr im Februar 2003 ein Erbbaurechtsvertrag geschlossen werden, der das auch von den Franckeschen Stiftungen zu fördernde Vorhaben in allen Einzelheiten regelt. Inzwischen wurde mit vorbereitenden Baumaßnahmen begonnen. Das Heim soll bereits Ende 2004 bezugsfertig sein.
Das zu realisierende Gesamtprojekt beruht auf einer komplexen Planung mit Modellcharakter: Für das Altenpflegeheim wird

einerseits ein in die Grünanlage „Ballonplatz" hineinreichender L-förmiger Neubau entstehen, der an das östliche Ende des Längsflügels des Pädagogiums angesetzt wird. Aber auch drei Stockwerke des historischen Gebäudeteils sollen nach der Sanierung in das Nutzungskonzept eingebunden werden. Da der Querbau am Lindenhof für die Montessori-Schule nicht ausreichen wird, werden ihr ebenfalls weitere Räumlichkeiten im Längsflügel zugeordnet. Der Schulhof wird in dem U-förmig umgrenzten Bereich angelegt, der zwischen dem historischen Fachwerkflügel und dem neuen Anbau entsteht. Ein so genannter Werkhof für die Schüler soll auf der Nordseite des alten Ostflügels entstehen und über einen breiten Durchgang in dessen Erdgeschoss vom Schulhof aus zugänglich sein. Diese räumliche Verzahnung der Schul- und Altenheimsphäre ist von beiden Aufgabenträgern ausdrücklich gewollt und soll einer vielfältigen Symbiose von Alt und Jung dienen. Die Bereitstellung der Investitionsmittel aus der Pflegeversicherung ist unmittelbar an diese Konzeption gebunden, die insbesondere in einigen nordeuropäischen Ländern bekannt ist, aber in Deutschland hier in Halle erstmals verwirklicht werden dürfte.

Der „Philosophie" der Montessori-Schule kommt die Berührungsnähe zu den alten Menschen sehr entgegen. Die Eltern sehen darin eine wichtige Möglichkeit, ihren Kindern über die in unserer Gesellschaft noch weit verbreiteten räumlichen wie geistigen Generationsschranken hinweg soziale Sensibilität zu vermitteln. Warum sollen junge Menschen nicht angeregt werden, zunächst fremden alten Menschen vorzulesen, vorzusingen, Blumenschmuck aufzustellen und weitere kleine Dienste anzubieten? Die so gewonnene Vertrautheit dürfte früh eine Weltsicht fördern, die das Endliche im Leben angemessen einbezieht und begreifen lässt. Und die Altenheimbewohner werden die zusätzliche Fürsorge schätzen lernen und sich umso mehr freuen können an dem Leben auf dem Schulhof, das sie vor ihren Fenstern beobachten können. Umgekehrt dürften auch die Schulkinder vielleicht noch ganz unerwarteten Gewinn haben: Der Werkhof und ähnlich Zweck bestimmte Räumlichkeiten im gemeinsam genutzten Gebäude sollen Orte werden, an denen rüstige alte Menschen oder betreuende Angehörige z.B. handwerkliches Wissen und Können an die jüngste Generation weitergeben. Schöpferische Phantasie auf beiden Seiten mag Kontakte vielfältiger Art schaffen und fördern!

Die „Philosophie" der Paul-Riebeck-Stiftung als Träger des Altenheimes selbst sieht ebenfalls eine fortschrittliche Konzeption vor. Anstelle der z.T. noch üblichen „Verwahranstalten" für gebrechliche alte Menschen soll hier eine Heimstätte entstehen, in der die Bewohner entsprechend der ihnen verbliebenen geistigen und körperlichen Fähigkeiten Möglichkeiten der Betätigung und Mitwirkung finden. Architekt Wilfried Ziegemeier, der seit der Wiederherstellung der Stiftungen die Bau- und Sanierungsmaßnahmen erfolgreich betreut, hat bei den Genehmigungsstellen überzeugend für ein Organisationskonzept geworben, das weder eine Großküche noch einen Speisesaal vorsieht. Individuell oder in kleinen Wohngruppen sollen sich die Heimbewohner je nach Vermögen und Befindlichkeit in kleine alltägliche Aufgaben einbringen können, was beispielsweise auch die Mithilfe bei der Zubereitung von Mahlzeiten in Wohnbereichsküchen bedeuten kann. Die gezielte Förderung der Mobilisierung verbliebener Selbständigkeit, verbunden mit der spürbaren Nähe zur Jugend, dürfte das Selbstwertgefühl und die Lebensfreude auch in der Phase notwendiger Heimbetreuung in vielen Fällen stabilisieren helfen oder gar steigern.

Während das Altenpflegeheim-Projekt in der Regie der Paul-Riebeck-Stiftung durchfinanziert ist – auch Dank der Bereitschaft der Stadt Halle, den räumlichen Komplex „Ehem. Kgl. Pädagogium" in die Städtebauförderung aufzunehmen – , ist die notwendige Investition für die Montessori-Grundschule und auch für den dazugehörigen Schulhort teilweise noch nicht gesichert. Die Sanierung erweist sich als aufwändig, weil einerseits der festgestellte Schädigungszustand der gesamten Bausubstanz sehr erheblich ist (Fäulnis, Hausschwamm, Holzkäferbefall, Kellerdurchfeuchtung). Andererseits erfordert die Gestaltung nach den Prinzipien von Maria Montessori einen weitgehend zu verändernden Zuschnitt der vorhandenen Raumeinteilung, weil – anders als bei dem sonst üblichen Frontalunterricht – sich hier Schülergruppen aus verschiedenen Klassen oft kreisförmig zusammensetzen. Auch ist die bewegungsfördernde Unterbringung in vier übereinander liegenden Stockwerken vorgesehen, was bauliche Eingriffe notwendig macht. Die Franckeschen Stiftungen sind bestrebt, der Montessori-Gesellschaft möglichst bald den bisherigen Standort dauerhaft anbieten zu können, weil dieser Schultyp mit dem Leitsatz „Hilf mir, es selbst zu tun" sich Franckes heute noch gültigen pädagogischen Ansätzen nähert und somit gut in das Bild der Stiftungen passt, die sich laut neuer Satzung weiterhin auch der Pädagogik verpflichtet sehen. In diesem Sinne sind sie selbst bereits Träger des ebenfalls auf dem Stiftungsgelände befindlichen Kinderhauses Montessori (Haus 55) geworden, das mit der Schule kooperiert.

Es ist geplant, den – auch nach Einsatz von öffentlichen Stadtsanierungs- und Denkmalsschutzmitteln – noch fehlenden Investitionsbetrag von bis zu 2 Mio. Euro vornehmlich über Spenden und sonstige Zuwendungen (wie Vermächtnisse und Zustiftungen) einzuwerben. In diesem Zusammenhang steht möglicherweise auch die bedeutende Mithilfe des Freundeskreises der Franckeschen Stiftungen in Aussicht. Die nach der Bauplanung der Montessori-Schule im Erd- und Dachgeschoss des Längsflügels künftig zur Verfügung stehenden geräumigen Zusatzflächen sind weitgehend als ein Ergänzungsangebot für unterrichtsbegleitende Aktivitäten gedacht. In Kombination damit ließe sich wohl auch ein Ziel verfolgen, das sich der Freundeskreis für eine baldige Umsetzung auf die Fahnen geschrieben hat: Ein Ort, an dem das Thema Jugendgesundheit im weitesten Sinne gelehrt, gelernt, demonstriert und praktiziert wird. Zunächst war dafür das symbolträchtige historische Kinderkrankenhaus (Haus 51) auf dem Stiftungsgelände auserwählt worden. Es mag aber vielleicht wegen der erst kürzlich erfolgten anderwertigen Belegung nicht so rechtzeitig wie erhofft verfügbar sein. Zudem gibt er wegen des von der Landesdenkmalspflege befürworteten späteren Rückbaus auf sein ursprünglich erheblich kleineres Gehäuse überhaupt nicht den geeigneten Standort für das angedachte „Gesundheitshaus" ab. Die Einbindung der noch spezifischer zu gestaltenden Idee in die Formel „Alt und Jung" im Baukomplex des ehem. Kgl. Pädagogiums dürfte einen viel versprechenden Ansatz bieten. Er könnte in Abstimmung mit Vorstellungen des Bundesministeriums für Familie, Senioren, Frauen und Jugend für ein jugendförderndes

Pilotprojekt eine aussichtsreiche Perspektive darstellen, zumal in Kürze die Leipziger Filiale des Deutschen Jugendinstitutes am Lindenhof (Haus 12/13) einziehen wird und sich für dieses ein zusätzliches ortsnahes Forschungsfeld auftun könnte.

Das gegenwärtig noch düster dahindämmernde ehemals Königliche Pädagogium – wo sich vor 200 Jahren die eingangs zitierte Episode des Beweisstreites über Grau oder (doch wohl?) Weiß zugetragen hat – ist darauf vorbereitet, äußerlich wie innerlich, hoffentlich schon bald eine wieder hell ausstrahlende Zukunft zu erleben. Die Wiederherstellung dieses Bauwerkes im Sinne des Stiftungsauftrages wird zugleich als „Schlussstein" die Sanierung des gesamten historischen Gebäudeensembles um den Lindenhof vollenden und dürfte die in Aussicht stehende Aufnahme der Franckeschen Stiftungen in die UNESCO-Liste des Weltkulturerbes befördern.

Quellen:

Die Stiftungen August Hermann Franckes zu Halle. Festschrift zur zweiten Säcularfeier seines Geburtstages. Halle 1863, S. 26 ff. u. 157 ff.

Schulen machen Geschichte. 300 Jahre Erziehung in den Franckeschen Stiftungen. Hrsg. von Paul Raabe u. a.. Katalog der Franckeschen Stiftungen 4. Halle 1997, S. 15 ff., 43, 67 ff.

Separatisten, Pietisten, Herrnhuter. Goethe und die Stillen im Lande. Hrsg. von Paul Raabe. Katalog der Franckeschen Stiftungen 6. Halle 1999, S. 197 ff.

Jan-Hendrik Olbertz: Lernen in den Franckeschen Stiftungen – Begegnungen zwischen den Generationen. Vortrag vom 20. 3. 1995 in Halle.

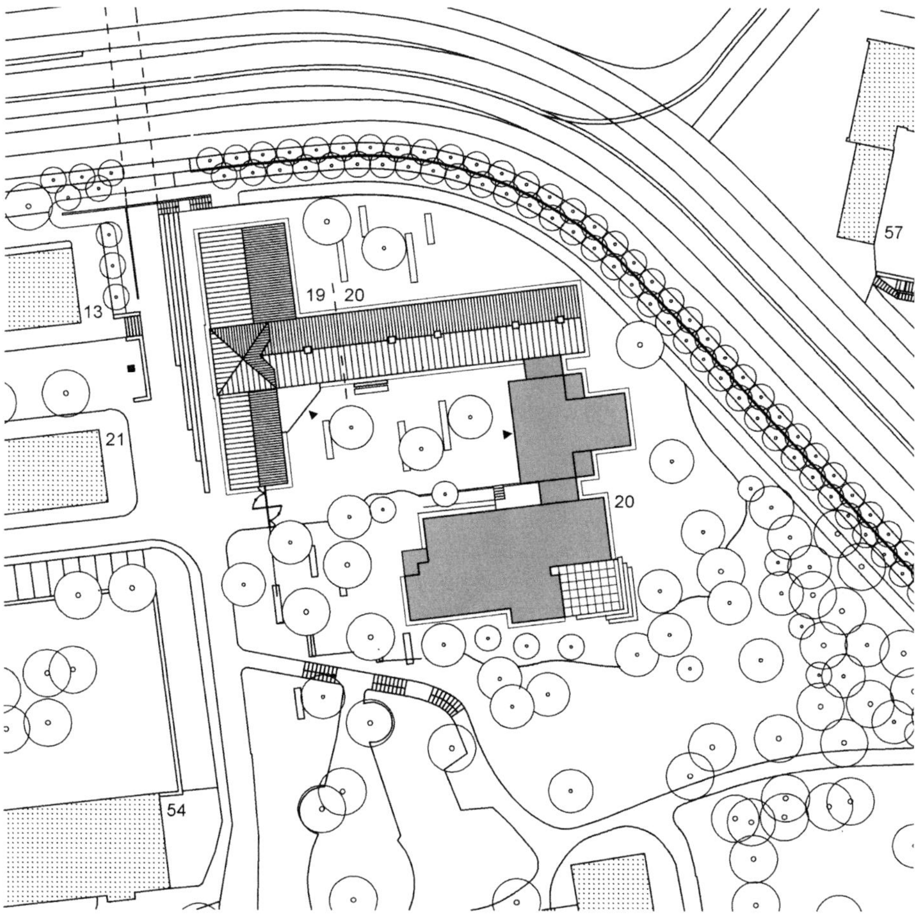

Kat.-Nr. II.5
Architekt BDA DWB
Wilfried Ziegemeier
Pläne und Modell zu Umbau und Erweiterung des ehemaligen „Königlichen Pädagogiums"
2003
Ausschnitt aus dem Lageplan der Franckeschen Stiftungen:
13 Internat Latina, 19 Montessori-Grundschule, 20 Altenpflegeheim der Paul-Riebeck-Stiftung, 21 Stadtsingechor zu Halle,
54 Forschungszentrum der europäischen Aufklärung, 57 historische Waisenhausapotheke

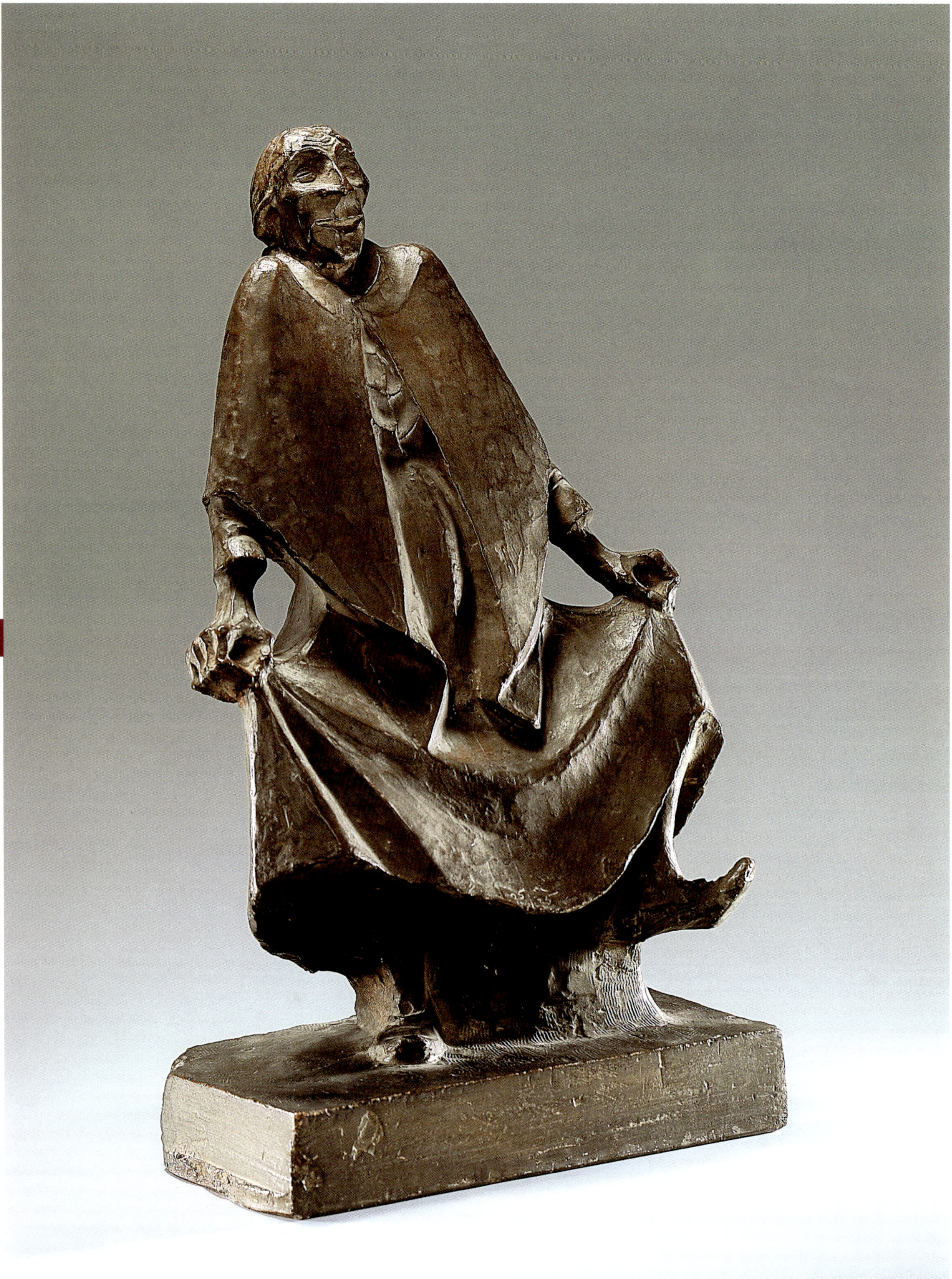

Thomas Richter

Katalog der ausgestellten Werke und Objekte

Vorbemerkung zum Katalog

Dieser Katalogteil versteht sich nicht als kunsthistorischer Forschungsbeitrag, sondern als illustrierter, an den Ausstellungsthemen orientierter Begleiter durch die Präsentation. Auf Anmerkungen und Literaturangaben wurde daher verzichtet.

Die Anordnung der Objekte folgt der Einteilung der Themenräume I–VIII der Ausstellung. Innerhalb dieser Objektgruppen erfolgte die Ordnung nicht nach der Hängung vor Ort sondern nach dem Gesichtspunkt der Chronologie und unterteilt nach Kunstgattungen.

Wenn nicht anders vermerkt, bezeichnen die Maßangaben bei graphischen Blättern die Größe der Druckplatte; sonst folgt der Angabe der Höhe, jene der Breite in cm.

Kat.-Nr. V.23 (Abb. S. 158)
Ernst Barlach (1870–1938)
Die Kulegraaksch (Tanzende Alte)
1920

Raum I

Kat.-Nr. I.1
Waldemar Otto (*1929)
Die Rentnerin Katharina Weyl
1970/71
Polyester, Holz, Eisen
H. 170 cm
Im Besitz des Künstlers

Die Fragilität der alten Frau, die sich, auf ihren Spazierstock stützend, dem Betrachter zu nähern scheint, kontrastiert der Bildhauer mit metallischen Wänden, die den die Figur umgebenden Raum in beklemmender Weise beschränken (nicht in der Abb. zu sehen). Waldemar Otto schuf auf diese Weise ein Sinnbild für den Verlust der Möglichkeiten zur Kommunikation und zur persönlichen Entfaltung, der im gesellschaftlichen Kontext oftmals mit dem Alterungsprozess einhergeht.

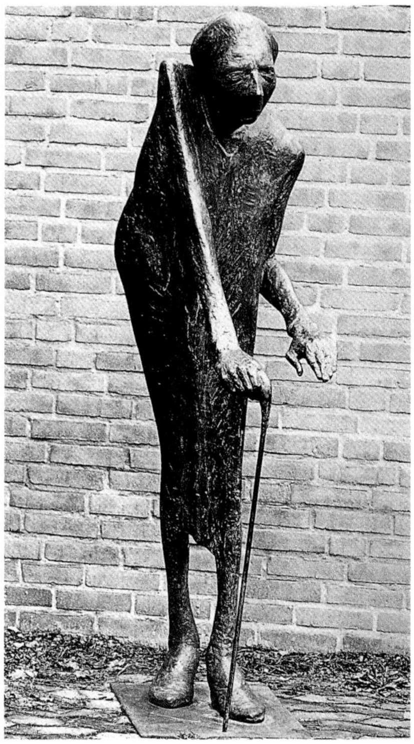

Kat.-Nr. I.2
Das Ehepaar Anna (1874–1945)
und Richard Wagner (1873–1950)
(aus: Birgit Jochens: Deutsche Weihnacht. Ein Familienalbum 1900–1945. Berlin 1996)
35 Fotografien (teilw. in Stereoskopie)
29,5 x 24,0 cm
Heimatmuseum Charlottenburg-Wilmersdorf, Berlin

Der Fotoamateur Richard Wagner, Beamter der Reichsbahn, porträtierte sich selbst und seine Frau am Weihnachtsabend mit Hilfe eines Selbstauslösers über annähernd fünf Jahrzehnte. Die Fotografien dienten als Grußpostkarten für Freunde und Verwante. Die auf diese Weise entstandenen Fotodokumente illustrieren nicht allein den Wandel der Moden und die Abfolge guter und wirtschaftlich schwieriger Zeiten in der 2 1/2 Zimmer-Wohnung in Berlin Schöneberg, in der das Ehepaar nach seiner Übersiedelung aus Essen seit 1911 wohnte. Sie zeigen auch in intimer Weise die Alterung des kinderlosen Paares, das sich zeitlebens eng verbunden blieb.

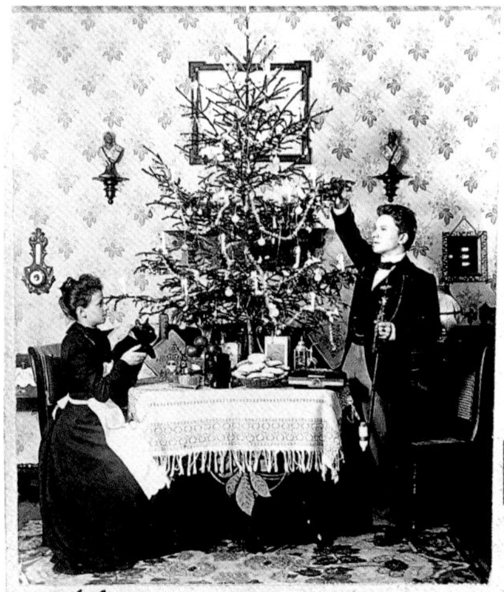

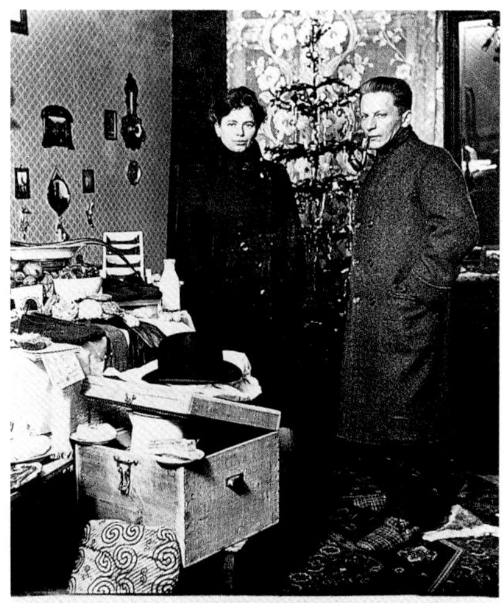

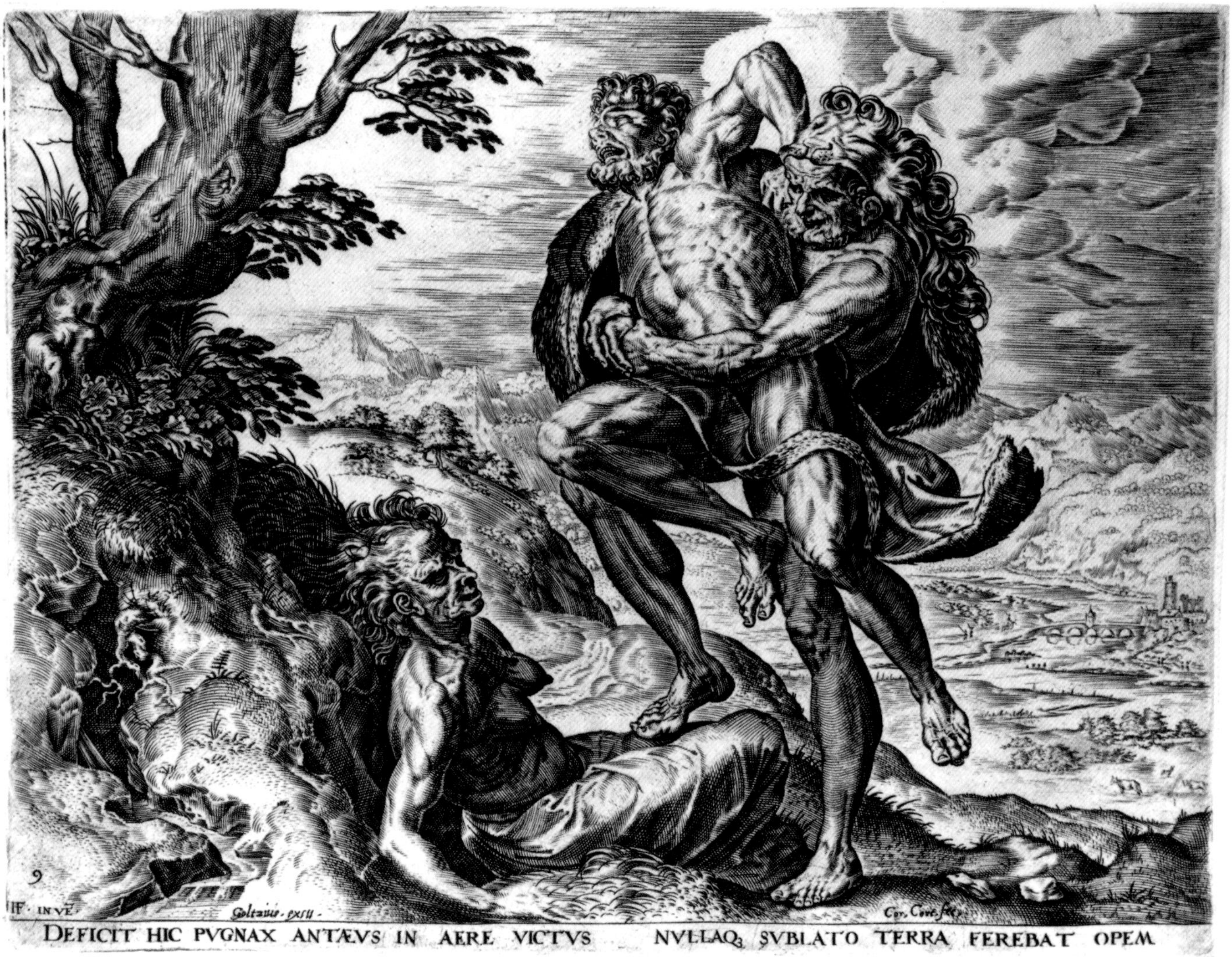

Kat.-Nr. III.6
Cornelis Cort (1533–1578)
(n. Frans Floris, 1519/20–1570)
Herkules und Antäus
1563

Raum II

Kat.-Nr. II.1
Hans Ulrich Buchwald (*1925)
Im Altersheim
1961
Linolschnitt (o. Nr., Künstlerdruck)
71 x 101 cm
Globus Galerie Leipzig/Berlin. Im Besitz der Galerie
Buchwald, renommierter Plastiker, Holzschneider und Buchgestalter, widmete sich bei dieser großformatigen druckgraphischen Arbeit dem Thema alter Menschen im Pflegeheim. Der Künstler beobachtete die Stille und die scheinbare innere Isolation, die zwischen den Heimbewohnern herrscht und verlieh doch jeder Persönlichkeit Würde durch Hinweise auf eine individuelle Biografie.

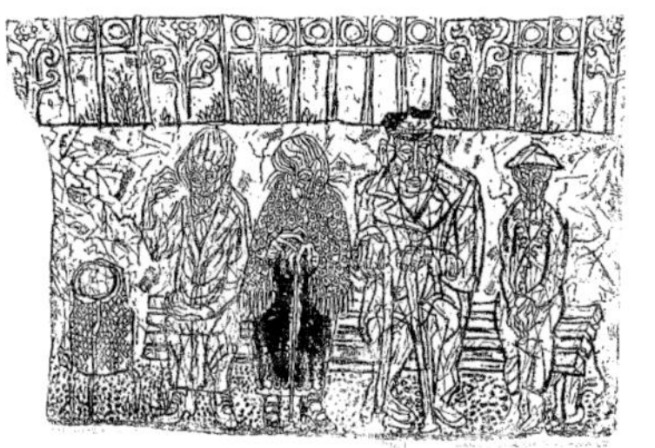

Kat.-Nr. II.2 (Abb. S. 22)
Erika Maria Lankes (* 1940)
Verkehrsteilnehmerin
1984
Polyester
H. 240; B. 125; T. 55 cm
Haus der Geschichte
der Bundesrepublik Deutschland, Bonn
Inv.-Nr. EB 1994/08/0127
Die lebensgroße Plastik einer Rentnerin schildert deren Versuch, sich im Umfeld des modernen Straßenverkehrs zu Recht zu finden. Lankes problematisiert damit die Situation, dass der technische Fortschritt primär an den Bedürfnissen der gesellschaftlich produktiven, also der jungen Generationen ausgerichtet ist und die Integration der älteren Bevölkerung im Zeitalter der globalen Technisierung zunehmend schwieriger wird.

Kat.-Nr. II.3 (Abb. S. 23)
Gundula Schulze-el Dowy (* 1954)
Altsein-Tamerlan
1979–84
Fotografie
Staatliche Galerie Moritzburg Halle
Landeskunstmuseum Sachsen-Anhalt
Gundula Schulzes eindringliche, mit bildkünstlerischen wie mit literarischen Mitteln arbeitende Serie „Altsein-Tamerlan" (1979–1984) dokumentiert die menschlich intime Beziehung von zwei eng befreundeten Frauen. Die Künstlerin begleitete die letzten Lebensstationen der älteren Frau mit ihren Bildern und Texten, die in ihrer Drastik deren Schicksal schonungslos offenbaren.

Kat.-Nr. II.4 (Abb. S. 25-28)
Frank Hellwig (*1950)
Menschen der Paul-Riebeck-Stiftung, Halle.
2003
Fotografie
Franckesche Stiftungen zu Halle
Diese Fotosequenz versucht, verschiedene Formen des betreuten Lebens in der Altenpflege in unserer Gegenwart zu veranschaulichen. Als Beispiel dient das Lebensumfeld von verschiedenen Bewohnern der Paul-Riebeck-Stiftung. Von der stationären Versorgung in den Wohnbereichen über Begegnungsstätten und die Tagespflege bis hin zum betreuten Wohnen werden verschiedene Möglichkeiten der Versorgung im Alter vorgestellt. Der Schwerpunkt der Darstellung liegt auf der Wiedergabe von individuellen Formen und Strategien älterer Menschen, mit ihrem Leben im Alter umzugehen.

Kat.-Nr. II.5 (Abb. S. 157)
Architekt BDA DWB Wilfried Ziegemeier. Pläne und Modell zu Umbau und Erweiterung des ehemaligen „Königlichen Pädagogiums"
2003
Modell: 131 x 64 cm cm
Grundrisse und Pläne: Maßstab 1:100
Architekturbüro Ziegemeier, Halle/Hannover
Das Projekt der Verbindung eines Altenpflegeheims und der Montessori-Schule im Gebäude des ehemaligen „Königlichen Pädagogiums" der Franckeschen Stiftungen basiert auf einer Kooperation mit der Paul-Riebeck-Stiftung, Halle. In einem bundesweit wohl einmaligen Versuch sollen junge und alte Menschen unter einem Dach in sinnvoller Nachbarschaft voneinander in ihrem Alltagsleben in sozialer und kultureller Hinsicht profitieren. Auf diese Weise soll das Verständnis der Generationen für einander wachsen und hiervon ein gesellschaftliches Signal ausgehen.

Kat.-Nr. II.6
Stefan Pfänder und Dagmar Barth-Weingarten
Als Schornsteinfeger noch fliegen konnten. Leben und Arbeiten damals: Zeitzeugen erzählen
2003
Audiocollage; Fotografien
Franckesche Stiftungen zu Halle
Die aus zum Teil unveröffentlichtem Material zusammengestellte Hörcollage bietet in Kombination mit historischen Fotografien einen facettenreichen Querschnitt des gleichnamigen „oral history"-Projekts, das unter Leitung des Romanisten Stefan Pfänder und der Anglistin Dagmar Barth-Weingarten 2002 von Studierenden des Studiengangs „Interkulturelle Wissenskommunikation" der Martin-Luther-Universität Halle-Wittenberg mit Bewohnern der Paul-Riebeck-Stiftung in Halle durchgeführt wurde. Ziel war die Dokumentation vergangener und zunehmend in Vergessenheit geratender Arbeits- und Lebenswelten. Diese scheinen in individuellen Geschichten und Episoden auf. Zugleich spiegeln die Gesprächsausschnitte die jeweilige Distanz oder Nähe zwischen den Fragestellern und den Befragten, deren Altersunterschied bis zu 70 Jahre betrug.

Kat.-Nr. II.7
Zeitzeugenbörse Berlin
Was ist wichtig?
2001
Video
Franckesche Stiftungen zu Halle
In der Videodokumentation äußern sich Vertreter verschiedener Alters-, Berufs- und Statusgruppen zu der Frage „Was ist wichtig?" im Leben. Aus dem Nebeneinander und der Konfrontation ihrer Aussagen wird deutlich, welche Werte generationen- bzw. gesellschaftsübergreifend den Anspruch universeller Gültigkeit besitzen. Sichtbar wird zugleich die Verschiedenartigkeit persönlicher Wünsche, Hoffnungen, Vorstellungen und Projektionen, die an individuelles Alter und konkrete Lebenserfahrung gebunden sind.

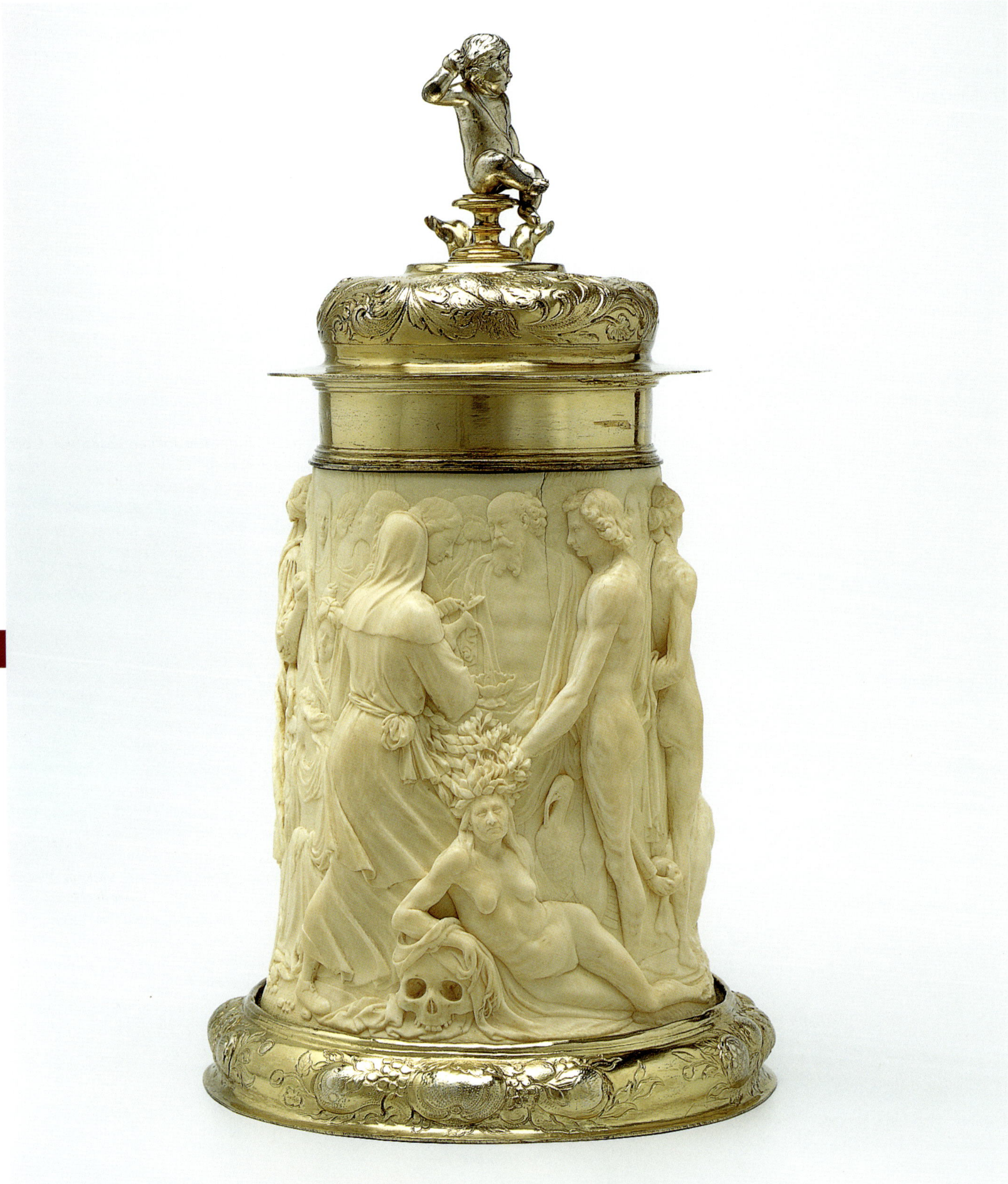

Kat.-Nr. III.3
Elfenbeinhumpen
Augsburg (?)
Um 1670

Raum III

Kat.-Nr. III.1 (Abb. S. 35)
Die Vertreibung der Ureltern
Urbino, um 1600
Majolikateller (in Holzrahmen)
Dm. 22,5 cm (42 cm)
Museum für Kunst und Gewerbe, Hamburg
Inv.-Nr. 1878.514
Durch den Genuss der Frucht vom Baum der Erkenntnis werden Adam und Eva die „Augen aufgetan" (1. Mose 3, 1–7). Sie erkennen jedoch nicht allein ihre Nacktheit, sondern sind nach ihrer Vertreibung aus dem Paradies auch der Alterung unterworfen: Folgerichtig erscheint in der dargestellten Szene Adam bereits als Greis mit eisgrauem Haar. Alter und Tod haben damit Einzug in die Geschichte des Menschengeschlechtes gehalten.

Kat.-Nr. III.2
Viererkopf
Niederlande, um 1650
Buchsbaum
H. 6; B. 5,5; T. 6,1 cm
Museum für Kunst u. Gewerbe, Hamburg
Inv.-Nr. 1962.58
Diese fein gearbeitete Plastik gehört zu den in der Barockzeit vielfach und in allen Kunstgattungen verbreiteten „Vergänglichkeits- oder Vanitas-Darstellungen", die dem frommen Betrachter die Endlichkeit seines Daseins bei vielen Gelegenheiten im Alltag stets bildhaft gegenwärtig erhalten sollten. Der beschnitzte Kopf zeigt gleichzeitig die Gesichter eines Kindes, eines Mannes, einer Frau sowie eines Totenschädels (vgl. Soltau, VII.11).

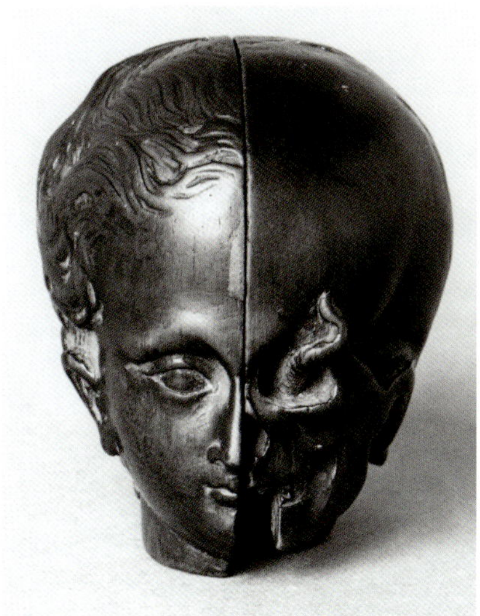

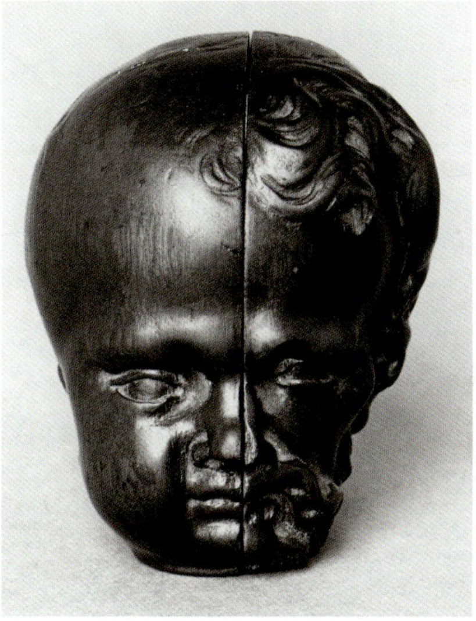

Kat.-Nr. III.3 (Abb. S. 162, 163)
Elfenbeinhumpen
Augsburg (?), um 1670
Schnitzarbeit: Fassung: Matthias Gelb, Augsburg. 1670/71
H. 29,2; Dm. 14,6 cm
Staatliches Museum Schwerin
Inv.-Nr. KH 9
Prunkhumpen dieser Art dienten in den Kunst- und Wunderkammern bedeutender Fürsten als Beispiele für die große Kunstfertigkeit der für sie tätigen Kunsthandwerker und den erlesenen Geschmack der Auftraggeber. Das Relief zeigt die Zusammenkunft junger und alter Menschen, wobei der von einer verhüllten Gestalt ausgeschenkte Trank wahrscheinlich die Funktion eines Jungbrunnens ausübt. Die Erdgottheit Gaia wird traditionell als Greisin dargestellt und symbolisiert das Alter der Welt, aber auch die Vergänglichkeit alles Irdischen.

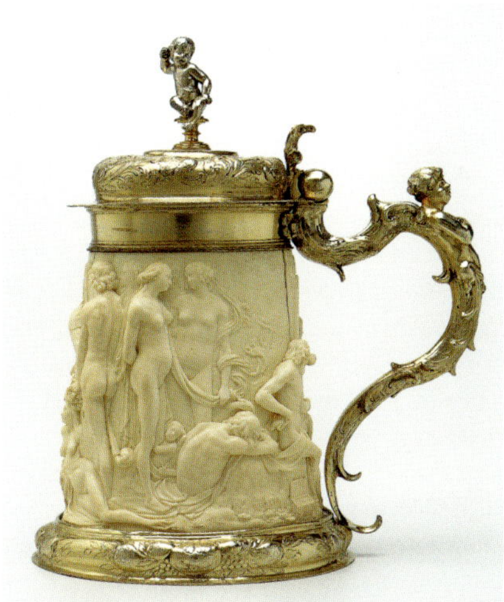

Kat.-Nr. III.4 (Abb. S. 37)
Thomas Schwanthaler (1634–1676)
Die Erschaffung Adams und Evas durch Gottvater
Um 1670
Obstholzrelief
H. 14,9; Br. 11 cm
Museum für Kunst und Gewerbe, Hamburg
Inv.-Nr. 1956.139
Die bildhafte Vorstellung von Gottvater bestimmt bis heute grundlegend die Auffassung vom weisen und gütigen Alten. Sind im frühen und hohen Mittelalter die Darstellungen noch selten, formt sich in der Spätgotik und in der Renaissancekunst erneut die Vorstellung und der Bildtypus des Schöpfergottes, wie er auch in dem Thomas Schwanthaler zugeschriebenen Relief aus der Zeit um 1670 begegnet. Ähnlich wie in der antiken Tradition der Erdgottheit Gaia (vgl. Cort, III.6 und den Prunkhumpen III.3) symbolisiert das Alter hier Ewigkeit und Unveränderlichkeit.

Kat.-Nr. III.5 (Abb. S. 36)
Paul Heermann (1673–1732)
Hl. Hieronymus mit dem Löwen
Um 1700
Alabaster
H. 35; Br. 22; T. 21 cm
Museum der bildenden Künste Leipzig
Inv.-Nr. P 265
In der kirchlichen Überlieferung begegnet insbesondere bei Darstellungen der Kirchenväter die Würde des Alters als Symbol für die Bewahrer und Vermittler der Heilsbotschaft. Bei der Plastik des „Heiligen Hieronymus", dessen Körperbildung und Gewandung auf das Vorbild klassischer Philosophendarstellungen hinweist, kommt das Moment der weltabgewandten Askese hinzu. Sie entstand um 1700 in der Werkstatt des unter anderem für den Dresdener Hof tätigen Paul Heermann.

Kat.-Nr. III.6 (Abb. S. 160)
Cornelis Cort (1533–1578)
(n. Frans Floris, 1519/20–1570)
Herkules und Antäus
1563 (aus: „Die Taten des Herkules")
Kupferstich
22,5 x 28,6 cm
Staatliches Museum Schwerin
Inv.-Nr. 3315 Gr
Ähnlich wie das Relief des ausgestellten Prunkhumpens (III.3) zeigt der Stich die Erdgottheit Gaia als Greisin. Herkules konnte den unbezwingbaren Antäus nur

überwinden, indem er ihn von der „Erde" erhob und erdrückte. Von ihr empfing Antäus zuvor seine übermenschliche Kraft. Die Darstellung zeigt den dramatischen Moment in dem der Kämpfer den Kontakt zum Boden verliert.

Kat.-Nr. III.7 (Abb. S. 47)
Ludwig Emil Grimm (1790–1863)
Dorothea Viehmann, die Märchenfrau aus Niederzwehren
1814
Radierung
22,2 x 31 cm
Staatliches Museum Schwerin
Inv.-Nr. 18406 Gr

Nicht zuletzt die Weitergabe alter Erfahrungen und Mythen prägte für lange Zeit die Rolle alter Menschen in der Gesellschaft. Weiteste Verbreitung fand die Märchensammlung der Brüder Jacob (1785–1863) und Wilhelm (1786–1859) Grimm. Das Bildnis der Dorothea Viehmann (1755–1815) zeichnete 1814 der jüngere Bruder der beiden, Ludwig Emil Grimm (1790–1863). Die Erinnerungen der alten Frau, deren exakte, mündliche Überlieferung, bildeten den Grundstock für die berühmten „Kinder- und Hausmärchen".

Kat.-Nr. III.8 (Abb. S. 42)
Franz von Defregger (1835–1921)
Das Tischgebet
1875
Öl auf Leinwand
59 x 73,5 cm
Museum der bildenden Künste Leipzig
Inv.- Nr. 57

Defregger zeichnete ein Bild vom Zusammenleben der Generationen, das nach Ausweis der modernen Sozialgeschichtsforschung kaum als repräsentativ für die damalige Zeit zu werten ist. Das Interieur des Raumes führt in bürgerlich-städtischer Perspektive die Accessoires einer in sich geschlossenen, heilen ländlichen Welt vor Augen, in der die ältere Generation die sittlich-moralische Fürsorge für die Kinder wahrnimmt, während die Eltern dem Broterwerb nachgehen.

Kat.-Nr. III.9 (Abb. S. 44)
Walter Firle (1859–1929)
Junge Holländerin mit Lehrerin am Klavier
Um 1885
Öl auf Leinwand
119 x 89,5 cm
Staatliches Museum Schwerin, Gemäldegalerie.
Inv.-Nr. G 2999

Die Weitergabe von Erfahrungen, die sittliche Erziehung (Kunst) durch die ältere Generation führt Firle in diesem frühen Gemälde symbolhaft vor Augen. Er wählte die vertraute Atmosphäre eines in gedämpftem Licht erscheinenden Interieurs, das die Basis der sowohl formal (Licht und Farbe) als auch in den erzählenden Elementen überaus beruhigten und intimen Szene bildet.

Kat.-Nr. III.10 (Abb. S. 41)
Jef Leempoels (1867–1935)
Zwei Sträflinge während des Gottesdienstes
Um 1890
Öl auf Leinwand
61,5 x 46,5 cm
Museum der bildenden Künste Leipzig
Inv.-Nr. 710

Während der jüngere Gefangene aufmerksam die Predigt verfolgt, lauscht der alte Mann mit gesenktem Blick und tief in sich gekehrt den Worten des Seelsorgers. Die menschliche Biografie, die – in religiöser Sicht unter dem Aspekt der Buße – auch aus den Etappen Verfehlung, Reue und Wandel bestehen kann, wird in hier zum Thema eines Gemäldes, das damit die Bildtradition der zyklischen Darstellungsweise der Lebensalter verarbeitet. Ähnlich wie bei Defregger (III.8) und Firle (III.9) wird darin eine bürgerliche Wunschvorstellung in Bezug auf die Milde und Weisheit des Alters deutlich.

Kat.-Nr. III.11 (Abb. S. 33, 38-39)
Ludwig Dettmann (1865–1944)
1. Mose 3
1892
Öl auf Leinwand
Das verlorene Paradies: 185 x 110 cm
Der Fluch der Sünde: 185 x 270 cm
Die Erlösung: 185 x 110 cm
Staatliches Museum Schwerin
Inv.-Nr. G 902; G 284; G 1986

Dettmanns dreiteiliges Gemälde stellt der Bildtradition der zyklischen Lebensalterdarstellung den Fortgang der christlichen Heilsgeschichte gegenüber (vgl. Stimmer, IV.1). Im Rechten Flügel („Die Erlösung") schreiten, gebeugt durch die Mühsal eines langen Lebens, ein alter Bettler, ein alter König, aber auch ein unschuldiges Mädchen der von Licht umfluteten Gestalt Christi entgegen. Die „sakralisierte", an mittelalterliche Flügelaltäre erinnernde Bildform des Triptychons verleiht dem Gemälde die Aura der Autorität, der „Allgemeingültigkeit", in der sich die Vorstellung eines integren Weltganzen widerspiegelt. Diese Darstellungsweise, typisch für das 19. Jahrhundert, basiert noch auf der traditionellen Anschauung vom Leben als einer zyklischen Abfolge vom Werden, Erblühen und Vergehen (vgl. Duwe, VII.3).

Kat.-Nr. III.12 (Abb. S. 43)
Artur Langhammer (1854–1901)
Junge Dachauerin mit Großmutter von der Kommunion heimkehrend
Um 1890/1900
Öl auf Leinwand
126 x 110,5 cm
Museum der bildenden Künste Leipzig
Inv.-Nr. 2152

Langhammer (1854–1901) schuf gegen Ende seines Lebens diese einfühlsame Szene, in der das Bild der Großmutter propagiert wird, unter deren wachsamer Aufsicht sich die Erziehung und moralische Prägung der nachwachsenden (weiblichen) Generation vollzieht, während die Eltern des Kindes ihrem harten Erwerbsleben nachgehen. Natur, ländlich-unberührte Tradition und Religion bilden aus der Perspektive des desillusionierten Städters eine gesunde Einheit.

Kat.-Nr. III.13 (Abb. S. 165)
Heinrich Vogeler (1872–1942)
Tod und Alte
1896
Radierung
14,5 x 8,7 cm
Worpsweder Archiv der Barkenhoff-Stiftung, Worpswede
o. Inv.-Nr.

Der Jugendstilkünstler stellt den gekrönten Tod, der in seiner sanften, lyrischen Auffassung aus dem Reich der Märchen genommen zu sein scheint, als Freund und achtsamen Begleiter der alten Frau dar, deren Gebärde Unsicherheit und kindliche Angst verraten. Es handelt sich um eine Verklärung des Todes im Sinne einer Erlösung am Ende einer vollendeten Lebensbahn.

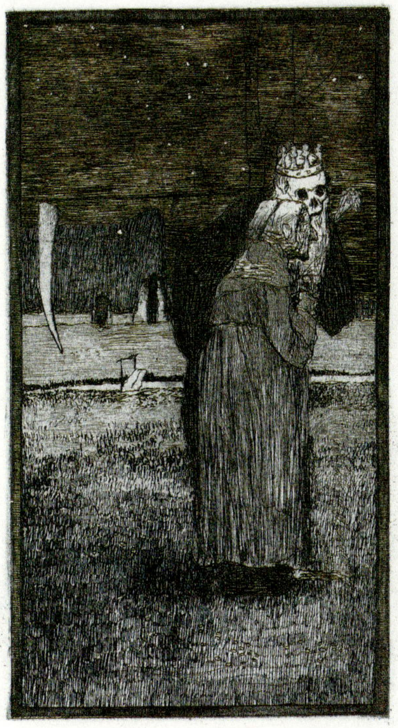

Kat.-Nr. III.14 (Abb. S. 49)
Heinrich Vogeler (1872–1942)
Im Mai
1897
Radierung
31,5 x 22,8 cm
Worpsweder Archiv der Barkenhoff-Stiftung, Worpswede
o. Inv.-Nr.
Das alte, vertraute Paar blickt in die Ferne einer sich in überbordender Pracht darstellenden Mai-Landschaft. Vogeler gelingt damit nicht allein ein stimmungsvolles Naturstück. Unterschwellig wirkt in der Gegenüberstellung von Alter und Verfall auf der einen – blühender, verschwenderischer Pracht auf der anderen Seite, auch die bittere Wehmut über Vergangenes und den nahenden Verlust des Lebens.

Kat.-Nr. III.15 (Abb. S. 48)
Hans Müller-Dachau (1877–1925)
Dachauer Bäuerin, Dachauer Bauer
1924
Öl auf Leinwand
183 x 65 cm
Gemäldegalerie Dachau, Museumsverein Dachau
o. Inv.-Nr.
Im Nachklang der berühmten Malerschulen von Barbizon und Pont-Aven suchte Müller-Dachau neben vielen anderen Künstlerkollegen in der agrarisch geprägten Umgebung der Kulturmetropole München die zeitgültigen Stimmungen der Natur und das Ursprüngliche in der Natur des Menschen. Seine Interpretation der beiden Eheleute schwankt zwischen dem Realismus, der das der harten Arbeit geschuldete, vorzeitige Altern dieser Menschen thematisiert, und der noch der Kunst des Jugendstils verpflichteten lyrischen Note in der pastellartigen Blässe der Farben und der Dominanz der Linie.

Kat.-Nr. III.16 (Abb. S. 51)
Paolo Fürst Troubetzkoy (1866–1938)
Bildnis Leo Tolstoi
1898
Bronze
100,1 x 85,5 x 68 cm
Museum der bildenden Künste Leipzig
Inv. Nr. P 84
Lew N. Tolstoi (1828–1910) gerät in der Interpretation des mit ihm befreundeten Plastikers zu einem Monument seiner selbst. In dynamischen, die Stofflichkeit und Schwere des Materials leugnenden Formen gebildet, wird der Dichter von einer Aura umgeben, die ihn als „Urgestein" der russischen, nationalen Literatur zu überhöhen trachtet.

Kat.-Nr. III.17 (Abb. S. 46)
Hans Thoma (1839–1924)
Die Märchenerzählerin
Um 1903
Keramik
Karlsruher Majolika-Manufaktur
42 x 47 cm
Museum für Kunsthandwerk, Grassimuseum Leipzig
Inv.-Nr. 2002.535 Slg. Silzer
Das von dem hauptsächlich als Maler bekannten Hans Thoma (1839–1924) um 1903 gestaltete Keramikrelief der „Märchenerzählerin" vermittelt im übertragenen Sinne das Bild einer innigen Verbindung der Generationen: Die Tradierung von Wissen und die Faszination, alten Menschen zuzuhören, an ihrer Zeitzeugenschaft teilzuhaben (vgl. Grimm, III.7).

Kat.-Nr. III.18
Rundscheibe
Schweiz 1680
Glasmalerei
Dm. 16 cm
Museum für Kunsthandwerk, Grassimuseum Leipzig
Inv.-Nr. 1913.011
Die Rundscheibe dürfte einstmals ein Fenster in der Stube eines wohlhabenden Bürgers geschmückt haben. Die Überschrift hat die Vergänglichkeit zum Thema: „So vil vermag Die Zeit / Die Zeit so alles wendet, das sich ein Jedes Ding, mit ihrem Umlauff endet". Die Beischrift nennt neben Herrn „Johann Jost Müller Des Grossen Raths Und gewessner Ober Vogt zuo Gangerschwil" (Toggenburg) eine lebende und eine bereits verstorbene Ehefrau dieses Mannes „Eüphemia Müllerin" und „Maria Barbara". Die beiden nackten Knaben symbolisieren mit ihren Attributen das „Blühen" und das „Vergehen" des Lebens.

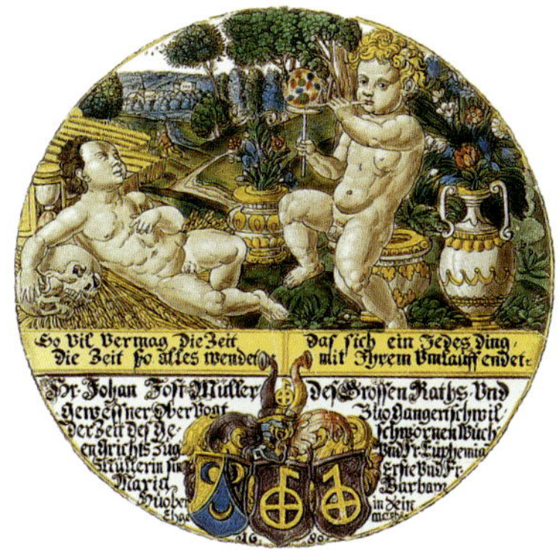

Raum IV

Kat.-Nr. IV.1 (Abb. S. 57)
Tobias Stimmer (1539–1575)
Die zehn Alter von Mann und Frau
Um 1575/77
Kupferstich
Je 37 x 27,8 cm
Staatliche Galerie Moritzburg Halle,
Landeskunstmuseum Sachsen-Anhalt
Inv.-Nr. G 46–55
Die Stichfolge, die dem Schaffhausener Kupferstecher zugeschrieben wird, repräsentiert die in ihrer Zeit noch fest gefügten, gesellschaftlichen Vorbilder der scheinbar für Jedermann relevanten Lebensetappen. In einer durch Handel und internationales Finanzwesen aufstrebenden frühmodernen Gesellschaft stand die Produktivität und Vitalität des einzelnen im Vordergrund und war somit das Menschenbild generell an den Leistungen der Jugend orientiert (vgl. Nolde, V.24).

Kat.-Nr. IV.2 (Abb. S. 58-59)
Carl Gustav von Amling (1650–1703)
(nach Peter Candid, 1548–1628)
Die Vier Jahreszeiten und Lebensalter
Um 1600
Kupferstich
27 x 14; 27 x 16,2; 27,3 x 16,4; 24,6 x 16,3 cm
Museum für Kunsthandwerk, Grassimuseum Leipzig
Inv.-Nr. B. 1960.065 a-d
Die um 1600 nach Werken des Münchner Hofmalers Peter Candid (1548–1628) geschaffenen Kupferstiche setzen Werden und Vergehen der Menschen als immerwährenden Kreislauf in Beziehung zu den Vier Jahreszeiten. Diese am Denken der Antike orientierte Allegorie vertritt eine Sicht auf das Alter, die sich mit Langmut in das Unabänderliche fügt und doch die Chancen des Alters, die in der Weisheit und Abgeklärtheit liegen, für sich nutzt.

Kat.-Nr. IV.3 (Abb. S. 55)
Hans Schulze (1904–1982)
Die drei Lebensalter
1932
Öl/Tempera auf Leinwand und Holz
67,3 x 71 cm
Museum der bildenden Künste Leipzig
Inv.-Nr.2336
Dieses Gemälde des 20. Jahrhunderts arbeitet mit der traditionellen Anschauung über die Periodisierung des menschlichen Lebens. Schulzes moderne Sichtweise versetzt die drei Dargestellten indes in eine surreal anmutende Landschaft, um diese Gruppe fern von unserer durch die Technisierung geprägten Zivilisation und Umwelt allein auf die menschliche Ebene der Familienbindung zu konzentrieren. Alltägliche Anforderungen – etwa Beherrschung und Unterordnung in Familie und Gesellschaft – blieben auf diese Weise unausgesprochen, das traditionelle Bild der Lebensalter wird allegorisiert (vgl. Stimmer, IV.1).

Kat.-Nr. IV.4 (Abb. S. 61)
Volker Stelzmann (*1940)
Bildnis Erich Pörschmann
1976
Öl auf Leinwand
90,3 x 62 cm
Museum der bildenden Künste Leipzig
Inv.-Nr. 2508
Im „Bildnis Erich Pörschmann", der bis 1945 Gefangener im KZ Buchenwald war, wird die Geschichtlichkeit des Menschen zum Thema: Die unter den knochigen Fingern des alten Mannes auf dem Tisch ausgebreiteten Fotografien dokumentieren die Fährnisse dieser Biografie (vgl. Hildenhagen, IV.8). Diese Bilder bilden quasi die Bausteine dessen, was sich in die Züge seines Gesichtes eingegraben hat.

Kat.-Nr. IV.5 (Abb. S. 60)
Ulrich Hachulla (*1943)
Erster Rentnertag
1976/77
Mischtechnik auf Hartfaser
125 x 190 cm
Museum der bildenden Künste Leipzig
Inv.-Nr. D 148
Hachulla problematisiert in seinem Gemälde die „Epochenscheide" zwischen dem Erwerbsleben eines Menschen und seinem Ruhestand. In der individuellen Biografie einer Einzelperson gerät dies zur persönlichen Alltagskatastrophe. Dem Ende des sinnstiftenden Berufslebens folgt Ratlosigkeit und Leere, die den- oder diejenige erfasst, die sich dann die Frage stellt, was (noch) folgen soll.

Kat.-Nr. IV.6 (Abb. S. 67)
Joe J. Heydecker (1916–1997)
Alter jüdischer Mann mit Mädchen im Warschauer Ghetto
1941
Fotografie
23,4 x 29,5 cm
Deutsches Historisches Museum Berlin
GOS-Nr. PH 003906
Heydecker war als Soldat der Deutschen Wehrmacht zeitweise in Polen stationiert. Als „Grenzgänger" in schwierigster Situation – Pazifist und rekrutierter Kriegsteilnehmer – hatte Heydecker jüdische Freunde im Warschauer Getto. Eine seiner heimlich aufgenommen und entwickelten Aufnahmen zeigt das vorliegende Bilddokument aus dem Jahr 1941. Es erinnert an das Leid des gesamten jüdischen Volkes, daneben aber auch an die besondere Exponiertheit von Kindern und alten Menschen jüdischen Glaubens während der Verfolgung durch die Nationalsozialisten. Das versteinerte Gesicht des Kindes lässt ermessen, dass Alter und Kindheit im Angesicht des Terrors zu relativen Größen werden.

Kat.-Nr. IV.7 (Abb. S. 66)
Stefan Moses (* 1928)
Hjalmar Schacht
(aus: Die großen Zeitzeugen) 1962–64
Fotografie
29 x 27 cm
Fotomuseum im Münchner Stadtmuseum
Inv.-Nr. (90/89)
Moses porträtierte in seiner Serie „Die großen Zeitzeugen" (1962–64) den ehemaligen Reichsbankpräsidenten Hjalmar Schacht (1877–1970), der zunächst Adolf Hitler unterstütze, während der 30er Jahre aber zu seinem erbitterten Kritiker wurde und das Kriegende im KZ überlebte. Er versetzt den Porträtierten als „Fremdkörper" in eine Waldlandschaft. Die surreale Wirkung wird durch die Diskrepanz der Alltagsattribute des Bankiers und der Naturumwelt erzeugt. Schacht gerät zur „Ikone" seiner selbst; Geschichte wird durch das zeitliche Wesen Mensch persönlich repräsentiert.

Kat.-Nr. IV.8 (Abb. S. 167)
Günter Hildenhagen (*1935)
Die älteste Heimbewohnerin erzählt ihre Familiengeschichte
Bielefeld 1973
Fotografie
60 x 50 cm
Im Besitz des Künstlers
Ähnlich wie in Volker Stelzmanns Gemälde dienen die Fotografien vor dem Tisch der alten Frau als Relikte ihrer eigenen Biografie, die in der Erzählung lebendig erhalten wird. Es handelt sich um die älteste Bewohnerin eines Bielefelder Altenheimes, die einem Zivildienstleistenden Vergangenes vergegenwärtigt und sich damit ihrer selbst vergewissert (vgl. Stelzmann, IV.4).

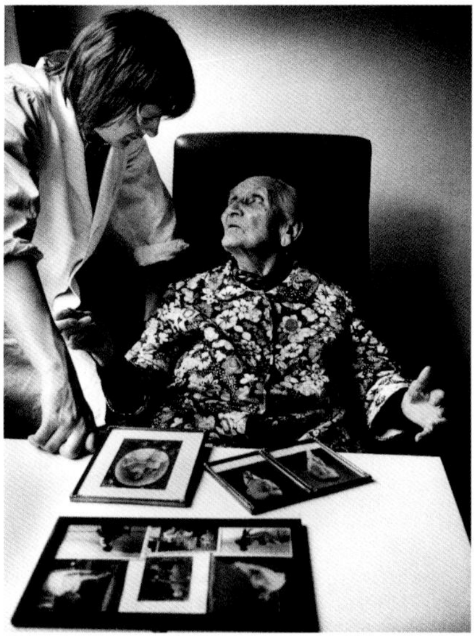

Kat.-Nr. IV.9 (Abb. S. 62)
Angela Neuke (1943–1997)
Pastor Ensslin am Grabe seiner Tochter
1978
Fotografie
23 x 34 cm
Fotomuseum im Münchner Stadtmuseum
Inv.-Nr. (88/249)
Diese Momentaufnahme gerät vor dem Hintergrund der Gewalttaten der Tochter, ihrem Tod in einer Gefängniszelle und durch die selbstbewusste Haltung der zentralen Vaterfigur zu einer geradezu tragödienhaften Szene. Das fotografische Dokument scheint somit nicht allein etwas über die Vater-Tochter-Beziehung zu verraten, sondern auch den Versuch zu illustrieren, wie ein einzelner Mensch sich dem gesellschaftlichen Druck stellt. So steht die Vaterfigur für sich selbst und den trotzenden Widerspruch, der das eigene Leben in die Waagschale eines öffentlichen Urteils legt.

Kat.-Nr. IV.10 (Abb. S. 64-65)
Annegret Soltau (*1946)
Tochter-Totem 1–3
1999
Laserprint auf Display (Leuchtkasten)
Je 140 x 70 x 19 cm
Im Besitz der Künstlerin
Die Lichtinstallation „Tochter-Totem 1–3" entwickelt innerhalb der Bildformel eines „Triptychons" drei „Stelen", die aus Körperfragmenten der Tochter und der Mutter der Künstlerin gebildet sind. Durch die Fragmentierung und Neukombination der Elemente werden Sinnbilder der körperlichen Versehrtheit, aber auch der Verwandtschaft und Verbundenheit geschaffen, an dem die Künstlerin, als Mutter und Tochter zugleich, durch den Werkprozess selbst Anteil hat (vgl. Soltau, VII.11).

Raum V

Kat.-Nr. V.1 (Abb. S. 74)
Adriaen Jacobsz. Matham
(um 1600–1660)
(nach Adriaen Pietersz. Van de Venne, 1589–1622)
Zwei Bettler
Um 1630/40
Kupferstich
37,9 x 30,6 cm
Staatliches Museum Schwerin
Inv.-Nr. 5578 Gr
Mathams „Zwei Bettler" bedienen das überaus beliebte Bildsujet der närrischen, zerlumpten Landfahrer. Trotz seiner überzeichneten Drastik ist in dieser Darstellung der Alltag für viele landlose Tagelöhner in der damaligen Zeit nachzuempfinden. Insbesondere nachdem ihre Arbeitskraft erloschen war, waren viele Männer und Frauen ohne soziales Netz auf Almosen angewiesen (vgl. Lücke, V.20).

Kat.-Nr. V.2 (Abb. S. 75)
Hendryk Bary (1640–1707)
(nach Frans van Mieris, 1635–1681)
Alte Frau gießt ihr Nachtgeschirr aus dem Fenster
Um 1680
Kupferstich
26,7 x 19,7 cm
Staatliches Museum Schwerin
Inv.-Nr. 2904 Gr
Diese Alte vertritt nicht allein den Typus der durch ihr asoziales Verhalten isolierten Närrin, sondern die niederländische Beischrift bezichtigt ihr Tun zudem als Strategie einer aktiven Verschleierung ihres Greisenalters: „He alte Besjen, he! Hast Du Deine Ehre verloren, dass Du Dein Schmutzwasser über die Köpfe ehrbarer Leute ausleerst? Oder versuchst Du mit Deinem Dreck uns die Augen zu verkleistern, damit Deine runzelige Haut von uns nicht gesehen wird?"

Kat.-Nr. V.3 (Abb. S. 78)
Max Klinger (1857–1920)
Ein Schritt
(aus der Mappe „Dramen Opus IX", 1883, Blatt 2)
Radierung
50,1 x 63,8 cm
Staatliches Museum Schwerin
Inv.-.Nr. 18634–18639 Gr
Das Thema des lüsternen Alten, der ein junges Geschöpf sexuell bedrängt oder durch Geld zu verführen trachtet, ist in allen Epochen der Kunst und in den ver-

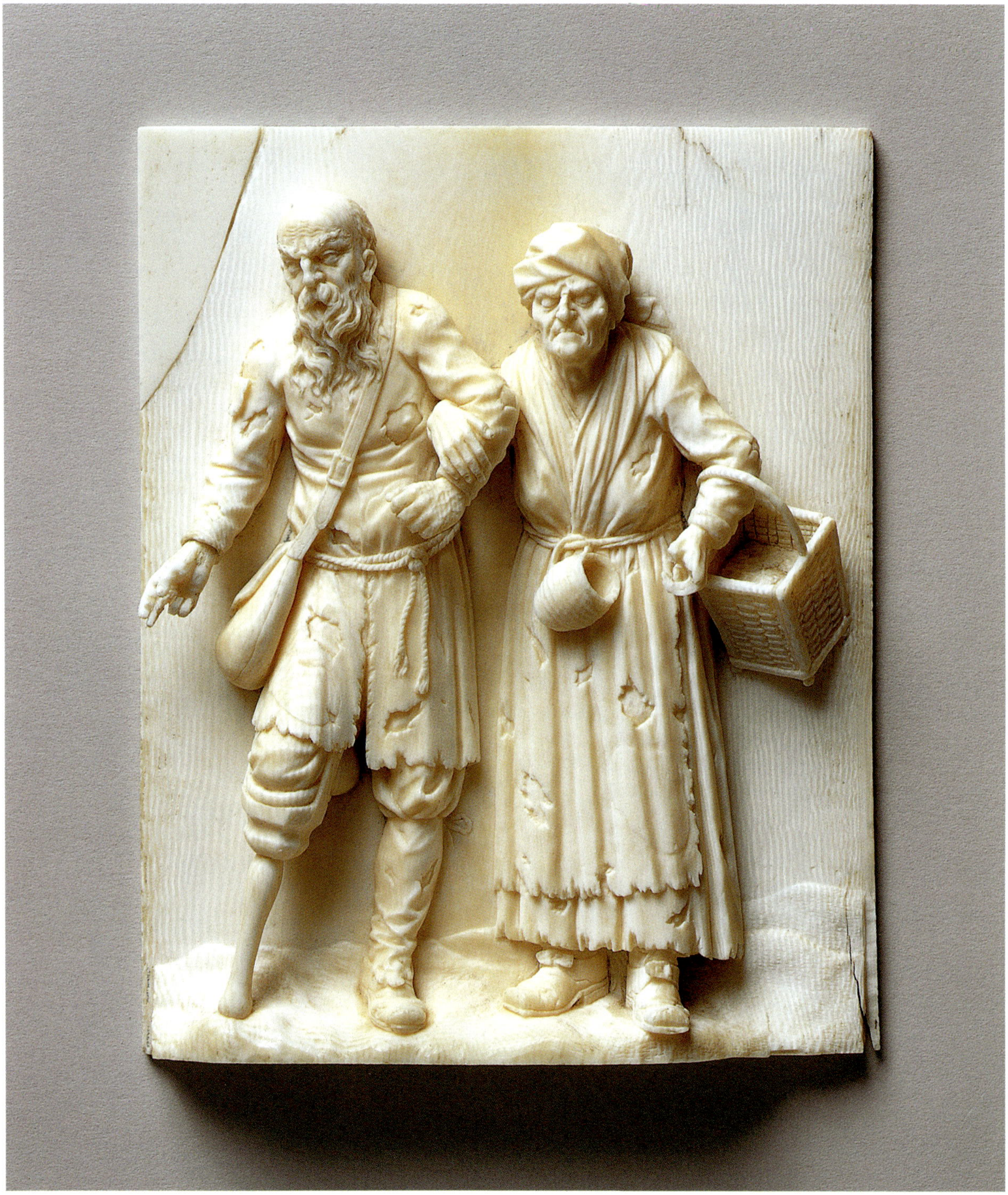

Kat.-Nr. V.20
Carl August Lücke d. J. (1703–1780)
Bettlerpaar
Um 1745

schiedensten Facetten weit verbreitet (vgl. Bauer-Pezellen, V.11). Klingers Radierung fasst das Sujet innerhalb eines gesellschaftlichen Rahmens mit deutlich sozialkritischem Aspekt: Das aus dem Elternhaus verstoßene Mädchen sieht sich den Einflüsterungen und Lockungen zweier gut situierter, von ihrem Alter und ihrem ungesunden Verlangen indes deutlich gezeichneten Herren ausgesetzt. Die „Gosse" zu ihren Füßen symbolisiert den letzten Schritt, der sie von ihrem endgültigen Fall (in die Prostitution) noch trennt.

Kat.-Nr. V.4 (Abb. S. 12)
Erich Heckel (1883–1970)
In der Tram
1916
Lithographie
25,6 x 21,1 cm
Staatliche Galerie Moritzburg Halle
Landeskunstmuseum Sachsen-Anhalt
Inv.-Nr. G 4897
Für Heckel bildet die Darstellung der alten Frau im Bildhintergrund die „Folie", vor welcher er die Schönheit der jungen effektvoll abzusetzen versteht. Parallel zu dieser abwertenden inhaltlichen Konnotation tritt zudem die kompositorische Gegenüberstellung von Hell und Dunkel, Licht und Schatten, deutlich in den Blick des Betrachters (vgl. dagegen Beckmann, VI.4).

Kat.-Nr. V.5 (Abb. S. 76)
Conrad Felixmüller (1897–1977)
Alter Arbeiter
1921
Stahlstich
30 x 22 cm
Lindenau-Museum Altenburg
Inv.-Nr. G 1969–128
Ähnlich wie Fritz Noldes „Ausgepresster Prolet" (vgl. V.24) im Medium der Plastik zeigt auch Felixmüller in seiner Grafik in der überzeichneten Manier des Expressionismus die Not und Härte des Arbeiterlebens in einer Zeit ohne oder mit nur unzureichender sozialer Absicherung, was für die Betroffenen oft ein Arbeiten „bis zuletzt" oder ein Leben in sozialer Armut bedeutete.

Kat.-Nr. V.6 (Abb. S. 80)
Magnus Zeller (1888–1972)
Der Sadist
1921
Radierung
18,8 x 19,2 cm
Staatliche Galerie Moritzburg Halle,
Landeskunstmuseum Sachsen-Anhalt
Inv.-Nr. H 3442
Der Künstler führt den Betrachter hinter die Fassade der vermeintlich wohlgeordneten bürgerlichen Existenz, in der die Würde und Integrität des Alters normalerweise als naturgegeben vorausgesetzt werden können. Dort geht allerdings, wie Zeller feststellt, auch der „Sadist" seinen sehr unbürgerlichen Vergnügungen nach.

Kat.-Nr. V.7
Magnus Zeller (1888–1972)
Der alte Ehemann
1922
Radierung
31,5 x 25,3 cm
Staatliche Galerie Moritzburg Halle
Landeskunstmuseum Sachsen-Anhalt
Inv.-Nr. G 9626
Zeller konterkariert die Dargestellten in der Tradition des „Ungleichen Paares". Der Rückgriff auf frühneuzeitliche Bildmuster war typisch für die Kunst des Expressionismus. Zu der Divergenz des körperlichen Alters tritt hier auch die vermeintliche „Asexualität" des Alten, durch die Bildsymbolik seiner gebrechlichen Statur und seiner „weiblichen Kleidung" hervorgehoben.

Kat.-Nr. V.8 (Abb. S. 77)
Otto Dix (1891–1969)
Alte Dirne
1922
Radierung
45 x 35 cm
Lindenau-Museum, Altenburg
Inv.-Nr. G 12947
Diese Darstellung ist den ausgestellten Arbeiten von Felixmüller und Nolde an die Seite zu stellen (vgl. V.5 u. V.24). Für ihren gesellschaftlichen Bereich liefert die vor der Zeit gealterte Prostituierte ein Zeugnis für die Vereinnahmung und den Verbrauch des einzelnen in der Gesellschaft. Dix nutzte die Mittel der drastischen Darstellung zur Anklage der Zustände und zur Brüskierung seines Publikums.

Kat.-Nr. V.9 (Abb. S. 79)
Karl Arnold (1883–1953)
Mutter Frühbeißens Tratsch
(nach Joachim Ringelnatz)
1923
Zeichnung
25,2 x 19,3 cm
Museum für Kunst und Gewerbe, Hamburg
Inv.-Nr. EG 2001.4.13
Arnold, seit 1907 einer der führenden Zeichner der satirischen Zeitschrift „Simplizissimus" und der „Münchner illustrierten Presse" illustrierte 1923 den Gedichtband über die Erlebnisse des stetig betrunken räsonierenden Matrosen „Kuddel Daddeldu" (EA 1920) von Joachim Ringelnatz. Aus diesem Komplex an Zeichnungen stammt die hier gezeigte Originalgrafik, die in schonungsloser Härte das Spießertum der tratschenden alten Weiber aufspießt.

Kat.-Nr. V.10
Joseph Hegenbarth (1884–1962)
Beim Bartstutzen
Um 1924
Pinsel in Leimfarbe
34,6 x 38,6 cm
Staatliche Galerie Moritzburg Halle
Landeskunstmuseum Sachsen-Anhalt
Inv.-Nr. H 614
Hegenbarth spielt mit dem Entsetzen, das eine drohende Selbstverstümmelung des Dargestellten beim Betrachter hervorruft und mit dem leisen Amüsement, das dieser über die offenbare Insuffizienz des ältlichen Mannes empfindet. Die Vermischung von graphischen und malerischen Werten ist typisch fürs den expressiven Stil des Künstlers, welche die disparate Fahrigkeit des Dargestellten noch betont.

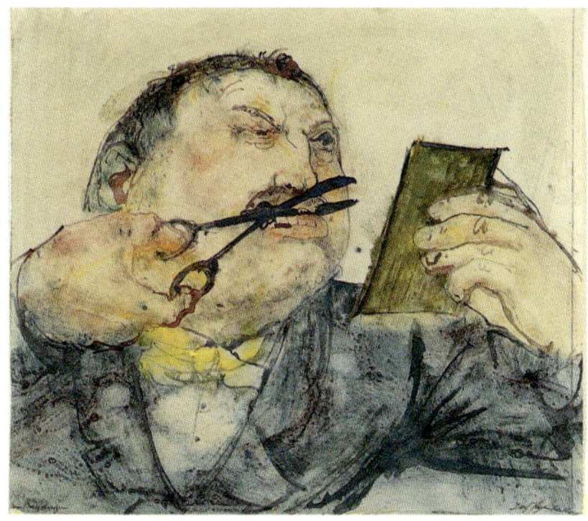

Kat.-Nr. V.11
Tina Bauer-Pezellen, (1897–1979)
Auf der Caféterasse
1927
Gouache
27,5 x 20,6 cm
Staatliche Galerie Moritzburg Halle
Landeskunstmuseum Sachsen-Anhalt
Inv.-Nr. H 2210
Im kühlen, sachlichen Stil der späten 20er Jahre beschreibt Pezellen in der Bildtradition der „Ungleichen Paare" eine Caféhaus-Szene (vgl. Zeller, V.7). Eine eigentümlich „gesichtslose", von schräg hinten aufgefasste, naive junge Dame sitzt ihrem gut situierten, äußerlich

jedoch wenig anziehenden, ältlichen Galan gegenüber. Das Wohlleben lässt sie jedoch über manches Gebrechen auf seiner Seite hinweg sehen.

Kat.-Nr. V.12 (Abb. S. 81)
Magnus Zeller (1888–1972)
Die Herrschaft der alten Männer
1931
Aquarell
33,4 x 41,6 cm
Staatliche Galerie Moritzburg Halle
Landeskunstmuseum Sachsen-Anhalt
Inv.-Nr. H 3456
Die Dargestellten sind zum Teil identifizierbar: Bernard Shaw, Max Liebermann, Gerhard Hauptmann, Raymond Poincaré und Paul von Hindenburg. Zeller kritisiert mit der Darstellung dieser politisch sehr heterogenen Riege von Schriftstellern, Malern und Politikern in einer sehr persönlichen Sichtweise die Vorherrschaft etablierter Kreise in der Kultur und Politik seiner Zeit, deren Position auch von einer unantastbaren „Würde" des Alters, des „Könnens" und der „Erfahrung" geprägt war.

Kat.-Nr. V.13 (Abb. S. 71)
Max Schwimmer (1895–1960)

So sind sie – altes Paar
(aus einer Serie: Paare, 4 grafische Arbeiten)
1953/58
Radierung
80 x 63 cm
Museum der bildenden Künste Leipzig
Inv.-Nr. 1980–81
Schwimmers späte Radierung karikiert die „Stützen der Gesellschaft" in der deutschen Nachkriegsära. Im grämigen Ausdruck des vorüberhastenden Paares, ihrer etwas verunglückten (groß)bürgerlichen Tracht wird eine Verbissenheit deutlich, die vielleicht auf die Verdrängung ihrer Rolle während der vergangenen „tausend Jahre" schließen ließe. In jedem Fall jedoch wird ihre entrüstete Abkehr von all dem erkennbar, wofür jener Künstler in seiner Zeit eintrat, der diese „Momentaufnahme" hinterlassen hat.

Kat.-Nr. V.14 (Abb. S. 84)
Klaus Vogelgesang (*1945)
„Faustrecht"
1975
Graphitstift, Karton
102 x 73 cm
Kunst- und Ausstellungshalle
der Bundesrepublik Deutschland GmbH
Inv.- Nr. KAP IV 4
Die auf den ersten Blick amüsante Darstellung erweist sich bei genauerem Studium als ein beklemmendes politisches Statement: Der Bildhintergrund verweist auf das in Trümmern liegende Nazideutschland. Die Vertreterin der „Elterngeneration" ist jedoch erneut (oder noch immer) „kampfbereit". Der Werktitel, der an die niedrigsten Formen gruppendynamischen Verhaltens erinnert, evoziert die durch Täter wie Mitläufer gleichermaßen getragene Rechtlosigkeit aller in einer Diktatur.

Kat.-Nr. V.15 (Abb. S. 83)
Ludwig Hohlwein (1874–1949)
Esslinger Wolle
1930er Jahre
Papier, Druckfarben
39,9 x 30 cm
Museum für Kunst und Gewerbe, Hamburg
Inv.-Nr. EP 1971.102
Die Werbung der 1930er und 40er Jahre in Deutschland entdeckte neben Landschaft, Region, Brauch und Tracht auch das „Alter" als Sympathieträger im Dienste einer „nationalen" Konsumentenerziehung. Ludwig Hohlwein (s.o.) gehörte zu den bedeutendsten Grafikern auf diesem Gebiet. Hier wird die Ambivalenz des Mediums deutlich: Verführung zum Konsum von Waren und Parolen.

Kat.-Nr. V.16 (Abb. S. 82)
Helmut Thoma (1909–1993)
Einer für alle – Jeder für sich
1976
Collage, Illustrierten- und Siebdruckausschnitte, Filzstift auf Zeichenkarton
65 x 150 cm
Helmut Thoma Stiftung, Universität der Künste, Berlin
Inv.-Nr. WV 257
Die Collage „Einer für alle – Jeder für sich" nimmt die Konsumenthaltung am Beispiel eines aufgrund eben dieser Werbecampagne in (West)deutschland berühmt gewordenen Getränks aufs Korn: Zur Absatzsteigerung bediente man sich nicht allein der „witzigen Alten", die sich scheinbar gegen alle Altersstereotypien zur Wehr setzten. Zudem suggerierte der Genuss dieser speziellen Marke eine gesellschaftliche Einheit unter verschworenen Individualisten, die es freilich so niemals geben würde. Die Arbeit von Thoma entstand aus Anlass des 1. Mai-Salons 1976 im Haus am Lützow-Platz in Berlin und der Ausstellung „Altwerden in Deutschland".

Kat.-Nr. V.17 (Abb. S. 85)
Harald Döring (1941– 1997)
Problem Eltern
1973
Ölmalerei auf Hartfaser
105 x 170 cm
Staatliche Galerie Moritzburg Halle
Landeskunstmuseum Sachsen-Anhalt
Inv.-Nr. I/1979
Harald Dörings Gemälde nähert sich dem Thema der psychologischen Isolation der dargestellten Generationen. Der im Selbstbildnis auftretende Künstler steht vor einer leeren Leinwand. Er vermag sich „kein Bild zu machen", von den Personen, die ihm so nahe stehen, jedoch – vollständig abgelenkt und durch die bildimmanente Barriere des Sofas auch räumlich von ihm geschieden – die Welt mit ganz anderen Augen zu sehen scheinen.

Kat.-Nr. V.18 (Abb. S. 87)
Günter Richter (*1933)
Sport im hohen Lebensalter
1981
Öl auf Leinwand
137 x 127 cm
Lindenau-Museum, Altenburg
Inv.-Nr. 2313
Die „neuen Alten" stehen stellvertretend auch für das Phänomen, dass über eine sinnvolle Ertüchtigung des Körpers hinaus die biologischen Prozesse des Verfalls mit immer größerem Aufwand aufgehalten werden sollen: Der alte Mann trainiert allein in einer großen Sporthalle gegen sein unvermeidliches Altern an. Ohne sozialen Bezug bleibt es offen, aus welcher Motivation und für welches Ziel er seinen Körper ausbildet.

Kat.-Nr. V.19 (Abb. S. 72-73)
Zehn „groteske Köpfe"
Norddeutsch (?)
2. Drittel 18. Jh. (?)
Elfenbein
H: 8,1–8,4; B: 6,7–6,9 cm
Staatliches Museum Schwerin
Inv.-Nr. KH 1701; 1703; 1704; 1706; 1710; 1717; 1724; 1725; 1726; 1746
Ein Beispiel für „Zerrbilder" des Alters, die Details des körperlichen Verfalls ins Monströse steigern und diese als „Kuriosum" der Schaulust des Betrachters preisgeben, bildet diese Auswahl „Grotesker Köpfe". Sie sind, zum Teil nach Vorlagen Leonardo da Vincis, in der ersten Hälfte des 18. Jahrhunderts in Norddeutschland entstanden. In ihnen findet noch einmal die Sammelleidenschaft der

europäischen Herrscher für deren Kunst- und Wunderkammern ihren Nachhall.

Kat.-Nr. V.20 (Abb. S. 168)
Carl August Lücke d. J. (1703–1780)
Bettlerpaar
Um 1745
Elfenbeinrelief
15,2 x 12,1 cm
Staatliches Museum Schwerin
Inv.- Nr. KH 1870
Ähnlich wie Mathams Kupferstich „Zwei Bettler" (vgl. V.1) zeigt Lücke zwei zerlumpte Landstreicher, deren Darstellung in krassem Widerspruch zur Kostbarkeit des Materials steht. Eine höfische Gesellschaft delektierte sich auf diese Weise am weit entfernten Schicksal der untersten Schichten, deren „pittoreskes" Dasein dadurch bildwürdig wurde und Eingang in die Kunstkammern fand.

Kat.-Nr. V.21
Luca Madrassi (1869–1914)
Maske eines bärtigen Alten
Um 1900/01
Glasiertes Steinzeug
Manufaktur Edmond Lachenal, Châtillon-sous-Bagneux
H. 20,9 cm
Museum für Kunsthandwerk, Grassimuseum Leipzig
Inv.-Nr. 2002.306 Slg. Silzer
Die Zeit des „Jugendstils" favorisierte auf der Suche nach neuen Ausdrucksmöglichkeiten einer zu erneuernden Gesellschaft das Naturnahe und Naturhafte. Madrassis Maske eines alten Mannes spiegelt dieses Bemühen wieder, indem sie in Form und Farbe die Grenzen zwischen Mensch- und Naturwesen verwischt und so zu einer sehr lyrischen und Symbolgeladenen Auffassung des Alters gelangt.

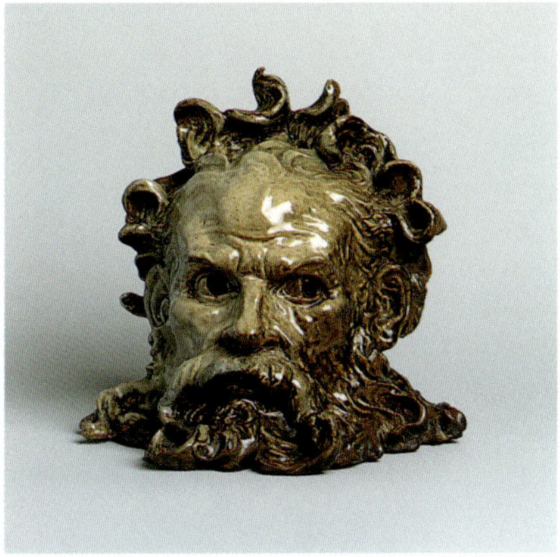

Kat.-Nr. V.22
Ernest Wittmann (1846–1921)
Der Rutenbinder
1903/07
Bisquitporzellan
Manufaktur: J. V. X. Mougin, Montreville
H. 22,3; Br. 29,5; T. 29 cm
Museum für Kunsthandwerk, Grassimuseum Leipzig
Inv.-Nr. 1997.107
Wittmanns Rutenbinder ist eine realistische Wiedergabe eines sich als Tagelöhner verdingenden alten Mannes. Die Behandlung der Oberfläche sowie die angestrengte Haltung der Figur spiegeln die Härte und Not dieses Daseins wieder, das meist ein Arbeitsleben bis zum Tod bereithielt (vgl. Felixmüller und Nolde, V.5 u. V.24).

Kat.-Nr. V.23 (Abb. S. 158)
Ernst Barlach (1870–1938)
Die Kulegraaksch (Tanzende Alte)
1920
Gips, farbig gefasst
H. 49,5; Br. 27,5; T. 21,5 cm
Museum der bildenden Künste Leipzig
Inv.-Nr. P 257
Die „tanzende Alte" stellt eine Frau dar, die meist ungebeten bei Feierlichkeiten erschien, tanzte und lose Spottreden hielt. Ihre unbefangene und freie Art mag oft Unwillen erregt haben, in jedem Fall entsprach sie aber nicht der ihr zugewiesenen Rolle einer bejahrten, würdigen Matrone.

Kat.-Nr. V.24 (Abb. S. 76)
Fritz Nolde (1904–1980)
Ausgepresster Prolet
1928/29
Bronze
H. 64; Br. 17,3; T. 18,3 cm
Museum der bildenden Künste Leipzig
Inv.-Nr. P 690 a
Der kritische Blick auf das Großstadtleben und die industriellen Arbeitsprozesse war ein Thema, das mit besonderer Drastik in der Kunst des Expressionismus verarbeitet wurde. Noldes „Ausgepresster Prolet" bildet ein Beispiel für die prekäre Situation alter Menschen in der modernen Massen- und Industriegesellschaft (vgl. Felixmüller und Wittmann, V.5 u. V.22).

Raum VI

Kat.-Nr. VI.1 (Abb. S. 96)
Willi Sitte (*1921)
Elternbild II
1963
Öl auf Hartfaser
200 x 125 cm
Staatliche Galerie Moritzburg Halle
Landeskunstmuseum Sachsen-Anhalt
Inv.-Nr. I/1592
Sitte hat vielfach das Bildthema des Elternporträts in seinem Werk behandelt. Diese frühe Fassung zeigt Vater und Mutter zum einen als Repräsentanten ihres Berufstandes. Gleichzeitig schwingt aber auch eine heitere Neugier gegenüber der künstlerischen Profession des Sohnes in den Gesichtern der Dargestellten mit. Im Standpunkt des Betrachters scheint auf diese Weise spürbar zu werden, wie der „Künstler-Sohn" als Beobachter und Interpret aus der Familienstruktur heraustritt.

Kat.-Nr. VI.2 (Abb. S. 93)
Bernhard Heisig (*1925)
Meine Mutter
1967
Öl auf Leinwand
59,5 x 79,5 cm
Lindenau-Museum Altenburg
Inv.-Nr. 2180
Heisig hat dieses Bildthema mehrfach verarbeitet. Er erweitert die Szenerie durch die Ansicht der im zweiten Weltkrieg vernichteten Stadt Breslau im Bildhintergrund. Einer der wesentlichsten Einschnitte im Leben der dargestellten Frau, der Krieg und die Flucht, werden auf diese Weise mit ihrer gegenwärtigen Erscheinung in Beziehung gesetzt. Die eigene Biografie, deren prägende Bilder und Geschichten den gewachsenen Menschen ausmachen, wird so für das Verstehen der Persönlichkeit im Hier und Jetzt verfügbar gemacht.

Kat.-Nr. VI.3 (Abb. S. 94)
Nuria Quevedo (*1938)
Meine Mutter
1973
Öl auf Leinwand
80 x 60 cm
Museum der bildenden Künste Leipzig
Inv.-Nr. 2678
Die spanische Künstlerin stellt mit wenigen, indes wirksamen Mitteln in Farbe und Komposition die Isolation und Distanz der dargestellten Frau aus der Perspektive ihrer Tochter dar. Die vielschichtige Pro-

blematik einer Mutter-Tochter-Beziehung wird im Blick der Künstlerin auf ihre Mutter in ihrer intimen und prägenden Kraft nachvollziehbar.

Kat.-Nr. VI.4 (Abb. S. 103)
Max Beckmann (1884–1950)
Liegender Akt einer alten Frau
1916
Zeichnung
20,8 x 30,6 cm
Museum der bildenden Künste Leipzig
Inv.-Nr. LV 170
Beckmann, hier noch stärker am akademischen Stil seiner Frühzeit orientiert, verzichtete bei seiner Darstellung auf jedwede Entwertung seines Modells, indem er die Haltung der alten Frau nicht mit traditionellen Sichtweisen in der Aktdarstellung in karikierender Absicht in Konflikt brachte, sondern die Frau so darstellte, „wie sie war" und ihr hierdurch besonderen Respekt bewies.

Kat.-Nr. VI.5 (Abb. S. 102)
Conrad Felixmüller (1897–1977)
Meine Großmutter 1922
Radierung
50 x 42 cm
Staatliches Lindenau-Museum, Altenburg

Inv.-Nr. G 1969–161
Conrad Felixmüller, dessen „Alter Arbeiter" ebenfalls ausgestellt ist, wandte bei seinem Bildnis der Großmutter auf den ersten Blick aggressive und ausdrucksstarke Stilmittel an, um die den Unbilden der Zeit ausgesetzte und daran gereifte Persönlichkeit der ihm nahe stehenden Frau zu charakterisieren. In dem Interesse des Künstlers an den Extremen der menschlichen Natur, hier am Alter, wird ein wesentlicher Ausgangspunkt für die Kunst des Expressionismus deutlich.

Kat.-Nr. VI.6 (Abb. S. 99)
Berenice Abbott (1898–1991)
„Die Hände von Jean Cocteau
Um 1925/30
Fotografie
17 x 22,9 cm
Fotomuseum im Münchner Stadtmuseum
Kat. 1991, S. 175
Die Fotografie zeigt die Hände des französischen Dichters, Kritikers und Filmschaffenden Jean Cocteau (1889–1963). Abbott überhöht nicht allein die Schaffenskraft des in seiner Zeit hoch verehrten Künstlers in der Wiedergabe seiner Hände als den „Werkzeugen" seiner Arbeit, sondern bedient darüber hinaus auch den weit verbreiteten Topos, dass sich das tätige Leben und das Alter des Menschen an seinen Händen ablesen lässt (vgl. Hegenbarth und Berndt, VII.5; VI.16).

Kat.-Nr. VI.7
Curt Querner (1904–1976)
Selbstbildnis als junger Zeichner
1928
Kohlezeichnung
49,5 x 38,8 cm
Staatliche Galerie Moritzburg Halle
Landeskunstmuseum Sachsen-Anhalt
Inv.-Nr. H 3269
Der in Dresden ausgebildete Künstler war ein Schüler von Otto Dix. Die ausgewählten Werke zeigen ihn als Eleven, in französischer Kriegsgefangenschaft und in späten Tagen. Sie bieten auf diese Weise die Möglichkeit, die Selbstsicht eines Künstlers im Laufe seiner Entwicklung und seines künstlerischen Schaffens zu beobachten und zu verfolgen.

Kat.-Nr. VI.8 (Abb. S. 101)
Hermann Kätelhön (1884–1940)
Alter Mann
Radierung
53,4 x 64,8 cm
Staatliches Museum Schwerin
Inv.-Nr. 18539 Gr
Kätelhön nutzt die Möglichkeit der Radierung zur feinlinigen Wiedergabe der Physiognomie des Greises. Der Kontrast zwischen den schwarzen Strukturen der Druckfarbe und dem weißen Fond des Blattes steigert die expressive Wirkung dieser großformatigen Charakterstudie. Bei der äußerst dichten und präsenten Darstellung wird der Bildraum zum Bedeutungsträger. Wem wendet sich der Greis zu? Was oder wen erkennt er im Licht?

Kat.-Nr. VI.9
Curt Querner (1904–1976)
Selbstbildnis als Kriegsgefangener
1946
Tusche/Feder-Zeichnung
30 x 22,5 cm
Staatliche Galerie Moritzburg Halle
Landeskunstmuseum Sachsen-Anhalt
Inv.-Nr. H 3270

Kat.-Nr. VI.10 (Abb. S. 97)
Günter Hildenhagen (*1935)
Herberge zur Heimat
Vor 1972
Fotografie
30 x 40 cm
Im Besitz des Künstlers
Die Momentaufnahme Hildenhagens zeigt einen obdachlosen Mann am Abend an der Pforte eines Männerheims. In seiner Gebärde liegen die Würde und die große Geste eines tatsächlichen reichen oder erfüllt geglaubten Erlebens. Kleidung, Auftritt und Ort des Geschehens initiieren Gedankengänge in der Betrachtung.

Kat.-Nr. VI.11
Curt Querner (1904–1976)
Selbstbildnis als Zeichner im Alter
1975
Aquarell
69 x 52 cm
Staatliche Galerie Moritzburg Halle
Landeskunstmuseum Sachsen-Anhalt
Inv.-Nr. H 3255

Kat.-Nr. VI.12 (Abb. S. 2)
Günter Hildenhagen (*1935)
Im Altenheim, Soest
1981
Fotografie
30 x 40 cm
Im Besitz des Künstlers
Dem Fotografen gelang es, den kommunikativen Akt zwischen den beiden Frauen, Bewohnerinnen eines Altenheimes, in äußerst konzentrierter Weise in der Gebärde ihrer Hände einzufangen. Das die körperlichen Strukturen beinahe überstrahlende Licht hebt die die Geste der Frauen über die Erscheinung des Alltäglichen hinaus.

Kat.-Nr. VI.13 (Abb. S. 91)
Robert Häusser (*1924)
Selbst
1981
Fotografie
Im Besitz des Künstlers
Robert Häussers fotografische Arbeit „Selbst" zeugt in seltener Konzentration und Intensität von der Beschäftigung des Künstlers mit seiner eigenen Existenz. Die Wiedergabe von Häussers eigenem Körper ist eine Spiegelung in doppeltem Sinne: Nicht allein der fotografische Apparat sondern auch die Oberfläche der reflektierenden Spiegelschicht übersetzt und interpretiert das Abbild seiner leiblichen Erscheinung. Das Symbol des Kreuzes transportiert einerseits eine Todesmetaphorik, erinnert aber auch an die gleichfalls fotografische Technik einer Röntgenuntersuchung und legt damit Gewicht auf die körperliche Fragilität und Gefährdung des Menschen: Abbilden und Erkennen, „Durchleuchten", als Strategien der künstlerischen Selbsterfahrung.

Kat.-Nr. VI.14 (Abb. S. 98)
August Gaul (1869–1921)
Abgüsse nach den lebenden Händen des Künstlers
Bronze
9 x 10 x 19,5 bzw. 7 x 13 x 21,5 cm
Museum der bildenden Künste Leipzig
Inv.-Nr. P 407 a, b
Der berühmte Leipziger Tierplastiker formte diese Abgüsse nach dem Naturvorbild seiner eigenen Hände. Neben dem Topos der Vergegenwärtigung der künstlerischen Schaffenskraft, die im Anblick der Hände offenbar wird, scheint auch der Wunsch, diese Kraft im Objekt zu „konservieren" und für die Nachwelt einzufangen einen Grund für diese Darstellung zu liefern.

Kat.-Nr. VI.15
Waldemar Grzimek (1918–1984)
Sitzender alter Mann
1946
Bronze
H. 35; Br. 16; T. 21 cm
Staatliche Galerie Moritzburg Halle
Landeskunstmuseum Sachsen-Anhalt
Inv.-Nr. III/43
Grzimek schuf diese Plastik in seiner Zeit als Lehrer der Bildhauerklasse an der Hochschule Burg Giebichenstein in Halle bevor er als Professor an die Hochschule für Bildende Künste nach Berlin-Charlottenburg wechselte. Nackt und bloß sitzt der Alte auf einem Stuhl. Haltung und Ausdruck verraten den Zustand konzentrierten Nachsinnens (vgl. von Kalckreuth, VII.1).

Kat.-Nr. VI.16 (Abb. S. 100)
Christine Berndt (*1967)
Tante Walli
2001
Zweiteilige Videoarbeit
Im Besitz der Künstlerin
Der Videomonitor dokumentiert anhand einer Sammlung von beschriebenen Zetteln das Psychogramm einer 92-jährigen Frau über einen längeren Zeitabschnitt. Daneben hielt die Kamera in einem zweiten Teil der Installation die Bewegungen der Hände der alten Dame fest. Beide Bildsequenzen werden für den Betrachter optisch zueinander in Beziehung gesetzt und offenbaren auf diese Weise, wie sehr es sich bei der physischen Geste der Frau um eine Art visuelle Übersetzung des Niedergeschriebenen handelt.

Raum VII

Kat.-Nr. VII.1 (Abb. S. 45)
Leopold Graf von Kalckreuth (1855–1928)
Dämmerstunde
1909
Öl auf Leinwand
80 x 110,5 cm
Hamburger Kunsthalle
Inv.-Nr.1656
Die in traditioneller Sicht „natürliche" gesellschaftliche Position der älteren Generation, des „Ausgedinges", symbolisiert die isolierte, an den Bildrand gedrängte und in ihrem Sessel kauernde Gestalt der dargestellten Frau, einer Bekannten des Künstlers: Beschränkung, Innehalten, Reflexion und auch ein Stück weit die Verzweiflung über die Mühen des Daseins am Ende der Lebensbahn kommen darin zum Ausdruck (vgl. Stimmer, IV.1).

Kat.-Nr. VII.2 (Abb. S. 147)
Peter Kodera (*1937)
Alter (Geros)
1971
Öl/Kunstharz auf Hartfaser
170,6 x 73,9 cm
Museum der bildenden Künste Leipzig
Inv.-Nr. 2816
Der österreichische Künstler Peter Kodera wählte eine abstrahierende Form in seiner Auseinandersetzung mit dem Alter: Seine im Nebentitel in Analogie zum griechischen „Eros" als „Geros" bezeichnete Figur bleibt bezeichnender Weise in ihrer Aktion und Motivation unbestimmt. Es bleibt dem Betrachter überlassen, hierin eine Verwandlung oder eine Degeneration des Sexus zu erkennen.

Kat.-Nr. VII.3 (Abb. S. 110–111)
Harald Duwe (1926–1984)
Liebe – Eine ganz alltägliche Geschichte
1980
Öl auf Leinwand
250 x 380 cm
Liebe: 100 x 180 cm
Die Heirat: 150 x 100
Familien-Weihnacht: 150 x 180 cm
Altersheim: 150 x 100 cm
Galerie Eva Poll, Berlin
WV 529
Duwe schildert, wie sich aus zunächst nichthinterfragter menschlicher Nähe im Laufe eines Lebens, im Fortschritt der Sozialisation und im Prozess der Gewöhnungen die Einsamkeit eines Individuums

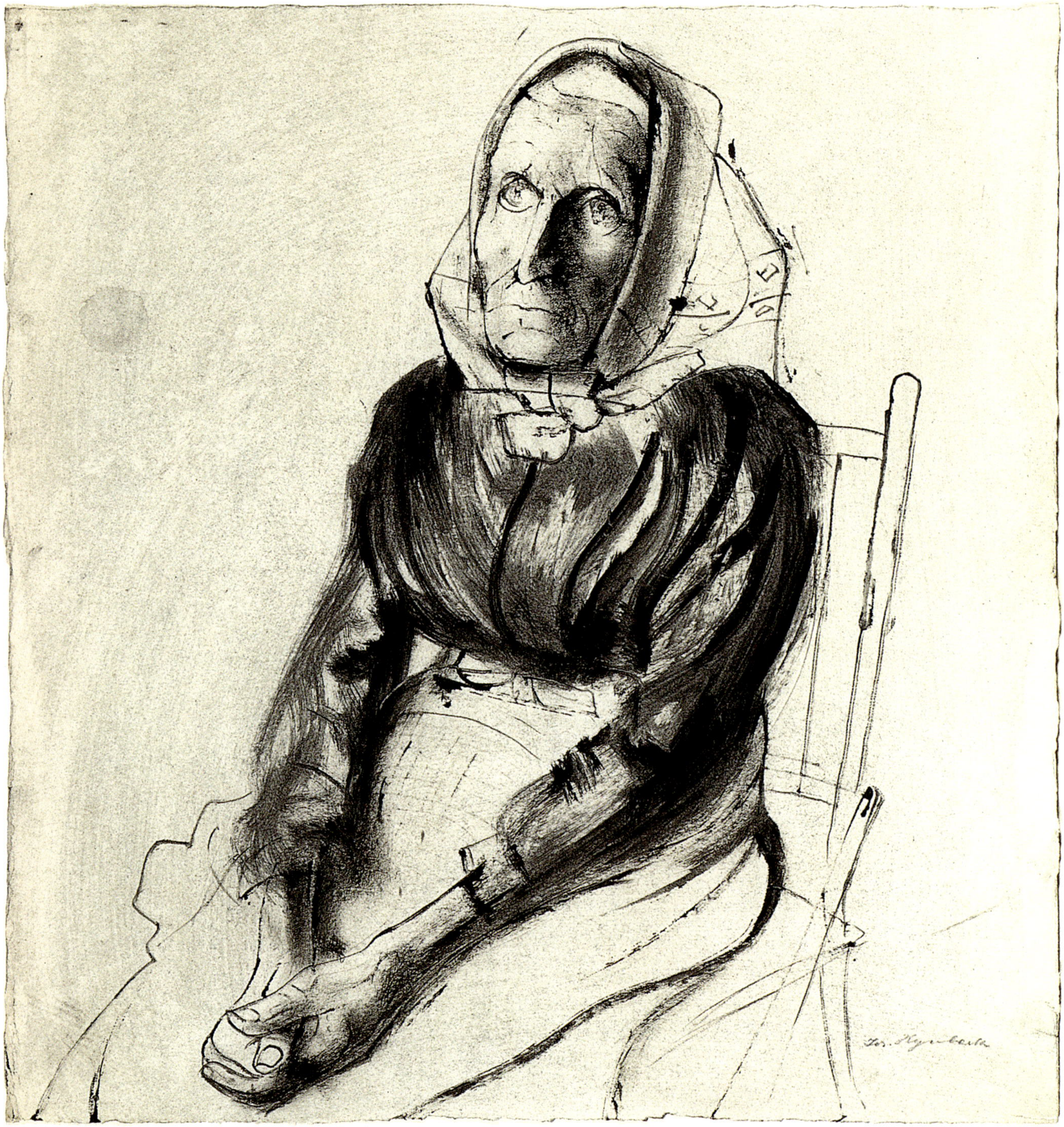

Kat.-Nr. VII.5
Joseph Hegenbarth (1884–1962)
Alte Frau, auf einem Stuhl sitzend
Um 1935

geradezu als der Kern des Daseins herauszuschälen vermag (zur Bildform des Polyptychons vgl. Dettmann, III.11). Die bürgerliche Konzeption von Ehe, Familie und Beruf lässt die Ehefrau als „Überlebende" am Ende als Pflegefall – sinnentleert – mit sich allein. Vorangegangen war ein Leben der ritualisierten Beziehungen, wie die emotionslosen Darstellungen der frühen „Hochzeit" des Paares und des Weihnachtsabends im Kreise der Kleinfamilie im Zentrum des Zyklus zeigen. Die vom Schleier der Frau überschnittene Figur im linken Flügel gilt als Selbstporträt des Malers.

Kat.-Nr. VII.4 (Abb. S. 112)
Karl Heinz Jakob (*1929)
Genesender
1980/81
Öl auf Leinwand
122 x 88 cm
Museum der bildenden Künste Leipzig
Inv.-Nr. 2739
Ein Sinnbild der Vereinzelung eines Menschen im Alter ist auch der Aspekt des Körperlichen, der Versehrtheit auch im psychologischen Sinne. Jakobs Gemälde hat die bange Frage nach der Möglichkeit zur Rückkehr in ein gewohntes, „normales" Leben nach schwerer Krankheit zum Thema. Die labile Haltung des „Genesenden" an der Kante seines Bettes drückt die Unsicherheit über das weitere Geschick aus.

Kat.-Nr. VII.5 (Abb. S. 174)
Joseph Hegenbarth (1884–1962)
Alte Frau, auf einem Stuhl sitzend
Um 1935
Pinsel in Schwarz/Gouache
37,3 x 35 cm
Staatliche Galerie Moritzburg Halle
Landeskunstmuseum Sachsen-Anhalt
Inv.-Nr. H 3634
Die gelungene Darstellung der durch ein hartes Leben gezeichneten Frau in bäuerlicher Tracht stammt aus dem Nachlass des Künstlers. Sie steht in einer langen Tradition ähnlicher Charakterstudien, die ihren zeitgültigen Typus in Albrecht Dürers (1471–1528) berühmtem Bildnis der Mutter von 1514 gefunden hatten.

Kat.-Nr. VII.6 (Abb. S. 115)
Maina-M. Munsky (1943–2000)
Natura morte
1974
Zeichnung
70 x 100 cm
Galerie Eva Poll, Berlin
Munsky erweitert und steigert die Sicht auf den leidenden Menschen (vgl. Jakob, VII.4) um den Aspekt der Aggression gegen Alte und Kranke: Der „Störfaktor" eines Kranken, der während einer Operation seinen Schmerz oder Widerspruch artikuliert, wird von „helfender" Seite brutal unterdrückt.

Kat.-Nr. VII.7 (Abb. S. 114)
Peter Sorge (1937–2000)
Ein Aspekt: Penner
1976
Fotografie/Lithographie
70 x 68 cm
Kunstamt Charlottenburg, Villa Oppenheim
Inv.-Nr. UB 448
Sorge zeigt den alten Menschen als Opfer gesellschaftlichen Desinteresses unter dem Aspekt der Altersarmut. Der doppelte Blick auf den Dargestellten zeigt diesen auf der Pritsche seines Männerwohnheimes und unter dem zupackenden Gestus eines Arztes, der die Funktionen seiner Augenpartie prüft. Die Verwahranstalt und die pflichtschuldige medizinische Reihenuntersuchung stehen für ein Leben, das sich aus Sicht der Gesellschaft bereits „erübrigt" hat (vgl. Dix, V.8).

Kat.-Nr. VII.8
Nuria Quevedo (*1936)
Mann und Frau
(aus: Don Quixote, Nr. 3) 1984
Radierung, Aquatinta
49,1 x 60,5 cm
Staatliche Galerie Moritzburg Halle
Landeskunstmuseum Sachsen-Anhalt
Inv.-Nr. G 9786
Aus der sechsteiligen Serie frei nach der Dichtung von Cervantes (1547–1616) besticht bei den beiden ausgewählten Blättern das Verhältnis zwischen den Geschlechtern: Während bei „Mann und Frau", ähnlich wie in der Bildtradition der „Ungleichen Paare" eine innere Verbundenheit nicht erkennbar ist, wird die Sequenz „Mann und Tod" von einer eigentümlichen Innigkeit geprägt, wobei „der" Tod eine dezidiert weibliche Anmutung und Gebärde an den Tag legt.

Kat.-Nr. VII.9
Nuria Quevedo (*1936)
Mann und Tod
(aus: Don Quixote, Nr. 5) 1984
Radierung, Aquatinta
49,1 x 60,5 cm
Staatliche Galerie Moritzburg Halle
Landeskunstmuseum Sachsen-Anhalt
Inv.-Nr. G 9788

Kat.-Nr. VII.10 (Abb. S. 107)
Ulrike Kaiser (*1953)
Im kleinen Leben liegt der große Schmerz
1992
Fotografie/Collage
Holz, Papier
70,8 x 43,6 cm
Haus der Geschichte
der Bundesrepublik Deutschland Bonn
Inv.-Nr. EB 1998/11/0473
„Die Fotos (...) zeigen alte Frauen aus Giesing (München) bei ihren täglichen Einkäufen und auf der anderen Seite kleine Haushaltsunglücke. Oft konzentriert sich das Leben dieser Frauen, die wenig Rente beziehen und meist ihre Männer überlebt haben, auf die täglichen Einkäufe, auf das, was sie heute kochen werden – wen sie bei diesen Einkäufen treffen werden (...). Dies kann ich den Gesprächen entnehmen, wenn ältere Menschen Bus fahren, an der Ampel mit mir zusammen warten oder mit mir an der Kasse anstehen. Ich versuche mir dann ein Bild zu machen, wie sie leben, wie es wäre, wenn ich so alt und allein geblieben wäre (...). Diese Frauen führen ein einsames Leben, die kleinen Begebenheiten des täglichen Lebens werden zu wichtigen Ereignissen und machen es mühsam und beschwerlich (...)" (Ulrike Kaiser).

Kat.-Nr. VII.11 (Abb. S. 19)
Annegret Soltau (*1946)
Tochter mit Urgroßmutter
1994
Fotovernähung
140 x 100 cm
Im Besitz der Künstlerin
Annegret Soltaus Arbeiten aus der Serie „Generativ" sind sehr persönliche Einsichtnahmen in die Beziehungen zwischen den Generationen, vor allem aber auch auf die Selbstpositionierung der Künstlerin. Die Technik der Fotovernähung drückt etwas von dem Schmerz des Werdens und Vergehens im Leben des Menschen aus. Die Tochter der Künstlerin fasste ihre Gedanken und Gefühle während der Arbeit in folgende Überlegung: „(...) Diese Frau also – das bin ich – ist äußerlich ganz jung, aber in mir sind schon die Alten. Ich bin dazu bestimmt, alt zu werden. Das ist schon in mir drin. Das ist eigentlich auch schon mein Charakter. Das wächst immer weiter nach außen. Das Ältere, das innen ist, kommt irgendwann an die Haut und dann sieht man es auch äußerlich, dass man alt wird." (Julia Soltau) (vgl. Soltau, IV.10).

Kat.-Nr. VII.12 (Abb. S. 109)
Waldemar Otto (*1929)
Rentnerin im Sessel
1973
Bronze
H: 110; B: 95; T: 125 cm
Privatbesitz
Die Plastik zeigt eine ambivalente Form der Geborgenheit der zerbrechlichen alten Frau. Die leblose Materie des sie beinahe körperlich konsumierenden Möbelstücks wirkt ebenso behütend wie bedrohlich. Otto gelingt damit in ganz ähnlicher Weise wie dem Maler von Kalckreuth (vgl. VII.1) zuvor ein Sinnbild für den Rückzug alter Menschen aus der Vitalität früherer Jahre.

Kat.-Nr. VII.13 (Abb. S. 113)
Detlef Reinemer (*1944)
Das Kissen
1981
Kalkstein
26,5 x 63 x 42,3 cm
Museum der bildenden Künste Leipzig
Inv.-Nr. P 742
Reinemers Arbeit zeigt mit verstörendem Nahblick die Fragilität und Ausgesetztheit eines alten Menschen, dessen letzte Lebensspuren die Faltentäler im Kissen seines Anstalts- oder des Krankenhausbettes bilden. Erschreckend wirkt die drohende Einsamkeit für den Menschen in der Nähe seines Endes, das oftmals von Krankheit und Schmerz in einer uniformen, unpersönlichen Umgebung gekennzeichnet ist (vgl. Hellwig, VII.14).

Kat.-Nr. VII.14
Frank Hellwig (*1950)
Meine Oma
Fotografie
Im Besitz des Künstlers
Diese Fotosequenz zeigt die Großmutter des Fotografen am Ende ihres Lebens. Das Bett wird zum „Sterbelager", die erreichbaren Dinge werden um die Bettstatt herum angeordnet, etwa das Etui für die Lesebrille an der Wand. Sie sollen diesen letzten Aufenthalt angenehmer machen. Im Bildrahmen über dem Bett der Urenkel. Der Aufenthalt der alten Dame wird zu einem Stadium des „Durchgangs" vom Leben zum Tode. Das Abbild des Menschen nimmt seine Stelle ein. Am Ende ist die Großmutter selbst zu einem „Gegenstand" der Erinnerung geworden.

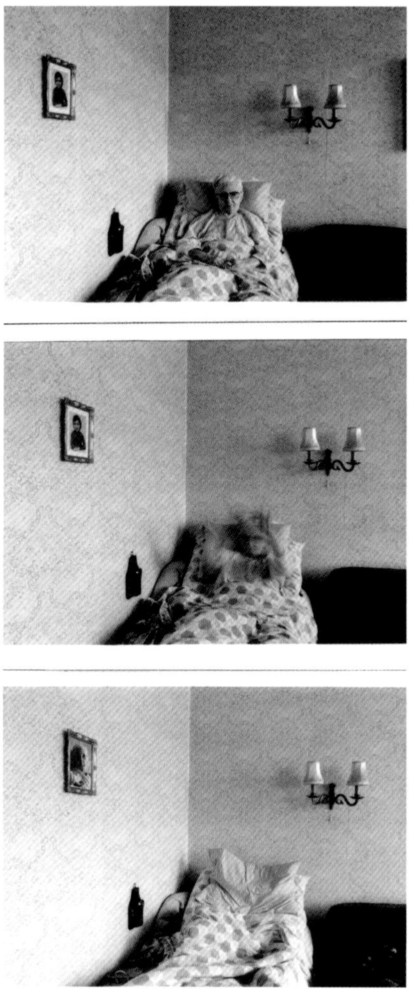

Raum VIII

Kat.-Nr. VIII.1 (Abb. S. 120, 122)
Frank Hellwig (*1950)
Im Hospiz (Halle/S.)
2003
Fotografie
Franckesche Stiftungen zu Halle
Hellwig schuf diese Serie für dieses Ausstellungsprojekt der Franckeschen Stiftungen. Die Perspektiven für einen menschlichen Umgang mit sterbenden Menschen werden dabei am Beispiel der Hospizarbeit in St. Elisabeth in Halle beleuchtet. Hellwig begleitete einen Patienten durch seinen Alltag, der geprägt ist von dem Vertrautwerden mit dem eigenen Ende und der Erfahrung des Angenommenseins in einer verständnisvollen Gemeinschaft.

Kat.-Nr. VIII.2 (Abb. S. 123)
Robert Häusser (*1924)
Tania
1984
Fotografie
60 x 70 cm
Im Besitz des Künstlers
Die Metaphorik dieses Werks, die das Kind nackt in einem durch Licht- und Schattenwirkung transzendent erscheinenden, durch geometrische Formen stark konstruiert wirkenden Bildraum stellt, führt den assoziierenden Blick des Betrachters am Ende der Ausstellung nicht allein auf Ursprünglich-Existenzielles sondern auch auf unentwegt Beginnendes.

Elke Stateczny / Dirk Suckow

Kurzbiografien der ausgestellten Künstler

Berenice Abbott
Springfield/Ohio 1898–1991 Monson/Maine
Fotografin, mit Ausnahme der 1920er Jahre (Paris) v. a. in New York tätig; wichtige Chronistin der Stadt, u. a. 1935–39 Projekt „Changing New York". 1934–58 Lehrtätigkeit an der New School for Social Research, unter zahlreichen Publikationen der „Guide to Better Photography" (1941) besonders einflussreich.

Carl Gustav von Amling
Nürnberg 1650–1703 München
Kupferstecher und Zeichner; Ausbildung in Bayern, Lüttich, Antwerpen (?) und Paris; eigentliches Fach ist das Porträt, hier enge Anlehnung an französische Vorbilder. Ab 1671 kurfürstlicher Hofkupferstecher in München, 1697 Ernennung zum bayerischen Kammerherrn, 1699 Erhebung in rittermäßigen Adelsstand.

Karl Arnold
Neustadt/Oberfranken 1883–1953 München
Ab1901 Studium an der Münchner Akademie bei Raupp, von Löfftz und von Stuck (Meisterklasse u. a. mit Kandisky und Klee). 1907 erste Karikaturen im „Simplicissimus". 1913 neben Jawlensky, Klee u. a. Gründungsmitglied der „Neuen Münchner Sezession". Nach 1920 Arbeiten für zahlreiche in- und ausländische Zeitungen; 1936 Exklusivvertrag bei Ullstein als Pressezeichner für „Berliner Illustrierte Zeitung".

Ernst Barlach
Wedel/Holstein 1870–1938 Güstrow
1888–1891 Gewerbeschule Hamburg, 1891–1895 Studium an der Dresdner Kunstakademie. 1899–1901 in Berlin; 1895 und 1897 Studienreisen nach Paris. 1907/08 Zeichnungen für den „Simplicissimus" und Beginn der schriftstellerischen Arbeit. 1909 Stipendiat der Villa Romana in Florenz. 1919 Ansiedlung in Güstrow, Mitglied der Preußischen Akademie der Künste. 1937 Diffamierung als „entarteter Künstler", Entfernung seiner Werke aus Kirchen und Museen sowie Aufführungsverbot seiner Werke.

Hendryk Bary
Gouda um 1640–1707 Gouda
Kupferstecher, arbeitete nach Gemälden namhafter holländischer Meister. Er verbringt Jugendjahre in Rotterdam; Ausbildung bei Rynier Persyn. Um1670 Aufgabe der künstlerischen Arbeit. Zwischen 1673–75 als Schützenfähnrich in Gouda und bis 1703 als Zuchthausverwalter nachweisbar.

Tina Bauer-Pezellen
Cattaro/Dalmatien 1897–1979 Weimar
1917–1924 Studium an verschiedenen Lehranstalten und Kunstgewerbeschulen darunter auch bei Richard Riemerschmid an der Kunstgewerbeschule in München. Ab 1931 freischaffend in München tätig. 1933 Entfernung ihrer Bilder aus der Ausstellung der „Neuen Sezession" in München. 1937 Umzug nach Weimar, dort seit 1945 freischaffend tätig.

Max Beckmann
Leipzig 1884–1950 New York
1900–1903 Studium an der Kunstschule in Weimar. 1905 Übersiedlung nach Berlin, Anschluss an die „Berliner Sezession"; 1906 Villa-Romana-Preis. 1914 Kriegsfreiwilliger. 1915–33 Atelier in Frankfurt/M.; 1925–33 Lehrer an der dortigen Kunstschule. 1933 Entzug des Lehrauftrages; 1937 Diffamierung als „entarteter Künstler". 1937–46 als Emigrant in Amsterdam und Paris. 1947 Übersiedlung in die USA, Lehrer an Kunstschulen in St. Louis und New York.

Christine Berndt
Berlin (*1967)
Nach Studium der Zahnmedizin ab 1998 Studium der Bildhauerei an der Kunsthochschule Berlin bei Inge Mahn, Karin Sander und Berndt Wilde. 1999 Gründungsmitglied der Arbeitsgruppe „retrograde Strategien" an der KHB. 2002 Diplom an der Kunsthochschule Berlin-Weißensee.

Hans-Ulrich Buchwald
Breslau (*1925)
Besuchte zunächst die Werkkunstschule in Breslau. 1952–56 als Bühnenbildner in Hildesheim, anschließend als Zeichner und Grafiker am Landesmuseum Hannover tätig. Ab 1963 Arbeit an figürlichen Terrakotten. Gründete 1969 mit Frau Hella Buchwald (1915–2000) das „Scharniertheater" Hannover. Mitglied der internationalen Holzschneidervereinigung „Xylon".

Cornelis Cort
Horn 1533–1578 Rom
Zeichner, Reproduktionsstecher und Radierer, zunächst für den Antwerpener Verleger Hieronymus Cock tätig.1565 Übersiedlung nach Italien, arbeitet in Venedig u. a. für Tizian. Seit 1567 in Rom, bevorzugter Stecher für die Brüder Taddeo und Federico Zuccari.

Franz von Defregger
Stronach 1835–1921 München
Ab 1858 Bewirtschaftung des ererbten väterlichen Hofes. Früheste bekannte Zeichnungen 1861. Studium an Münchner Kunstakademie bei Hermann Anschütz. 1863–65 Parisaufenthalt; 1878 Professor für Historienmalerei an der Münchner Kunstakademie. Aufträge der bayerischen Staatsregierung und des österreichischen Kaiserhauses. 1883 Verleihung des persönlichen Adels.

Ludwig Dettmann
Adelby bei Flensburg 1865–1944 Berlin
1882–84 Studium an Hamburger Schule für Kunst und Gewerbe; 1884–89 Stipendiat der Berliner Kunstakademie. Seit 1892 verstärkte Hinwendung zur Genremalerei und zu großformatigen Triptychen. 1900–16 Direktor der Königsberger Kunstakademie. Seit 1915 als offizieller Kriegsmaler an der Ost- und der Westfront; nach 1918 Wohnsitz in Berlin. 1928 für Scherl-Verlag Teilnahme am Zeppelin-Transatlantikflug von H. Eckener.

Otto Dix
Untermhaus bei Gera 1891–1969 Singen
1909–1914 Kunstgewerbeschule Dresden. 1914–18 freiwilliger Kriegsteilnehmer. 1925–1927 freischaffend in Berlin tätig; 1927–1933 Professor an der Kunstakademie in Dresden. 1933 als „entarteter Künstler" diffamiert; 1933–36 in Singen ansässig. 1936 Übersiedlung nach Hemmenhofen/Bodensee. Nach 1948 wendet er sich verstärkt der Grafik zu. 1955 Mitglied der Deutschen Akademie der Künste in West-Berlin.

Harald Döring
Neudorf/Pommern 1941–1997 Langenstein/Harz
1946 Flucht der Familie nach Löderburg (Kr. Staßfurt). 1955–61 Lehre als Saatzüchter, 1958–61 Arbeiter-und-Bauern-Fakultät Rostock. 1961–65 Studium an der Universität Greifswald bei

K. Homberg und W. Frankenstein. 1965–69 Studium der Malerei an der Burg Giebichenstein Halle. 1971–74 Meisterschüler der Akademie der Künste zu Berlin bei W. Womacka. Seit 1974 freischaffend tätig.

Harald Duwe
Hamburg-Rothenburgsort 1926–1984 Tremsbüttel
1942–1944 Lehre als Lithograph in Hamburg und Leipzig. 1945 Studium an der Hochschule für Bildende Kunst in Hamburg. Seit 1950 freischaffender Künstler. Bis 1963 wiederholte Aufenthalte im Tessin. 1970 Edwin-Scharff-Preis der Stadt Hamburg. 1974 Einzelausstellung in der Kunsthalle Kiel. Lehrte seit 1975 an der Fachhochschule für Gestaltung Kiel. 1981 Kulturpreis der Landeshauptstadt Kiel.

Conrad Felixmüller
Dresden 1897–1977 Berlin
1911 Besuch der Kunstgewerbeschule Dresden. 1925 Ausbildung an der Kunstakademie in Dresden, danach freischaffend tätig; Orientierung am Malstil der „Brücke". Im Nationalsozialismus als „entarteter Künstler" verfemt. 1949–1962 Professor an der Martin-Luther-Universität Halle. 1967 Übersiedlung nach West-Berlin.

Walter Firle
Breslau 1859–1929 München
Porträt- und Genremaler; erster Unterricht bei Landschaftsmaler A. Dreßler. 1879–82 Studium an Münchner Akademie bei A. Gabl, L. von Löfftz und G. Hackl; im Anschluss Italien- und Hollandreisen; knüpft an die Freilichtmalerei Josef Israels an und schildert in zeitgenössischem Gewand vielfach religiöse Themen (Triptychen: „Vaterunser", „Der Glaube", „Vergib uns unsere Schuld").

August Gaul
Großauheim 1869–1921 Berlin
Ab 1882 Studium an den kunstgewerblichen Schulen in Hanau und Berlin, seit 1887 kunstgewerblich tätig. 1888 Übersiedlung nach Berlin. Seit etwa 1890 werden Tierdarstellungen zu seinem Spezialthema. 1892/93 Aufnahme an der Akademischen Hochschule der Bildenden Künste Berlin; 1895 Meisterschüler an der Preußischen Akademie der Künste. 1898 Italienreise. 1902 Wahl in den Vorstand der „Berliner Sezession". Einfluss auf Georg Kolbe, Max Esser und Gerhard Marcks.

Ludwig Emil Grimm
Hanau 1790–1863 Kassel
Jüngerer Bruder der Germanisten Jacob und Wilhelm Grimm. 1809–1813 Akademiestudium in München bei Carl Ernst Christoph Heß. 1814 Teilnahme am Frankreichfeldzug. 1816 Italienreise. 1817–1832 freier Künstler in Kassel. 1832 Professor an der dortigen Kunstakademie. 1835 Mitbegründer des Kasseler Kunstvereins.

Waldemar Grzimek
Rastenburg/Ostpreußen 1918–1984 Berlin
1937 Steinmetzlehre, danach Studium an der Hochschule für Bildende Künste Berlin bei W. Gerstel, ab 1941 dessen Meisterschüler. 1941 Rompreis und Aufenthalt in der Villa Massimo. 1946–48 Lehrer einer Bildhauerklasse an der Burg Giebichenstein Halle. 1948–51 Professor an der Kunsthochschule Berlin-Weißensee. 1957–61 Professor an der Kunsthochschule Berlin-Charlottenburg. 1968 Berufung an die TH Darmstadt.

Ulrich Hachulla
Heydebreck/Oberschlesien (*1943)
1949–1961 Schulbesuch und Abitur in Halle. 1963–1968 Studium an der Hochschule für Grafik und Buchkunst in Leipzig bei Werner Tübke, Hans Mayer-Foreyt, Harry Blume und Bernhard Heisig. 1968–1972 freischaffend in Leipzig tätig. 1974–1976 Lehrauftrag und seit 1978 Dozent an der Hochschule für Grafik und Buchkunst Leipzig. 1993 Professur für Grafik/Radierungen an der Hochschule für Grafik und Buchkunst Leipzig.

Robert Häusser
Stuttgart (*1924)
Einer der bedeutendsten Vertreter der modernen Fotografie in Deutschland mit sehr umfangreichem Oeuvre. 1942/43 Fotografenlehre und Besuch der Schule für Graphisches Gewerbe Stuttgart. 1949/50 Schule für Handwerk und Kunst Weimar; seit 1950 enge Verbindung zur „Gesellschaft Deutscher Lichtbildner" (GDL). 1952 Übersiedlung aus der DDR nach Mannheim.

Erich Heckel
Döbeln 1883–1970 Radolfzell
1904 Architekturstudium TH Dresden; Studienabbruch. Gründet 1905 mit Kirchner, Bleyl und Schmidt-Rottluff „Die Brücke". 1911 Übernahme des Ateliers von Otto Müller in Berlin. 1915–18 Kriegsfreiwilliger; 1937 von den Nationalsozialisten als „entartet" verfemt. 1944 Verlust des Ateliers und zahlreicher Arbeiten bei einem Bombenangriff. Umzug nach Hemmenhofen (Bodensee); 1949–55 Professor an der Hochschule für Bildende Künste Karlsruhe.

Paul Heermann
Weigmannsdorf bei Freiberg/S. 1673–1732 Dresden
Schüler und Mitarbeiter seines Onkels Georg Heermann (u. a. am Schloss Troja bei Prag). Seit 1705 in Dresden, seit 1714 Bürgerrecht. Lieferte als Mitarbeiter Permosers dekorative Steinbildwerke u. a. für den Zwinger und den Großen Garten; zudem in Leipzig und in Lommatzsch (Hochaltar Stadtkirche) tätig.

Josef Hegenbarth
Böhmisch-Kamnitz 1884–1962 Dresden
1905 Übersiedlung nach Dresden; 1908–15 Kunstakademie Dresden, Meisterschüler bei G. Kuehl. 1917–19 in Prag, Mitarbeit im Brömse-Kreis. 1925–44 Mitarbeit beim „Simplicissimus". 1926 Mitglied der Wiener sowie 1929 der Prager „Sezession". 1943–45 in Böhmisch-Kamnitz; im Krieg Verlust großer Teile des Lebenswerks. 1947–49 Professor an der Hochschule für Bildende Künste Dresden.

Bernhard Heisig
Breslau (*1925)
1941–42 Schulabschluss und Studium an der Meisterschule des Deutschen Handwerks bei Rall und Holscher. Nach Kriegsdienst und Gefangenschaft 1947/48 Studium an der Kunstgewerbeschule Leipzig. 1961–64 und 1976–87 Professor und Rektor der Hochschule für Grafik und Buchkunst Leipzig. 1972 Mitglied und 1991 Austritt aus der Akademie der Künste Berlin. 1992 Umzug nach Strodene im Havelland.

Frank Hellwig
Dortmund (*1950)
1972–76 Studium der Sozialpädagogik in Mönchengladbach; 1976–77 Sozialpädagoge in Aachen. 1977–79 Studium an der Hochschule für Gestaltung Wiesbaden, Schwerpunkt Fotografie bei Volker Liesfeld. 1979–86 Studium Grafik und

Design, Schwerpunkt Fotografie in Kassel bei Floris Neusüss und Gunter Rambow. Seit 1986 freier Fotograf; lebt in Kassel.

Joe Julius Isaak Philipp Heydecker
Nürnberg 1916–1997 Wien
1931 Fotografenlehre bei Stephan Rosenberg in Frankfurt. 1933 Übersiedlung nach Luzern, später Prag. 1938 Arbeit im Fotostudio Albin Kobe in Wien. 1939 Einberufung zur Wehrmacht; 1941 als Fotolaborant einer Propagandakompanie in Warschau. 1947 Gründungsmitglied der „Weltstaat-Liga". 1945/46 Mitarbeit bei dem amerikanischen Sender „Radio Munich"; Berichterstatter der Nürnberger Kriegsverbrecherprozesse. 1960 Auswanderung nach Brasilien. 1986 Rückkehr und Arbeit als freier Journalist und Schriftsteller.

Günter Hildenhagen
Münster/Westfalen (*1935)
Nach Tätigkeit als Postbeamter Studium der Fotografie bei Prof. Pan Walther in Münster und Dortmund und bei Prof. Otto Steinert, Folkwang-Schule Essen. 1975 Abschluss an der Fachhochschule Dortmund. Seit 1965 Arbeit als freier Bildjournalist mit Schwerpunkt soziale Themen. Seit 1975 Mitglied der Fotografischen Akademie (GDL). 1980 Berufung in die Deutsche Gesellschaft für Fotografie.

Ludwig Hohlwein
Wiesbaden 1874–1949 Berchtesgaden
Architekt, Maler, Grafiker. Um 1895 erste Illustrationen für die Zeitungen des Akademischen Architektenvereins. 1900, nach Studium und Studienreisen nach London und Paris, Übersiedlung nach München. Ab 1904 regelmäßige Ausstellungen im Münchner Glaspalast. Nach 1906 Entwicklung des so genannten „Hohlweinstils" bei der Plakatgestaltung. In den 1930er und 40er Jahren auch für die staatliche Propaganda tätig.

Karl Heinz Jakob
Zwickau 1929–1997 Zwickau
1948–50 Schüler der Mal- und Zeichenschule Zwickau bei Michel und K. H. Schuster. 1950–55 Studium Hochschule für Bildende Künste Dresden bei E. Fraaß, M. Erich Nicola und R. Bergander. Seit 1955 freischaffend in Zwickau tätig.

Ulrike Kaiser
München (*1963)
Studium an der Akademie der Bildenden Künste München und an der Kunsthochschule für Medien in Köln. Trat vor allem mit Rauminstallationen und Objekten hervor, die sich durch die unorthodoxe Verbindung von kargen Materialien mit neuen Medien auszeichnen.

Leopold von Kalckreuth
Düsseldorf 1855–1928 Eddelsen/Hannover
Schüler von Ferdinand Schauss, Willem Linnig und Alexander Struys an der Kunstschule Weimar. Seit 1879 an der Akademie der Bildenden Künste München Schüler von Karl Theodor von Piloty. Seit 1885 Lehrer an der Kunstschule in Weimar. Zieht sich 1890 in die ländliche Region Schlesiens zurück. 1892 Gründungsmitglied der „Münchner Sezession".

Hermann Kätelhön
Hofgeismar 1884–1940 München
1906–08, nach ersten Versuchen als Keramiker, in Marburg. Mitarbeit im Atelier von K. Kornhas in Karlsruhe; wendet sich 1908 der Grafik zu, beeinflusst von C. Bantzer und W. Thielmann. 1910 und 1915 Bosestipendium der Stadt Kassel. 1917 Übersiedlung nach Essen. 1919 Beteiligung an dem in Essen herausgegebenen Sammelwerk „Arbeit".

Max Klinger
Leipzig 1857–1920 Großjena bei Naumburg
Seit 1874 Studium an der Kunstschule in Karlsruhe; 1875 Besuch der Kunstakademie in Berlin. 1879/80 Aufenthalte in Brüssel und München; 1883–1893 Aufenthalt in Paris. Seit 1893 in Leipzig ansässig. 1894 Mitglied der Akademie der Künste in Berlin. Ab 1899 Konzentration auf plastische Arbeiten. 1903 Vizepräsident des Deutschen Künstlerbundes neben Max Liebermann; 1906 Vorsitzender des Villa-Romana-Vereins in Florenz.

Peter Kodera
Wien (*1937)
1956–61 Studium an der Hochschule für Musik und an der Filmhochschule Wien; Beginn der konsequenten Beschäftigung mit Malerei seit 1961. Freiberuflich als Kameramann, Regisseur, Fotograf und Maler tätig. 1962–69 Zusammenarbeit mit dem Regisseur Ferry Radax. 1976 Vizepräsident der Gesellschaft Bildender Künstler Österreichs.

Artur Langhammer
Lützen 1854–1901 Dachau
1872–75 Student der Leipziger und 1876–82 der Münchner Akademie (Schüler von F. Barth, F. von Löfftz und W. Diez). 1882/83 Italienreise. Anfänglich vorwiegend als Illustrator tätig, dann verstärkte Hinwendung zur Malerei; hier Suche nach ausgeglichenem Stimmungsganzen von Mensch und Natur („Dachauer Bauern"). Aus seiner Spätzeit sind viele Werke unvollendet oder zerstört.

Erika Maria Lankes
Waldenburg (Schlesien) (*1940)
1959–1964 Studium an der Akademie der Bildenden Künste in München bei Crodel und Kirchner. 1963–1966 erstes und zweites Staatsexamen für Kunsterziehung. Seit 1971 als Plastikerin tätig, seit 1978 freiberuflich in den Arbeitsgebieten Bildhauerei und Grafik.

Jef Leempoels
Brüssel 1867–1935 Brüssel-Ixelles
Schüler von J. Portaels und J. Stallaert an der Brüsseler Akademie; begann mit Genrebildern und wandte sich Anfang der 1890er Jahre einer religiös-symbolistischen Richtung zu. Später zu Genre und Porträt zurückgekehrt, ist er mit seinen Arbeiten vornehmlich in belgischen Museen vertreten.

Carl August Lücke d. J.
Dresden um 1710–nach 1777 Danzig
Elfenbeinschnitzer, arbeitete auch in Buchsbaumholz, Perlmutt, Alabaster und Bernstein. 1738 in Hamburg nachgewiesen; 1751–57 Kabinettbildhauer und um 1753 Kunstdirektor des Herzogs von Mecklenburg-Schwerin. Nach 1757 abwechselnd am russischen Hof und in Danzig tätig.

Luca Madrassi
Tricesimo/Oberitalien 1848–1919 Paris
Bildhauer, hauptsächlich in Paris tätig. Schüler von Cavelier; im Salon der „Société des Arts françaises" 1869 und 1914 mit Büsten, Statuen und Kleinplastik vertreten.

Adriaen Jacobsz. Matham
Den Haag um 1600–nach 1654 Den Haag
Erhielt als dritter Sohn des berühmten Kupferstechers Jacob Matham Unterricht bei seinem Vater. Später vorwiegend als

Kunsthändler tätig. 1640 im Gefolge des Gesandten der Generalstaaten Anthonius de Liederkerke in Marokko. 1646 Aufnahme in die Malergilde von Den Haag.

Stefan Moses
Liegnitz /Schlesien (*1928)
1943 Beginn einer Fotografenlehre in Liegnitz bei der Fotografin Grete Bodlee. Nach Internierung im Zwangsarbeiterlager Ostlinde 1945/46 Fortsetzung der Lehre in Erfurt. Bühnenfotograf am Weimarer Nationaltheater; seit 1950 freier Bildjournalist in München. Schwerpunkt seiner Arbeiten sind Fotoessays über prominente Zeitgenossen.

Hans Müller-Dachau
Hannover 1877–1925 Dachau
Seit 1894 Studium an Berliner sowie Münchner Akademie bei J. Ehrentraut bzw. J. C. Herterich. Wendet sich 1896 als Schüler der Dachauer Malerschule des Adolf Hölzel der Freilichtmalerei zu. 1897–1900 Schüler der Académie Julian in Paris bei J. Lefèvre. 1900–11 Leitung einer eigenen Malerschule in Dachau. 1905 Rompreis; 1911–19 Lehrtätigkeit an Karlsruher Akademie; 1919 Rückkehr nach Dachau.

Maina-M. Munsky
Wolfenbüttel 1943–1999 Berlin
1960–64 Studium an der Staatlichen Hochschule der Bildenden Künste Braunschweig. 1964–67 Studium an der Accademia di Belle Arti Florenz sowie 1967–70 an der Hochschule für Bildende Künste Berlin. Seit 1970 Mitglied des Deutschen Künstlerbundes; 1972 Gründungsmitglied der Gruppe „Aspekt" in Berlin.

Angela Neuke
Berlin 1943–1997 Alaska (verunglückt)
1963–66 Studium der Fotografie bei Otto Steinert an der Folkwang-Schule für Gestaltung Essen. Seit 1967 als freiberufliche Fotojournalistin tätig; ab 1980 Professorin für Bildjournalistik an der Universität Essen. Bekannt geworden ist sie v. a. als Fotografin politischer Großereignisse; hierzu zahlreiche Einzelausstellungen, u. a. „Staatstheater – Medienzirkus".

Fritz Nolde
Leipzig 1904–1980 Potsdam
Grafiker und Bildhauer, Vertreter eines sozialkritischen Realismus. 1926/27 Studium an der Akademie für graphische Künste und Buchgewerbe Leipzig. 1929 Mitglied der „Assoziation Revolutionärer Bildender Künstler" (ASSO). 1941–43 aufgrund politischer Aktivität Haft im Zuchthaus Waldheim, Kriegsteilnahme im Strafbataillon 999. 1947–50 als Bildhauer in Leipzig; 1951 Übersiedlung nach Berlin, 1962 nach Potsdam.

Waldemar Otto
Petrikau/Polen (*1929)
1945 Flucht der Familie nach Halle/Saale, hier erste Begegnung mit moderner Kunst. 1948 Abitur in den Franckeschen Stiftungen. Ab 1948 Studium an der Hochschule für Bildende Künste Berlin. 1952–54 Meisterschüler bei A. Gonda; ab 1955 freischaffend in Berlin. 1963–65 Artist in Residence an der University of Notre Dame/Indiana (USA). 1973 Professor an der Hochschule für Künste Bremen. Lebt in Worpswede.

Curt Querner
Börnchen bei Freital 1904–1976 Kreischa
1918–21 Schlosserlehre und Gewerbeschule in Freital; 1921–26 Fabrikschlosser. 1926–30 Studium an Dresdner Kunstakademie u. a. bei Otto Dix. 1930 Eintritt in die „Assoziation Revolutionärer Bildender Künstler" (ASSO) und in die KPD. 1940–45 Kriegsdienst. 1945 Verlust zahlreicher Werke bei der Zerstörung Dresdens. Seit 1949 u. a. als Zeichenlehrer tätig; später zahlreiche staatliche Aufträge (u. a. Wandbilder).

Nuria Quevedo
Barcelona (*1938)
1952 Übersiedlung der Familie nach Berlin (DDR). 1955–58 Arbeiter-und-Bauern-Fakultät Berlin. 1958–63 Studium an der Hochschule für bildende und angewandte Kunst Berlin-Weißensee. 1968–71 Meisterschülerin an der Akademie der Künste zu Berlin. Seit 1963 freischaffend in Berlin tätig.

Detlef Reinemer
Dresden (*1944)
1959–62 Ausbildung als Keramikformer, gleichzeitig Abendstudium an der Hochschule für Bildende Künste Dresden, dort folgt später das Studium bei Walter Arnold, Gerd Jaeger und Herbert Naumann. 1972–82 freischaffend, danach Oberassistent bzw. Professor an der Hochschule für Bildende Künste Dresden. Lebt in Radebeul bei Dresden.

Günter Richter
Meißen (*1933)
Maler und Zeichner. 1949–53 Lehre als Bossierer an der Staatlichen Porzellanmanufaktur Meißen. 1953–1958 Studium an der Hochschule für Grafik und Buchkunst in Leipzig bei Emil Koch u. Bernhard Heisig. Seit 1958 freischaffend tätig. 1972 Gründungsmitglied der Leipziger Grafikbörse (u. a. mit U. Hachulla). Seit 1990 Lehrauftrag an der Abendakademie der HGB Leipzig. Lebt in Leipzig.

Hans Schulze
Dittersbach/Schlesien 1904–1982 Leipzig
Maler und Grafiker; schuf neben Landschaften v. a. Porträts und Tierstudien. 1923–29 Studium an der Breslauer Akademie als Schüler von A. Kanoldt. Anschließend Kunsterzieher in Schlesien. 1931–39 in Reichenbach tätig. Während des Krieges künstlerisch bedeutsame Jahre in Wien; nach 1945 Professor und Leiter des Instituts für Kunsterziehung der Universität Leipzig.

Gundula Schulze el Dowy
Erfurt (*1954)
1970–72 Lehre als Industriekauffrau. 1972–75 Besuch der Fachschule für Werbung und Gestaltung Berlin. 1979–84 Studium der Fotografie an der HGB Leipzig bei Horst Thorau. Zunächst entstehen Arbeiten in Schwarzweiß mit zyklischen Themenstellungen. Seit 1983 Übergang zur Farbfotografie; seit 1983 permanente Reisen. Lebt in Ägypten, Berlin und New York.

Thomas Schwanthaler
Ried im Innkreis 1634–1707 Ried
Bedeutendster Bildschnitzer Oberösterreichs in der zweiten Hälfte des 17. Jahrhunderts. Hauptsächlich dort und in Salzburg tätig; verknüpfte heimische Tradition mit modernen Stilqualitäten Italiens und der Niederlande; übernahm 1656 die Werkstatt seines Vaters Hans Schwanthaler; gestaltete als Schöpfer farbig gefasster Holzplastiken v. a. religiöse Themen für Kirchenausstattungen.

Max Schwimmer
Leipzig 1895–1960 Leipzig
Nach der Volksschule Lehrerseminar in Leipzig-Connewitz. 1920 Studium der Philosophie und Kunstgeschichte an der Leipziger Universität, Beginn der künstlerischen Tätigkeit; daneben politische

Karikaturen und Illustrationen. 1926 Lehrer an der Leipziger Kunstgewerbeschule. 1933 Entlassung; 1946 Direktor der Kunstgewerbeschule; 1951 Leiter der Grafikabteilung der Hochschule für Bildende Künste Leipzig.

Willi Sitte
Kratzau/Tschechoslowakei (*1921)
1936–1940 Besuch der Kunstschule des Gewerbemuseums Reichenbach und Studium an der Meisterschule für Malerei in Kronenburg/Eifel. 1941–1945 Kriegsdienst; Anschluss an italienische Partisanen. 1945/46 freischaffender Künstler in Mailand. 1947 Übersiedlung nach Halle/Saale; 1951–1986 Dozent an der späteren Hochschule für industrielle Formgestaltung in Halle. 1969 Mitglied der Akademie der Künste der DDR. 1977 Beteiligung an der „documenta 6" in Kassel.

Annegret Soltau
Lüneburg (*1946)
1967–72 Studium der Malerei und Grafik in Hamburg und Wien. 1974 Mitglied der „Neuen Darmstädter Sezession". Seit 1975 Foto- und Videoarbeiten; 1986–87 Rom, Stipendium Villa Massimo. 1988 Berufung in die Deutsche Fotografische Akademie, Leinfelden. Seit 1990 Lehraufträge für Fotografie (Bielefeld, Salzburg).

Peter Sorge
Berlin 1937–2000 Berlin
Aufgewachsen in Mecklenburg und Dortmund; 1958–64 Studium der Kunstpädagogik an der Hochschule für Bildende Künste Berlin. 1964/65 Meisterschüler bei Fred Thieler und Mac Zimmermann; 1964–69 Mitgründer der Ausstellungsgemeinschaft „Großgörschen 35" in Berlin und 1972–77 der Gruppe „Aspekt" in Berlin. Seit 1979 Lehraufträge und Gastprofessuren (Berlin; Braunschweig).

Volker Stelzmann
Dresden (*1940)
1963–1968 Studium an der Hochschule für Grafik und Buchkunst Leipzig; nach Abschluss freischaffend tätig. 1975–1986 Lehrtätigkeit und seit 1982 als Professor an der Hochschule für Grafik und Buchkunst Leipzig. Seit 1988 Professor an der Hochschule der Künste in Berlin.

Tobias Stimmer
Schaffhausen 1539–1584 Straßburg
Bedeutender und vielseitiger schweizerischer Künstler in seiner Zeit. Seit 1560 regelmäßig in Schaffhausen nachgewiesen; um 1570/71 in Como; seit 1570 verstärkt in Straßburg tätig. Hauptwerke sind die künstlerische Ausschmückung der astronomischen Uhr im Münster (1578) und die Ausmalung des Festsaals und des Erkergemachs im Schloss des Markgrafen Philipp II. in Baden-Baden (1582).

Hans Thoma
Bernau/Schwarzwald 1839–1924
Karlsruhe
Maler und Grafiker. Erste Ausbildung als 15-jähriger in Basel zum Lithographen; Uhrenschildmaler in Furtwangen. 1860–66 Studium an der Kunstschule Karlsruhe bei Des Coudres und Schirmer. 1868 Parisreise; Anregungen durch Courbet und die Meister von Barbizon. Verkehrt 1876 in München im Kreis um Leibl. Übersiedlung nach Frankfurt/M. 1890 Anschluss an die „Münchner Sezession". 1898 Kgl. Professor; 1899 Galeriedirektor und Vorsteher eines Meisterateliers an der Kunstakademie Karlsruhe.

Helmut Thoma
Lugnian/Oberschlesien 1909–1993
Berlin
Maler und Grafiker. Arbeitete überwiegend abstrakt, beeinflusst von Klee und Miró. 1930–32 Studium an der Breslauer Akademie bei Moll. 1932–34 an der Kunstschule Berlin bei Tappert und Kardorff. 1934–40 Kunsterzieher an Berliner Oberschulen. Seit 1951 Professor für Kunstpädagogik an der Hochschule für Bildende Künste Berlin.

Paolo Petrovitch Fürst Troubetzkoy
Intra/Novara 1866–1938
Suna/Novara
Seit 1884 in Mailand Kontakt zu den Bildhauern Barcaglia und Bazzaro und dem Maler Ranzoni; beeinflusst vom „pittoricismo classico" Giuseppe Grandis. 1897–1905 Lehrer an der Staatlichen Kunstschule in Moskau. 1905–11 in Paris, beeinflusst von A. Rodin. 1911–21 vorwiegend in den USA tätig, danach in Paris; seit 1927 dauerhaft in Italien lebend; schuf zahlreiche Porträts prominenter Zeitgenossen (u. a. von Bernard Shaw, Auguste Rodin, Gabriele d'Annunzio).

Heinrich Vogeler
Bremen 1872–1942 Woroschilowsk/
Kasachstan
1890–93 Studium an der Kunstakademie Düsseldorf. 1894 Übersiedlung nach Worpswede. 1898 Italienreise; dort Beginn der Freundschaft mit Rilke. 1906–13 zahlreiche Studien- und Auftragsreisen (Ceylon, Polen, England); 1908 Gründung der Worpsweder Werkstätte für Inneneinrichtung und Möbel. Nach 1918 Kritik an politischen Verhältnissen in Deutschland, Engagement für die revolutionäre Arbeiterschaft; 1923–28 Reisen in die UdSSR und Übersiedlung 1932.

Klaus Vogelgesang
Radebeul bei Dresden (*1945)
Aufgewachsen in Gronau/Westfalen; 1965 Übersiedlung nach Berlin. 1965–69 Studium an der Staatlichen Akademie für Grafik, Druck und Werbung in Berlin. Ab 1969 freischaffend tätig. Seit 1993 Professor (Fachrichtung Zeichnen) an der Akademie für Bildende Künste der Universität Mainz. Lebt in Berlin.

Ernest Wittmann
Saarunion 1846–1921
Rupt-sur-Moselle
Bildhauer und Maler. 1884 in Nancy Malschüler von Th. L. Devilly und V. Prouvé. 1888 Debüt im Pariser Salon; schuf seit 1899 vorwiegend Kleinplastiken in Bronze und Terrakotta. Seit 1902 Associé der Société Nationale des Beaux-Arts; seit 1907 in Rupt-sur-Moselle ansässig.

Magnus Zeller
Biesenrode/Mansfeld 1888–1972 Berlin
1908–11 Studium der Malerei bei Lovis Corinth in Berlin. 1913 Mitglied der „Berliner Sezession". 1915–18 Militärdienst. 1923/24 Lehrtätigkeit in Dorpat/Estland; 1935/36 Rom-Preis der Villa Massimo; seit 1937 Wohnsitz in Caputh bei Potsdam. Zunehmende künstlerische Auseinandersetzung mit dem Faschismus; 1945 Beitritt zur SPD, später zur SED.

Abbildungsnachweis

1. Abbildungen nach Originalvorlagen

Altenburg, Lindenau-Museum Altenburg

Berlin, Deutsches Historisches Museum

Berlin, Kunstamt Charlottenburg Villa Oppenheim

Berlin, Hochschule der Künste, Helmut Thoma Stiftung

Berlin, Galerie Eva Poll

Berlin, Heimatmuseum Charlottenburg-Wilmersdorf

Bonn, Kunst-und Ausstellungshalle der Bundesrepublik Deutschland GmbH

Bonn, Stiftung Haus der Geschichte der Bundesrepublik Deutschland

Dachau, Zweckverband Dachauer Museen und Galerien

Darmstadt, Annegret Soltau

Halle, Staatliche Galerie Moritzburg Landeskunstmuseum Sachsen-Anhalt

Halle, Architekturbüro BDA DWB Wilfried Ziegemeier

Hamburg, Museum für Kunst und Gewerbe

Hamburg, Hamburger Kunsthalle

Leipzig, Globus-Galerie

Leipzig, Museum der Bildenden Künste

Leipzig, Museum für Kunsthandwerk Grassimuseum

Mannheim, Prof. Robert Häusser

München, Fotomuseum im Münchner Stadtmuseum

Münster, Günter Hildenhagen

Schwerin, Staatliches Museum Schwerin

Worpswede, Archiv der Barkenhoff-Stiftung

Worpswede, Prof. Waldemar Otto

Fotografen

Gabriele Bröcker, Indra Desnica, Ursula Gerstenberger, Ingo Gottlieb, Klaus E. Göltz, Reinhard Hentze, Matthias Hildebrand, Michael Jensch, D. Kluge, H. Maertens, Christoph Sandig, Hans-Christian Schink, Axel Thünker, Elke Walford.

2. Abbildungen aus Publikationen und Büchern

Beitrag Thorsten Smidt:

Abb. 1, S. 130: Carla Schulz-Hoffmann: Max Beckmann. München 1991, Abb. 66.

Abb. 2, S. 131: Rembrandts Selbstbildnisse, Stuttgart 1999, Abb. 82 (S. 217).

Abb. 3, S.131: Larry Silver: The Paintings of Quinten Massys with Catalogue Raisonné. Oxford 1984, plate 122.

Abb. 4, S. 132: Natur und Antike in der Renaissance. Katalog der Ausstellung im Liebighaus Frankfurt/M. Frankfurt/M. 1985, Abb. S. 561 (zu Kat.-Nr. 305).

Abb. 5, S. 133: Albert Blankert: Ferdinand Bol (1616–1680). Rembrandt's pupil. Doornspijk 1982, plate 126 (zu Kat.-Nr. 117).

Abb. 6, S. 134: Filippo Pedrocco: Tizian. München 2000, Abb. S. 273 (zu Kat.-Nr. 234).

Abb. 7, S. 135: Friedrich Winkler: Albrecht Dürer. 80 Meisterzeichnungen. Zürich 1949, Abb. 75.

Abb. 8, S. 135: Felix Bracquemond: Exlibris für Edouard Manet, 1866/1874, In: „Wettstreit der Künste". Malerei und Skulptur von Dürer bis Daumier. Katalog der Ausstellung. Hrsg. von Ekkehard Mai und Kurt Wettengl. München u. Köln 2002, Abb. 13 (S. 34).

Beitrag Dirk Suckow:

Abb. 1, S. 136: Die Lebenstreppe. Bilder der menschlichen Lebensalter, Katalog der Ausstellung des Landschaftsverbandes Rheinland, Rheinisches Museumsamt Brauweiler in Zusammenarbeit mit dem Städtischen Museum Haus Koekkoek, Kleve; Köln und Bonn 1983, Abb. S. 116.

Abb. 2, S. 138: Jaynie Anderson: Giorgione. Peintre de la „Brièveté Poétique". Catalogue Raisonné. Paris 1996, Abb. 109 (S. 173).

Abb. 3, S. 138: Klaus Honnef u. Frank Weyers (Hg.): Und sie haben Deutschland verlassen ...müssen. Bilder und ihre Fotografen 1928–1997. Katalog der Ausstellung im Rheinischen Landesmuseum Bonn. Köln 1997, Abb. S. 359.

Abb. 4, S. 139: Eva Karcher: Otto Dix. Köln 1992, Abb. S. 102.

Abb. 5, S. 140: Berthold Hinz: Art In The Third Reich. New York 1979, Farbtafel IV.

Abb. 6, S. 141: Eulenspiegel. Heft 4/1994, Abb. S. 51.

Abb. S. 142:

Saul Steinberg (1914–1999): „Lebenstreppe", 1954. In: Die Lebenstreppe. Bilder der menschlichen Lebensalter, Katalog der Ausstellung des Landschaftsverbandes Rheinland, Rheinisches Museumsamt, Brauweiler in Zusammenarbeit mit dem Städtischen Museum Haus Koekkoek, Kleve; Köln und Bonn 1983, Abb. 15, S. 91

Beitrag Brigitte Klosterberg:

Abb. 1, S. 148: Tympanon des Waisenhauses. Fotografie aus dem Archiv der Franckeschen Stiftungen

Abb. 2, S. 151: Kupferstich aus dem Band der Epicedia oder Klag- und Trost-Carmina auf den Tod A. H. Franckes. In: Bibliothek der Franckeschen Stiftungen 222 A 29 [6].

Abb. 3, S. 152: Erstes Exlibris der Bibliothek des Waisenhauses. In zahlreichen Büchern der Bibliothek der Franckeschen Stiftungen.